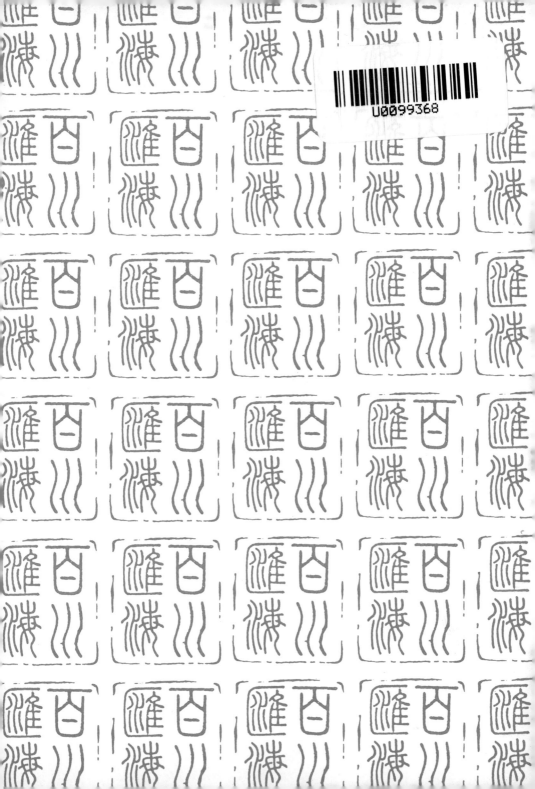

陶百川全集 (芜)

# 比較監察制度

三民書局印行

國立中央圖書館出版品預行編目資料

比較監察制度／陶百川著.--初版.--
臺北市：三民，民81
面；　公分.--(陶百川全集;29)
ISBN 957-14-1864-1（精裝）


1.監察

572.8　　　　　　　　　　81001290

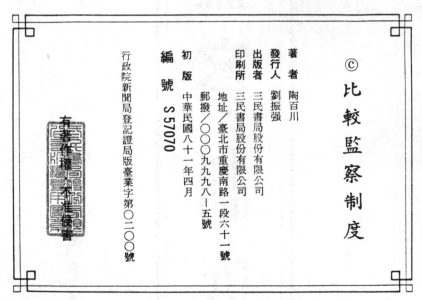

ⓒ 比較監察制度

著　者　陶百川
發行人　劉振強
出版者　三民書局股份有限公司
印刷所　三民書局股份有限公司
　　　　地址／臺北市重慶南路一段六十一號
　　　　郵撥／〇〇〇九九九八─五號
初　版　中華民國八十一年四月
編　號　S 57070
行政院新聞局登記證局版臺業字第〇二〇〇號

ISBN 957-14-1864-1（精裝）

# 自　序

　　我寫本書的意願，萌動於民國四十八年我應美國政府邀請去訪問美國國會的時候。那時承參議院多數黨領袖詹森參議員的介紹，我與一位國會問題專家蓋羅渭博士 (George B. Galloway) 討論中美兩國的監察制度，同時承他贈送他用比較方法述評英、美國會制度的一本新著作 Congress and Parliament 。於是我對比較政制乃發生興趣，開始蒐集各國國會監察資料，想寫一本國會監察比較。

　　民國五十五年，美國聖若望大學的法學季刊，登載我在該校一篇講稿，引起美國律師公會監察長（制度研究）委員會主席富蘭克 (Bernard Frank) 先生重視，開始與我締交，並供給我很多資料。民國六十二年，我有歐洲之行，那時他已兼任國際律師公會監察長委員會主席，承他介紹我與英國、瑞典、丹麥、芬蘭、西德和瑞士的監察長與我通信或晤談，我的見聞於是更多。這些資料，自是本書所必需。

　　但是監察制度究竟是中國固有的產物，它的根源，乃是長達二千多年的御史制度和諫官制度。本書所用這方面資料的蒐輯，多賴小兒天翼的指引和協助。

　　本書的中心旨趣，當然不是論述外國現代或我國古代的監察制度，而在述評行憲三十年來的監察院及其組織以及監察權及其行使，包括理論和實務及其展望。我很欣幸能有充分機會參加監察院的建制工作，對於該院多年來的大法大案和宏模宏規，我幾乎無役不從，體驗頗深。所以在本書中寫得也頗多。

　　現在我略陳本書的體例：

一、「監察」不是政治學的專有名詞，例如公司也有監察人，而政治方面的監察，也不是國會所獨有，但以國會監察最重要，所以本書乃以國會監察為重心。

二、用比較法研究政治和其他科學，現在日益普遍。通常是就各國或多項事物作比較，求出它們的異同。我國現行監察制度頗多「規撫」於美國。例如監察委員的任期，與美國參議員同是六年；產生的方法，與早期的參議員也相同；兩國的委員會都員着監視行政機關的任務；監察院和參議院都行使同意、彈劾和審計等權。所以本書採用美制的許多資料，作為對我國監察制度的說明和補充。其他國家資料之可應用的，當然也就所知酌量採入。

三、本書對註釋也曾付出相當多的心血和時間。它包括書中所引用的重要資料的根源，以及書中所不能納入的一些重要資料。其中最突出的，乃是「導論」，「註」得很多，「釋」得也不少，共計一百十三條。那是寫在四年以前，我尚餘勇可估，而後來則逐漸的再衰三竭了。為期集中精力，以寫好本書，我乃不得不力辭監察委員。

四、依照常例，最後一章應是「結論」。但我是把結論夾敘在每章甚至每節中，所以最後已無結論可寫，而意猶未盡，於是乃名之曰「尾語」。但我相信它有獨立存在的價值，或可免於「狗尾續貂」之譏。

最感歉恨的，是因限於篇幅，尤恐掛萬漏一，我不能把許多位鼓勵我、指教我和協助我寫本書的中外友人在此一一提名道謝。唯有中心藏之而已。

最後，本書大部份是寫在國外旅途中，自有許多不便之處，因此會有若干錯誤，切望讀者諸女士和諸先生不吝指正，使本書，連帶的使我國這個文化傳統更臻完美！

民國六十七年四月一日，臺北

# 本書重版代序

## ——監察改制中央攬權地方失勢非國之福——

　　近來輿論對監察院的批評，從監察委員個人的言行延伸到監察院的功過，甚至禍延監察制度的存廢。有力人士從而建議，把監察院改為「準司法機關」，監察委員改由總統提名經國民大會同意任命。但省市議員卻多不以為然，紛起反對。《聯合報》專欄組迭次要我發表意見。我對監察問題，不獨關切，而且有多年的經驗和閱歷，並有幾本專著，自信有資格也有責任，在這危疑震撼之際，發表一些感想和提供一些辦法。

## 要重視那個基本問題

　　《聯合報》記者本來交給我四個問題要我答覆，但我日來較忙，無暇深思，容待來日，現在我僅指出一個比較嚴肅的基本問題以供參考。那就是，處理我國監察制度必須照顧到省與中央的關係，也就是省民對中央政治怎樣能夠掌有一些顧問的機會和監察的權力，使中央能夠隨時顧到省民的意願和權利。

　　我對我國現行憲法的制訂，曾有三次親自參與的機會。先是參加戰時國民參政會審議五五憲草，繼在戰後協助政治協商會議大幅修改憲法草案，最後是以制憲國民大會的代表制定憲法。我的努力和了解，是我們那時有意將監察院導演成為國會的一院，行使一般民主國家國會所掌管的同意權、彈劾權、糾舉權、審計權、糾正權、監視權和調查權。憲法為保證監察委員能夠放膽放手行使其職權而無所畏懼，並以第一百零

一條規定：他們的言論和表決在院外不負責任，又以第一百零二條規定：非經監察院許可他們不受逮捕或拘禁。

## 要使代理人具有實力

反之，如照現在一部分人的規劃，將監察委員改為「準司法人員」，監察院不再是國會，監察委員自必不得再有那些人身保障和言論自由，則他們尚敢和尚能糾彈大官惡吏麼！何況國家已有檢察官和刑警特工，如果目的祇在拍蒼蠅，何必再置那些「去勢」的「太監」委員呢！

更重要的，現行憲法，照我的體會，所以變更五五憲草由國民大會選舉監察委員的規定，而改由省市議會選舉，並把監察院視同一般民主國家的上議院，旨在延伸省市議會的權力，使其及於中央政治，使省市議會及其選民得假手於他們的代理人監察委員，用同意權和糾彈權去督責中央公務員，用審計權去監視中央財政，用調查權和糾正權去監視中央政務。現在省市與中央同在一地，前者的耳目能及於後者，這種政治安排的好處尚未顯著，他日統一之後，相距遙遠，省市議會如果在中央沒有代理人，自必喪失他們顧問和監察中央的功能，則損失就很大了。我想這應該是現在臺灣省市議會大力反對監察改制的原因，而不僅是喪失投票機會這個區區的權利而已。

## 統一後不致被吃掉

我為預防他日統一後臺灣為大陸所「吃掉」，近來勤於規劃兩者各取所需從而各得其所的長治久安之道，於是建議要用二元合作聯邦制。本這理念，對於時論要想解除省市議會選舉監察委員的職權，從而將監察院貶為又一個司法「檢察署」，連帶剝削省市議會代表人民參與中央政治的固有權利，我不免既憂且懼，期期以為不可。

　　至於如何防止監委賄選和如何重振監院信望，殷鑑不遠，典型尚在，不患没有辦法，所以不可懷憂喪志，因噎廢食，貪小失大。如有需要，我當續陳。

　　　　　　　　　　　　　　　　　　八十一年二月二十六日

# 比較監察制度　目錄

## 自　序

## 導　論

## 第一章　國會監察與監察權

## 第二章　監察委員

## 第三章　組織和機構

## 第四章　同意權及其行使

# 尾　　語

# 導　　論

## 第一節　悠久背景和世界發展

　　隨着政治的發展，監察在政治功能上和政治機構中早已成為必不可少的治道和治具。但最重視政治監察的，乃是孫中山先生和中華民國，因為中山先生首先把監察權列為國家五權之一而倡為五權憲法，中華民國更依據現行憲法設置監察院，行使同意、彈劾、糾舉、審計、糾正、監視（oversight）和調查等權力。

　　五權憲法雖是中山先生所創獲，但過程並不簡單。他用現在很流行的比較法（comparative method）（註一），就許多實例和現象，經過分析綜合和思索，方能創獲這個政治制度。誠如他自己所說：「余之謀中國革命，其所創之主義，有因襲中國固有之思想者，有規撫歐洲之學說事迹者，有吾所獨見而創獲者」。（註二）五權憲法的由來，也是這樣。

　　五權憲法所因襲的中國固有的思想，顯然是臺諫制度。「臺」指御史或御史臺，「諫」指諫議大夫或併指給事中。中山先生自己說：「在中國君主時代，有專管彈劾的官，像唐朝諫議大夫和清朝御史之類，就是遇到了君主有過，也可冒死直諫」。（註三）

　　因為在君主時代，帝王縱使十分精明強幹，也不能不用大批文武百官幫他統治國家。這些人員對他是否忠實，管理是否適當，效果是否良好，帝王一個人的耳目有限，不能普遍注意和澈底了解，所以他不能不另有一批人做他的耳目，並代他監督和考核。這種官員，就是御史。

中國御史制度完成於秦，大行於漢，歷朝都有這個制度，而且都有相當成績。中山先生則祇舉清朝為例。本章第六節將詳述它的起源和沿革以及它的組織和職權。

但是政治的優劣得失，不能僅以官吏為轉移，帝王負有更大的責任。儒家對這道理闡述最為詳明。孔子說：「上好禮則民莫敢不敬，上好義則民莫敢不服，上好信則民莫敢不用情」。（註四）因為「君子之德，風也，小人之德，草也；草上之風必偃」。孟子說得更透澈，他認為：「君仁莫不仁，君義莫不義，君正莫不正」。（註四）所以說：「一正君而國定矣」。

於是歷朝都置有諫官。而中山先生僅舉唐朝為例而已。依據周禮，遠在周朝已設置保氏，而「保氏掌諫王惡」。（註五）這是諫諍任務之制度化的開始。而以前是「…古者諫無官，自公卿大夫以至工商無不得諫者」。（註六）司馬光參照漢書百官公卿表：「武帝元狩五年，始置諫大夫，秩八百石」，（註七）從而說：「漢興以來始置（諫）官」。（註八）

但是中國的臺諫制度，乃是帝王專制時代的產物，當然不能與中山先生的思想體系完全適合，所以五權憲法的一部份精神雖脫胎於臺諫制度，但他還得規撫歐美的民主學說。

林子勛先生著：國父學說與西方文化，蒐集中山先生著作中所引述的西方政治家和學者專家，共有一百三十二人。他把他們一一介紹，並將中山先生引述的原文綴於其後。其中與五權憲法有特別關係的，有孟德斯鳩、喜斯羅和巴直等數人。（註九）但中山先生最重要的參考資料，乃是英美等國的憲法和政制。

在英美民主國家，主權雖然在民，但人民不可能直接管理庶政，他們得選舉和委託大批官吏，替他們統治和服務。他們也不可能用「直接民主制」去監察那些官吏，使後者不敢違法失職，或魚肉人民，或敗壞國事。於是他們不得不施行所謂間接民主或代議制度，選舉一批代表組織國

會，代爲監察。後者有時更委託若干人，例如審計長或監察長，爲它分勞。

民主政治當然也有缺點，但對人民權益和自由的保障，它顯然較好於專制或獨裁。一個重要的關鍵，乃是民主政治是分權的，行政、立法和司法三權互相制衡，所以掌握較大權力的行政部門，不很可能專斷獨行，毀法濫權。

但中山先生另有新的看法。他認爲傳統的分權論或制衡論，使立法機關兼有立法權和監察權，容易造成立法機關的專橫，不能做到「政府有能」。所以他把三權分爲五權，使立法權和監察權分別獨立，各負專責，而與行政、司法和考試三權構成五權憲法的「萬能政府」。於是監察功能較易發揮，國會制度益臻健全。這就是他所「獨見而創獲者」。

對於立法機關兼掌監察權的流弊，很多美國人也有同感。例如那位精研國會制度的政治學者哈律斯教授，在他所著的國會對行政的監察（ *Congressional Control of Administration*），指出美國國會對行政部門的困擾太多，干涉太甚，以致妨礙行政功能。（註一〇）

此外，國會因爲兼掌立法權、財政權和監察權，工作繁重，對於人民因受政府機關或其官員的損害和寃抑而提出的申訴，不能作有效的處理和救助，於是乃有國會監察長制度（*Ombudsman*），（註一一）以分其勞，而濟其窮。他是國會所選任，代表國會受理人民書狀，就人民控訴政府或其官員所加於他們的損害或違失行爲，予以調查、糾正或糾舉。

這個監察長制度，創始於瑞典，迄今已有一百六十餘年的歷史。先是斯堪的維亞的其他國家相繼仿效。一九六二年，新西蘭國會通過法律，也設置監察長，這是英語國家響應北歐監察長制度的第一聲。一九六七年，英國國會開始設置監察長，於是這個制度格外爲人所重視。現在全世界乃有四十六國設置監察長。

但是監察長本身不是國會，他不是由議員兼任，也不是以國會的名

義行使他的調查權、糾正權和糾舉權。所以他的能力和效果都尙有限。不像我國的監察院，後者是國會的一部份，是以院的名義行使它的職權；它的糾正案和糾舉案雖然也不能強制執行，但有監察院的地位、權力和聲望做後盾，所以較能獲得行政機關的重視和採納。

　　民國三十六年中華民國憲法公佈後，美籍中國問題專家吳克敎授曾在遠東季刊發表中國的監察制度，盛讚：

　　　　「這一個獨一無二的中國機構，是政治傳統上很重要的部份。有如中國認爲値得保存的其他許多事物，它歷代相傳，綿延不絕。它被認爲重要和不容忽視，對西方政治可能有所貢獻」。（註一二）

　　但是這個有價値的中國政制簡直不爲世界其他各國所認知。像吳克敎授所說：

　　　　「西方學者因爲言語不同的困難，以及除他們本國政治政制外，不很注意他國的政制，所以這個重要的中國監察機構，幾乎完全沒有爲人所留意」。（註一三）

　　年來國人把監察制度對國際學術界稍作介紹。（註一四）本書著者也於一九六五年在紐約聖若望大學講述中國監察長和監察制度，後來發表在該校法學季刊第十六卷第三期。（註一五）美國律師公會和國際律師公會的監察長委員會（*Ombudsman Committee*）兼主席富蘭克大律師（*Bernard Frank*），就用那篇講稿作爲評介我國監察制度的主要資料。（註一六）

## 第二節　羅馬的監察官和監察制度

　　中國的監察制度固然歷史很久，但作爲西方文化搖籃的羅馬和希臘，

它們的監察制度也是源遠流長。

羅馬在西曆紀元前五○九年就已建立了共和政體，並在紀元前四四三年設置監察官（Censor）。（註一七）

屬佛的羅馬史敍述它的來歷如下：

> 「那年建立了監察制度，開始時權力不大。……戶口調查已有多年沒有舉行了，不能再拖着不辦，而執政官（Consul）因受多次戰爭的拖累，不能從事於此。於是元老院（Senate）乃就一個報告採取行動，它認為戶口調查不一定要由執政官主持，而應另設一官，由他決定調查方法並負責編製和保管一切資料。」（註一八）

由此可知羅馬監察官的最初任務祇是調查戶口。但這也很重要。因為他們因此有權認定人民的身份，例如何人是貴族或平民，從而決定他們能否從軍或任公職。他們也有權把地主貶為商人並課以重稅，或把一部份人從某一部落飭遷到另一部落，例如從鄉村移往城市。但無權將其開除。以前的國王或那時的執政官都有權給人以公民身分，他們也有這個特權。（註一九）他們因而掌有三種名册：役男名册、選舉人名册和納稅人名册。（註二○）

依照薛西羅，羅馬監察官編製戶籍，查明年齡、子女、奴僕和財產的數字；他們監察廟堂、道路、水渠、財政和賦稅；他們編製並保管軍人子弟的紀錄；他們取締獨身主義；他們監察人民的品質；他們不使聲譽不佳的人任職於元老院。（註二一）

羅馬監察官最大的權力，應該首推他們推選元老院元老之權。而該院與執政官和國民大會（Assembly）乃是羅馬共和國的三大勢力。例如奧古斯都曾經兼任監察官，並利用提名元老院元老的權力，四次改組元老院。（註二二）

杜蘭的名著文明史第三册，就羅馬監察官的職掌，綜述如下：

「這兩名監察官，是由百人隊的國民大會（*Conturiol Assembly*）所選舉，每五年改選一次。其中之一，負責辦理五年一次的戶口普查，查實人民的財產，以確定他們的政治和軍事地位以及納稅數額。他們並須檢核每一公職候選人的品格和紀錄；他們須監察女子的榮譽，孩童的教育，奴隸的待遇，賦稅的徵收和出納；公共建築的營造，政府財產和契約的授予以及土地的適當開墾。他們有權降低任何人民的社會等級，並開革敗德或犯罪的元老院元老。一位監察官關於後者的決定，不受另一位監察官的否決。他們可以提高奢侈品的稅率，以抑止奢侈的風氣。國家的五年預算，也由他們編製。」(註二三)

但是杜蘭漏了它有提名元老院元老之權。

羅馬監察官擁有許多職務和權力，所以很受重視。他們的人選和產生方法因此都很嚴格。人選通常是退職的執政官，方法是由百人會議（國民大會）選舉產生。名額兩人。任期一年，（執政官也是一年），後來增為一年半。最初只限於貴族，紀元前三三九年的法律方規定二人中的一人必須是平民。(註二四)

但以中國監察制度的標準來衡量，羅馬監察官制度實難與其比擬。監察制度的特性是監督官吏的行為並就其違法失職予以糾正或彈劾。中國御史的職權就是如此。羅馬監察官則無此職權。羅馬監察官祇在辦理戶政時負有檢查戶口之責，並負責監察一部份人民和元老院元老的品德。後來美國一部份學者，乃以此與中國的御史制度相提並論。密歇根大學的赫葛爾教授把他所著：中國明朝的御史制度，逕名之為 The Censorial System of Ming China， 這 Censorial 一字便來自羅馬。

羅馬的元老院和國民大會本身則行使很大的監督權。元老院以其所

監督的財政官和監察官牽制執政官。國民大會則選舉執政官，並制定或拒絕執政官或元老院所提的法律案。只有元老院對國民大會的決議案有複議的申請權。羅馬共和國在紀元前五○九年竟有這樣民主共和的規模，實在很難能可貴。

## 第三節　希臘的彈劾和監察制度

但是比羅馬共和國更早民主化的希臘，它的監察制度却較羅馬的更輝煌。它的民主化可從梭倫的改革（紀元前五九四年）說起。（註二五）

希臘地臨愛琴海，交通方便，山水明媚，氣候適宜，人物俊秀，文化也特別發達。梭倫執政前夕，希臘已有國民大會（*Assembly*）、執政官（*Archon*）和參議會（*Council*），但都爲貴族所獨佔。梭倫准許富有的商人也可任執政官，（那時總額是九人），准許窮人也可出席國民大會，在幾千人的國民大會中增設一個常務委員會叫四百人委員會　（*Council of Four Hundreds*），並在參議會中設置新式法院。（註二六）

梭倫把希臘人民分成四類：第一類，每年收入折合五百以上蒲式耳（八介侖）；第二類，三百至五百；第三類，二百至三百；第四類包括一切自由人 。他祇許第一類人可做執政官，但四類人都可參加國民大會，並各選一百人參加參議會。

國民大會選舉執政官和其他重要官員，並可隨時予以彈劾和懲罰。（註二七）

梭倫之後八十餘年，（紀元前五○八年）「雅典民主政治之父」克來斯提尼（*Cleisthenes*），推翻暴君，起而執政，把民主政治向前推進一大步。於是一切人民享有一切政治權利。參議會人數也增爲五百人，由人民提出候選人，抽籤決定當選人，代表人民監督行政機關。該會分設

十個委員會，以處理會務，每會五十人，任期一個月。他也提高國民大
會的權力，可以宣戰，通過預算和審核決算。所謂「貝殼彈劾」（Ostr-
acism）也是他所創設的。（註二八）

　　希臘民主政治的特色，是人民不信任代表，所以官吏的任期很短，
人選以抽籤決定，甚至司法案件也要六千人共同審判。他們最關心是要
使每人對於公衆事務保有監察的發言權。他們的理想乃是民主，所以不大
理會行政效率。（註二九）

　　希臘很早就有彈劾權，紀元前六四一年的所謂喬康憲法（Draconian
Constitution），就載有「彈劾」字樣。它的原義是把妨害國家的行爲，
除刑事法律所定者外，控之於民意機關而受它審判。克來斯提尼時代開
始由國民大會決定由人民大衆以貝殼投票來決定何人因有危害國家之虞
而予以放逐。程序是：任何公民可向國民大會檢舉某人應予放逐。該會
據此加以表決（舉手表決），如果多數決定應舉行貝殼投票，隨即定
期在各部落市場中設置投票箱。任何公民都可投票，把對方的姓名寫在
貝殼上。如果一萬（最低法定人數）以上投票人的過半數主張放逐，那
人就須在十天內離開國境，十年內不准回去。但國民大會有權把它縮短。
（註三〇）

　　但希臘人的生活一書，對此程序另有說法。它說國民大會被詢：「
你想你們之中有人嚴重危害國家麼？如有其人，是誰？」國民大會在法
定人數六千人足額時，舉行秘密的貝殼投票，如得半數以上的同意，可
以放逐任何人。（註三一）

　　有了這個彈劾制度的嚇阻，野心家會保持溫良和面面俱到。危險分
子會被迅速摒除而免於一般法定程序的拖延。而且這種放逐並不沒收財
產，也不是奇恥大辱，而祇是以民主方法割去「過長的麥穗」。而且國
民大會並沒有濫用彈劾權，在九十年中，只有十人被彈劾和放逐。（註三二）

## 第四節　西方的民主監察

從上述羅馬和希臘的例子，再加後來英國國會監察權的發展，可知西洋的監察制度具有下列特色：

一、目的是抑制君權，伸張民權，而不是維持君權，加強統治。

二、主要的對象是帝王或最高統治階層，而不是一般官吏。

三、方法是用直接民主制或代表民主制，由全體人民參與或主宰政治。

英國早年曾被羅馬人和德意志人侵入和統治，後二者都有高度的地方自治精神，所以它的地方自治早有相當基礎。

在盎格魯薩克森時代（西曆第九世紀），英國人已有雛型的國會，叫做「參議會」（*Witenagemot* 或 *Witan*），有人譯為「賢人會議」）。它的構成分子包括國王、主教、貴族和高級官吏。它有權制定法律、締結條約，選舉國王，曾有一次驅逐國王。原則上，它對官吏和主教的任命具有同意權，並有權拒絕加征賦稅。它又是重大訴訟事件的最高法院。

但是那時能夠參加參議會的人，乃是少之又少的貴族、主教和政府首長。絕大多數的人民並無參政的權利。一二五四年，武士方准以各縣代表的身份，參加國會。一二六五年，城市的平民方取得參加的權利。而英國國會尚須到一二九五年方始名實相符。因為那年愛德華一世所召開的「模範國會」，於本來參加的貴族、高級教士和市民外，各鄉也得推選代表各二人參加國會。從那時起，*Parliament*（國會）一詞方改用大楷。（註三三）

那時貴族和主教等兩種人物仍有較大的發言權。後來武士和平民同氣相求，另在一室舉行會議，而貴族和主教則另成聯合壁壘。前者在十五世紀開始使用「下議院」（*House of Commons*）的名稱，但後者則在

十六世紀方稱為「上議院」（*House of Lords*）。（註三四）

有一點或為讀者所共知，就是英國國會的發展，不是由於國王的好意，而是由於臣民的奮鬥。後者拒絕國王所欲增加的賦稅，換取了參加國會的權利或提高國會的權力。

現在英國人民享有的政治權力已超過監察職權，簡直控制着整個國家和政府，包括下列犖犖大者：

一、選舉權：人民選舉下議院議員，後者依各黨議席的消長授權各黨組織政黨內閣，或單獨組織，或與他黨聯合組織。國王仍是世襲，但僅「君臨」而不統治。

二、立法權：民選的下議院已取得立法的絕對權力。國王派任的上議院祇有把法案擱置一年之權。

三、預算權：一二一五年的大憲章就已規定征稅須取得納稅人的同意。國會後來進一步取得使用經費的支配權。於是政府收支皆受其控制。

四、審計權：政府使用經費是否依照預算規定，以及有無不忠不法等情事，國會置審計長經常檢查。

五、質詢權：國會議員隨時可向政府提出質詢。後者不僅為求了解和加以監察，而且也有督促改進的作用。

六、不信任權：國會可以拒絕預算或政府所提重要法案而逼它辭職。但政府也可解散國會，重行選舉，以探求民意。

七、彈劾權：個別官吏如有重大違法失職情事，下議院得予以彈劾而由上議院予以審判定罪。

八、糾正權：國會設有監察長，處理人民書狀，就人民所遭政府的違法損害商請政府糾正和救濟。

九、調查權：國會有權調查政府施政情形，以供參考或謀補救；並對官員調查其公私生活，以便糾彈。

以上九種權力，如以中國現代監察權的標準去衡量，其中第四、五、七、八和九等五種，都在中國監察權的範圍內。

## 第五節　中國的民主監察

本書鑒於羅馬的監察官和希臘的彈劾權都產生在中國御史制度和諫大夫及給事中制度之前，所以先述西洋的監察制度，並從而聯想到西洋的民主監察。其實西洋古代的民主，只是貴族的民主，而不是人民大眾的民主。以此來說，中國却早於它們，堯舜禪讓便是例子。依據尚書和史記，堯舜雖有禪讓之心，但仍必待諸侯的認可。這就是中國古代的貴族民主。

史記五帝本記敍堯授舜的經過：

「堯知子丹朱之不肖，不足授天下，於是乃權授舜。授舜，則天下得其利而丹朱病；授丹朱，則天下病而丹朱得其利，堯曰：『終不以天下之病而利一人』，而卒授舜以天下。堯崩，三年之喪畢，舜讓辟丹朱於南河之南。諸侯朝覲者不之丹朱而之舜，獄訟者不之丹朱而之舜，謳歌者不謳歌丹朱而謳歌舜。舜曰：『天也』，夫而後之中國，踐天子位焉，是爲帝舜。」（註三五）

史記敍舜讓位於禹的經過比較簡單：

「帝舜薦禹於天，爲嗣。十七年而帝舜崩。三年喪畢，禹辭辟舜之子商均於陽城。天下諸侯皆去商均而朝禹。禹於是遂卽天子位。」（註三六）

可注意的是這兩段提到舜和禹的受禪，都經諸侯認可。這有如現代的同意權，乃是現代監察權之一。

反之，禹也曾以天下授益，但經諸侯反對而作罷。史記：

> 「十年，帝禹東巡狩，至于會稽而崩。以天下授益。三年之喪
> 畢，益讓帝禹之子啓，而辟居箕山之陽。禹子啓賢，天下屬意焉。
> 及禹崩，雖授益，益之佐禹日淺，天下未洽。故諸侯皆去益而朝啓，
> 曰：『吾君，帝禹之子也』。於是啓遂即天子之位。」（註三七）

那時的諸侯，相當於西洋古代的貴族，可知中國古代的貴族，對國
家大事也有很大的發言權。而中國貴族的「民主」比羅馬、希臘和英國
提早約達一千六七百年。（註三八）

其次，以周禮爲依據，中國古代的民主程度，實已超過西洋的「貴
族民主」。周禮指出：古代政府遭逢三件大事時必須召開民衆大會共同
討論：「小司寇之職，掌外朝之政，以致萬民而詢焉：一曰詢國危，二
曰詢國遷（都），三曰詢立君。」（註三九）

周禮鄭玄註：「周公居攝而作六典之職，謂之周禮。……七年立政
成王，以此禮授之。」（註四○）所以周禮所言，自應認爲可信。（註四一）而古
代「邦畿千里，維民所止」，國小人稀，召開民衆大會，應有可能。即
此也可證明中國古代實較西洋更早民主化。


## 第六節　御史制度


### 第一項　虞周幼苗

但中國的傳統監察制度，不是堯舜時代的貴族民主監察，而是御史
制度和諫官制度。這二者在虞舜時代已有雛型，周朝開始具體化，最後
完成於秦，大行於漢。先述御史制度。

尚書舜典說：「帝曰：『龍！朕堲讒說殄行，震驚朕師，命汝作納言，夙夜出納，朕命惟允！』。」（註四二）但史記則與它頗有出入，而改為：「舜曰：『龍，畏忌讒說殄僞，振驚朕衆，命汝爲納言，夙夜出入朕命，惟信！』。」（註四三）後者改得較爲顯明。

唐張守節著史記正義，曾加解釋：「言：畏惡利口讒說之人，兼殄絕姦僞人黨，恐其驚動我衆，信龍過絕之，出入其命必信實也。」（註四四）

史記正義又引孔安國說：「納言，喉舌之官也。聽下言納於上，受上言宣於下，必信也。」（註四五）

準此，龍和納言，不獨是舜的喉舌，也是他的耳目，乃是監察人員。

後來周朝則以小宰和中大夫二人擔任監察。周禮：「小宰之職掌建邦之宮刑，以治王宮之政令，凡宮之糾察」。（註四六）鄭玄說：「糾猶割也，察也，若今之御史中丞」。（註四七）

又「宰夫之職，掌治朝之法，以正王及三公六卿之位，掌其禁令。」（註四八）所以有人認爲宰夫也任監察職責。（註四九）

但周禮說周朝已有御史：「御史掌邦國都鄙及萬民之治令，以贊家宰，凡治者受法令焉，掌贊書，凡數從政者。」（註五〇）他的的職位很低，在卿、上大夫、中大夫、下大夫和上士之後。那時的御史顯然不是監察人員，而應是史官。

周朝的史官，官職雖低（僅是中士而已），而清望很高，責任很重。孔子又爲史官樹立了模範。他修春秋，有褒有貶，「一字之褒，榮於華袞，一字之貶，嚴於斧鉞。」一時蔚爲「不欺之而犯之」（孔子）的風氣，於是亂臣賊子多爲之戒愼恐懼。

一個萬古美談的故事：崔杼殺了齊君，太史就當朝寫道：「崔杼殺其君」。崔怒，殺太史。太史兩個弟弟照寫而也被殺。第三個弟弟仍寫上那句話，而幸未被殺。另一位史官南史氏聽說太史被殺，前去代寫，

知道寫了，乃返。

　　但是秦朝的御史，却不是史官，而是察官。所以它是中國御史監察制度的創始，乃是一件大事。

### 第二項　秦制濫用

　　中國在夏禹以前是禮記禮運篇所描述的大同之世，「天下爲公，選賢與能，講信修睦」。夏啓以後，很長一段時期，尚不失爲小康之世。周是「混合政治」，有如普立玆（*Pritz*）所說的「混合憲法」。（註五一）乃是「帝王君臨，諸侯統治，平民參加」的政治。但秦始皇則把它完全破壞了。甚至他所建立的御史制度，爲後世中外所那麼稱慕的優良傳統，在那一段時期也背着黑鍋，做了專制殘暴統治的工具。秦始皇阬儒（四百六十餘人）的暴行，就是御史所執行的。（註五二）

　　這本是秦始皇的梟雄個性有以使然，但與李斯和韓非兩個法家政客的慘礉深刻的言論，也很有關係。

　　韓非和李斯都受業於荀子。荀子認爲人性本惡，善是僞裝。韓非以**此爲本**，吸收儒家道家和法學的精華，構成一套「刑、名、法、術之學」。

　　韓非旣以爲人性本惡，所以統治之道不重仁愛而重刑罰。他說：

> 「夫嚴刑者，民之所畏也。重罰者，民之所惡也。故聖人陳其所畏以禁其衰，設其所惡以防其姦，是以國安而暴亂不起。吾是以明仁義愛惠之不足用，而嚴刑重罰之可以治國也。」（姦刼弑臣）（註五三）

他用一個淺近的例證加以發揮：

> 「今有不才之子，父母怒之弗爲改，鄉人譙之弗爲動，師長教之弗爲變。夫以父母之愛，鄉人之行，師長之智，三美加焉而終不

動其脛毛，不改。州郡之吏，操官兵，推公法，而求索姦人，而後恐懼，變其節，易其行矣。故父母之愛，不足以敎子，必待州郡之嚴刑者，民固驕於愛，聽於威矣。」（註五四）

於是他主張中央集權和帝王專制。他說：

「明主之所導制其臣者，二柄而已矣。二柄者，刑德也。何謂刑德？曰：殺戮之謂刑，慶賞之謂德。爲人臣者，畏誅罰而利慶賞，故人主自用其刑德，則羣臣畏其威而歸其利矣。」（二柄）（註五五）

刑賞必須貫澈，方能收效，所以必須循名責實，責用求功。他說：

「術者，因任而授官，循名而責實，操殺生之柄，課羣臣之能者也。此人主之所執也。法者，憲令著於官府，刑罰必於民心，賞存乎愼法，而罰加乎姦令者也。此臣之所師也。君無術則弊於上，臣無法則亂於下。此不可一無，皆帝王之具也。」（定法）（註五六）

簡言之：「明主聽其言必責其用，觀其行必求其功。」（六反）（註五七）

這樣的理論，自然會產生御史監察制度，作爲帝王之報凶的烏和守夜的狗。何況秦始皇又是那樣的重視韓非：「嗟乎！寡人得見此人與之遊，死不恨矣！」（註五八）

李斯則比韓非更毒辣。焚書就是他所敎唆的，韓非也是他所害死的。但他很欽佩韓非的學說，他主張帝王對羣臣要嚴加督責。他一個奏章雖僅短短四段，但却四提韓非。他說：

「夫賢主者，必且能全道而行督責之術者也。督責之，則臣不敢不竭能以徇其主矣。此臣主之分定，上下之義明，則天下賢不肖莫敢不盡力竭任以徇其君矣。」（註五九）

他對「督責之義」有極誇張的描繪：

> 「若此則謂督責之誠，則臣無邪，臣無邪則天下安，天下安則主嚴尊，主嚴尊則督責必，督責必則所求得，所求得則國家富，國家富則君樂豐。故督責之術設，則所欲無不得矣。羣臣百姓救過不給，何變之敢圖？」（註六〇）

「督」是監察，「責」是處罰。秦朝的御史，便負督責的重任。

秦朝官制的資料，遺傳不多。史記關於御史的記述，僅有下列幾次：

> 「秦初并天下，令丞相御史…其議帝號」。於是「丞相（王）綰御史大夫（馮）刼、廷尉（李）斯乃上尊號。」（註六一）
> 「於是使御史悉案問諸生。……皆阬咸陽。」（註六二）
> 「黔首或刻其石曰：『始皇帝死而地分』。始皇聞之，遣御史逐問，莫服，盡取石旁居人誅之。」（註六三）
> 「丞相臣斯，臣去疾，御史大夫臣德，昧死言：『臣請具刻詔書刻石』。」（註六四）
> 「趙高使客十餘輩詐爲御史、謁者、侍中，更往覆訊（李）斯。」（註六五）
> 「胡亥不聽，而遣御史曲宮乘傳之代，令蒙毅曰……使者知胡亥之意，不聽蒙毅之言，遂殺之。二世又遣使者之陽周，令蒙恬曰……（蒙恬）乃吞藥自殺。」（註六六）

綜上所引，秦朝御史的地位很高，御史大夫位列三公，與丞相和太尉共參朝政。但他的主要職務，乃是監察和責罰。

## 第三項　組織和人事

御史制度形成於秦,發展於漢。秦祚很短,關於御史制度的記載也不多,但從漢制可見一斑。所以在上節已述的秦制外,現在逕從漢制說起。

今以漢制與秦制相比較,秦朝御史的職責頗有類於現代法院的檢察官,而漢制則比較近似現代的監察制度。

西漢御史的官署稱爲御史府,與丞相府共稱爲兩府。(註六七) 御史府的首長是御史大夫,(註六八) 與丞相和太尉並稱三公, 可見地位的隆重。

西漢御史府有吏員三百四十一人。其中御史大夫一人,秩中二千石,兼副丞相, 所以他在監察朝廷風紀外, 還須幫助丞相統治國家。

御史大夫有兩位副座:一稱御史中丞,(註六九)一稱御史丞,秩千石。前者權任特重, 「在殿中蘭臺, 掌圖籍秘書, 外督部刺史, 內領侍御史十五人, 受公卿奏事, 舉劾按章。」(註七〇)

御史共四十五人,秩六百石,內十五人由御史中丞率領,供職殿中,分掌五曹:一、令曹,掌律令;二、印曹,掌刻印;三、供曹,掌齋祠;四、尉馬曹,掌廐馬;五、乘曹,掌護駕。此外,並兼監儀和掌璽等侍從職務。其餘三十人則留在御史府,掌理對百官的監察工作。

東漢的御史大夫, 一度改稱爲大司空,不再掌監察職務,而以御史中丞爲御史臺的首長,下置侍御史。

兩漢都設有部刺史,駐在各地,代表中央負責地方監察。

晉朝也以御史中丞爲臺率。御史名目繁多,包括治書侍御史和禁防御史等。

隋祚很短,但復以御史大夫爲察官,並置監察御史(註七一)出使檢校。

唐朝監察制度成績輝煌。在御史大夫和御史中丞下設置三院:一、

臺院，掌理糾舉、承詔和推彈等職務；二、殿院，掌理殿廷供奉；三、察院，分察百僚和巡按州縣，職責最爲繁重。

宋朝御史臺的組織略仿唐制，也有三院。又置言事御史，開後代臺諫合一之端。

元朝特重地方監察，中央有殿中司和察院。地方則設行臺，分置各道肅政廉訪司。

明朝改稱御史臺爲都察院，（註七二）置左右都御史、左右副都御史、左右僉都御史和十三道監察御史。明有「實錄」，賴以留下有關御史的很多資料。赫克爾因而能夠寫成一部「中國明朝的監察制度」，極有參考價值。（註七三）

清朝也設都察院，在十五道監察御史外，並置六科給事中，分掌吏科、戶科、禮科、兵科、刑科和工科，從事對行政各部門（吏部、戶部、禮部、兵部、刑部和工部）的監察。

現將黃本驥：歷代職官表所列御史名稱表抄印於下：

| 三代 | | | | 御史中士、御史下士 |
|---|---|---|---|---|
| 秦 | 御史大夫 | 御史中丞 | 給事中 | 御史、柱下史 |
| 漢 | 御史大夫、御史中丞按成帝以中丞爲臺主，故附列此表內，後仿此。 | 御史丞、御史中丞、御史中執法、御史、內史、治書侍御史 | 給事中 | 侍御史 |
| 後漢 | 御史中丞、侍御史中丞 | 治書侍御史 | 給事中 | 侍御史 |
| 三國 | （漢）御史中丞（魏）御史大夫、官正、御史中丞（吳）左右御史大夫 | （魏）治書執法治書侍御史（吳）中執法、左執法 | （魏）給事中 | （魏）侍御史（吳）御史 |
| 晉 | 御史中丞 | 治書侍御史、黃沙治書侍御史 | 給事中 | 侍御史、殿中侍御史、禁防御史、檢校御史 |

| 宋齊梁陳 | 御史中丞 | 治書侍御史 | 給事中 | 侍御史、殿中御史 |
|---|---|---|---|---|
| 北魏 | 御史中尉 | 治書侍御史 | 中給事中、給事中、給事 | 侍御史、殿中侍御史、檢校御史 |
| 北齊 | 御史中丞 | 治書侍御史 | 給事中 | 侍御史、殿中侍御史、檢校御史 |
| 後周 | 司憲中大夫 | | 給事中、給事中士 | 司憲上士、司憲中士、司憲旅下士 |
| 隋 | 御史大夫 | 治書侍御史 | 給事中、給事郎 | 侍御史、殿內侍御史、監察御史 |
| 唐 | 御史大夫、大司憲、左、右肅政臺大夫 | 御史中丞 | 給事中 | 侍御史、殿中侍御史、監察御史 |
| 五季 | 御史大夫 | 御史中丞 | 給事中 | 侍御史、殿中侍御史、監察御史 |
| 宋 | 御史中丞 | 侍御史知雜事 | 給事中 | 侍御史、殿中侍御史、監察御史 |
| 遼 | 御史大夫 | 御史中丞 | 給事中 | 侍御史 |
| 金 | 御史大夫 | 御史中丞、侍御史、治書侍御史 | 給事中 | 殿中侍御史、監察御史 |
| 元 | 御史大夫 | 御史中丞、侍御史、治書侍御史 | 給事中 | 殿中侍御史、監察御史 |
| 明 | 左、右御史大夫、左、右中丞、監察都御史、左、右都御史 | 御史中丞、左、右侍御史、左、右副都御史 | 六科都給事中、左、右給事中、給事中 | 殿中侍御史、察院監察御史、十三道監察御史 |
| 清 | 左都御史 | 左副都御史 | 給事中 | 監察御史 |

　　御史職司風憲，維護紀綱，而且「下得明上，賤得言貴」，權任很重。所以對於御史的人選、待遇和功能，歷朝都很重視。

　　御史人選，聲望第一，漢初多用元老重臣。那些從公務員中選拔的，則多是治績卓越和政聲卓著的人。那些從讀書人中選拔的，多是明習法律或科名高第的人。

明成祖禁止從吏員中選充御史。明史稱：「丁卯，斥御史洪秉等四人。詔：自今御史不用吏員。」（註七四）他的理由是：

> 「御史國之司直，必有學識，達治體，廉正不阿，乃可任之。以刀筆吏爲之，知利不知義，知刻薄不知大體。前之由吏爲御史者，爾部悉罷之，繼今風憲官不得用吏。」（註七五）

至於御史的待遇，歷朝多是權重而秩卑。例如西漢御史大夫雖位列三公並兼任副丞相，然丞相月俸六萬、金印，而他僅四萬、銀印。至於一般御史，歷朝多是四品、五品甚至七品或八品。

但御史陞遷的可能性也很大。例如西漢有御史大夫六十九人，陞任丞相者二十二人，佔御史大夫總額百分之三十二，佔丞相總額百分之四十七。（註七六）

這就是所謂「秩卑賞厚」，乃是很巧妙的安排。因爲秩卑則食之無味，不致貪戀權位，憂讒畏譏。賞厚則可望其奮發有爲，勇於任事。

蘇軾上宋神宗的一篇奏議，把御史譬作捕鼠之貓和防盜之狗，用以折姦臣之萌而爲子孫萬世之防。他說：

> 「祖宗委任台諫，未嘗罪一言者。縱有薄責，旋即超升。許以風聞，而無官長。言及乘輿，則天子改容。事關郎廟，則宰相待罪。台諫固未必皆賢，所言亦未必皆是，然須養其銳氣而借之重權者，豈徒然哉！將以折姦臣之萌也。今法令嚴密，朝廷清明，所謂姦臣，萬無此理。然養貓以去鼠，不可以無鼠而養不捕之貓；畜狗以防盜，不可以無盜而畜不吠之狗。陛下得不上念祖宗設此官之意，下爲子孫萬世之防！」（註七七）

宋朝御史，比較幸運，因爲宋太祖有不殺諫官的詔令。（註七八）清朝

也有鼓勵御史勇於糾彈和批評的諭旨。清太宗在一六三七年建立都察院的詔書說得相當開明懇切：

> 「朕或奢侈無度，誤誅功臣，或畋獵逸樂，不理政事，或棄忠任佞，黜陟未當，爾其直諫無隱！諸貝勒或廢職業，黷貨偷安，爾其指參！六部或斷事偏謬，審讞淹遲，爾其察奏！朋黨陋習，此衙門賄賂之府也，宜相防檢。挾讎劾人，例當加罪。餘所言是，即行，所言非，不問。」（註七九）

這裏所謂「所言非，不（糾）問」，就是清朝御史的安全保障。

但是御史不一定常有好運，完全須看帝王的好惡。以西漢的尊重御史，它的六十九位御史中，坐罪被誅或自殺的九人，貶職或免職的十三人，佔總數百分之三十二。（註八〇）

但御史也不一定都是好人。茲舉漢朝甄豐為例。漢書何武傳：

> 「元始三年呂寬等事起，時大司空（御史大夫）甄豐，承（王）莽風指，遣使者乘傳按治黨與，連引諸所欲誅……郡國豪傑坐死者數百人。（何）武亦見誣中。大理正檻車徵武，武自殺。眾人多冤武者。莽欲厭滿眾意，令武子況嗣為侯。」（註八一）

## 第四項　任務和職權

御史是歷代常設的官職，有傳統的任務和職權，又因他們多是帝王的近臣，有時並奉臨時的差遣。

茲舉西漢御史大夫的職掌為例：

一、典正法度：這就是維護法紀，乃是御史的基本任務。所以對於違法亂紀的人，他應予以糾彈。

二、查察計簿：計簿是行政機關的年度工作報告，一份在御史府，一份在丞相府，御史有查察之責，如有不實，應予處分。

三、參與大政：包括立嗣、法制和封賞等，御史與丞相共同商議和奏報。

四、草擬詔令：在沒有設置尙書前，御史代帝王草擬詔令下達相府，或與丞相會擬草案呈准施行。

五、保舉人才：漢室極重人才，常令御史和丞相等保舉賢良方正、茂（秀）材異等或直言極諫等人才。

六、掌副丞相：平時輔佐丞相治理國事，丞相缺位，由其代理，但不一定陞爲丞相。東漢以後各朝代的御史都不再兼。監察與行政應該分立，自是正道。

御史是中央級的監察人員，西漢在地方政府尙置有部刺史。但他們的任務和職權，則限於下列六條：

一條：強宗豪右，田宅踰制，以強凌弱，以衆暴寡。

二條：二千石不奉詔書，倍公向私，旁詔牟利，侵漁百姓，聚歛爲姦。

三條：二千石不邮疑獄，風厲殺人，怒則任刑，喜則任賞，煩擾刻暴，剝削黎元，爲百姓所疾，山崩石裂，訞祥訛言。

四條：二千石選署不平，苟阿所愛，蔽賢寵頑。

五條：二千石子弟，怙倚榮勢，請託所監。

六條：二千石違公下比，阿附豪強，通行貨賂，割損政令。（註八二）

御史的職權，各朝代或大或小不很一致。臺灣大學傅啓學先生等七教授的中華民國監察院之研究，把中國歷朝御史的任務和職權，歸納爲下列九項：

一、建議政事：史稱補闕拾遺和從容獻納，自秦至宋初，原爲諫官的專職，但自宋眞宗置言事御史後，御史亦得建白軍民利病而兼有此權。

二、諫正君過：包括於所謂補闕拾遺與從容獻納之內，其歸屬和演進與上一職權同。

三、封駁詔書：封駁詔書，西漢時原屬丞相的權力，後來幾經演變，南朝的梁陳，給事中始規定「省諸奏聞，文書意異者，隨事為駁」。後經唐的發揚，於是乃成給事中專有的職掌。迄清末改。

四、糾彈官吏：史稱糾察百僚。自秦下逮元朝，大體是御史的職掌中不再專言責，於是亦兼有此權。歷代察官的糾彈範圍並不限於官吏的職務上一切言行；各朝地方監察人員，如漢的刺史，隋的司隸臺大夫，唐的巡按使、監察御史等，且往往明定得察及地方的豪宗大族和妖猾盜賊等。

五、參與或覆覈審判：御史雖自隋唐以後始被視為法吏，但自秦漢以來，大抵均有參與或覆覈審判之權。唐代給事中和明清刑科給事中，亦掌此權。

六、政務審核：史稱受公卿奏事或分察百司。明清的給事中在這方面的權任特大。

七、財務審計：史稱掌計籍或度支。歷代察官多有此權。

八、人事考核：史稱對官吏的考課或課第。歷代臺院大致都有此權。

九、侍班及糾儀：史稱侍左右和監威儀。自秦漢以還，歷代臺院和給事中都有此權。（註八三）

## 第七節　諫官制度

御史是監察百官的官，而中國還有監察帝王的官。前者叫做察官，後者叫做諫官。

察官統稱御史，而歷朝的諫官則名稱繁多，包括諫大夫、諫議大夫、議郎、散騎常侍、司諫、正言、補闕、拾遺或給事中等。而給事中則除

諫諍外尚可封還帝王的詔書，請求重擬，所以權任特重。（註八四）

中國祖先雖早知諫的重要而躬行實踐，但它的理論則在周朝方始形成，國語所記召公諫厲王的話以及左傳子產不毀鄉校的故事，都很透澈、深入和動人。

孔子更指出對不義則當爭的道理，尤使帝王不敢拒諫。孝經諫爭章第十五，記孔子與子貢的這一段對話：

> 「曾子曰：『若夫慈愛恭敬，安親揚名，則聞命矣。敢問：子從父之令，可謂孝乎？』子曰：『是何言與！是何言與！昔者，天子有爭臣七人，雖無道，不失其天下。諸侯有爭臣五人，雖無道，不失其國。大夫有爭臣三人，雖無道，不失其家。士有爭友，則身不離於令名。父有爭子，則身不陷於不義。故當不義，則子不可以不爭於父，臣不可以不爭於君。故當不義則爭之。從父之令，又焉得爲孝乎？』」

諫與政治的關係，中國祖先了解最早。尚書是中國最古的歷史，它的堯典中記載舜受堯禪之後就「詢於四岳，開四門，明四目，達四聰。」（註八五）益稷篇又記載：「帝（舜）曰：『臣作朕（之）股肱耳目……予違汝弼，汝勿面從，退有後言』。」（註八六）

但是要求臣民能夠盡言而不面從，談何容易！戰國策所載鄒忌諷齊王納諫的故事乃是最確切的例證。

鄒忌是戰國時代齊國的大夫，身高八尺，容貌秀麗。另一位城北徐公乃是齊國著名的美男子。但是鄒忌的妻妾和賓客都說徐公不及他美。鄒忌不信，晚上細想，恍然大悟，而且想到一個大道理，於是入朝諫齊威王說：

> 「臣誠知不如徐公美。臣之妻私臣，臣之妾畏臣，臣之客欲有

求於臣，皆以美於徐公。今齊地方千里，百二十城，宮婦左右莫不私王，朝廷之臣莫不畏王，四境之內莫不有求於王。由此觀之，王之蔽甚矣！」威王很受感動，於是下令開言路。他的命令說：

> 「羣臣吏民能面刺寡人之過者，受上賞，上書陳寡人者，受中賞，能謗議於市朝聞寡人之耳者，受下賞。」

命令下達之後，進諫的人，把門庭擁擠得像市場那樣的熱鬧。經過幾個月之後，進諫人逐漸減少。一年以後，有人雖想批評，可是沒有可批評的資料了。於是齊國氣象更新，國家大治。燕趙韓魏等國都來朝賀。這是所謂「戰勝於朝廷」。（註八七）

鄒忌的故事同時說明，即使置了諫官賦以言責，但為諫官者仍難免有私、有畏或有求，而不能盡言，所以尚須帝王採取主動，誠於求諫和勇於納諫。

魏徵是中國歷史上最敢諫也是最能諫的人，但也不禁慨乎言之：「陛下導臣使言，所以敢言，若不受，臣敢數批逆鱗哉！」（註八八）

唐太宗從諫如流，固然是千古美談，而唐朝以後各帝也喜從諫。這是唐高祖樹立的楷模。史稱高祖對裴寂說：

> 「隋末無道，上下相蒙，主則矯矜，臣惟諂佞，上不聞過，下不進忠，至使社稷傾危，身死匹夫之手。朕撥亂反正，志在安人。平亂任武臣，守成委文吏，庶能各展器能，以匡不逮。比每虛心接待，冀聞讜言，然惟李綱善進忠款，孫伏迦可謂誠直，餘人猶踵弊風，俛首而已，豈朕所望哉！」（註八九）

但是良藥苦口，忠言逆耳，以唐太宗的英明以及與魏徵之君臣相得，他也竟想「撲殺（魏徵）此獠」。而且他曾下詔為徵立碑，並允以女下

嫁徵子。後來發現徵曾以諫章示史官褚遂良，認為徵有意表揚自己，怒而下令毀碑賴婚。(註九〇)至於歷朝因諫而遭暴君殺戮的諫官和御史更是史不絕書。但是奮不顧身，而懸諫、陷諫、死諫、尸諫、碎首諫、牽衣諫或扣馬諫的諫官或御史，仍是前仆後繼，光耀史乘。(註九一)

## 第八節　中共和蘇聯的檢察和監察

中國的御史監察制度，從秦朝一直實施到清朝，未嘗間斷。民國肇建，袁世凱時代曾改設肅政廳，它的肅政史在法制上也掌有對國務院官員的彈劾權，但為時很短，乏善可言。國民黨北伐前後，國民政府先後設置監察院，試行五權之治。民國三十七年行憲以後，監察委員改由民選，監察院成為民選國會的一部份，監察制度方澈底改觀。

### 第一項　檢察院

中共（「中華人民共和國」）是否有監察制度呢？一九七四年前是有的。但性質迥異於民主國家的國會監察，而是仿自蘇聯的檢察制度和監察制度。

蘇聯憲法第一百十三條和第一百十四條規定：蘇聯置總檢察長，由最高蘇維埃任命之，任期七年，負責監察中央各部會及其所屬各機構和公務人員，以及一般人民是否恪遵法律。中共一九五四年的憲法第八十一條也有類似的規定：「中華人民共和國最高人民檢察院，對於國務院所屬各部門、地方各級國家機關、國家機關工作人員和公民是否遵守法律，行使檢察權。」任期四年。（第八十二條）

蘇聯各級地方和中共各級地方都設置檢察檢關，由中央檢察機關統一領導，不受地方政府干涉。(註九二)

蘇共和中共的檢察機關都擁有司法性質的職權，代表國家偵查犯罪和訴追罪犯，不屬本書範圍，它們特別可以注意的，是對行政部門所負的監察任務。

中共舊憲法又規定：檢察院對行政機關有權提出要求、糾正或抗議，（但對國務院則不在此列），行政機關必須負責處理和答覆。但檢察院無權撤銷、改變或停止執行行政措施。

又第九條規定：

「人民檢察院發現國家機關工作人員有違法行為，應當通知他所在的機關給以糾正；如果這種違法行為已經構成犯罪，人民檢察院應當追究刑事責任。」

依此規定，檢察院當然不能予以彈劾或糾舉。中共政制中根本沒有彈劾權。

又第十九條規定：

「人民檢察院為執行檢察職務,有權派員列席有關機關的會議，有權向有關的機關、企業、合作社、社會團體調閱必要的決議、命令、案卷或者其他文件，有關的機關、團體和人員都有義務根據人民檢察院的要求提供材料和說明。」

在本條規定中，派員列席其他機關的會議，較為突出，其他規定乃屬當然。

中共檢察制度另一突出，與蘇聯一樣，檢察長是由全國人民代表大會所產生。而為便於統一指揮和控制，也和蘇聯一樣：

「省、自治區和直轄市的人民檢察院的檢察長、副檢察長、檢察員和檢察委員會委員，由最高人民檢察院提請全國人民代表大會

常務委員會批准任免。省、自治區、直轄市的人民檢察院分院和縣、市、自治州、自治縣、市轄區的人民檢察院的檢察長、副檢察長、檢察員和檢察委員會委員，由省、自治區、直轄市的人民檢察院提請最高人民檢察院批准任免。」

### 第二項　監察部

在檢察系統外，蘇聯和中共都另有一套監察系統，兩國都把它設在最高行政機關中。蘇聯設在部長會議（*Council of Ministers*），名叫蘇維埃監察部（*Commission of Soviet Control*）；中共設在國務院，名叫監察部。（註九三）

蘇聯的監察部負有三項任務：一是控制全國上下一切生產的、經濟的和財政的運作，並檢查經費和物資的處理和消耗；二是檢查法令的圓滿執行；三是編製決算報告。

保護財產和控制生產，當然是監察部的重要任務，但範圍不止於此，它必須監察及於一切國家功能的圓滿完成。

爲了執行這樣重大的任務，它享有廣大的權力，對一切部會、蘇維埃、合作社和其他公衆機構從事檢查和審核。它的詢問，調查和搜查的權力是沒有限制的。

對於違法失職的人員，包括浪費、懈惰、疏忽和對調查人員說謊，它都可予以處罰，包括罰款、譴責、建議主管人員予以降級和建議部長會議予以免職。它也有權提出糾正案。

監察部在各部會設置監察長（*Controller General*），並在下級機關分置監察人員。

蘇聯所屬各加盟共和國，也有它們自己的一套監察機關。（註九四）

中共的監察部有很多地方類似蘇聯。它的組織簡則第二條規定它的

事物對象是：「維護國家紀律，貫澈政策法令，保護國家財產」；它的
管轄對象是「國務院各部門、地方各級國家行政機關、國營企業、公私
合營企業和合作社」。

它的任務如下：

「（一）檢查國務院各部門、地方各級國家行政機關、國營企
業及其工作人員是否正確執行國務院的決議、命令；

「（二）檢查國務院各部門、地方各級國家行政機關、國營企
業執行國民經濟計劃和國家預算中存在的重大問題，並對上述部門、
機關、企業和公私合營企業、合作社的國家資財的收支、使用、保
管、核算情況進行監督；

「（三）受理公民對違反紀律的國家行政機關、國營企業及其
工作人員的控告和國家行政機關工作人員不服紀律處分的申訴，並
審議國務院任命人員的紀律處分事項。」（註九五）

監察人員有權向有關部門調閱必要的決議、命令、案卷和索取有關
資料，各該有關人員不得拒絕。

監察部發現違法失職情事時應該怎樣處理呢？處理辦法有如下列：

「（一）對于未執行國務院的決議、命令或者國家計劃的，可
以建議其執行或者通知其主管部門督促執行；

「（二）對于發布不適當的決議、命令、指示的，可以建議其
改正或者通知其主管部門予以改正。

「如果主管部門有不同意見的時候，監察部應當報請國務院處
理。」

「（三）對于違反紀律的，做出結論後建議其主管部門按照紀

律處分批准程序的規定給予處分，或者報請國務院批准予以紀律處分；

「（四）對于損害國家財產的,督促其主管部門依法令其賠償；

「（五）對于有犯罪事實的，應將案件移送人民檢察院處理。」（註九六）

此外，有兩項頗爲突出，該部組織法第八條第二款和第五條規定如下：

「（二）對于受紀律處分後工作有顯著成績或者經過考驗證明確已改正錯誤的,建議其主管部門或者報請國務院批准撤銷其處分；

「（五）對于向違反紀律行爲作堅決鬥爭的或者在國家財產遭受損害的時候搶救有功的，建議其主管部門或者直接予以表揚、獎勵。」

監察部享有很大的審計權：

「它對國家資財的使用、支付可以實行事先審查。審查的單位和項目由監察部與有關部門商定。在審查中發現並且確認有違反制度或者不合理地使用、支付國家資財的時候，可以通知被審查的單位停止使用、支付。」（註九七）

### 第三項　明日黃花蝶也愁

有一點應當指出，就是蘇聯和中共的檢察體系因爲直屬於「國會」，尚可認爲是國會監察，但它們的監察部則屬於政府，乃是行政監察。可是兩者既無彈劾權，也管不到最高行政機關，與民主國家國會的監察權能相差很遠。這是不難了解的，因爲它們是共產黨專政，既不分權，也

無制衡，一切聽命於共產黨，乃是最極端的集權政治。甚至連它們的最高蘇維埃（蘇聯）或全國人民代表大會（中共）也都是形式而已。

尤可注意的:中共一九七五年的憲法，已把檢察體系改得面目全非。它的第二十五條甚至規定:

> 「檢察機關的職權，由各級公安機關（按: 特務機關）行使。檢察和審理案件都必須實行羣衆路線。對重大反革命案件要發動羣衆討論和批判。」

從中共的特務管制到民主國家的國會監察，二者的距離是多麼遙遠呀！

## 第九節　分權再分權

### 第一項　孟德斯鳩的學說

上述那些監察制度，無論是古代的民主監察或御史制度和給諫制度，或共黨政權的檢察制度，卽使行得更好一點，都不能爲人民解決一個重要問題——都不能使統治階層尊重和保障人民的自由和權利。

依照盧梭（*Rousseau, 1672-1714*），政府是「邪惡之物（*evil*），也是必需之物（*necessary evil*）。」但他所倡導的社約論（*The Social Contract*）不能解決這個矛盾。反而孟德斯鳩（*Montesquieu, 1689-1755*）却在社約論出版前十四年已在他的名著法意（*The Spirit of the Laws*）中提供了一個方案，就是三權分立。

孟德斯鳩深信人類有濫用權力的自然傾向，所以任何政府，不問它的形式和實體如何，都會變成專制獨裁。他舉例說:

「如果立法權和行政權集中於一人或一個機關，人民便不可能
再有自由。因爲那個帝王或元老院便將頒訂暴虐的法律並以暴虐的
手段去執行。其次，如果司法權不能從立法權和行政權分離，人民
也不能有自由。因爲如果它與立法權結合起來，法官也變成立法者，
人民便將面對專橫的控制。如果它與行政權結合起來，法官可能使
出暴行和壓迫。」（註九八）

防制政府專橫的辦法，孟德斯鳩以爲第一，必須分權，分爲立法、
行政和司法等三個獨立的權，不讓它們集中於一人或一個機關；第二，
三權必須並立，必須平衡，不得有主從之分；第三，三權必須互相尅制，
不讓任何一權絕對放任和自由自在。

舉例以明之，行政機關應對立法機關享有否決權（*Veto*），以免立
法機關濫訂法律。立法機關對行政機關應有監察權，以資約束；司法機
關（法官和陪審團）應有權力保護人民的權利，免受立法和行政的侵害。

美國的三權憲法便是孟德斯鳩分權學說的實踐。美國總統對國會有
否決權，國會對總統和法官有彈劾權，而法官有權以法令違憲爲理由，
宣佈違憲法令無效。

### 第二項　孫中山的學說

孟德斯鳩的三權學說，據說很受英國政治制度的影響。他在法意第
十一編中有很長一章（第六章）敍述英國的憲法，大部份採自英儒洛克
（*Locke, 1632-1704*）的論文，（註九九）他在第五章推崇英國政制，說：「
在現今世界上有一國家是以支持人民的自由作爲憲法的直接目標，」它
就是英國。他接着就在下一章中詳述英國的憲法。

其實英國那時的政制並沒有分權，更沒有均權。英王的權力還是很

大。所以孟氏的學說，多半是他自己的創見。(註一〇〇)而且後來英國因為實施內閣制，英王固然沒有實權，內閣也只是國會的一個行政委員會，國會的權力顯得更大，與三權制更不相侔。現在真正實施三權憲法的，祇有美國和採行總統制的一部份國家。

　　但是即使以三權憲法而論，國會的權責仍嫌過大，因為它有立法權和監察權，在實施過程中，不獨顧此失彼，而且易被濫用。於是孫中山先生乃作進一步的分權主張，把國會的監察權分給另一個獨立的機關，又把原屬於行政權的考試權劃出來，另成一個部門。於是形成五權憲法。

　　中山先生提出五權憲法的主張，早在民國前六年十月十七日。他在東京錦輝館民報週年紀念會中演講：

　　　　「兄弟歷觀各國憲法，成文憲法是美國最好，不成文憲法是英國最好，英是不能學的，美是不必學的。英的憲法，所謂三權分立，行政、立法、裁判，各不相統，這是從六七百年前由漸而生，成了習慣，但界限還沒有清楚。後來法國孟德斯鳩，將英國制度，作為根本，參合自己的理想成為一家之學。美國憲法，又將孟德斯鳩學說，作為根本，把那三權界限，分得更清楚。在一百年前，算是最完美的，一百六十年以來，雖屢次修改，但美國文明，日日進步，土地財產增加不已，當時憲法，現在已經是不適用了。兄弟的意思將來中華民國的憲法，是要創一種新主義，叫做『五權分立』。」(註一〇一)

他在同一演講中對三權憲法有所批評：

　　　　「那五權除剛纔所說的三權之外尚有兩種，一是考試權——設獨立機關，專掌考試，大小官吏必須考試，定了他的資格，無論那官吏是由選舉的或由委任的，必須合格之人，方得有效，這可以除

却言從濫選及任用私人的流弊。……一為糾察權——專管監督彈劾的事。在中國從古以來，本有御史臺主持風憲，然不過君主的奴隸。現在各國，沒有不是由立法機關兼有監督權的，那權限總是不能獨立，因此生出無數弊病。比方美國糾察權歸議院掌握，往往擅用此權，挾制行政檢關，使他不得不俯首聽命，因此常常成為議院專制。除非有雄才大略的大總統，如林肯、麥堅尼、羅斯福等纔能達到行政獨立之目的。況且照正理上說，裁判人民的機關，已經獨立，裁判官吏的機關，却仍在別的機關之下，這也是理論上說不過去的，故此糾察機關也要獨立。」（註一〇二）

他以為五權分立可救三權鼎立之弊。他在民國五年對陸軍同胞社演講：

「何為五權分立？蓋除立法、司法、行政外，加入彈劾考試二種是已。此二種制度，在我國並非新法，古時已有此制。良法美意，實足為近世各國模範。古時彈劾之制，不獨行之官吏，即君上有過，亦不容絲毫假借。設行之近世，實足以救三權鼎立之弊。」（註一〇三）

中山先生在孫文學說第六章提出五院的名稱和它們與國民大會的關係：

「俟全國平定後半年，各縣已達完全自治者，皆選舉代表一人，組織國民大會，以制定五權憲法，以五院組為中央政府：一曰行政院，二曰立法院，三曰司法院，四曰考試院，五曰監察院。憲法制定後，由各縣人民投票選舉總統以組織行政院，選代議士組織立法院，其餘三院院長，由總統得立法院之同意而委任之，但不對總統及立法院負責，而五院皆對國民大會負責。各院人員失職，由監察

院向國民大會彈劾之，監察院人員失職，則國民大會自行彈劾而罷
免之。」（註一〇四）

但是中山先生不獨不及看到行憲後監察院的實施情況和效果，而且
也不及親自規劃監察制度的職權、組織和人事，以與他的理想相印證。
本書之作，乃是要把他的理想與現在實施情形結合起來，而與古今中外
有關資料相參證，作比較，看看中國的監察制度有無特殊的成就和價值
以及有無改進的必要和餘地。

## 第十節　多方面比較

孟德斯鳩的法意，不獨就政治制度首倡了分權的理論和辦法，而且
就政治學的研究也樹立了比較法（*Comparative methods*）的模式。勃林
頓教授在「文明史」中指出：「後來政治思想家把孟德斯鳩所用的比較
法善加利用以闡明孟氏關於地理、宗敎和政治有相互關係的判斷。」
（註一〇五）

所謂比較法，是指一套研究程序，把一種或其有關現象加以分析，
何者相同，何者不同，以獲得並分類：㈠促成和發展這些現象的因素是
什麼以及㈡這些現象的內部和兩者之間的相互關係的模式是什麼。

孟德斯鳩用這個方法，廣泛的蒐集資料，有些取自書本，有些得自
旅行，有些出於實驗，然後依照幾個題目加以分類，並分別其異同，硏
究其異同的原因和相互的關係，從而創獲法制方面許多基本原則，分別
寫入法意中。

法意是一本鉅著，全書三十一卷，英文譯本共達五百九十二頁，但
其中敍述三權分立的篇幅僅佔二卷。全書精義，是指出法律和制度與其

他事物的關係。他的重要結論之一，是：個別社會的法制，乃是歷史情況和自然環境的產物。

孟氏研究和寫作法意的時間，長達二十年。其中中國方面的資料，他也用了十種之多。

他自述他的甘苦和心得。他在該書序言中說：

「在我必須回溯古代事物時，我竭力體會着古人的精神，因恐我會將不同的事物認爲雷同，又恐忽略了同中之異。」（註一〇六）

所以他說：

「我沒有從我的成見引出我的原理原則，後者都就許多事物的本質加以研究而得」。他指出：「這裏的許多眞理沒有顯現出來，直到我們看到了那些互相串連起來的現象。我們對於許多個別的現象愈能深入，我們就愈能認知基於它們所生的原則的確定性。」（註一〇七）

善哉一位哲學家布思（*Buss*）所說：

「這個世紀所以能夠這樣的神奇，不是因爲有着許多簡單的眞理，而是因爲有了發現這些眞理的方法。」（註一〇八）

孫中山先生的五權憲法，也是把許多現象和資料用歸納、比較和推論等方法和過程，從而獲得必須再分權的結論，而不是僅用頭腦幻想出來的。請看他自己說：「故兄弟當亡命各國的時候，便很注意研究各國的憲法。」（註一〇九）

　　例如在上引中山先生自己的話中，他已提到中國固有的御史制度和諫官制度以與外國的分權制度相比較。

　　此外，他也參考過許多外國學者的主張。例如他說：

　　　「兄弟想起從前美國哥倫比亞大學有一位教授叫做喜斯羅，他著了一本書，叫做自由。（註一一○）他說憲法三權是不夠用的，要主張四權。那四權的意思，就是要把國會中的彈劾權拿出來獨立，用彈劾權同立法權、司法權、行政權作為四權分立。他的用意以為國會有了彈劾權，那些狡猾的議員往往利用這個權來壓制政府，弄到政府一舉一動都不自由，所謂動輒得咎。……可見在美國裏頭，已經有人先覺悟了。」（註一一一）

　　他又提到另一學者巴直也著過了一本書，叫做自由政府，（註一一二）說明中國的彈劾是自由與政府間的一種最良善的調和方法。（註一一三）


## 註　釋

　　（註一）比較法自亞里士多德首先使用以後，為用日廣，現更盛行。著著書架中就有幾本比較研究的書，包括王世杰先生的比較憲法。本書導論第十節有較詳說明。

　　（註二）國父全集第二冊，柒一第九○頁。又何紹宗教授近著，三民主義之思想淵源，指出民族主義、民權主義和民生主義何者來自「因襲」，何者由於「規撫」，何者乃是「獨創」。

　　（註三）國父全集，第一冊，貳一六頁。

　　（註四）「上好禮……」論語，子路第十三章；「君子之德……」論語顏淵第十，「君仁莫不仁……」，孟子，離婁上，第二十一章。

　　（註五）周禮卷四，第六三頁。鄭玄註：「保氏司諫司救，官之長」。書敘說：「周公為師，召公為保，相成王。」

　　（註六）司馬光，諫院題名記。

（註七）漢書，百官公卿表，第六五頁。

（註八）同註六。

（註九）林子勛國父學說與西方文化，第一、三四、四七各頁。

（註一〇）*Joseph Harris, Congressional Control of Administration,* P. 292-297.

（註一一）*Richard L. Walker, The Control Yuan of the Chinese Government,* 原載 *The Far Eastern Quarterly, Vol. VII, November 1947, No. 1,* P. 3.

（註一二）同前 *P. 4.*

（註一三）馬漢寶，*The Control Yuan: An Independent Supervisory Organ of the State,* 原載 *Washington University Law Quarterly, Vol. 1963, December 1963, No. 4.*

（註一四）*Tao Pai Chuon, The Chinese Ombudsman and Control System,* 原載 *St. John's Law Review, Vol. XII, No. 3, January 1967.*

（註一五）*Bernard Frank* ，他所主持的監察長研究委員會，每年出版一份報告，叫做 *Development Report* ，其中列有中國監察院一節。一九七四年本書著者訪問英國國會監察長 *Sir Alan Morre*，他就是從那份報告獲悉中國有監察院。

（註一六）本書著者一向將 *Ombudsman* 譯爲監察使，而臺灣大學幾位敎授如傅啓學、張劍寒、胡佛和陳文仁諸先生則譯爲監察長。他在寫本書時，從審計長一詞聯想到監察長，鑒於二者都爲國會執行一部份監察職務，審計旣稱長，監察使自以改稱監察長爲宜。參看陶百川叮嚀文存第七册「監察制度新發展」，第二一七——二二四頁。

（註一七）*Heitland, The Roman Republic, I, p. 87, Note 1.*

（註一八）*Liry, History of Rome, Vol. 8,* P. 2-5.

（註一九）*Botsford, The Roman Assemblies,* P. 62, 64, 304.

（註二〇）*Von Pritz, The Theory of Mixed Constitution in Antiquity,* P. 165.

（註二一）*Cicero, Law, III,* P, 2-5.

（註二二）同註一八 *XIII,* P. 23.

（註二三）*Will Durant, The Story of Civilization, BK III,* P. 29, 215.

（註二四）同註一七，P. 120.

（註二五）依照荷馬史詩，（紀元前九〇〇年），在紀元前一千年以前，希臘已有各部落的國民大會和貴族的參議會，與國王共掌國政。

（註二六）*Brinton, Christopher and Wolff, A History of Civilization,* P. 60.

（註二七）　*Will Durant, The Life of Greece, P. 115.*

（註二八）　*Edward Burns, Western Civilization, P. 137-138.*

（註二九）　同前，*P. 125.*

（註三〇）　*The New Funk and Wagnallk Encyclopedia, Vol. 25, P. 9236.*

（註三一）　同註二七。又據濮德玠先生見告，所謂「貝殼」實際是在碗盞陶器的底座上刻被放逐人的姓名。

（註三二）　同前。

（註三三）　同註二六，第二三九頁。

（註三四）　同前。

（註三五）　史記第一冊，第三〇頁。

（註三六）　同前，第八二頁。

（註三七）　同前，第八三頁。

（註三八）　舜受堯禪是在西曆紀元前二千二百四十餘年；而希臘梭倫的改革僅在紀元前五九四年。

（註三九）　周禮，卷三五，第一頁。

（註四〇）　同前，卷一，第一頁。

（註四一）　但有人却認為周禮是僞書。例如賈公彥：「周禮正義序」說：「林孝存以為武帝知周官（為）末世瀆亂不經之書，故作十論七難以排棄之」。何休亦以為是六國陰謀之書。但卽使所稱非誣，該書作者也是周朝人，它所記古代的故事，應有相當高的可信程度。

（註四二）　尙書，卷一，第一一頁。

（註四三）　同註三五，第三九頁。

（註四四）　同前，第四二頁。

（註四五）　同前。

（註四六）　周禮，卷六，第一一頁。

（註四七）　同前。

（註四八）　同前，第一三頁。

（註四九）　馬空羣：「秦漢監察制度」，第二頁。

（註五〇）　周禮，卷六，第一二七頁。

（註五一）　*Von Pritz, The Theory of Mixed Constitution in Antiquity*，敍述古代羅馬希臘君民共治的混合政治。

（註五二）　同註三五，第二五八頁，（始皇）「於是使御史悉案問諸生。諸生傳相告引，乃自除犯禁者四百六十餘人，皆坑之（於）咸陽」。

（註五三）　吳汝綸，「諸子集評」，第四冊，第七九四頁。

（註五四）同前，第九三三頁。

（註五五）同前，第七七一頁。

（註五六）同前，第九一三頁。

（註五七）同前，第九二三頁。

（註五八）史記，第七冊，第二一五五頁。

（註五九）同前，第八冊，第二五五四頁。

（註六〇）同前，第二五五七頁。

（註六一）同註三五，第二三五——二三六頁。

（註六二）同前，第二五八頁。

（註六三）同前，第二五九頁。

（註六四）同前，第二六七頁。

（註六五）同註五九，第二五六一頁。

（註六六）同前，第二五六八頁至二五六九頁。

（註六七）黃本驥，歷代職官表，附錄：瞿蛻園，歷代職官簡釋，第一二八頁，關於御史臺的簡釋如下：漢代御史居殿中蘭臺。臺是宮廷建築之稱。魏晉以後，遂以御史治事之處爲臺。至漢之御史大夫治事之處則稱爲府。（註：另說東漢已改稱爲御史臺）。隋、唐之制，其他機構，最高稱省，其次稱寺、監，而府反爲較低級機構之稱。惟御史臺則稱臺，臺省並稱，即指中央最高職權所在。唐代御史臺之組織與其他機構不同。御史大夫及御史中丞雖爲御史臺之長貳，然御史非其屬官。且大夫、中丞亦不理本臺事務，理事者謂之侍御史知雜，多以品秩較高之郎中、員外郎兼充。御史分爲三種，各居一部分。侍御史稱臺院，地位較高，殿中侍御稱殿院，監察御史稱察院。唐高宗時曾改御史臺爲憲臺，大夫爲大司憲，中丞爲司憲大夫。武周時改爲肅政臺。又一度分左、右臺，左臺知百官及軍旅，右臺察州縣，後皆復舊。東都有留臺，設官，與本臺相同，惟員額較少，稱爲分司御史，其留臺稱東臺。宋則以在洛陽者爲西臺。

（註六八）同前，第一二九頁，關於御史大夫的簡釋如下：秦始置御史大夫，自此以後，相沿爲御史臺的主官，在中央官職中居崇高的地位。在古語中，史是文書官之意，上古的官很多是以史爲名的，御史就是君主左右掌文書檔案記錄等事的。御史大夫等於御史之長。但秦、漢制度，御史大夫一方面是中央政府秘書長的性質，一方面是立於行政系統以外的監察長性質。同時，由於地位的隆重，又與丞相、太尉合稱三公，而丞相缺位時，往往即由御史大夫遞升。御史大夫之下有御史中丞，有侍御史。東漢改以太尉、司徒、司空爲三公，御史大夫已蛻變爲執政之一員，不再是秦及漢初的舊制，並御史大夫之名亦已停廢。此後相沿，多即以御史中丞爲御史之長。直至隋代，始復大夫之名。然隋代之御史大夫，仍是御史中丞之改名。惟

唐代始於御史臺置御史大夫一人爲臺長。但唐以後之御史大夫，名雖崇重，實權已輕，至宋代又多缺而不補。金、元則虛存其名。明、清遂將御史大夫一官廢去，而於都察院改設都御史、副都御史等官。

（註六九）同前，第一三〇頁，關於御史中丞的簡釋如下：漢制，御史大夫之下有御史中丞。漢書，百官公卿表云：「在殿中蘭臺，掌圖籍秘書。外督部刺史，內領侍御史員十五人，受公卿奏事，舉劾按章」。據此，漢代的御史中丞及侍御史的職務相當廣泛，一方面掌握中央檔案館及圖書館，一方面處理直達君主的一切奏章，並且監督在外行使巡察權的各部刺史。自東漢以後不設御史大夫時，即以御史中丞爲御史之長。御史中丞號爲臺主，與司隸校尉俱爲擁有權威之督察官。通典云：「自皇太子以下無不糾，初不得糾尙書，後亦糾之。中丞專糾行馬內，司隸專糾行馬外。雖制如是，然亦更奏豪官，實無其限」。行馬內指殿廷中，行馬外指京畿地區之一切官民也。故後漢書宣秉傳載：「光武特詔御史中丞與司隸校尉、尙書令在集會時不與他官聯席，號爲三獨坐」。因中丞爲皇帝之耳目，糾彈百官過失，司隸校尉爲皇帝之爪牙，備禦非常，而尙書令則爲皇帝之直屬政務官，皆爲人所敬憚，故特表其尊嚴。唐代節度使多帶御史大夫，觀察使多帶御史中丞，中葉以後，大州刺史之在近畿者亦往往帶中丞，遂成爲定例。若末葉則薄大夫中丞而不屑爲，節鎭幾無不檢校三公、侍中、中書令、僕射者。至正任之御史中丞乃宰相以下之要職，雖其官秩至會昌中始由正五品升至正四品，而權任有時反在六部尙書侍郎及尙書左右丞之上。故裴度身爲中丞，與宰相武元衡同被刺，即繼元衡爲相。宋承唐制，御史大夫不除人，即御史中丞亦往往以他官兼權。明設都察院、都御史、副都御史，自此不再有大夫中丞之名。大夫已成泛稱，無人以之稱都御史。惟副都御史勉強用以比附古之中丞。清代因巡撫兼右副都御史，於是對巡撫無不稱中丞者，相沿爲俗，積久難改。至於在京之左副都御史，則人但稱爲副憲，從不稱爲中丞。

（註七〇）漢書，百官公卿表，第六四頁。

（註七一）同註六七，第一六九頁，關於監察御史的簡釋如下：隋、唐始置監察御史，爲御史臺各種御史之一。據唐六典，掌分察百僚，巡按郡縣，糾視刑獄，肅整朝儀。在各種御史之中品秩最低，僅居正八品。唐代監察御史多以新進爲之，因此，比較風厲不畏事，易於顯露頭角。在朝列中爲人所嚴憚，本身亦自視頗高。至明代，其他御史皆已裁廢，只留監察御史一種，監察御史遂爲都察院之唯一成員，久之，並監察二字亦常省去不稱。又唐、宋監察御史人數少，後世增多，而明代尤多。宋代監察御史分六察，是按性質而分，明、清分若干道，則是按地區而分。明代監察御史分十三道，每道多者至十人，清代分十五道，多者滿、漢各三人，少者各一人。明代之十三道以河南道爲首，無南北兩直隸，原因是分道本爲出巡而設，直隸中央的地區不在出巡之列，所以不設。然久之失去原意，某道御史既不一定出

巡某道，也不一定專管某道的監察。及至清代，遂添設京畿、江南兩道。但仍保留明代習慣，以河南道居京畿道之次。清制，關於御史分道之職掌如下：京畿道（等於首席道）分理院事及直隸盛京刑名，稽察內閣、順天府、大興宛平縣。河南道分理河南刑名，照刷諸司卷宗，（刷卷是明代關於查核檔案的制度）稽度吏部、詹事府、步軍統領、五城。江南南道分理江南刑名，稽察戶部寶泉局、左右翼監督、在京十二倉、及總漕、三庫之奏銷。浙江道分理浙江刑名，稽察禮部、都察院。山西道分理山西刑名，稽察兵部、翰林院、六科、中書科、倉場等。山東道分理山東刑名，稽察刑部、太醫院、總河、及五城緝捕。陝西道分理陝西刑名，稽察工部、寶源局，覈勘在京工程。湖廣道分理湖廣刑名，稽察通政使司、國子監。江西道分理江西刑名，稽察光祿寺。福建道分理福建刑名，稽察太常寺。四川道分理四川刑名，稽察鑾儀衞。廣東道分理廣東刑名，稽察大理寺。廣西道分理廣西刑名，稽察太僕寺。雲南道分理雲南刑名，稽察理藩院、欽天監。貴州道分理貴州刑名，稽察鴻臚寺。又八旗事務每年以滿洲科道四員稽察，宗人府以宗室御史稽察，內務府以陝西貴州道滿州御史兼管。然實際上御史在糾彈或建言時不分區域亦不分職務性質。又十五道各有掌印一人，以資深者遞轉，官銜稱掌某某道監察御史。又明代之監察御史秩正七品，已較唐、宋為高，清代更升為從五品。多由各部保送正途出身之司員考補，或由翰林院編修、檢討升授。若受處分，則往往飭同原衙門行走。御史的升途，在內為給事中，在外為知府。

　　（註七二）同前，第一五一頁，關於都察院的簡釋如下：明、清中央監察部門之總滙稱都察院。唐制御史臺分三院，監察御史稱察院，明廢侍御史及殿中侍御史，僅設監察御史，故逕去御史臺之名，改稱都察院，以總領各道監察御史，而以都御史副都御史為其長。至清代更以六科給事中併入，合稱御史及給事中為科道。與唐、宋臺官諫官分職之制不符，為官制上一大變革。但都察院亦承古代御史臺之規制，不在行政系統之內。對君主進行規諫，對政務得進行評論，對大小官吏均得進行糾彈。在外則總督、巡撫皆帶都察院都御史副都御史銜，得對其轄境內於行政權外兼行監察權，表明其地位之特殊。至科道官不能兼任行政職務，表明其不受牽制。又都察院之組織無長官與屬員之分，科道官皆獨立發言。又低級官吏或士人有建議事件，可由都察院代奏，被參處的官吏有冤抑或百姓有所控訴而行政官署不予處理或處理不當的，亦可向都察院陳述。吏部官員本身有過失，亦由都察院議定處分。本書著者加註補充：明史職官志載：成祖朝以後，給事中分吏科、戶科、禮科、兵科、刑科、工科等六科，除各科有其各別之職掌外，六科之共同職掌，為「掌侍從規諫，補闕拾遺，稽察六部百司之事。凡制敕宣行，大事覆奏，小事署而頒之。有失，執還封奏。凡內外所上章疏下，分類抄出，參置付部駁正其違誤」，具見其職權之大。故顧炎武謂：「明代雖罷門下省長官，而獨存六科給事中，以掌封駁之任，

旨必下科，其有不便，給事中駁正到部，謂之科參，六部之官無敢抗科參而自行者，故給事中之品卑而權特重」。

（註七三）C. O. Hucker, The Censoril System of Ming China. (1966 年)。

（註七四）明史，第一冊，第八九頁。

（註七五）同前。

（註七六）芮和蒸：西漢御史制度，第五三頁。

（註七七）宋史，第十冊，第四二六八頁。

（註七八）續資治通鑑，宋紀卷一百七十……「藝祖（宋太祖）有誓約，藏之太廟，誓不殺大臣及言事者，違者不祥。」

（註七九）清史稿。轉引陶百川叮嚀文存第七冊，第一七四頁。

（註八〇）同註七六，第四二頁。

（註八一）漢書第四冊，第一三五〇頁。

（註八二）漢官典職儀式選用，第五頁。參看陶百川叮嚀文存第五冊回國前後，第五〇——五三頁。

（註八三）胡佛等七人，中華民國監察院之研究，上冊，第九二、九三頁。

（註八四）同註六七頁，第一四六頁，關於給事中的簡釋如下：「給事中」三字即是在內廷服務之意。漢制，無論何官，加上給事中的銜稱，就可以出入宮內，接近皇帝，所以與中常侍、侍中、給事黃門、奉朝請等都稱爲加官。既非正規官，自然無員額，也無一定職掌。據「漢書」所載，有給事中加官的人，本官的高卑頗相懸殊，有的是御史大夫、將軍、九卿，有的不過是博士、謁者。魏、晉以後才漸變爲正官，在南北朝屬集書省。「隋書」百官志稱其職務爲掌侍從左右，獻納得失，駁正文書。而後魏給事中之名號特多，給事中以外又有中給事中，而給事中又加以職務分別，如選部給事中，主客給事中，南北部給事中等。至唐而給事中爲門下省之要職，秩正五品，員四人。據白居易稱其職掌云：「凡制勅不便於時者得封奏之，刑獄有未合於理者得駁正之，天下冤滯無告者得與御史糾理之，有司選補不當者得與侍中裁退之」。其言較之「六典」職官志尤爲明切。「新唐書」百官志復補之云：「凡百司奏鈔，侍中既審，則給事中駁正違失，詔勅不便者塗竄而奏還，謂之塗歸」。唐代給事中是能行封駁之職的。封是封還詔書不行下，駁是駁正詔書之所失。其所以能如此，因爲唐制，關於處理政務的詔勅，是中書擬就，通過門下發交尙書省執行。在發下以前，門下省自然還可以發表意見。所以唐代詔書開頭就是「門下」二字，意思是交給門下，再去發表。若淸代的上諭，直接用皇帝的名義發出，就無所謂封駁，即使科道可以建言，也只能在事後補救了。宋代給事中已成虛名，而別在銀臺司設封駁司以代給事中之任，元豐新官制始恢復給事中本職。宋以後三省制廢，諫官盡罷，無所附麗。

（註八五）尙書，虞書，第四一頁。

（註八六）尙書，第七九頁。

（註八七）戰國策，卷第八，第五——六頁。

（註八八）唐書魏徵傳，第二六四頁，新唐書魏徵傳，第二八一頁，文字稍不同。

（註八九）唐書孫伏伽傳，第二七三——二七四頁。

（註九〇）新唐書魏徵傳，第二八二頁。

（註九一）趙虛吾，「諫話」，第一二七——一三四頁。

（註九二）蘇聯憲法第一一五條至第一一七條，中共舊憲法第八一條和第八三條。

（註九三）蘇聯憲法第七〇條，中共國務院組織法第二條。

（註九四）*Herman Finer, The Major Governments of Modern Europe, P. 642.*

（註九五）中共監察部組織法第二條。

（註九六）同前，第七條和第八條。

（註九七）同前，第五條。

（註九八）*Montesquieu, The Spirit of the Law, BK XI, CK. 61, P. 151-152.*

（註九九）同前，*P. 151-162.*

（註一〇〇）同前，*Franz Neumann* 的導論，*P. LIII.*

（註一〇一）國父全集，第三册，第一四——一五頁。

（註一〇二）同前，第一五頁。

（註一〇三）同前，第一五〇頁。

（註一〇四）同前，第二册，第五五頁。

（註一〇五）*Briton, Christoper and Wolff, A History of Civilization, P. 60.*

（註一〇六）同註九八，*Montesquieu* 的 *Preface.*

（註一〇七）同前。

（註一〇八）*E. Buss, Montesquieu and Cartesius, P. II.*

（註一〇九）國父全集，第四册，貳——一。

（註一一〇）喜斯羅或係指 *Hugh Cecil* 曾著 *Liberty and Authority* ，但係英人，且未聞其曾任哥大敎授。

（註一一一）同註一〇九，貳——二。

（註一一二）巴直係指 *John W. Burgess*，曾著 *Reconciliation of Government with Liberty*。參看崔書琴，「三民主義新論」。

（註一一三）同註一〇九，貳——七。

# 第一章　國會監察與監察權

## 第一節　國會監察的意義

　　國會監察，是中央民意代表機關對政府機關的人員、財物、施政和其他法定事項的監察，包括同意、彈劾、糾舉、糾正、審計和監視以及為達成這些任務所必需的質問、視察和調查，以對違法失職的事前防止和事後懲處。

　　這個定義，是以中華民國憲法為依據，與孫中山先生的構想，並不完全相符，與世界其他國家的政制也有出入。但本書既以中國現制為研究中心，自宜以中國現行憲法為準。其實如果不膠着於中山先生早年的兩句話：「監察權就是彈劾權」和「立法機關就是國會」，則中國現制，與他的基本思想，相差並不很遠。

　　至於其他民主國家的國會，代表人民監督政府，在立法權和財政權外，通常都享有監察權。（註一）美國憲法學者蓋羅渭在他為美國計劃協會所寫「美英兩國國會組織和工作」（註二）的研究報告中列有「監察」專章：國會「對於政策和行政的監察」。其中美國制度的國會監察權，蓋羅渭指出下列五種：

一、對於總統委任行政人員和法官的監察；

二、對於委任立法的監察；

三、對於政府支出和公款的監察；

四、立法的否決權；

五、對於外交事務的監察。（註三）

關於英國國會的監察，蓋羅渭強調質詢的重要。他說：

「英國下院在會期中大約有一半時間專用以批評政府的政策和行政，這些時間和批評，大半爲反對黨而不是爲個別議員所控制。」

他在該書加以說明：

「每週四天，每天第一小時，專作質詢之用。議員對於政府各部的質詢，先以書面提出，並印於當日議程中，每天約有七十到八十個質詢，另有若干口頭的補充質詢。這些都須由有關部門的首長予以口頭答覆，必須用心應對。這是國會用以監察政府並揭發它的醜事的方法，很受國人的注意並廣爲宣揚。」（註四）

美國另一位政治學者強調：

「一個質詢印在議程中雖只一隻手掌的大小，但可能形成怒吼緊張的風暴，雷聲隆隆，電光閃閃。一次質詢不能解決問題，便會另定日期展開政策性的辯論。」（註五）

英國國會對政府各部門的監察權都很廣泛。對於內閣閣員的監察，英國國會沒有同意權，但可用不信任案使他們去職。

其次，國家政務日繁，國會不克自訂那麼多法律加以控制，於是委託政府頒佈行政命令。英國國會在一九五二年頒訂法律六十四種，而內閣行政命令之向國會備案者多達二千三百十二種。對於後者的執行情形，國會經常用質詢等方式，一九四四年開始，並設置行政命令委員會（*Committee on Statutory Instruments*）加以監察。

對於財政的監察，英國不獨設有審計部，國會內部且設有國庫支出

委員會（*Estimate Committee*）作經常調查。

　　自從國營事業發展後，英國國會設有十三人委員會負責監察國營事業。（註六）

　　一九六七年三月，英國國會在監察制度方面又跨前一大步，設置了國會監察長（*Parliamentary Commissioner for Administration*），就人民書狀從事於略似中華民國監察院的調查、糾舉和糾正。（註七）

　　但正式用「國會監察」的名義以寫成一本專著的，首推美國哈律斯教授的國會對行政的監察（*Congressional Control of Administration*）。（註八）那是他應美國一個公共事務的學術研究機構，布魯金研究所（*Brooking's Institute*）的邀請而撰寫的。

　　該所董事長考根斯（*Carkins*）在該書序言中敍述出版該書的動機：

　　　　「國會的主要功能是立法，（規定於美國憲法第一條第一和第八節）。國會的立法功能是制定國家大政方針，並爲執行它們而建立機關和配備經費。這些措施本已含有監察的作用。（那本來是總統的職權）。但是這種監察的權力要多大以及如何適當的執行，乃是需要不斷研討的問題。」

　　考根斯指出該書的任務：

　　　　「隨着行政功能的增長和擴大行政人員裁量權能的需要，適度監察的執行日益困難。爲了對行政監察的發展，國會採用了傳統的方法，也使用了一般立法的監察以外的新方法。這些種種不同的監察方法乃是本書所研討的題目。」

　　該書共分十章，由此可知美國國會監察職權的輪廓。（註九）

## 第二節　國會監察權概觀

民主國家的國會都掌有很大的監察權。美英兩國已見前節，現在再舉數例：

一、關於同意權者：西德憲法第六十三條規定：「一、聯邦總理由聯邦總統提請聯邦議會不經討論選舉之。」「得聯邦議會議員過半數票（同意）者爲當選。」如果未得過半數同意，聯邦議會得於十四日內以過半數票自行選舉一人爲聯邦總理。第一次選舉如無人當選，聯邦議會應卽重行投票，以過半數者當選，如再無人過半數，聯邦總統應於第七日將其任命爲聯邦總理或解散聯邦議會。(註一〇)

巴西憲法第六十三條規定：

（參議院）「一、以秘密投票同意本憲法所規定法官之任命以及國家檢察長、會計檢查院檢查官、聯邦區長官，國家經濟委員會委員及常駐外交使節團團長之任命。」

二、關於彈劾權者：西德憲法第六十一條規定：

「一、聯邦議會或聯邦參議院得以聯邦總統故意違反本基本法或任何其他聯邦法律向聯邦憲法法院提出彈劾。彈劾案之動議至少須聯邦議會議員四分之一或聯邦參議院投票四分之一之贊同，始得提出。彈劾案之決議以聯邦議會議員三分二或聯邦參議院投票權三分二之多數決定之。起訴由彈劾機關委託一人行之。

「二、聯邦憲法法院如認定聯邦總統故意違反本基本法或任何其他聯邦法律，得宣告其解職。彈劾程序開始後，聯邦憲法法院得

以臨時命令決定停止其行使職權。」

巴西憲法第八十八條規定：

「總統被控而經衆議院議員絕對多數認爲該控訴案成立時，關
於普通犯罪應受聯邦最高法院，關於逃責罪應受參議院之審判。

「上項控訴案成立時，總統職權應即停止。」

三、關於審計權者：西德憲法第一百十四條第二項規定：

「決算由審計院審定之。該院構成員享有與法官相同之獨立性。
爲解除聯邦政府之責任，一般決算及資產負債概況，應於下會計年
度中連同審計院之審查意見提出於聯邦議會及聯邦參議院。決算審
查，由聯邦法律規定之。」

巴西憲法第七十七條第四項規定：

「會計檢查院，應就總統每年向國會提出之決算報告，於六十
天內，表示意見。會計檢查院於法定期內，未受到上述報告時，應
爲法定目的將該事實通知國會，並將上會計年度之詳細報告，提出
於國會」。

又第七十六條規定：

「會計檢查官經參議院同意由總統任命之，其權利、保障、特
權及薪俸，與聯邦控訴院法官相同」。

四、關於糾舉權和糾正權者：西德憲法第四十五之二條規定：

「聯邦議會應指派一軍事監察長（*Defense Commissioner*），以

確保（軍人之）基本權利，並協助聯邦議會施行議會監察權。其細則由聯邦法律規定之。」（註一一）

瑞典憲法第九十六條規定：

「國會在每屆常會，任命有法律知識而聲譽卓著之忠實人士二人，一人爲司法監察長，一人爲軍事監察長，令其代表國會，依國會之訓令，監督法律之遵守。凡依第八十七條第一項制定之法律而屬於軍事事項者，以及由軍隊預算內領取薪俸之公務員及職員，由軍事監察長監督之。法院及公務員與職員辦理事件是否依照法律規定。由司法監察長監督之。監察長對於上述各種人員執行公務，若發現其有不公平或枉法失職之行爲，得控訴於有管轄權之法院。監察長所負之責任與義務，與檢察官依民法、刑法及訴訟法所負之責任與義務同。」

五、關於調查權者：西德憲法第四十四條規定：

「聯邦議會有設置調查委員會之權利，經議員四分之一之動議，並有設置之義務，調查委員會應舉行公開會議聆取必要證據。會議得不公開。」

巴西憲法第五十三條規定：

「衆議院及參議院，若有各該院議員三分之一之要求，應就特定事項，設置調查委員會。」

又第五十四條規定：

「衆議院、參議院或其委員會，就事前決定之事項請求內閣部

長親自說明時，該內閣部長有出席衆議院、參議院或其委員會之義務。無正當理由而不出席時，則構成逃責罪。」

現在請看中國監察權的輪廓。

中華民國憲法第九十條規定：「監察院爲國家最高監察機關，行使同意、彈劾、糾舉及審計權」。又憲法規定監察院得向行政院提出糾正案，並爲行使這些職權，享有很廣大的調查權。

所謂同意權，是說總統在任命某些官員前，須先徵得國會的同意。這個制度顯然是美國的產物。

監察院現在對下列四種官員的任命享有同意權：司法院院長和副院長、考試院院長和副院長，大法官和考試委員。美國參議院則有對更多官員任命的同意權，從最高法院院長到鄉鎮郵政局長。換言之，美國總統任命聯邦政府的重要官員，都須得參議院的同意。

監察院可以彈劾總統或副總統和中央政府或地方政府的一切官員。彈劾的理由，是失職或違法。彈劾案須由監察委員一人以上的提案，並經輪值監察委員九人以上的審查和議決。但是對總統副總統的彈劾案，必須監察院全體委員四分之一以上委員的提案和過半數委員的通過。對總統副總統的彈劾案送交國民大會處理。對一般公務員的彈劾案，則送交司法院公務員懲戒委員會處理。

美國國會的彈劾案，需要衆議院二分之一議員的通過，方能向參議院提出。參議院的懲戒處分，需要三分之二的通過。因爲程序這樣審愼而立法工作又很沉重，結果在美國國會的歷史中，彈劾案只有十二件，受懲戒的公務人員只有四人。它與中國監察院形成強烈的對照；在一九七二年，監察院提出九件彈劾案，有公務員三十人受懲戒。依照海伊斯教授，美國人對他們的彈劾程序頗不滿意，幾次想修改憲法，都未成功。

「將來的展望如何？」海伊斯教授說道：「雖然幾千公務員似乎都應被彈劾，但是事實上，從許多前例可以知道實際被彈劾的可能性是愈來愈小了」。（註一二）

監察院行使彈劾權外，還行使糾舉權，對違法失職的公務員，監察院可以彈劾，也可以糾舉。糾舉和彈劾，有三點不同：第一、糾舉案是要使被糾舉者停職或請該機關速作急速處分。第二、糾舉案只要監察院委員三人，不需委員九人的審查和決定；第三、糾舉案不送公務員懲戒委員會懲戒，而送請該員的上級長官予以停職或作其他急速處分。

倘被糾舉公務員的長官不予處理，或處理而監察院認為不適當時，監察院可以彈劾該被糾舉的公務員。他日該公務員如受公務員懲戒委員會的懲戒，則該長官當負失責之責。

監察院也行使審計權。立法院議決預算之後，審計程序就對款項用途加以審核。審計有事前審計和事後審計兩種。事前審計是審核各機關所需款項是否列入預算以及對營繕工程和購置或變賣財物的稽察。事後審計是審定各機關的收支並調查其財政支出是否不法或不忠以及績效如何。

監察院將審計權交給審計部行使。審計部的職務有如下列：一、監督預算的執行；二、核定收支命令；三、審核財務收支，審定決算；四、稽核財物和財政上不法或不忠於職務的行為；五、考核財務效能；六、核定財務責任；七、其他依法律應行辦理之審計事項。

監察院行使另一重要職權，所謂「糾正權」。中國憲法第九十七條規定：「監察院依照行政院各部會分設若干委員會，調查一切設施，注意其是否違法或失職」。監察院發現公務員違法失職或措施不合，除提出彈劾案或糾舉案外，可以提出糾正案，送請行政院或其有關部會，促其注意改善。

中國憲法第九十五條規定：「監察院為行使監察權，得向行政院及其各部會調閱所發佈之命令及各種有關文件」，又第九十六條規定：「監察院得按行政院及其各部會之工作，分設若干委員會，調查一切設施，注意是否違法或失職」。一般國會所以有調查權，主要目的是為廣集資料和普徵意見，以供立法的參考。但像上引中國憲法所規定的調查權，其目的則是對政府的監察。

由此，本書著者近來發現監察院尚有監視權，它的權源就在憲法第九十六條。世稱監察院是　*watchdog*（守夜狗），就因它負着監視的任務。容在本書第九章作較詳的說明。

## 第三節　　監察權與各方面的關係

因為監察權是國會權，而國會無論在總統制或內閣制的國家，都居於最重要的地位，所以監察權的作用向外延伸到幾乎一切機關。試就我國監察權來說明。

監察院可以彈劾總統和副總統。該院也可彈劾或糾舉總統府及其所屬機構一切職員。

至於同意權則專為對總統而設，他對司法院和考試院的院長和副院長、司法院的大法官和考試院的考試委員的任命，須先取得監察院的同意。

總統副總統和整個總統府及其所屬機構的經費，當然都受審計的管轄。

調查權也可依法行使於總統副總統及其人員和文書檔案。這裏特加「依法」二字，是因總統有些文件，不可被無限制調查。

但是監察院不得對總統府行使糾正權。依照我國的御史和諫官制度，

對帝王的諫爭，較對百官的彈劾尤為重要。可是依照現行制度，監察院雖「因襲」了古代的臺諫，但對元首却無諫爭權責。制憲的人，也許認為總統不負行政責任，實際行政都由行政院負責，監察院既對行政院享有糾正權，也就可以補偏救弊了。

但是本書著者在執行監察職務時，深感「此路不通」，有時非請教總統不可，故曾多次向他呼籲或諫爭。「刀下留人」，就是一例。（註一三）

其實依照我國傳統精神，「自公卿大夫以至工商，無不得諫者」，（註一四）而諫爭又沒有拘束力，則為民喉舌和負有言責的監察委員向總統進言，未可認為「出位」。

與國會監察權接觸最多的是行政院。監察權可以說幾乎是對行政院而設。（註一五）

監察院可對行政院行使彈劾權、糾舉權、審計權、糾正權、監視權和調查權。

監察院當然不得對立法委員和國民大會代表行使監察權，（註一六）但對立法院和國民大會的經費自可行使審計權和調查權，對它們的職員自可行使彈劾、糾舉和調查等權。

有一連帶的問題，就是監察院可否糾問立法院院長基於他行政行為（關於該院人事或經費）所發生的違法失職的責任。本書著者認為可以糾問。但司法院的解釋認為監察院不能糾問。（註一七）

至於業務方面，監察院與立法院的關係特別密切。立法院制定的政策和法律需要監察院替它監察——有關機關是否在執行？執行是否不及或過當？能否貫澈？有無流弊？立法院通過的預算，需要監察院的審計機關替它監督——核簽支付命令，核銷支出經費，審核決算並對立法院提出年度總決算審核報告，稽察營繕工程和購置或變賣財物以及考核預算的績效。

　　但是審計權應否延伸於地方議會和政府，則曾一度行起爭論。一部份立法委員認為省和縣市既有議會，而議會又掌管地方預算，那是地方自治事項，則決算也應歸地方議會掌管，不應讓監察權和審計權再去干預。但監察院則認為依據五權憲法，地方自治只以行政和立法兩部份為限，至於司法權，考試權和監察權則應由中央直貫於地方。後來立法院雖照後說把地方審計歸屬審計部，並准監察院設置臺灣省審計處和各縣市審計室主辦地方審計，但仍持保留態度，而在決算法第三十七條規定:「地方政府決算另以法律定之。前項法律未制訂前得準用本法之規定」。（註一七）

　　至於彈劾權、糾舉權和調查權自可適用於地方政府。而糾正案則送請行政院轉飭辦理。

　　因為監察委員是由省或院轄市議會選舉，又因省縣市審計機關與省縣市議會保持密切聯繫，監察院透過監察委員和審計人員，乃得與地方議會保持相當關係。容當詳論。（註一八）

　　軍人是否是監察的對象？對於軍人，監察院不獨受理一般人民對他們的告訴，而且也受理士兵或下級軍官的不平之鳴。瑞典、西德和瑞士都因有這需要而特設軍事監察長。

　　公有營業機關和公有事業機關也在被監察之列，但大專教授因係校長聘任而非政府任命，不在其內。

　　彈劾、糾舉、審計和調查等監察權，當然可以行使於司法院和考試院，監察院並對國家考試有監試權。

　　監察院對於教育部所辦的留學生考試試卷的評分，曾應考生要求加以查詢，但那是基於監察院的調查權而非基於監試權。

　　高中和大專院校的新生聯考，考生對試卷評分常向監察院呼冤，該院也曾要求教育行政機關代為調卷查閱，如果發現評分確有錯誤，也請

育行政機關自行補救，而不直接干預。

　　法官也在監察之內。一般國會的彈劾權，除對總統和少數大官外，幾乎是爲制裁法官而存在。因爲法官有終身任職的保障，只有彈劾能把他們免職。但法官的審判是否也在糾問之列？主張頗不一致，容再析論。（註一九）

## 第四節　監察權與提案權

　　此外，與監察職權行使頗有關係的一個問題，應該在此附帶論述，它就是大法官會議解釋曾有一點爭執的提案權，也就是監察院可否就它所掌事項向立法院提出法律案。這個問題已隨民國四十一年五月二十一日司法院釋字第三號解釋而解決了。

　　那個解釋寫得很長，因爲它把反對的理由也併敍在內。它首先指出：

　　　　「監察院關於所掌事項，是否得向立法院提出法律案，憲法無明文規定，而同法第八十七條則稱考試院關於所掌事項，得向立法院提出法律案，論者因執『省略規定之事項，應認爲有意省略』（*casuso missus promisso habendua est*）以及『明示規定其一者，應認爲排除其他』（*expressio uni us est exclusio alterius*）之拉丁法諺，認爲監察院不得向立法院提案。」

　　這不失爲一有力的反對理由。但大法官會議則認爲：

　　　　「實則此項法諺，並非在任何情形之下均可援用，如法律條文顯有闕漏，或有關法條尙有解釋之餘地時，則此項法諺卽不復適用。我國憲法間有闕文，例如憲法上由選舉產生之機關，對於國民大會

代表及立法院立法委員之選舉，憲法則以第三十四條、第六十四條第二項載明『以法律定之』。獨對於監察院監察委員之選舉，則並無類似之規定。此項闕文，自不能認爲監察委員之選舉，可無法律規定，或憲法對此有意省略，或故予排除，要甚明顯。」

尤有進者，大法官會議認爲監察院的提案權在制憲國民大會另有明示的根據。解釋文引述兩項：

> 「憲法第七十一條，即憲草第七十三條，原規定「立法院開會時，行政院院長及各部會首長得出席陳述意見」，經制憲當時出席代表提出修正，將『行政院院長』，改爲『關係院院長』，其理由爲『考試院司法院監察院就其主管事項之法律案，關係院院長自得列席立法院陳述意見』，經大會接受修正如今文。足見關係院院長係包括立法院以外之各院院長而言。」

但是解釋文的結論中沒有提到司法院，於是司法院迄無提案權。本書著者曾於五十九年與陳大榕委員等向監察院提案請大法官會議予以解釋，以崇法治。但因行政方面不願意，司法方面不熱心，迄今尚擱置於監察院司法委員會。

對這問題，大法官林紀東先生的新著中華民國憲法逐條釋義第三冊就法理方面反覆詳論，可供參考。（註二〇）本書著者現舉二事證明司法監察兩院何以必須有自我作主的提案權。

其一、在監察權中，審計權與行政院關係最多，而審計權可否直貫於省縣市的財政，行政院與監察院的意見出入頗大。行政院主張地方財政應由地方議會監督和審核，這是地方自治事項，不應屬於中央的監察範圍，但它又不許議會設置審計人員。監察院則認爲監察權與司法權和

考試權都直貫於地方，因此要求設置省審計處和縣市審計室予以監察。並向立法院提案修改審計部的組織法條。如果監察院沒有提案權，依照經驗法則，它不可能請行政院完成地方審計的建制任務。

其二、民國四十九年大法官會議釋字第八十六號解釋，確認「高等以下各級法院及分院既分掌民事刑事之審判，（依憲法第七十七條）自亦應（與最高法院）隸屬於司法院。」但這必須修改有關法律，而司法院沒有提案權，行政院則不願提案，於是改隸無從實施，而大法官會議這個解釋，也就流為具文。五十二年，本書著者被推調查，五十五年又請監察院函催，但行政院迄未將有關法律提請立法院修改，所以改隸迄未實現。如果司法院有了提案權，情形也許就不同了。

解釋文又舉一例：

「又憲法第八十七條，即憲草第九十二條，經出席代表提案修正，主張將該條所定『考試院關於所掌事項提出法律案時，由考試院秘書長出席立法院說明之』予以刪除。其理由即為『考試院關於主管事項之法律案，可向立法院提送與他院同，如須出席立法院說明，應由負責之院長或其所派人員出席，不必於憲法中規定秘書長出席』，足徵各院皆可提案，為當時制憲代表所不爭。」

解釋文又指出：

「遍查國民大會實錄及國民大會代表全部提案，對於此項問題，曾無一人有任何反對或相異之言論，亦無考試院應較司法、監察兩院有何特殊理由，獨需提案之主張」。

而且五院平等，各有專職，憲法規定行政院有提案權，考試院就所掌事項有提案權，司法院和監察院也有所掌事項，當然也應有提案權，

憲法所以無此規定，顯然出於疏忽，大法官會議就有補救的責任。解釋文就這一點，說得很允當：

「我國憲法依據孫中山先生創立中華民國之遺教而制定，載在前言。依憲法第五十三條（行政）、第六十二條（立法）、第七十七條（司法）、第八十三條（考試）、第九十條（監察）等規定，建置五院，本憲法原始賦與之職權，各於所掌範圍內為國家最高機關，獨立行使職權，相互平等，初無軒輊。以職務需要言，監察、司法兩院各就所掌事項，需向立法院提案與考試院同。考試院對於所掌事項，既得向立法院提出法律案，憲法對於司法、監察兩院就其所掌事項之提案，亦初無有意省略或故予排除之理由。法律案之議決，雖為專屬立法院之職權，而其他各院關於所掌事項，知之較稔，得各向立法院提出法律案，以為立法意見之提供者，於理於法均無不合。」

這是它的結論：

「綜上所述，考試院關於所掌事項，依憲法第八十七條，既得向立法院提出法律案，基於五權分治、平等相維之體制，參以該條及第七十一條之制訂經過，監察院關於所掌事項，得向立法院提出法律案，實與憲法之精神相符。」

如果解釋文在「監察院」字樣後加入「及司法院」字樣，則司法院現在也有提案權了。

## 第五節 監察權與釋憲聲請權

此外，監察院尚有一種工作，對國家也頗有貢獻，那就是它曾多次把一些敏感的或有爭執的問題，聲請司法院解釋憲法或統一解釋法律和命令，以資澄清。

監察院這種權利是以司法院大法官會議法為權源和範圍，列舉如次：

一、監察院行使職權適用憲法發生疑義，或因行使職權而與其他機關的職權發生憲法上的爭議，或因適用法律或命令發生有牴觸憲法的疑義。（參照司法院大法官會議法第四條）

二、監察院行使職權，發現法院的確定判決不法侵害人民所受憲法保障的權利，認為該終局判決所適用的法律或命令有牴觸憲法的疑義。（同前）

三、監察院依職權適用法律或命令所持見解，有異於與其他機關適用同一法令所已表示的見解。（參照前法第七條）

依據這些權源和需要，監察院過去曾聲請司法院為下表所列的解釋都很重要：

| 解釋文號 | 解 釋 要 旨 | 公 佈 年 月 日 |
|---|---|---|
| 釋字第一三號 | 憲法第八一條之法官，不包含檢察官。實任檢察官之保障，依法院組織法第四〇條第二項之規定。 | 民國四十二年一月三十一日 |
| 釋字第一四號 | 立監委員為直接或間接民意代表，均非監察權行使之對象。至立監兩院其他人員與國民大會職員總統府及其所屬機關職員，自屬監察權行使範圍。國民大會代表省縣議會議員，亦均非監察權行使之對象。 | 民國四十二年三月二十一日 |

| 釋字第三三號 | 省縣議會由議員互選之議長雖有處理會務之責，但其民意代表身份並無變更，應不屬於憲法第九七條第九八條所稱之公務人員，其處理會務不當，應由議會本身予以制裁。 | 民國四十三年四月二日 |
|---|---|---|
| 釋字第三八號 | 本條旨在保障法官獨立審判，不受任何干涉。所謂「依據法律」，係以法律爲主要依據，並非排斥法律以外與憲法或法律不相牴觸之有效規章而不用。 | 民國四十三年八月二十七日 |
| 釋字第八六號 | 司法院爲國家最高司法機關，高等法院以下各級法院及分院旣係分掌民事刑事訴訟之審判，自亦應隸屬於司法院。 | 民國四十九年八月十五日 |
| 釋字第九〇號 | (一)憲法上所謂現行犯，係指刑事訴訟法第八八條第二項之現行犯及同條第三項以現行犯論者而言。 | 民國五十年四月二十六日 |
| 釋字第一二二號 | 地方議會議員在會議時所爲之言論，應如何保障，憲法未設有規定，本院院解字第三七三五號解釋尙不發生違憲問題。 | 民國五十六年七月五日 |
| 釋字第一三七號 | 法官於審判案件時，對於各機關就其職掌所作有關法規釋示之行政命令，固未可逕行排斥而不用，但仍得依據法律，表示其合法適當之見解。 | 民國六十二年十二月十四日 |
| 釋字第一〇五號 | 出版法所定定期停止發行或撤銷登記之處分，係本條所定爲必要情形，對出版自由所設之限制，由行政機關逕行處理，尙難認爲違憲。 | 民國六十三年十月七日 |
| 釋字第五一號 | 查帳徵稅之產製機車廠商所領蓋有「查帳徵稅代用」戳記之空白完稅照，旣係暫代出廠證使用，如有遺失，除有漏稅情事者，仍應依法處理外，依租稅法律主義，稅務機關自不得比照貨物稅稽徵規則第一百二十八條關於遺失查驗證之規定補徵稅款。 | 民國六十六年十二月二十二日 |

但尚有幾個聲請案迄未解釋下來，包括：

一、民國五十年聲請解釋：違警罰法第十八條第一款規定警察官署得將違警人處以十四日以下的拘留，是否牴觸憲法 第八條：「人民身體之自由應予保障，……非由法院依法定程序不得審問處罰。」(註二二)

二、民國五十六年聲請司法院依照大法官會議決案和釋字第八二號解釋之前言，將院解字第三七三五號及釋字一二二號解釋予以變更（以保障地方議會議員的言論免責權）。(註二三)

對監察院這個權利或職權，大家向無異議，但大法官會議民國六十六年討論監察院聲請解釋功學社應否補繳貨物稅案時，姚瑞光大法官却認為「本案由監察院聲請統一解釋不合法定要件」，並提出不同意見書，可是未為大法官會議所採納。

姚大法官當然未曾根本否定監察院解釋憲法和統一解釋法律命令的聲請權。因為他說：

「中央機關雖得聲請統一解釋法律或命令，但必須以『就其職權上適用法律或命令』為前提要件，苟非就其『職權』上適用法令，卽無任意主張其所持見解與他機關之見解有異而聲請統一解釋法令之可言。依憲法第九十條、第九十七條規定，監察院為行使同意、彈劾、糾舉、審計權及提出糾正案之中央機關，故監察院須係行使上列五項職權，適用法律或命令與他機關適用同一法律或命令時，所已表示之見解有異者，始得聲請統一解釋。」

但他認為必須有行使職權的前提，而他指出監察院並未在本案上行使職權（並未糾彈），所以不應聲請解釋。但監察院方面認為將本案調查報告函請行政院研究辦理，也是監察職權的行使方式。

而且監察院 這個聲請案是以憲法 第十九條：「人民有依法律納稅之

義務」爲立論的基礎，提出財政部的命令可否比照爲「法律」的疑義。這與人民權利與國家法治所關頗大，監察院以監督政府不得違法爲職責，自當聲請司法院予以澄淸。（註二四）

此外，姚大法官假設了三項支持監察院釋憲聲請權的理由而加以批駁，但本書著者以爲他的說法，尙不能使人折服，而且正可作爲支持的理由，所以把他的假設抄錄於下：「㈠依過去類似情形，本會議對於監察院函請解釋之案件，均已受理，本案自應受理。㈡監察院收受人民書狀予以處理，卽係行使職權。㈢爲求發揮本會議解釋功能起見，對於聲請解釋之要件宜予放寬。」

## 第六節　監察權的界限和節制

前文提到對法官的彈劾問題，從而深感在監察委員監臨下，公務員頗不易爲。像英國勃龍柯柏在他的英國的監察長中說：「行政人員每天都得作決定。如果有了像中國監察院（產生於漢朝，在西曆紀元前二〇六年至紀元後二二〇年之間）那樣一個政府平行的機關，他們會提心吊膽的想到經常有人在監視他們。」但是勃龍柯柏也承認：「行政人員應該警覺有公衆守夜狗在監視他們的措施，這總是好的。」（註二五）

明末大儒顧亭林也在「日知錄」中強調，漢朝地方監察人員的守則「六條之外不察」（註二五）的明智。

所謂「六條之外不察」，乃是說部刺史（漢朝地方監察人員）只許以六條監察行政機關，不得代行政事。日知錄舉例如下：

「故朱博爲冀州刺史，勅告吏民，欲言縣丞尉者，刺史不察，黃綬各自詣郡。鮑宣爲豫州牧，以聽訟所察過詔條，被劾。而薛宣

上疏，言吏多苛政，政教煩碎，大率咎在部刺史或不循守條職，舉錯各以其意，多與間郡縣事。翟方進傳，言遷朔方刺史，居官不煩苛，所察應條輒舉。自刺史之職下侵行政，而守令始不可爲，天下之事，猶治絲而棼之矣。」

日知錄於是慨乎言之：

「宋葉適言，法令日繁，治具日密，禁防束縛，至不可動。而人之智慮自不能出於繩納之內，故人材亦以不振。今與人稍談及度外之事，輒搖手而不敢爲。夫以漢之能盡人材，陳湯猶扼腕於文墨吏，而況於今日乎！宜乎豪傑之士，無以自奮，而同歸於庸儒也。」（註二六）

一九六〇年，本書著者因彈劾法官問題領悟到監察委員辦案的「自我節制」。這是說：法官有枉法情事，應該加以彈劾；法官有瀆職情事，應該加以彈劾；法官有失職情事，應該加以彈劾；法官有違反公務員服務法情事，應該加以彈劾；法官在審判上有重大違法情事，也應加以彈劾，但其違法情事如果不很重大，就不宜加以彈劾。這就是我所謂「自我節制」。

例如高等法院判決的案子，上訴到最高法院，最高法院如撤銷該判決而發回重審或予以改判，理由一定是「違法」兩個字。因爲最高法院是「法律審」，它撤銷高等法院的判決，理由只能是這兩個字。以民國四十八年七月到四十九年六月爲例，包括民事和刑事，共有一千四百三十五件，而臺灣高等法院共有六十位推事。如果監察院一見最高法院以判決違法爲理由撤銷高等法院的判決而也以違法審判爲理由彈劾高院的三位經辦法官，則高院六十位法官，每人每年都要被彈劾七十餘次了。

但是刑事訴訟法第三百七十一條規定的判決違法的情形共有十四款，有重有輕。(註二七) 例如該條第三款不依法律禁止旁聽，自是違法，最高法院應將該判決宣告撤銷，但監察院却不宜因而彈劾高院承辦法官。當然，另有一些違法情形，例如具有同法第七款未經辯護人到庭而逕行判決者，監察院就可予以彈劾了。

幸而監察院已有一個不成文法：對於法院的判決非有必要，不加調查，自更不加糾彈。(註二八)

但是對行政機關的行政措施或司法機關的一般公務如何行使監察權，監察院尚無明確標準，以致難免時寬時緊，失出失入。本書著者有鑒於此，特在監察院一九六七年度總檢討會議提供下列六點意見：

「(一) 對於行政機關尚未實施的措施，本院以不調查爲原則，自更不宜遽加糾正。我舉一個例子：鐵路局於九月初加價，我曾經提案要調查，但在沒有決定加價前，我們並不實施調查，因爲他們還在考慮中。鐵路局請示了交通處，交通處請示省政府，省政府又請示行政院，已經很複雜了，假如在那個時候，我們也插一脚，說加價應該或不應該，這等於干涉行政，與干涉司法一樣不妥當。現在已經加價，所以我們就進行調查，看看加得對不對。這是在事後，不在事前。即使有些事如果在事前非調查不可，但不可就加以糾正。因爲糾正權依法依理都應行使於事後。

「(二) 對於行政機關的營繕工程或購置定製變賣財物，如果尚未決標，本院如接獲控案，應交審計部注意或查覆，不宜遽行調查，自更不宜遽加糾正。因爲這與審計部稽察程序的責任與權力重複，容易發生流弊。審計部或行政機關假如辦得有毛病，等到事後再糾正，事後再糾彈。如果標還沒有決定，我們就說這個標應該那

人得，那個標應該這人得，無論對行政機關或審計部都是越權。

「（三）委員在查案或在行使監察權的其他場合如對對方有所批評或建議，應先聲明是他個人的意見，並不代表本院。常有委員在查案時就發表對某案的看法，或者指示某案如何辦，如何改正，甚至出去調解。我覺得這些縱不可避免，但不能讓對方誤會這是代表監察院在做。監察委員只能把事實弄清楚報告於院，至於應該如何做，那是院的事。他在調查時不可單獨表示結論。又如在巡察的時候，我們與被巡察的機關開座談會，有時也得表示些意見，但那是個人的意見，不是本院的意見。如果是本院的意見，應該提案，依正式程序送去。

「（四）委員或職員的調查報告如須送與有關機關請其查照或研辦，一律應送本院有關委員會審查和決議，不得由調查委員送給院長批一下，就要那個機關如何如何辦。因為這些多是注意改善事項，實在是糾正案，應該由委員會去做。但有人怕糾正案程序麻煩，或者怕通不過，而另開旁門，送給院長批送行政機關去辦，我覺得過於輕率。我查了一下，在過去一年中，有二十一個調查報告用這種方式送出去。有的調查報告送出後發生了嚴重的糾紛，使本院很為難。本院是支持還是不支持，因為它沒有經過法定程序。但委員會也有時覺得提糾正案也許太嚴重，（有些同人喜歡息事寧人，希望不要把事情弄得太僵），只將調查報告送給行政機關參考研究。過去這種例子，我願意支持，但必須經過委員會來做：第一，要公開的做，第二，要經過多數委員審查和同意。這雖然不是糾正案，但比院長批送究較慎重正式。所以我請院長以後不要把調查報告逕送行政機關去「注意改善」或「注意參考」或「參照辦理」或「查照」或「研辦」，而一定要批給委員會去審查。

「（五）對於判決已經確定的案子，依法可由最高法院檢察長提起非常上訴。刑事訴訟法且規定全國檢察官都須隨時注意確定判決有無違法，如有則應請最高檢察長予以救濟。監察院受理人民書狀加以調查，如果發現確定判決確實違法，自然不便聽其自然，任其將錯就錯，讓被寃枉的人寃沉海底。於是把調查所得的資料和情形函告最高檢察長，請他研究處理，這是合法的也是必要的。這個做法，旣不干涉審判，也不妨害司法獨立。但是過去有些委員要請檢察長提起非常上訴時，就請院長批一下，送給檢察長，要求提起非常上訴，而且有時認爲他非提不可。這種程序，不獨不夠審愼和鄭重，如果做得過份，且足妨害司法獨立。以後一定要經本院司法委員會的審查和同意。其次，刑訴法旣規定最高法院檢察長得提起非常上訴，他當然也可以不提起非常上訴，完全看他怎樣決定。我們不可也不能要他非提非常上訴不可。所以我主張司法委員會如果決定可請檢察長提非常上訴，決議文應該是請他「依法處理」，由他去全權辦理。

「（六）送請司法院解釋的案件，在院會通過前，應先經司法委員會或院會所推委員審查和決議。這種解釋案本來以前也有不通過院會，就由院長批送司法院解釋。後來由我提議而由院會決定一定要提報院會通過。我現在發覺只是在院會討論還不夠，因爲院會人多，討論這種微妙複雜專門的法律案難免不夠週詳。我提議院會先推委員審查，把審查意見報告院會再來決定，或交司法委員會或法規研究委員會先就法律和文字推敲週詳，再報院會決定。」

## 第七節　國會監察的新發展

外國傳統的國會監察有一缺憾，就是沒有中國式的糾正權。而且個

別議員沒有調查權；必待國會或委員會議決加以調查並推定議員，後者
方可調查。必須國會通過決議，方可改變政府的措施。而這兩種辦法的
手續都很複雜。所以個別人民的權益如果遭受政府或其官員的損害而訴
之於他所選出的議員，那位議員簡直愛莫能助。於是近來乃有監察長制
度以濟其窮。

### 第一項　世界第一個國會監察長

　　國會監察長制度創始於瑞典。一七一三年，瑞典正與俄國作戰，軍
人氣燄很高，國王權力相形見拙。那時是查理士七世在位，他勵精圖
治，以爭取民心，鞏固王朝。懍於他的稅吏、警察和法官濫用職權，魚
肉人民，而他則堂高簾遠，耳目不周，不能爲及時的防範、補救和懲
處，他乃設置一個監察長（*Ombudsman*），代他監察官吏，察訪民隱，保
護人民。

　　九十六年後，一八〇九年，瑞典國會得勢，政體改爲憲政君主制
度。鑒於國王的監察長頗有作爲，而國會也需要一批監察員，做國會和
議員的耳目，和人民的保護人，國會乃把監察長置於國會直接管轄下。
這是西方國會監察長制度的起源，已有一百六十餘年的歷史。如果以瑞
典國王的監察長來說，則已有二百六十餘年了。

　　北歐其他各國，因與瑞典關係密切，它們的國會，也都設置監察
長。但是這個制度，到了一九六七年英國採行以後，方爲世人所普遍重
視。

　　依據國際律師公會的報告，一九七五年設有國會監察長的，共有十
七國。正在完成立法程序的，共有二十六國。有類似監察長而用其他名
稱的，共有二十五國，我國也在其中。至於省或州或市議會之設有議會
監察長的，多得不勝枚舉。（註二九）

　　依照各國不同的制度，國會監察長可有幾種不同的解釋。國際律師公會監察長（制度研究）委員會，在一九七五年五月份的報告中提出這樣一個定義：

　　　　「監察長是一個議會的機構，規定於憲法或基於國會或立法機關的決議而設置。它的首長，是一個獨立的高級人員，僅對國會或議會負責。他受理被政府機關或其官員或職工違法侵害的人民的申訴，或自動舉發，而加以調查和糾正，並予以發表。」

　　這個定義有一例外，就是英國、法國和北愛爾蘭的監察長，只能受理議員交辦的人民書狀。

　　瑞典法律規定，監察長必須具備衆所周知的法學能力和公正立場，由國會兩院各佔二十四人共四十八人投票選出。他們本身反映各種黨派在議會中所佔的勢力，但作爲一個傳統，黨派作用並不很大。監察長的人選往往來自司法界。現任監察長曾經做過三十四年的司法官，在當選監察長之前，曾擔任副監察長。

　　監察長的任期是四年，薪俸相當於最高法院的法官。國會有權在任期內把他免職，但從未曾有。他得連選連任，但是很少有超過三任的。

　　監察長是國會的代表，遵照國會的指示，監察法院、公務員和雇員是否適當的執行法律和命令。他不能直接控制法官或其他官吏的行動。他不能更改他認爲不適當的行政措施。對於官吏所做的決定，他不能令其必須重行處理。他所能做的，主要是檢舉他所認爲失職的官吏，包括違肯法令的疏忽、不愼或愚拙的行爲。他也可以採取步驟，使失職人員受申誡、罰款、停職或撤職的懲戒。

　　爲行使這些權力，監察長有權調閱政府的檔案或紀錄。他可以要任何官吏向他解釋他們的行動。他可以要求高級官員提供有關低級官員的

意見。他甚至有權列席任何法庭或政府機構作一個不發言的觀察員。(這點幾乎從未實行)。

因爲對已犯的錯誤處以懲罰，已經是一種不合時宜的方法，監察長乃用「訓誡」以代替懲罰。他所做的訓誡，大大超過了懲罰。從一九六○年到一九六四年，他只控訴了三十二件（其中二十七件要求科刑，五件要求懲戒）。但在同時期內，他却提出一千二百二十次申誡或建議等處分。這種訓誡，有着美國法院判詞所具有的教育作用。同時他暗示：如果訓誡無效，他將提起刑事訴追。

有些案件不在監察長權力範圍之內，例如對於內閣大臣，只有國會有權彈劾，所以他不能審查內閣的裁決。但這並不限制他受理行政措施的申訴案。法律並不限制人民須先謀其他救濟無效後方可申訴於監察長。他無權受理對國營事業的申訴案，因爲企業不適用政府那套法令。

監察長不僅受理人民訴狀，他也可自動發掘問題去處理。他從報紙上，個人談話間，職員的建議，以及他本人對法院和行政機關所作例行巡察獲得資料。可是根據人民訴狀所提出的監察案件高達總數百分之八十六。雖然他本人認爲巡察時所發現的不愼和錯誤比較重要，但僅佔百分之十三。

監察長有助於寃枉的被拘禁者。釋放不適當的被拘禁者，在瑞典是不容易辦到的。因爲瑞典並沒有明確的人身保護制度。被拘禁者可向法院控告官方妨害他的人身自由，可是很少能立刻得到釋放。但監察長如果認爲判決錯誤或處罰過當，他在案件確定之後有時能爲罪犯獲得赦免或減刑。於是強迫戒酒或因精神病而被拘禁的人乃有呼籲的對象。

監察長雖不能爲人民直接平反寃獄，但他對法官或其他官員的一個警告，也足使人衷心感激。因爲妄自尊大是法官的通病，而監察長的警告可以稍殺他們的驕橫。現任監察長在一次講話中指出「一個法官沒有

理由不能做得像個紳士一樣」。他深信他和前任監察長繼續不斷的警告已對法官和其他官員的作風發生了良好的影響。

瑞典人民毫無疑問欣賞監察長制度的立法精神，並且樂於有這個有備無患的保護者。但是由一個普通申訴機構來處理現代政府的複雜案件，難免效率不高。所以瑞典人民寧願利用比較有效的行政訴願程序以謀救濟，在發現無效時方去求助於監察長。(註三一)

## 第二項　英國新制的特色

一九六六年八月，英皇任命審計長康浦敦兼任英國第一任的國會監察長，年薪二萬四千五百美元。他可組織一個小規模的辦事處，每年經常費是五十六萬美元。這是古老的英國國會監察權的新發展。

英國國會監察長條例的英文原名是 *Parliament Commissioner Act. 1967*；監察長的英文原名是 *The Parliamentary Commissioner for Administration*.

監察長由英皇任命。除下列三種情形之一外，不得將其免職：一、自行辭職，二、國會議決予以免職，三、年滿六十五歲強迫退休。監察長不得由國會議員兼任。

監察長的任務是調查人民書狀。這種人民書狀必須向議會提出，理由必須是受了行政機關不良行政 (*Maladministration*) 的不公正的損害。議員在接受人民書狀後可以徵得他的同意移送監察長去處理。

但是依法可經司法途徑或行政途徑獲得審酌或救濟的，監察長不得加以調查。但他如認為當事人有特殊情形不便依司法或行政途徑請求救濟者，仍得加以調查。

人民不得對下列各機關的措施申請監察長調查：一、地方政府，二、保健事業，三、國營事業，四、警察。

人民只許在發現有關措施後十二個月內提起申訴，但監察長如認為逾期仍以調查為宜時，仍得加以調查和處理。

監察長在處理人民書狀時，必須先請被訴機關提出答辯。

調查得不公開，監察長有權決定調查方法，並得決定被調查人員可否聘用律師或顧問為代表以接受調查。

被調查機關的有關措施不因被調查而停止，其權力或職務亦不因被調查而受影響。但因當事人被遣送離境者，監察長得請主管機關准其再入境，以便查詢。

監察長有權詢問有關機關的任何首長和職員，後者不得拒絕，也不得拒絕他所調閱的文件。

監察長得傳詢證人，調閱證物，其權力一如法院。

任何人員如果蔑視監察長的職權，得將其移送法院予以罰辦。法院應依蔑視法庭的同類法條加以審理。

監察長調查人民訴狀後，無論有無結果或中止進行，必須報告交辦該案的國會議員。

調查後發現訴狀當事人確受不良行政的不公正損害時，他可商請有關機關予以補救。如不獲補救，他得向國會兩院提呈特別報告。

監察長在年度終了時應向國會兩院提呈年度報告。他也得隨時提呈專案報告於兩院。

國會設有一個特別委員會，接受並審查前項報告，並將審查結果提報兩院。

內閣各部首長認為提供監察長的文件或消息如果洩漏便足損害國家利益時，得函請監察長保密，於是他和職員便不得認為已有發表的授權。

英國國會第一任監察長康浦敦曾替人民做了不少事，其中最被人注意的是 *Sachsenhavsen* 納粹集中營被害人的賠償案。

一九六四年英國與西德成立協議，西德應對納粹集中營的英國政府俘虜給予賠償。當時西德政府以一百萬鎊交與英國政府作爲賠償經費，由英國外交部主辦。在四千多件申請中，三千人被拒絕賠償，獲得賠償的共計一千零十三人。這三千人中有十二人被囚在那個集中營的附屬房屋中，待遇較好，所以外交部認爲不應予以賠償。

國會監察長公署成立後，十二人中的四人經二位國會議員向它提請調查。經監察長調查結果，認爲這十二人都受虐待，不應不予以賠償。但外相勃朗不予接受，於是康浦敦乃向國會兩院提呈調查報告（第三號報告）請予處理。時在一九六七年十二月二十日。

在報告提出之前，英國國會已經有一個常設委員會，審查和處理監察長的報告。這個委員會有委員十一人，都是下院的議員。五人出席即可開議。它有權約請政府人員去詢問並調閱一切文件和紀錄。它也有權向國會隨時提出報告。

監察長的那個報告由下院發交這個委員會審查。它開會八次。第一次是一九六八年二月十四日，就報告內容加以研討，並詢問康浦敦和一位助理。二月二十一日再開會詢問外交部一位次長和法律顧問。二月二十八日再詢問他們二人。三月六日集會研討。三月十三日約請本案有關的二位議員列席答問。三月二十七日重行研討。四月十日開會草擬審查報告。五月十五日通過審查報告，並呈報國會。在進行審查時，外相同意給十二人以賠償，並撥出二萬五千鎊分配給他們和稍後也去申請的人。

在康浦敦監察長開始工作後第八個月，即一九六七年十一月八日，他向國會提出七個月的工作報告。（列爲第一號報告）報告說，從四月一日至十月底，有三百七十九位議員移送人民書狀請監察長處理，爲數共計八百十六件。經處理的，共計六百十六件，其中四百零五件不屬監察長的職權範圍，通知移送的議員不予調查，八十六件中止調查，也經

通知各該議員，一百二十五件調查完畢，經將結果通知有關議員。二百件尚未處理完畢，其中正在調查者一百五十件，通知移送議員轉飭補充資料者二十件，新收者三十件。

在調查完竣的一百二十五件中，有十件被認為違法失職的情節較為嚴重。其中一件涉及住宅部，二件涉及勞工部，三件涉及稅捐處，四件涉及社會保險部。

另有五百件由人民直接送給監察長，但被認為不合程序，經批示應向國會議員請求轉送。

第一次報告指出一個困惑的問題，就是人民的損害，雖有由於行政機關在執行方面的違法失職，但也有由於決策方面的不公平或不合理，（而執行方面並無不合）。監察長有權調查前項情形，但似無權過問行政決策的本身，而二者間關係錯綜很難截然分開。康浦敦要求國會予以指示。

下議院的十一人委員會，曾就康浦敦那次報告加以審查。

關於他所指出的那個問題，委員會說：監察長有權調查被訴案件的決策和法令；而不像當初所認為僅許調查執行的方法和態度而已。

委員會認為如果那些決策或法令根本不好，而監察長如果不得就那些決策或法令方面去探索和處理，則由此而生的損害案件將會層出不窮。

所以為求拔本塞源，委員會認為監察長得擴張他調查的範圍，包括不好的決策或法令。

因為委員會認為不好的決策和法令，原應包含在所謂不良行政之內。它說，在英國國會辯論監察長條例時，本將偏見（*bias*）和剛愎（*perverse*）包括在不良行政之內，而一個偏見或剛愎的決策，自應予以調查，以期促請主管機關自行檢討或報告國會設法救濟。

委員會也指出至於不好的法令，監察長以後雖有權調查，但認定時

必須特別審慎，不能讓他來修訂該項法令。他也不宜以偏概全，就他所調查的一個例子便認爲該項法令應予修正。但他應有權要求主管機關加以檢討，以期改善。

對於這個建議，各方反應不一。行政首長感到若干不方便，所以司法部長曾在該委員會作證時力持不可，但未爲該委員會所採納。至於民間和報紙則一致讚揚，認爲監察長的調查只有建議作用，採納與否，其權仍在行政機關，所以即使把調查的範圍擴充一些，也不致削弱行政機關的職權，而補缺拾遺，對國家究竟不無好處，而對被害人的好處自更顯著。

一九七四年三月，本書著者承國際律師公會監察長委員會主席佛蘭克先生（*Bernard Frank*）的介紹，往訪英國那時的監察長慕爾爵士。他邀集了副監察長和一位專家,與著者舉行座談,就他們的和我國的監察制度，交換意見。最近，從他一九七四年度報告中獲悉，去年他受理了七百零四件人民書狀，發現九十四件違法損害人民的利益，而予以糾正。

慕爾監察長說：「英國國會鑒於人民對國家保健服務的申訴特多，去年另置了三個保健監察長，在英格蘭的一個，由我兼任。」

他告訴著者，英國已在英格蘭、威爾斯和蘇格蘭，設置地方監察長。威爾斯是採委員制，名額三人，其中一人擔任主席。

依照本書著者在英倫的考察，英國人民對該國監察長制度的評價雖不及過去期望那樣的高，但證以該國於原有的監察長外，近更設三個保健事業的監察長和三個地方監察長，可見監察長制度頗有存在的必要和發展的價值。（註三二）

現在大英國協的會員國很多設置監察長。其中斐濟憲法更以明文詳爲規定，共有七條之多，可供參考，用特附錄在本章註釋欄中。（註三三）

### 第三項 美國人民的反應

　　順便略述監察長制度在美國的發展情形。美國聯邦國會還沒有監察長，但已有十餘個提案主張設置監察長。一九七六年參議院通過水門事件特別調查委員會的一個建議，要設置一個特別檢察官，名稱就用瑞典監察長的原名 *Ombudsman* 。但因衆議院尚無同樣的議決案，迄今沒有完成法定程序。

　　美國民間對設置監察長的期望，却並不十分熱烈。一九六五年多，蓋洛普民意測驗所曾就人民對於設置國會監察長問題，舉行一次抽樣調查。一向熱心於國會監察長制度的一位衆議員呂斯（*Henry Reuss*）也曾作了調查。現將兩種結果列表於下：（註三四）

| 反　　　　　應 | 對 蓋 洛 普 的 調 查 | 對 呂 斯 的 調 查 |
|---|---|---|
| 贊　成　設　置 | 42 | 46 |
| 反　　　　　對 | 29 | 41 |
| 無　　意　　見 | 29 | 13 |

　　一位政治學者曾舉蓋洛普一九六五年的調查，認爲美國人民對政府已有相當信任。這或者就是人民認爲沒有設置監察長必要的原因。

　　蓋洛普曾在另一個調查中提出調查的問題，共計兩項，一是：你向政府的聲請能得公平的待遇麼？答覆統計如下：（註三五）

| 人民對政府信任的程度 | 對 警 察 機 關 | 對一般行政機關 |
|---|---|---|
| 相信能獲公平待遇 | 85 | 83 |
| 不信能獲公平待遇 | 8 | 9 |
| 須 看 其 他 情 形 | 5 | 4 |
| 不　　　知　　　道 | 2 | 4 |

其次是問：你的意見能爲政府所重視麼？測驗結果如下：

| 人民意見被重視的程度 | 在 警 察 機 關 | 在一般行政機關 |
|---|---|---|
| 認　眞　重　視 | 56 | 48 |
| 相　當　重　視 | 22 | 31 |
| 不　　理　　會 | 11 | 6 |
| 須 看 其 他 情 形 | 9 | 11 |
| 不　　　知　　　道 | 2 | 4 |

　　按：監察長制度的起因是人民的意見不能獲得政府重視，尤其是人民的聲請不能獲得公平待遇。美國人民對政府既有高度的信任，所以民間覺得沒有設置監察長的必要。

　　但在美國五十州中，設置州議會監察長的已有四州。

## 第八節　監察院的國會地位

國人對於「國會」，不是陌生，就是厭惡，所以大家不很注意。陌生，因為專制時代沒有國會，民國肇建，國會有如曇花一現，北伐以後，一黨訓政，立法院和監察院都是黨治的一部份。厭惡，因為民初的國會議員，先是忙於黨爭，後來又鬧賄選。行憲以後，憲法中沒有國會這個名稱。直到政府遷臺後，以常有外國元首來訪，而他們往往要到國會致辭，於是政府方始想到誰是國會，或誰可使用「國會」名義。

民國四十四年，我國準備申請加入世界國會聯合會，從而籌組中華民國國會小組。監察院認為立法院和監察院各自掌有一部份國會職權，相當於民主國家國會的一院，要求與立法院共同組織國會小組。但是立法院却認為只有它是國會，監察院不是國會，所以它就獨自組織國會小組，並報告世界國會聯合會。

那時國民大會也開始注意這一問題。部份國大代表認為它有制憲修憲之權，又掌有選舉、罷免、創制和復決等政權，乃是道地的國會。

本書著者曾向監察院提案要求總統依憲法第四十四條邀集有關各部門會商解決辦法。（註三六）但因後來發現國民黨中央負責人士也認為只有立法院是國會，監察院院會乃決定改請司法院大法官會議解釋。

主張立法院是國會而監察院不是國會的，無非因為　國父孫中山先生曾經說過：「立法院就是國會」。不錯，中山先生確曾這樣說過，而且我們現在的立法院，的確相當於現代民主國家的國會。可是我們却不能因為中山先生這一句話，就進一步推論監察院便不是國會，甚至說這乃是他的意思。請也以中山先生的話來證明。

第一、中山先生說過：監察權中的彈劾權，是從國會中「拿出來獨

立」的。(註三七)彈劾權乃是國會權。監察院現在依據憲法行使的審計權，也是國會權。而在制憲國民大會曾起爭論而終於授予監察院的同意權，更是國會權。足見監察院所做的，都是國會的事情。監察院做着國會的事情而不承認它有國會的身份，這不獨不公道，而且也說不通。中山先生不是這樣不講理。

監察院誠無立法權和預算權，它所行使的國會權是不完整的，可是立法院沒有彈劾權和審計權，它的國會權也是不完整的。行使部份國會權的立法院，可以視同國會，行使部份國會權的監察院，當然也應視為國會。

而且照世界趨勢，除聯邦國家外，上院的立法權本在萎縮中。例如英國上院對金錢法案已無立法權，對公法案亦僅得表示意見並延擱一年，其最後決定權完全操在下院之手，內閣亦僅對下院負責。又如法國參議院，對法律案如不同意，得由國民議會（下院）逕行決定，內閣亦不對參議院負責。又如日本，經眾議院三分之二議員通過的法律案，參議院僅得延擱六十日，對預算案僅得延擱三十日。然舉世並不因此否認英法日國會之為兩院制以收以上院（參議院）為國會的一院。

第二、所謂「立法機關就是國會」這句話，僅見於中山先生「五權憲法」演講中，時間遠在民國十年七月，那時他擬制中的五權憲法，還沒有「監察權」這個名稱；他把監察權叫做「彈劾權」，把監察人員叫做「監察官」；那時他甚至主張立法人員應由人民選舉，而監察官連同監察院院長都「由總統得立法院之同意而委任之」。(註三八) 可是這些名稱和主張，中山先生後來親自加以修正了。在民國十三年四月的三民主義演講中，他提出了「監察權」這個名稱(註三九)。在民國十三年四月所著的建國大綱中，他確定立法院和監察院人員都由國民大會選舉和罷免。(註四〇)於是監察院的職權和地位，依據他最後的改定，較大和較高於民國十年

和十二年的擬制案，而與立法院完全平等。（註四一）

我們現在想判定監察院和立法院的地位和身份，在發現中山先生兩種說法前後不同的時候，自當以後說為準，而照他的最後主張，監察院與立法院，同為民意機關，同享國會一部份職權。我們自不應再引他在民國十年的早期看法，硬說現在的監察院尚不能視為國會一分子。

以上所陳，僅就中山先生遺教立論。其實不談現行政治制度則已，要談現行政制，那麼我們所當優先引證的文獻，應該是中華民國憲法，而依據憲法，監察院可以視同國會的理由顯然更多和更大。請參看本章以上各節。

後來大法官會議在民國四十六年五月三日以釋字第七十六號解釋，確認監察院、國民大會和立法院共同相當於民主國家的國會。它的理由是這樣的：

> 「我國憲法係依據孫中山先生之遺教而制定，於國民大會外，並建立五院，與三權分立制度，本難比擬。國民大會代表全國國民行使政權，立法院為國家最高立法機關，監察院為國家最高監察機關，均由人民直接、間接選舉之代表或委員所組成，其所分別行使之職權，亦為民主國家國會重要之職權。雖其職權行使之方式，如每年定期集會，多數開議，多數決議等，不盡與各民主國家國會相同，但就憲法上之地位及職權之性質而言，應認國民大會、立法院、監察院共同相當於民主國家之國會。」

司法院這個解釋是以監察院的「憲法上之地位及職權之性質」為理由，但並未見有詳細說明。現在略加註釋。

解釋文所謂「憲法上之地位」，應認為是指下列各項：

一、「監察院為國家最高監察機關」（憲法第九十條）；

二、「監察委員由各省市議會、蒙古西藏地方議會及華僑各團體選舉之」（憲法第九十一條）；

三、「監察委員在院內所爲言論及表決，對院外不負責任」（憲法第一百零一條）；

四、「監察委員除現行犯外，非經監察院許可，不得逮捕或拘禁」（憲法第一百零二條）。

就上列第一項說，所謂「國家最高監察機關」，因爲是「最高」，當然相當於國會。

就第二項說，監察委員是由人民代表所選舉，任期較長於立法委員，年齡限制較嚴於立法委員，凡此都是一般上院議員的特徵。至間接選舉一節，也無損於其爲國會議員的資格。美國參議院議員在一九一二年前也是間接選舉，德法瑞士等國的上院迄今仍是間接選舉，而英國上院議員且多出於世襲或封贈，然舉世都承認它們都是國會的一院。

就第三項和第四項說，這些特權，都是議員所特享，因而成爲議員特徵之一。

其次，解釋文所謂「職權之性質」，自係指下列各項：

一、依據憲法第九十條行使同意權、彈劾權、糾舉權和審計權，其中彈劾權且可行使於總統和副總統；

二、依據憲法第九十四條行使同意權；

三、依據憲法第九十五條和九十六條對一切行政、軍事、司法和考試機關行使調查監視權，國家元首也非例外。

以上這些職權，性質迥異尋常，如非國會，何能行使！

孫中山先生是最重視監察的，所以他很稱讚御史制度，但仍表示美中不足，因爲他說：「中國從古以來，本有御史臺主持風憲，然亦不過君主的奴隸，沒有中用的道理」（註四二）

因此，他主張把監察權從外國國會的立法權中分出來，使它不再屬於立法機關。 但是它當然也不應屬於行政機關， 那將蹈御史制度的覆轍，「沒有中用的道理」。中國現行憲法把它授之於名爲監察院的另一民意機關，並與立法院同爲人民選擧所產生，我想那是理所當然的。於是立法院如果可稱爲國會，監察院應該也可稱爲國會了。

## 第九節　監察院與新聞界

此外，監察院與新聞界的關係，也很重要。本書著者曾說：

　　「民主政治本來就是輿論政治，沒有輿論，便沒有民主。而民主監察才是現代監察制度的最高境界，少數監察委員是擔負不起監察全國百僚的重任的。所以我們要求作爲輿論重鎭的新聞界，要多多支援監察院，督促監察院，使它克盡厥職。而監察院也當與新聞界站在一起，反映後者的意見，重視後者的督責。」（註四三）

著者又說：

　　「監察機關和新聞界，本來有着相同的立場，負着相同的使命，自當桴鼓相應，同舟共濟。」

美國哥倫比亞大學的葛洪敎授在他的名著監察長：九國人民的保護者，論及瑞典監察長與新聞界的關係時也指出：

　　「監察長與報界的關係是很親睦的，雖然後者常會批評前者。響應新聞界對政府不肯供給消息的指摘，監察長熱心支持新聞自由。於是有個著名的社論家這麼說：『我們視監察長是新聞自由的保護

人，我們自然會很熱烈與他合作。』由於雙方的合作，監察長對政府的批評和建議也因新聞報導而增加影響力。」（註四四）

現就上述兩點，新聞界對監察院的支持和監察院對新聞界的聲援，略舉數例。

民國四十三年八月，內政部一紙公文，既未指出事實，也不提出證據和理由，勒令十家刊物停刊三個月到十個月。其中一家刊物告到監察院，經內政委員會通過一個糾正案，指責內政部適用法條顯有錯誤，處理訴願案又復遲誤法定期限，此實為一惡例，如不加以糾正，則其他一般定期出版品勢將因此惡例永受非法侵害之威脅，其流弊實無涯涘。

糾正案在十二月一日送達行政院，要求令飭內政部注意改善。那時因為內政部的九條禁限事項，遭受新聞界的劇烈反對，而奉行政院令飭暫緩實施；監察院不願火上加油，所以該糾正案並未公佈。但是內政部「毫無改善之意」，監察院乃又於第二年六月二次提案糾正，措辭也較前嚴厲。全案並經監察院送登新聞。但是中央日報和中華日報却一字不登。這就可以看出個中的消息，所以那時有人預料內政部未必就會「改善」。

幸而中央社把監察院的糾正案文摘要撰發新聞稿，於是新生報接着披露，徵信新聞也採登了該社的稿子。公論報則登了原案的全文，一字不漏。但最惹人注意的首推聯合報，它把中央社的新聞稿用七行大字作標題登在第一版第一條，認為它是自由中國那一天的最大新聞。

於是監察院得到了很大的鼓勵，行政院和中央黨部也開始覺得問題嚴重，加以重視。（註四五）

此外，監察院對新聞自由的維護也竭其全力。

民國四十三年八月，內政部通知臺灣省政府令飭世界評論等十家刊

物停止發行三月到十月，監察院認爲違法，兩次糾正。（註四六）

同年十一月五日，內政部制定 "戰時出版品禁止或限制登載事項"
九項，妨害新聞自由，輿論深感不滿。監察院支持新聞界，要求行政院
予以撤消，卒獲達到目的。（註四七）

四十七年四月，行政院修改出版法，加強對新聞紙和刊物的管理和
限制，監察院認爲矯枉過正，支持新聞界抗爭。後來又申請司法院解釋
該修正出版法是否違憲。（註四八）

關於臺灣報紙登記的停止（不准再辦新報）和篇幅的限制（不准超
過兩張，後經增爲三張）。監察院曾於四十九年七月、五十年四月和五
十二年十一月三次提案糾正。（註四九）

## 註　釋

（註一）王世杰：比較憲法第二〇頁說：「各國議會職權的範圍雖亦極不一致，
然要皆有三種性質的職權，即一、立法權，二、監察權，三、財政權。」又印度學
者蕭爾瑪 *The Republic of India* (*Constitution and Government*) 第二七九頁，
也說：議會的功能：一是立法，二是對行政的監察，三是對財政的控制。

（註二）*George B. Galloway, Congress and Parliament.*

（註三）同前，*PP. 67-71.*

（註四）同前，*P. 73.*

（註五）*Herman Finer, The British System, University Law Review,*
*Spring 1951, P. 522.*

（註六）同註二，*PP. 83-86.*

（註七）參閱本章第六節第二項。

（註八）該書作者 *Joseph O. Harris* 是加州大學的敎授，另著：參議院的顧
問和同意（*The Advice and Consent of the Senate*）。

（註九）第一章導論，略述憲法的規定和監察的趨勢以及衡量監察制度健全與
否的標準；第二章，對於設置行政機關及其運作的監察；第三章，預算制度；第四
章，撥款程序；第五章，關於預算改進的幾種建議的分析；第六章，審計制度；第
七章，國會與文官制度，和對官吏任命的同意權；第八章，立法機關的否決權

(*legislative veto*)。(這不是總統對立法機關的否決權,而是立法機關對總統的否決權。例如總統有權設置機構和配備人員,但必須立即通知國會,後者如不於六十日內表示反對,總統就認為已經獲得國會授權。反之,國會或兩院中的一院或任何有關委員會如果在六十日內表示反對,總統的建制方案就被認為已遭否決)。第九章,調查權;第十章,結論。

(註一〇)　西德憲法第六十三條第一第三和第四項。

(註一一)　文中「(軍人之)」三字是本書著者所加入的。參看 *Donald C. Rowat, The Ombudsman, PP. 119–126.*

(註一二)　*George H. Hayes, the Senate of the Unitated States, P. 874.*

(註一三)　為請「刀下留人」上蔣總統書:「頃在南部旅次獲悉調查局職員李世傑及余振邦被軍法機關判處死刑,即將執行。此為涉及調查局高級人員之一大獄,涉嫌者原不僅此二人,但此二人因刑訊問題曾由監察院司法委員會派晚調查,晚因而知其證據不可靠,理由不足採。但晚總以為最後可獲平反,且為尊重審判,從未表示意見。茲念人命關天,生死立決,而辯冤白謗,且為監委應盡之責。匪諜固當嚴辦,冤獄有傷天理,用敢不避冒瀆,逼切上聞。可否於國防部呈報核備時,特派大員覆查,使無辜之人能免枉死。晚與李余二人素不相識,上次因查案方在獄中晤面,故以上所陳,純係就事論事,絕非私情。諒荷睿鑒。敬請崇安!陶百川敬上五九,二,二七新營查案途中。」次日總統府張秘書長(羣)電話告知:來信收到,將來可望發回國防部再審。

(註一四)　司馬光:諫院題名記。

(註一五)　參閱本書導論第九節。

(註一六)　司法院釋字第三十三號解釋。

(註一七)　參看本書第七章「審計權及其行使」。

(註一八)　參看本書第二章「監察委員」。

(註一九)　參看本書第十章「調查權及其行使」。

(註二〇)　林紀東:中華民國憲法逐條釋義,第三八——四八頁。

(註二一)　*Public Law, 1960*,夏季號, *P. 145* 。

(註二二)　陶百川叮嚀文存第八冊第八頁。又陶百川,臺灣要更好,第五九——六四頁。

(註二三)　同前叮嚀文存第七冊,第九七頁——一二六頁。

(註二四)　監察院聲請解釋的論據有如下列:二、憲法第十九條規定「人民有依法律納稅之義務」,而「行政機關之處分,除在職權範圍以內,依法得以自由裁量者外,必須有法律之依據」,行政法院二十二年判字第一號並著有判例。又依大法官會議釋字第一三七號解釋「法官審判案件時,對於各機關就其職掌所作有關法

規釋示之行政命令，固未可逕行排斥而不用，但仍得依據法律，表示其合法適當之見解」。然查行政法院受理本案，對財政部所爲之釋示，竟未作實質上之審判，略以「查財政部爲財稅主管機關，就其主管業務有關財稅法令所爲之解釋，自有其拘束力，被告機關據以補征原告之貨物稅，難謂有違」，而將陳訴人功學社股份有限公司之訴予以駁回判決確定，自亦難使人折服。

（註二五）六條內容，參看本書導論第六節第四項。

（註二六）顧亭林：日知錄，卷十三。

（註二七）刑事訴訟法第三百七十一條規定：「有左列情形之一者，其判決當然爲違背法令（違法）：一、法院之組織不合法者；二、依法律或裁判應迴避之推事參與審判者；三、禁止審判公開，非依法律之規定者；四、法院所認管轄之有無係不當者；五、法院受理訴訟係不當者；六、除有特別規定外，被告未於審判期日到庭而逕行審判者；七、依本法應用辯護人之案件或已經指定辯護人之案件，辯護人未經到庭辯護而逕行審判者；八、除有特別規定外，未經檢察官或自訴人到庭陳述而爲審判者；九、依本法應停止或更新審判而未經停止或更新者；十、依本法應於審判日期調查之證據未予調查者；十一、未予被告以最後陳述之機會者；十二、除本法有特別規定外，已受請求之事項未予判決或未受請求之事項予以判決者；十三、未經參與審理之推事參與判決者；十四、判決不載理由或所載理由矛盾者。」

（註二八）同註一九。

（註二九）*Bernard Frank, Ombudsman Survey, Julyl, 1974–June, 1975,PP. 1–51.*

（註三〇）同前，*P.P. 55.*

（註三一）取材於 *Walter Gellhorn, Ombudsmen and Others, PP. 194–217*，並參照本書著者在瑞典的考察。

（註三二）摘譯一九六七年英國法律第十三章和英國監察長的四個報告，並參照本書著者在英國的考察。

（註三三）裴濟憲法　第九章：監察員（監察長）共有七條，轉載於下：

第一百十二條　一、設一監察員，其職位爲公職。

　　　　　　　二、監察員由總督諮商內閣總理，反對黨領袖及憑其審愼判斷認爲係象議院政黨領袖之後任命之。

　　　　　　　三、象議員、參議員、地方議會議員，經其同意爲象議員候選人或地方議會議員候選人或地方政府官員，無資格被任命爲監察員。

　　　　　　　四、監察員不得執行其他公職之職務，非內閣總理批准，亦不得擔任監察員以外有待遇之其他職位，或在其職位之外從事有報酬之行業。

第一百十三條　一、依本條之規定,本條適用之官員或機關行使其行政權時之行為,
　　　　　　　　　監察員得予以調查:㈠依本條所為之控訴,為個人或團體因該
　　　　　　　　　行為而受到不公平之待遇。㈡部長、象議員或參議員之邀請調
　　　　　　　　　查;㈢其本人認為必要之調查。

　　　　　　　　二、本條對下列官員與機關適用:㈠政府部門或其官員;㈡警察部
　　　　　　　　　隊或警察人員;㈢裴濟監獄,飛機場救火隊或政府所維持與指
　　　　　　　　　揮之其他部隊,或此等部隊之官員或機關;㈣有權決定何人與
　　　　　　　　　政府或代表政府或此等官員或機關訂約之機關;㈤國會得為規
　　　　　　　　　定之其他官員或機關;惟對下列官員或機關不適用:1.總督或
　　　　　　　　　其隨從人員; 2.本憲法所設立之委員會或其屬員; 3.其他有權
　　　　　　　　　任命公職、對擔任或代理公職之人有懲戒權或撤職權、對公務
　　　　　　　　　員服務之邮金有許可、扣留、減發或停止之權或對影響公務員
　　　　　　　　　之類似事項有權之人或機關; 4.檢察官或奉檢察官之命行事之
　　　　　　　　　人。

　　　　　　　　三、依據本條之控訴得由個人或團體 (不論是否法人) 為之,而非:
　　　　　　　　　㈠政府之部門或機關,或為公務而設之機關或團體,或地方政
　　　　　　　　　府;㈡人員由總督或部長任命或其財源全部或大部份來自公共
　　　　　　　　　基金之其他機關或團體。

　　　　　　　　　(略)

　　　　　　　　十、本條中「行為」包括不行為。

第一百十四條　一、監察員依據前條擬進行調查時,對有關部門或機關之主要官員,
　　　　　　　　　或被指控造成,或授權造成侵害行為之其他人,應予以說明之
　　　　　　　　　機會。

　　　　　　　　二、除開依本憲法第一百十八條規定進行調查之程序由監察員依情
　　　　　　　　　況認為適當外,此等調查應祕密進行;並在不妨害前述規定之
　　　　　　　　　原則外,監察員得從其認為適當之人處,以其認為適當之方式,
　　　　　　　　　獲得報告並作適當之查詢,亦得決定是否由律師或其他人在調
　　　　　　　　　查中代表其人。

第一百十五條　一、為依據本憲法第一百十三條調查之實施,監察員得要求有關部
　　　　　　　　　長、部門或機關官員、或其認為能對調查提供有關報告或文件
　　　　　　　　　之其他人提供此等報告或文件。

　　　　　　　　二、為此等調查之實施,關於證人之到場與審問, (包括宣誓與國
　　　　　　　　　外證人之查問) 以及文件之提供,監察員具有與高等法院相同
　　　　　　　　　之權利。

三、依裴濟現行法或其他法規所加之保密義務或對洩露得自或向公務員提供情報之其他限制，對此等調查之實施，均不適用；在法律訴訟中，關於文件或證據提供之權利，在此等調查中，政府亦無資格享有。

四、任何人不得因本條而被要求或被准許對有關內閣或其委員會之程序提供情報、回答問題或出示文件；且為本款之實施，經內閣總理許可內閣祕書所出有關情報、問題或文件之證明，應屬無可置疑者。

五、檢察長得向監察員通知：關於通知上所列之文件或情報，或所列之分類文件或情報，檢察長認為其洩露將違反國防、外交或國內安全之公共利益；如有此一通知，則本條之規定不視為許可或要求監察員或其部屬可將通知所列之文件或情報分類文件或情報告知任何人。

六、依本條第三款之規定，為實施本憲法第一百十三條之調查，在高等法院訴訟中不得強迫個人提供之證據或文件，不得強迫個人提供。

第一百十六條　一、本條之規定適用於監察員調查後認為屬於調查之行為：㈠違反法律；㈡全部或部份基於誤解法律或事實；㈢無理延擱；㈣其他不公或顯不合理。

二、本條所適用之情形，監察員如認為：㈠應作進一步之考慮者；㈡疏漏應予改正者；㈢決定應予撤銷，反轉或變更者；㈣作為、疏漏、決定或建議所根據之習慣應予更改者；㈤作為、疏漏、決定或建議所依據之法律應予重新考慮者；㈥決定應說明理由者；㈦應採取之其他步驟；監察員應向有關部門之主要官員報告其意見及說明理由，並得提出其認為合適之建議；監察員得請求該官員於一定時間內告知其所採取之步驟；監察員亦應將其報告與建議之副本送交內閣總理及有關部長。

三、在報告後之相當時間內，如未採取監察員認為適當之行動，監察員在考慮有關部門、機關、團體或個人所為或由其代表所為之說明後，得再進一步向衆議院或參議院報告。

第一百十七條　一、在執行職權時，監察員不受其他人或機關之指揮或監督，且監察員之調查行動，任何法院不得表示異議。

二、監察員應依其本人之自由裁量，決定依據本憲法之調查是否着手、繼續或停止；依該條所為之控訴是否適當，應由監察員決

定。

　　三、監察員對其職責之執行，應向總督提出年度報告，該報告應提
　　　　交衆議院與參議院。

第一百十八條　　　（略）

　　（註三四）Stanley Anderson, Ombudsmen for American Government, P. 51.

　　（註三五）同前，PP. 52-53.

　　（註三六）總統府秘書長民國四十六年致司法院函稱：「查民國四十三年底我
立法院外交委員會與各國國會聯合會取得聯繫，並由四一五名立法委員組成國會聯
合會中國國會小組，向該聯合會申請入會。現監察院及國民大會代表對於以何機關
爲吾國國會之代表機關，分別咨電前來。一、監察院本年四月二十四日咨：「本院
第四一六次會議，監察委員陶百川等提：在國際關係需要國會之名義時，似應以立
法監察兩院爲吾國國會之代表機關。最近因組織世界國會聯合會中華民國小組以便
爭取吾國在世界國會聯合會代表問題，兩院步調未能一致，擬請總統依照憲法第四
十四條之規定，召集有關各院院長，會商解決。當經決議通過，謹錄案咨請察照」
等由。二、國民大會……經併案陳奉總統諭：「查我國憲法對於國會職權其行使之
機關與各國憲法規定多不相同。憲法第四十四條所謂總統對於院與院間之爭執，除
本憲法有規定者外，得召集有關各院院長會商解決之云者，當指各院間因其職掌發
生爭執而言。惟上項問題顯係各該機關關於其職權上適用憲法發生疑義，自不屬院
與院間爭執之範圍。且國大代表亦復列舉理由提出請求，更非召集有關院長會商所
能解決。我國憲法中無國會名稱，究應以何機關相當於民主國家之國會，事關憲法
疑義，應送請司法院大法官解釋等因。相應抄檢有關文件，函請查照，惠予解釋見
復，以便轉陳爲荷。」

　　（註三七）孫中山：三民主義，第一三五頁。

　　（註三八）孫中山：孫文學說，第七五頁。

　　（註三九）同註一。

　　（註四〇）孫中山：建國大綱，第十九條和第二十四條。

　　（註四一）本書著者曾就「立法院就是國會」這句話說過一個笑話：上帝曾說
亞當夏娃是人，而沒有說張三李四也是人，那麼我們能因上帝說了亞當夏娃是人，
而就武斷說張三李四便不是人麼？很顯明的，只要張三李四具備人的條件，卽使上
帝只說亞當夏娃是人，我們也當承認張三李四也是人。這正是上帝的意思。反之，
因爲上帝說了一句亞當夏娃是人，而就推論張三李四不是人，這却曲解上帝的意思
了。同樣，只要監察院具備現代一般國會的條件，卽使中山先生沒有說監察院是國
會，卽使他說了立法院就是國會，我們也不能說監察院不是國會，只有立法院是國
會。問題的關鍵，不在他那句話，而在監察院是否具備國會的條件。假使監察院具

備了國會的條件，而尙硬說它不是國會一分子，這與說張三李四不是人，豈非同樣陷於曲解上帝意思的錯誤？

（註四二）孫中山：三民主義與中國民族之前途，國父全集，第一冊，壹，第一七九頁。

（註四三）本書著者：知識分子的十字架第五五頁。

（註四四）本書著者：監察制度新發展，第二一六頁。

（註四五）同註三七，第四九——五六頁。

（註四六）同前，第一七七——一九四頁。

（註四七）同前，第一九五——二〇三頁。

（註四八）同前，第二〇五——二〇六頁。又陶百川叮嚀文存第八冊，第八一九頁。

（註四九）同註三七，第二〇七——二一六頁。

# 第二章 監察委員

## 第一節 選 舉

### 第一項 間接選舉

中國以前的御史和諫官都是帝王所委派。民國初年的肅政使是大總統所委派。民國二十年二月二日訓政時期監察院正式成立，監察委員二十三人，以及以後迭次增派的監察委員，都是國民政府所任命。民國三十七年六月五日成立的行憲監察院，它的監察委員方由人民選舉產生。但民國六十二年增選的監察委員，其中代表海外僑胞的，因在外國無法辦理選舉，乃由政府遴選。

中國國民大會代表和立法委員，都由各縣市和各地區的人民或職業團體的組成分子直接投票選舉，但監察委員則「由省市議會、蒙古西藏地方議會和華僑團體選舉之。其名額分配依下列之規定： 一、每省五人二、每直轄市二人，三、蒙古各盟旗共八人，四、西藏八人，五、僑居國外之國民八人」。（憲法第九十一條）

在國民政府二十五年五月五日公布的所謂「五五憲草」中，監察委員本來規定「由各省蒙古西藏及僑居國外國民所選出之國民代表各預選二人，提請國民大會選舉之。其人選不以國民代表為限」。（第九十條）但經政治協商會議與各方協調結果，改由地方議會選舉，並經國民政府提請制憲國民大會修正通過，經政府公布施行。

國會議員之由地方議會選舉，不僅中國，也不僅聯邦國家。例如荷蘭國會第一院的議員是由各省議會議員依比例代表制選舉產生。（註一）

馬來西亞參議院的參議員，由各州議會選舉二人，並由元首任命十六人。（註二）

阿根廷憲法第四十六條規定：參議院參議員每省二人，由省議會選舉之。

美國參議院的議員，在一九一三年前也由各州議會所選舉，每州二人。但衆議員則由全國人民普選產生。（註三）

美國制憲會議對參議員的產生方法（由州議會選舉）本來寄以厚望。例如漢密爾敦曾說：「州議會是民選的團體，由它們來推選參議員，我們有理由可以期待參議院的組成，應會經過卓越的關注和判斷」。狄更生說得更具體：「讓大家記牢：參議院是由各州議會所創建的，其構成分子是各州人民認爲最值得推薦出去的，而他們（各州議員）必將以宗教的虔誠去選擇全州利益和榮譽所繫的參議員人選」。（註四）

此外，藍道夫和梅迭生，這二位美國制憲會議的重要人物，提供了更深一層的理由。藍道夫說：

　　「（國會所以要有第二院）的一般目的，是在對一些壞處提供救治的方法，這是美國早在努力以求的；而對這些壞處追踪其根源，人人知道乃在民主政治的喧囂和愚蠢；爲了在我們政府制度中預防這些傾向，一個好的參議院可能是正確的答案」。（註五）

梅迭生說得更具體：

　　「參議院的用處，是在它的議事過程中比較民選的另一院能夠表現更冷靜，更有秩序和更富於智慧」。（註六）

而且制憲會議的代表認爲由各州議會產生參議員，能夠發生過濾作用，使其人選比較普選所產生的更孚衆望。（註七）

但美國這個間接選舉制實施了一百二十餘年後，因爲短兵相接，競爭劇烈，於是流弊叢生，黨爭、賄賂、暴行和紊亂之外，最大困難是形成僵局，人選不能如期產生。於是乃有一九一三年的憲法第十七條修正案，規定參議員改由各州人民直接選舉。

但是依據海納斯敎授的研究，「參議院在由州議會選舉的時期負有很高的聲望，可見制憲會議所選擇的產生方法是正確的。而且，我們應該承認州議會選舉時期所發生的有些流弊是能夠糾正的，而依照近來的經驗，參議員的直接選舉，有些結果却與理想相距很遠」。（註八）

關於中國地方議會選舉監察委員，有人認爲是仿自美國參議院，並說:

　　「美國爲聯邦國，且爲代議制度之國家，故其政治設計，完全本於代議制之原則，並求適合於聯邦之環境。中國爲單一國家，已與美國有別，且中華民國憲法亦聲言『依據孫中山先生之遺敎』，孫中山先生遺敎之精華，在於政權治權之劃分，玆廼捨棄此基本原則，而強爲效顰於美國之代議政治，是已忘其本源」。（註九）

但是美國參議員早已不是由地方議會選舉，而改由人民普選。而且它與聯邦制度也沒有必然的關係，荷蘭不是聯邦國家，但也施行間接選舉制。

至於監察委員和立法委員不由國民大會選舉或不免所謂「忘其本源」。但是制憲國民大會，所以不讓國民大會選舉，自有較大理由。其中之一，是讓人民對於政府的組成享有較大的直接的決定權，而不願把這件大事完全委之於一批代表——國民大會。而且依孫中山先生的「本

源」而論，國民大會代表仍是代議士，不是人民全體，由他們選舉立監委員，絕非全民政治。請看他說：

> 「從前沒有充分民權的時候，人民選舉了官吏議員之後，便不能夠再問。這種民權是間接民權。間接民權就是代議政體。用代議士去管理政府，人民不能直接去管理政府。要人民能夠直接管理政府，便要人民能夠實行四個民權。人民能夠實行四個民權，才叫做全民政治。」（註一〇）

中山先生所說的「四個民權」，是選舉權、罷免權、創制權和複決權，都應由全國人民直接行使，這才叫做全民政治。反之，如果把它們委託代表去執行，即使叫做「國民」「大會」，但仍是代議政治。不是「長治久安之計」。因爲他說：

> 「外國人所希望的代議政體，以爲就是人類和國家的長治久安之計，那是不足信的。……我們國民黨提倡三民主義來改造中國，所主張的民權，把中國改成一個全民政治，要駕乎歐美之上。」（註一一）

至於監察委員由省市議會選舉雖不是全民政治，但另有好處。省市議員來自民間，他們有爲選民服務的責任。這許多選民，如對國事有意見，他們會向他們選舉的省市議員去陳述，如爲警察或法官所寃枉，他們會向省市議員訴苦，如遭官吏欺侮或壓迫，他們會請省市議員援助。可是省市議員的權力很有限，他們只有質詢權而沒有調查權，只有告發權而沒有彈劾權，只有申說權而沒有糾正權，而且權力行使的範圍，只限於地方而不及於中央。所以他們爲選民服務的權力，範圍和效果都很有限。

於是由省市議員選舉和罷免監察委員，不失爲一個補救辦法。只要監

察委員的人選適當，省市議員便可透過他們爲選民服務，並做喉舌以申民意，做耳目以宣民隱，做守夜狗以防民賊，做清道夫以潔民路，做安全瓣以洩民憤。省市議員的功能於是因而便更大了。

　　就監察委員來說，他們也可以省市議會爲耳目，了解更多和更深的民情、民隱和民需。

　　而且因爲省市議會握有對監察委員的罷免權，有如唐僧控制孫行者的「緊箍咒」，監察委員便不敢過分怠惰、放肆或失職。比較「一盤散沙」的廣大選民，省市議員更能發揮咒語的威力。（註一二）

　　此外，這種安排，尚可增強中央民意機關對地方民意機關的責任，加強它們二者之間的紐帶和關係。

　　不僅如此，省市議會通過的預算，依照現制，是由監察院特設省市審計處加以監督，它們通過的法規，省府執行是否恰當，也由監察院加以監察。省市議員有權選舉和罷免監察委員，便可「監察」他們（監察委員）認眞執行職務，不敢漠不關心。

### 第二項　名　　額

　　我國憲法就監察委員的選舉只定下兩個大原則：一是由省市議會、蒙古西藏和海外僑民團體選舉產生，二是名額的分配，（總數約爲二百二十三人）。其餘辦法則在監察院監察委員選舉罷免法中予以規定。

　　選舉主體已在第一項中有所述評，現在請看名額。憲法第九十一條規定：省市議會選出的名額每省五人，每市二人。行憲第一屆監察委員選舉時，三十五省應選出一百七十五人，但東北六省並未選出，故實際選出人數是一百四十五人；十二院轄市中，二市未辦選舉，餘照規定名額選出十六人；蒙古和西藏，照規定各應選出八人，但西藏僅選出六人；華僑團體八人，僅選出美洲地區的一人，選出委員共計一百八十人，半

數應爲九十一人。隨政府來臺灣的有一百十三人。

於是發生法定名額問題。它是憲法規定的人數？是選出的人數？是來臺的人數？是「能應召集」的人數？憲法規定彈劾總統或副總統應有全體監察委員四分之一以上的提議和全體監察委員過半數的審查和決議，所以法定名額問題自須解決。

監察院的慣例是以第一次開會報到人數減除死亡、辭職和淪陷在大陸的人數，也就是所謂「能應召集」的人數，作爲「全體」人數。

這個計算方法和名額標準，打開了解決國民大會「總額」那個困擾的紐結，助導了大法官會議第八十六號解釋的誕生。

依照憲法，國民大會修改憲法或制定臨時條款，須由「國民大會總額五分之一之提議，（總額）三分之二之出席。」（第一百七十四條），如果以憲法所定名額爲總額，三分之二須有二千零三十人。如果以選出名額爲總額，三分之二須有一千九百七十四人。而來臺國民大會代表，是一千五百七十八人，不足修憲或訂臨時條款的法定人數。而爲增加總統連任次數，有增訂的必要。大家都爲此而焦慮。

一部份國民大會代表所組織的月刊（註一三）曾在陽明山舉行座談會提出這個困難問題徵求意見。本書著者也被邀參加，卽席提出監察院的總額計算標準以供參考。當時在座國大代表都很感興趣。後來大法官會議第八十六號解釋：以「依法選出而能應召集之代表人數」作爲總額，（註一四）與本書著者所提建議和資料可謂「不謀」而合。

但監察院關於「全體」名額的這種自行規定的計算方法，如果將來發生彈劾總統或副總統時，難免會生爭議，似應早請大法官會議解釋確定。

關於名額，尚有一點似應併論，那就是婦女應否保障。在漫長的歷史中，婦女解放未久，她們的政治權利似應予以特別保護。所以中國憲法第二十六條規定婦女團體可以自行選出國民大會代表，第六十四條規

定：「婦女在第一項各款之（立法委員）名額，以法律定之」。但憲法並無明文規定監察委員中必須有婦女，那顯然是立法上的疏漏，所以後在監察委員選舉罷免法中予以補充。（註一五）

　　省議會所選監察委員中不獨須有一人爲婦女，「各婦女所得票數單獨計算」，而且如果沒有婦女候選人或一票也沒有，（一票也可當選）則該名額任它缺空，而不得由男子代位當選。反之，如有婦女二人得票較多於男子，則其中一人似可排除男子而當選，但在法律中並無明文規定。

　　依照一般經驗，連本書著者在內，婦女多能力爭上游。以監察委員來說，女監委在學識、操守、負責和明察方面，一般都不輸於男監委，而且間有突出的表現。但婦女顯然比較保守和柔弱。在總平均上，女監委對她們所得的特別保障，沒有虧欠。而如果沒有特別保障，她們多半沒有當選的可能。

　　此外，選舉罷免法又規定：每一省市議會所選監委中，現任議員只許一人可以當選。但如果無人當選，全部名額都歸給會外人士。爲廣徵賢能和防止議員包辦，這項限制似有必要。

　　尙有一個問題：憲法規定監察委員的名額是否過大？以中國人口之衆，二百二十三名監察委員並不過多。但本書著者以爲減少一些，例如減爲每省三人，總數減成一百五十三人，也很適當。

　　西漢御史府僅置御史大夫一人，中丞二人，御史四十五人。行憲前，監察委員名額最多時，也僅七十四人。（註一六）

　　監察委員的任務和作用雖大，但工作並不繁重。監察院的七種職權中，同意權的行使只是投票，而且六年中僅有數次；彈劾和糾舉比較繁重，但將來隨着政治的清明，它們可能備而不用；審計權由專部負責，監委不能干涉，所以負擔很輕；監試每年亦僅數次而已，而且不是集體行使；調查工作比較繁重，但有專門委員或調查專員協辦；只有糾正案

和監視工作比較複雜，需要較多人力。減少監委人數，似不妨礙工作。

## 第三項　任　　期

中國憲法規定：立法委員的任期是三年，監察委員是六年。後者大概是探仿美制。但監委是「風霜之任」，任期沒有特別加長的必要，或者反以稍短爲宜。

中國明朝的監察御史，分察百僚，巡按州縣，一年一換。顧亭林在日知錄中敍述理由，認爲深合治道。他說：

> 「夫守令之官，不可以不久也。監臨之任，不可以久也。久則情親而弊生，望輕而法玩。故一年一代之制，又漢法之所不如。而察吏安民之效，已見於二三百年者也。唐李嶠請十州置御史一人，以周年爲限，使其親至屬縣，或入閭里，督察姦訛，觀採風俗。此法正本朝所行。」（註一七）

顧氏所謂「情親而弊生」，是說監察御史在一地住久了熟人漸多，交情漸好，不獨不便對他們「鐵面無私」，而且容易貪緣爲奸，勾串圖利。所謂「望輕而法玩」，是說「僕役眼中無英雄」，相處久了，一個監察御史卽使道貌岸然，他的弱點，（而人總是有弱點的），也易爲他人所看穿，而不再對他尊敬或畏懼，這也是黔驢卒爲羣獸所困的道理。

「新官上任三把火」，時間一久，銳氣漸消，火氣就熄了。如果改爲三年一任，則每三年經選舉人考驗一次，比較六年一任更能收督勵或更新之效。

此外，還有一個法律問題，也不可不辨，那就是行憲第一屆監察委員的任期是否已滿？大法官會議的解釋是否正確？

監察委員，依憲法規定，由各省市議會選舉，任期六年。但因行憲

之初，各省市議會都未成立，但已有參議會，所以制憲國民大會乃以「憲法實施之準備程序」第三條提供一個補救辦法，準由參議會暫行選舉。該條全文如下：

> 「依照憲法應由各省市議會選出之首屆監察委員，在各省市議會未正式成立以前，得由各省市現有之參議會選舉之。其任期以各省市正式議會選出監察委員之日為止」。

依這規定，第一屆監察委員的任期不是六年，它可以長達六年以上，也可短僅數月，完全取決於省市議會何時成立並選出監察委員。這個認知本很正確，可是有人却不作這樣想法。所以本書著者特在民國四十三年一月十二日向監察院院會提案，指出：「關於本屆監察委員之任期，憲法第九十三條及憲法實施之準備程序第三條皆有規定（六年或不定期），但何者應優先適用，擬請司法院解釋」。但院會議決「保留」。

行政院却另有看法，在本書著者向監察院提案後五日，（一月二十一日），該院以憲法第九十三條規定為依據，送請大法官會議解釋，原文如下：

> 「在各省市正式議會未依法選出第二屆監察委員以前，第一屆監察委員之任期，是否以屆滿憲法規定之六年而當然終了。如以任期屆滿六年，即當然終了，則就憲法精神言，五院之制，缺一不可，監察院為國家最高監察機關，行使憲法賦予之職權，實未可一日中斷，在第二屆監察委員未依法選出集會之前，有仍由第一屆監察委員繼續行使職權之必要。案關憲法及有關法規疑義，應送請解釋」。

據說行政院是以政治權宜為出發點，認為監察委員六年任期已滿，而不願將其延長，更不願承認其不定期。本書著者則就法言法，認為憲

法實施之準備程序應該優先適用，也就是：一、首屆監察委員不能依憲法由省市議會而應依準備程序由參議會選舉；二、任期也不能依憲法定為六年，而應依準備程序俟正式議會選出新監察委員時即行和方行終了。

但是大法官會議却附和行政院和執政黨的意見，作出這樣的解釋：

> 「憲法第六十五條規定，立法委員之任期為三年，第九十三條規定，監察委員之任期為六年，該項任期，本應自其就職之日起，至屆滿憲法所定之期限為止。惟值國家發生重大變故，事實上不能依法辦理次屆選舉時，若聽任立法監察兩院職權之行使陷於停頓，則顯與憲法樹立五院制度之本旨相違，故在第二屆委員未能依法選出集會與召集以前，自應仍由第一屆立法委員監察委員繼續行使職權。」

這個第三十一號解釋的論點和論據，顯然都不正確。這不是本書著者的先入之見。林大法官紀東和張劍寒教授都有同感。

林大法官說：

> 「因現任監察委員，係依據憲法實施之準備程序而選出，其任期問題，自應依照該程序之規定，參酌當前之情勢，而為適當之解釋，僅由憲法第九十三條着眼，而與立法委員之任期問題相提並論，顯有未當。」（註一八）

張教授就法律觀點和政治觀點指摘該第三十一號解釋的不當，茲錄其中關於法律部份的三點意見如下：

> 「就法律觀點言，大法官會議之此一解釋，深值商榷。第一，忽視憲法實施準備程序第三條之規定，而將首屆監察委員之任期，與立法委員之任期，等量齊觀，一致解釋為仍由第一屆立監委員繼

續行使職權，顯然有違立法目的，亦背釋憲之常規。第二，牽就行政院之觀點，行政院函中云「在第二屆監察委員未依法選出集會以前，有仍由第一屆監察委員繼續行使職權之必要」，而解釋文幾乎是照抄來文，置監察院監察委員選舉罷免法第二條第二項之規定於不顧。第三，憲法實施之準備程序，是制憲國民大會本於憲法第一七五條第二項之授權所制定，性質爲憲法中之「過渡條款」，在過渡時期，有特別條款之效力，應優先適用。在各省市正式議會未依法選出第二屆監察委員以前，對監察委員任期而言，尙屬過渡時期，自應優先適用憲法實施之準備程序第三條，而大法官會議優先適用憲法第九十三條，似與法條競合時特別條款優於普通條款之適用原則不符。若謂憲法第九十三條係憲法正條，而憲法實施之準備程序非憲法正條，效力較差，則係拘於機械之形式主義，與現代釋憲之趨勢背道而馳矣。」（註一九）

至張教授就政治觀點提出的意見則附註於本章之後，併供參考。（註二〇）

### 第四項　增選補選與遴選

#### 第一目　補選被誤

監察委員的任期雖定爲六年，但因中央政府遷來臺灣，無法改選，又因時間太久，不能老是抱殘守缺，安於現狀，以致在臺國民不能按時行使選舉權利。本書著者乃於民國五十六年因爲臺灣省選出的監察委員丘念臺逝世，在監察院提議請行政院舉辦臺灣省議會補選丘委員的遺缺。監察院會決議：請院長洽詢辦法。行政院以該案係屬總統府國家安全會議的職權，迻請總統府處理。後者以大法官會議第三十一號解釋爲理由，

認爲丘委員的六年任期已滿，不得補選。（註二一）

本書著者不以爲然，曾在監察院對該解釋加以檢討和辯駁：

「第一，憲法規定監察委員之任期雖爲六年，但憲法實施之準備程序則補充規定：「依照憲法應由各省市議會選出之首屆監察委員，在各省市議會未正式成立以前，得由各省市現有之參議會選舉之，其任期以各省市正式議會選出監察委員之日爲止」。依此規定，現由各省市參議會選出之首屆監察委員之任期，可以爲半年，可以爲一年，也可以爲六年，或者更長，端視各省市正式議會之成立以及何時選出監察委員爲定。目前大陸淪陷，各省市正式議會無法成立，臺灣省雖然已有省議會，但據政府認爲不是依照省縣自治通則而產生，仍屬臨時性質。所以首屆監察委員包括臺灣省監察委員之任期，依法並未屆滿。」

著者並進一層，引用國民大會民國五十五年修訂的臨時條款作爲論據，指出該條款旣已授權總統訂定辦法舉辦中央民意代表的增選和補選，而所謂補選當然包括監察委員的補選在內，政府便不得再以任期屆滿爲說辭，不准補充監察委員的缺額。著者說：

「第三，新修正之動員戡亂時期臨時條款第五項，授權總統得訂頒辦法，在自由地區及光復地區辦理中央民意代表之增選與補選。所謂「補選」，當指因死亡等故出缺，其補選之中央民意代表的任期，自然是至原任期屆滿爲止。如認爲中央民意代表的任期已經屆滿。臨時條款所說的「補選」，將何所指，豈不成了贅辭！」

後來，張劍寒教授說得更透澈，茲錄於下：

「惟吾人認為釋字第三十一號，確有值得商榷之處，理由已見前述，但該號解釋，只能補充憲法，不能抵觸憲法，自民國五十五年三月十九日，第一屆國民大會第四次會議第九次大會修訂動員戡亂時期臨時條款，授權總統可訂頒辦法在自由及光復地區舉辦中央民意代表之增選補選後，對監察委員之任期問題，又發生變化。亦即釋字第三十一號以『繼續行使職權』之解釋，暗示監委任期已屆滿之後，又被國民大會以實質修憲之方式，表明首屆監察委員之任期尚未屆滿，因臨時條款係實質意義之憲法，大法官會議之解釋不得抵觸之。但吾人應注意者，依照臨時條款首屆監委任期縱使未滿，遇有委員出缺，亦不能依監察委員選舉罷免法第十三條，由主管機關逕行下令個別補選，而應由總統本諸臨時條款之授權，制訂自由暨光復地區中央民意代表增選補選辦法，對於監委之增選與補選，一併辦理。」（註二二）

民國五十八年三月，政府基於事實需要，決定舉辦中央民意代表的增選和補選，公佈增選補選辦法，可是監察委員還是不能補選。立法委員雖也不能補選，但可增選，只有國民大會代表則既可增選，也可補選。本書著者曾在監察院指出：

「中央政府現在已經決定不辦監委的補選了。而且不獨不辦丘故委員缺額的補選，即使將來本省現有監察委員四人全部出缺，自必也不得補選了。甚至將來光復的省市要補充監委，如不修改該辦法，也將不能辦理了。這個辦法究竟基於何種理由，未曾宣示。依照該辦法，立法委員的缺額也不補選，可是立委尚可增選，稍資補救。而監察委員則既不得補選，也不能增選（參看辦法第十一條第二項），問題自更嚴重。」

後來增選補選的結果，中央三機關只增加了二十七人，而其中監察委員兩人，是因臺北市升格而新選，並不是所謂增選或補選而來。本書著者當時就認爲人數太少，辦法不妥，爲了擴大民主基礎，爲了引進青年才俊，爲了永保政治活力，爲了增強朝野團結，又在民國五十九年十二月主張再辦一次中央級民意代表的增選和補選。

這個意見，未獲國內重視，但却引起了國際人士的關切。紐約時報記者曾去訪問，在六十年一月九日該報登出一則臺北專電，現在附註於本章之後。（註二三）

### 第二目 限制過當

美國華盛頓郵報把本書著者的再辦增補選主張也有所報導，但預料未必能爲當局所採納。可是不到十個月，政府決定要增加立法委員、監察委員和國大代表的名額，以增強中央民意機關。

六十一年三月十八日，國民大會修訂臨時條款，規定：

「㈥動員戡亂時期，總統得依下列規定，訂頒辦法，充實中央民意代表機構，不受憲法第二十六條、第六十四條及第九十一條規定之限制：

「(1)在自由地區，增加中央民意代表名額，定期選舉，其須由僑居國外國民選出之立法委員及監察委員，事實上不能辦理選舉者，得由總統訂定辦法遴選之。

「(2)（略）。」

「(3)增加名額選出之中央民意代表，與第一屆中央民意代表，依法行使職權。

「增加名額選出之國民大會代表，每六年改選，立法委員每三年改選，監察委員每六年改選一次。」

同年六月二十九日，總統公佈增加中央民意代表名額選舉辦法，其中關於監察委員的規定，有如下文：

「第十條：監察委員之增加名額依下列規定選出之：

一、自由地區之省選出者，七人。

二、自由地區之直轄市選出者，三人。

三、僑居國外之國民選出者，五人。」

「第十二條第二項：省選出之增額監察委員，應有婦女當選名額一人。」

「第十三條：省市選出之增額監察委員，省市議員當選為監察委員者，各以一人為限。」

依這辦法，監察院增加新選監委十五人，連同臺北市前因升格為院轄市而選出的二人，共增新委員十七人。

但該選舉辦法所規定的選舉、訴訟和取締候選人違法的辦法，則頗為時論所詬病，本書著者也有同感。懲前毖後，引述於下：

「選舉辦法第四十八條規定：選舉訴訟應由高等法院受理，以一審為限，不得上訴，也不得提起再審之訴。選舉訴訟由法院審理，自是法治常軌，但不准上訴和再審，這就不夠合理和合法。同條第二項規定，選舉訴訟適用民事訴訟法的規定，就更顯得自相矛盾。因為民事訴訟法規定，訴訟標的在八千元以上時就可上訴於最高法院。八千元是銀圓，合兩萬四千元臺幣，尚可上訴，而選舉訴訟的判決，可使當選無效，也可使整個或一部份選舉無效，却只許一審，而且即使後來發現新事實或新證據，證明那次判決是違法的，是應該救濟的，但也不准再審，因而沒有救濟的機會。這對當事人乃是多麼

不幸和不平！」

有人也許會辯說：選舉訴訟，必須速結，如果准許上訴或再審，勢必曠時拖延，自非所宜。但是正確和慎重，也同樣重要，甚至比迅速尤有過之。如果案件必須這樣連結，則國家何必要有三審制度呢！如果選舉訴訟可以不要三審，只許一審，則何事方需三審呢！尚有何一民事比選舉訴訟更重要而必須三審呢！這樣，三審制度不是可以根本一律改爲一審制度麼！

而且選舉訴訟何以必須速結呢？一個候選人當選後就可行使職權，選舉訴訟提出時，他也許依法已在行使職權。假使一件選舉訴訟每審需要一個月，則兩審也僅費兩個月而已。多一個月而有三審的機會，比少一個月而一審終結，對國家和當選人都有好處，爲什麼要這樣趕緊的草草終結呢？

至於再審更不可少。再審是對判決錯誤或違法的補救，民事訴訟法列舉有十五種之多，都須透過再審予以糾正補救。選舉訴訟的錯誤和違法，爲什麼不許救濟呢！而且再審的開始，並不當然停止原判決的執行，與原案的迅速判決和執行，並無妨害，更無將其否定的必要。

復查監察院監察委員選舉罷免法施行條例第二十條規定：「選舉訴訟準用立法院立法委員選舉罷免法第三十九條之規定」，而該條規定並不禁止訴訟判決的再審。現行增選辦法不准再審，與其牴觸，更屬不合。

又該辦法第二十六條規定，在競選過程中，地方法院首席檢察官，發現候選人有違法競選情事，可以報告最高檢察長核定並取得選舉事務所核准，取消該候選人的資格，不准繼續競選。這將如悲悼諸葛亮的兩句詩：「出師未捷身先死，長使英雄淚滿襟」。

合理的辦法是：如果候選人有違法情事，檢察官應卽加以阻止，如

果情節嚴重，可依刑法向法院提起公訴，如果他當選了，尙可依該辦法第四十二條訴請法院判決他當選無效。

有人也許又會辯說：候選人違法競選既可取消他當選的資格，當然也可取消他的候選資格，後者不是更及時更乾脆和更有效麼！但是必須由法院去「審」「判」，而不應由辦理選舉的行政人員和檢察官予以取消。因爲他們都須奉命行事，不能也不應有法官那樣獨立行使職權的權力，所以不應授以法官的大權。

### 第三目　遴選無用

在那次中央民意代表增選運動的前後，許多人主張監察委員應由總統遴選，而不必民選。他們並舉，抗戰時期國民參政會爲例，指出參政員因爲是遴選，所以很孚衆望，參政會也因而發揮重大功用。一位國大代表和報館總主筆曾向本書著者徵詢意見，著者在答覆中指出：

「一、參政會所以見重於當時，乃因國內較有代表性的政黨、團體和個人，幾乎都被羅致在內，其中最重要的是在野的黨派。但是它們的代表，都是它們自己指定的，政府照發聘書而已。例如共產黨的代表七人，包括毛澤東和董必武。青年黨七人，包括曾琦和李璜。民社黨七人，包括張君勱和張東蓀，救國會七人，包括沈鈞儒和鄒韜奮，凡此都很富於代表性，可是都非政府所遴選。

「二、立法機關需要專家學者，而專家學者多不長於競選，透過競選，可以爲事擇人，所以尙值得一試。但監察院是風霜之任。它所急需的不是專家學者，而是奮發凌厲直言切諫的人，後者不是當局所願或所能遴選的。我國歷朝御史固皆出於『御賜』，但因此多被『御用』。他們所最關切的乃是王室的好惡，所以秦始皇的御史且成爲焚書坑儒的執行人。御史當然也有好的，但有如鳳毛麟角。

這是『御賜』制度的先天性弱點，我不信遴選能免於此。」

## 第二節　工作與條件

### 第一項　一天和一週的工作

監察工作很富於彈性，所謂「可以多做，可以少做，可以不做」，而因「多做多錯，少做少錯，不做不錯」的黃老哲學深入人心，難免有人不願做守夜的狗和報凶的烏，以吠聲和啼聲惹人煩厭，所以也就少做。但是如果願做，則可做的事着實不少。這與一般人以為監察工作只是開會者，大有出入。下文引用一位監委的日記，以窺一斑。時間是民國六十二年三月二十日，原文如下：

「早晨七點四十分，李××君突然來訪。他說，他為承辦揚子公司破產案與司法『特權分子』利害衝突，被他陷害，地方法院刑庭明日就將判決，對他自很不利；葉委員先為仗義執言，請我也主持公道。我因一向不願在家談公事，請他去院晤談。

「後在院晤張××委員，商請在她和另一位張委員調查臺北市民陳金龍君等向本院呼籲軍方勿予征收三張犂土地四萬餘坪案的調查報告中加入幾句：請行政院再飭各主管機關提高征收價格，以恤民困，而昭公道。我並說，前天寫了一段文字交與協辦該案的楊科長，要他請示可否加入。她說她已同意加入了，但把「接受」改為『悅服』。我說這樣很好。

「一小時後，遇見另一位張委員，他說他已同意我所修改的文字。阿彌陀佛，功德無量。按陳案是我在去年十一月值日時所收受的請願書，據稱軍方所出的征收價格分為三等，每坪僅五十元、一

百元至一百五十元，而市價已達千餘元，顯然低得太不合理，我深感不平，就在書狀上寫了一千字左右的『核閱意見』簽報監察院函請行政院注意改善。後以茲事體大，不是我一個值日委員的核閱意見所能挽救，乃請院長輪派委員二人加以調查。

「上午十一點，李君來院見葉委員，經葉邀司法委員會三位委員共同接談，我也在內。大家認爲李君不無寃屈，似可申請本院司法委員會核辦。後來聽說他下午曾到院與該會召集委員詳談。

「向第四科取來我昨日對鐵路局人事室主任鄭×君的彈劾案油印本四份，分寄鄭主任、原申訴人蔡平生君、鐵路局陳局長及銓敍部石部長。後二人俱就本案發表過意見。（註二四）

「參加財政、經濟及交通三委員會聯席會議。在討論工程顧問費案時，我本想主張本案無可再查，但馬委員率先發言，主張推派委員二人調查，我也表示贊成。

「接見周鏡河君之妻哭訴其夫被誣強姦而判刑，實係寃枉，請求昭雪。因知其曾經本院派毛專員調查，我乃介紹她往見毛君，並勸其夫投案。

「接見邱女士，她爲其夫被憲兵強逼承認三千元債款案，請求澈查。我勸她先向憲兵司令部羅司令申訴。我說他向稱公正；如無結果，再來看我。

「接見陳邦統君索閱有關他所陳訴一案的調查報告。我認爲原則可行。因本院旣准原陳訴人對本院的調查報告可以聲敍理由要求覆查，自須讓他閱覽該報告，否則他怎能提出不服調查的理由。但很多同人不願讓當事人閱覽他們的，以免滋生枝節。該案係由七人會辦，我一人不能作主，請他寫信請求，我當邀集六位委員會商並答覆。

「許貴福君爲臺北市自來水公司排斥他的水錶問題，又打電話

要求公道。並說這是他為該案打給我的第六十次電話。按許君以一人之力，打破全省水錶商的壟斷和官商勾結，因而把水錶價從四百餘元壓低到一百五十元，功勞頗大，而因此遭受沉重打擊，其情可憫。但我仍僅能告以該案係由他人承辦，我不能過問。他說，無法找到承辦人。我說，那只有去向本院院長探詢了。

「下午參加國際關係研究所外交特別小組會議，討論我和連教授共同所提的『兩個中國和國共和談』問題的研究報告。因須趕往參加本院外交委員會議討論回部大使強制退休案，在略作報告後就先退席。

「在外交委員會討論回部大使強制退休案，我三次發言：一、報告接受邵大使等請願，並批請外交部處理的經過情形；二、對外交部所持理由不能贊同；三、請多派幾位委員調查。當經決議調查，並推我等七人主持。

「報載國際貿易局決定將二千三百七十二種外國物資開放進口。是否適當，頗可研究。因其不獨消耗外滙，抑且打擊國內工業，因而請喬秘書向該局索取該項貨單。喬旋答稱：該局允即逕來。」
（日記完）

英美書籍評介國會議員工作時，也曾引用議員的日記。他們的工作負擔，比我們的更繁重。麻省理工學院的薩羅馬（*Saloma*）曾將一百五十八位美國國會議員的答覆作成百分表。他們一星期的工作時數大約是五十九小時點三，每日幾達十二小時。分析如下：（註二五）

| 工　作　性　質 | 每　週　時　間 | 與總時間之比例 |
|---|---|---|
| 出　席　院　會 | 5.3 | 25.8% |
| 研　究　和　閱　讀 | 7.2 | 12.1% |
| 出　席　委　員　會　議 | 7.1 | 12.0% |
| 答　覆　各　界　詢　問 | 7.2 | 12.1% |
| 處　理　選　區　問　題 | 5.4 | 8.6% |
| 接　待　選　民 | 4.4 | 7.4% |
| 會議以外的委員會工作 | 3.5 | 5.9% |
| 黨　派　活　動 | 2.4 | 4.0% |
| 寫　　　作 | 2.7 | 4.6% |
| 遊　說　和　被　遊　說 | 2.3 | 3.9% |
| 大　象　傳　播　活　動 | 2.1 | 3.5% |

## 第二項　「三頭六臂」

耶魯大學的吳克教授，（註二六）二十餘年前在參觀了監察院後對本書著者說：「你們的工作效率不可能很高。因爲你們的圖書太少，汽車簡直沒有」。不錯，但原因迥不祇此。

本書著者曾說，要做一個健全的監察委員，他須具有「三頭六臂」。（註二七）

第一頭是仁。仁是愛，是惻隱，是同情，是憐憫；而仁到極點，也會生怨，怨人之不仁，從而打抱不平。本書著者在「述事言志」中引用石達開的詩句，說明他所以要做監察委員，無非是：「只覺蒼天方瞶瞶，莫憑赤手拯元元」。絕對「不爲仇讎不爲恩」（石詩），而只是爲了行仁，爲了平所不平。

第二頭是智。智是智慧，是學問，是知識，是深刻的認識，是合理的分析，是正確的判斷。智所以知仁，也所以明仁。徒有仁而無智，只能做一個好好先生，而不易成爲一個能幹和盡職的監察委員。

第三頭是勇。勇是勇敢，是無畏，是敢想、敢說和敢做。勇者不怕得罪人，而敢得罪自己的親友和同事的，才是眞正的勇者。勇者不怕攻擊壞人，而敢爲含冤的好人仗義執言的，才是眞正的勇者。而這些都是很難能的。

三頭之外，還須有六臂。因爲監察是「風霜之任」，天天在得罪人，容易爲人爲恨，一不小心，便爲人所乘。僅有三頭是不夠的。而且三頭愈好，做事愈多，招怨也愈甚，所以尙須有自衞自保的條件，那就是六臂。

第一臂是自身的健全 —— 要無私、無欲和無求。「私者亂天下者也」，有私聽則有所不聞，有私視則有所不見，有私想則有所不知。「無欲則剛」，「人到無求品自高」。自身如果不健全，不獨不配正人，而且容易爲人所制。

第二臂是家屬要爭氣。妻最重要，兒女也會是包袱。假使家屬奢侈浪費，或男做太保，女是太妹，招搖拖累，家之不治，何以國爲！自身又何能站得直，說得響！不獨做不通，而且根本不敢做了。

第三臂是言論自由、新聞自由和「沒有恐怖」的自由。魚不能在沸水中游泳或生存，人的勇氣和生存能力也很有限。所以監察制度的功能

只能發揮於民主和法治的國家。因此並可以想見專制時代御史制度的貢獻不可能很大。

　　第四臂是領導階層的賢明和容忍。貞觀之治，魏徵對唐太宗的極諫力爭，固有貢獻，但太宗如果不明治道或不能容忍，則徵等也只好箝口結舌，甚至肝腦塗地。請看史稱：「貞觀八年，太宗謂侍臣曰：『朕每閒居靜坐，則自內省，恒恐上不稱天心，下為百姓所怨，但思正人匡諫，欲令耳目外通，下無怨滯。又比見人來奏事者，多有怖慴，言語致失次第。尋常奏事，情猶如此，況欲諫諍，必當畏犯逆鱗。所以每有諫者，縱不合朕心，朕亦不以為忤。若即嗔責，深恐人懷戰懼，豈肯更言』」。「貞觀政要」也載有太宗和魏徵的對話：「太宗曰：『魏徵往者，實我所讎，但其盡心所事，又足嘉者，朕能擢而用之，何慚古烈！徵每犯顏切諫，不許我為非，我所以重之也』。徵再拜曰：『陛下導臣使言，臣所以敢言。若陛下不受臣言，臣亦何敢犯龍鱗，觸忌諱也！』太宗大悅，各賜錢十五萬」。

　　第五臂是要有二三位助理人員，一位做他的秘書，處理信件，一位做他的專員，研究問題，一位幫他招呼選民。本書著者曾應美國邀請去研究議會問題，發現美國眾議員自己僱用政府授薪的助理人員多達十餘人，而參議員則更多。

　　第六臂，也是極重要的一臂，是同人的合作和支持。因為監察院不是首長制，而是委員制，個別的監察委員只可提案，如果是糾正案，須經有關委員會討論處理，如果是糾舉案或彈劾案，須經監察院另派委員審查決定，甚至調查工作也須經過院派程序。所以如果不能獲取其他監察委員的合作和支持，任何個別委員不可能有多大作為。

## 第三節　與政黨的關係

### 第一項　院內政黨

監察委員是對政府機關和官吏的監視者，必須客觀和公正。他與政黨的關係，因此成為一個微妙的問題，因為無論「黨同」或「伐異」都是一種病態。所以中國的傳統是「無偏無黨」。

但是政黨在民主國家國會都有法定的或正式的地位和職權。這是因為沒有政黨，國會便會陷於一片混亂，甚至或為獨裁勢力所壟斷，於是民主政治便沒有實施的可能。

美國的民主黨和共和黨，在國會都設有黨團（*Caucus*）和政策委員會，並置有國會領袖和國會指揮（*whip*）。就國會的有關問題，本黨員經常舉行黨團會議，例如決定委員會的人選和對各項重大問題的政策。就兩黨共同問題，兩黨的領袖或有關委員會也經常協商，以求協調。（註二七）

英國政黨在國會發揮更大的作用，也有更嚴密的組織。以工黨為例，它在下院設有「國會委員會」（*Parliamentary Committee*），構成分子是一、「國會黨部」（*Parliamentary party*，類似美國的 *caucus*）的書記，二、領袖（*leader*）、副領袖和總指揮，三、上院的領袖和指揮長，四、下院代表十二人。領袖、副領袖和總指揮，都由下院議員選舉產生。每屆（五年）選舉一次。十二名代表，每年改選一次，得票較多者當選。總指揮之下置有副總指揮十人，都由總指揮選任。

保守黨的領袖在野時，有權選他的「影子內閣」（*shadow cabinet*）和總指揮，由後者選任副總指揮十人。該黨也設有國會黨部和委員會，

後者置主席一人、副主席二人、會計一人、書記二人和委員十二人，每年改選一次。（註二八）

日本衆議院置有議長和副議長，參議院置有院長和副院長，兩院都設有院務機構，衆議院的院務委員會（Giun），權力很大。舉凡會議日程的制訂，和委員會人選的提名，都由該委員會作初步決定，呈由議長批准施行。可是議長和該委員會，都得聽命於黨部——黨魁和秘書長。後者透過黨的國會戰略委員會（Kokkai Taissakai Iinkai），以控制議長和院務委員會。（註二九）

日本政黨較多，鬥爭激烈，所以政黨對它的國會議員的控制也不得不較強。然因黨內有派，執政黨的領袖（首相）不能專斷獨行，而必須通過折衷和協調的程序，方能拘束黨員。

中國國民黨也在監察院設有特別黨部，叫做監察委員黨部，置委員七人，負責協調院務。由監察院供給辦公室和職員二人。經費由黨員月費（每人十五元）移充，不足則由中央黨部補助。

就現在第一屆委員說，國民黨籍監察委員人數最多，約佔百分之七十九點七四。青年黨佔百分之八點八七，民社黨佔百分之五點零六，不屬於任何政黨者佔百分之六點三三。（註三〇）

### 第二項　政黨紀律

英國實施內閣制，政府無異是多數黨的一個行政委員會，所以政府必須保持下院的多數，並須在重大議案的表決時獲得多數票，方能繼續在位。而在野黨如能在重要議案表決時獲得多數，就可推倒政府，舉行新選舉。所以各黨必須竭力掌握黨員，以保持或獲得多數。方法之一，是執行紀律。而黨部或黨員應該怎樣處理紀律問題，久已成為一種困惑和麻煩。

工黨的紀律比較森嚴。它的規章中包括下列三項：

「一、工黨國會黨黨員的權利涉及接受黨員大會的議決案的時候，黨承認黨員有權在認為嚴重違背個人良心的表決時可以棄權。

「四、國會黨部有責任將涉及嚴重而屢次違背黨紀的案件報告黨員大會，必要時並請黨員大會轉報中央執行委員會。有關黨員有權在黨部和黨員大會提出申辯。

「五、為求黨在下院步調的一致，黨員在提出涉及黨的政策或議決案的動議、修正、申訴或其他提案前，應先就商於黨的幹部。」
（註三一）

一九五二年，工黨指揮貝凡糾合議員五十七人，開始與黨的領袖艾德禮立異。一九五五年，工黨影子內閣免除貝凡的指揮職務，作為警告。貝凡不服，經工黨國會黨員大會，以一百四十一票對一百十二票，停止貝凡黨權並報告工黨中央委員會，請予開除。但中央以十四票對十三票予以否決。同年五月，貝凡投票支持艾德禮為工黨領袖，工黨乃重選貝凡參加國會委員會。其他在投票時違背黨紀的事件也常有所聞。

一九五九年，工黨國會黨員大會以三對一的多數議決廢除上引三項紀律規定，但共同接受領袖發佈的一個宣言，它的第五項指出：「作為工黨國會黨的一分子，乃是一種利益，負有責任和義務，也有應享的權利和機會。我們現在不再依仗紀律的條文，而依仗友好、合作和同志愛的精神去接受這些責任和義務。」（註三二）

英國保守黨也有類似的紀律，但也有違背黨紀的事件，結果也都妥協了事。一九五七年的「蘇彝士集團」反黨事件，就是一例。（註三三）

英國工黨最近一次「黨潮」發生在一九七六年三月十日。那天工黨政府所提出的削減六十億美元公共開支的議案，以二十八票之差被下議

院否決，而三十七個工黨議員拒絕投票。他們照理應受黨紀制裁，但因工黨在下議院只有三票多數，黨魁（首相）威爾森不敢執行黨紀。六天後他乃宣佈自動引退，工黨隨卽另選外相賈勒漢繼任黨魁。

德國各黨的黨章，大體上都給國會黨員以較大的自由。基督敎民主聯盟根本否定黨對本黨議員的強制命令，而只要求他們如不接受黨的決策時應該事前通知國會黨團。（註三四）社會民主黨則要求黨員與黨採取一致行動，但不採取嚴格的制裁。中央黨部以支持下屆選舉為手段，取得黨員的自願服從。

美國國會議員也有黨員大會，也有共同決議，但民主共和兩黨都不能拘束黨員服從黨的紀律。因此黨員與黨立異的情形，毫不足怪。很多年擔任參議院民主黨領袖的詹遜總統也不諱言，曾說：「我是一個自由人，一個美國公民，一個參議員，一個民主黨黨員。我照着這個順序的先後來考慮問題。」（註三五）這是說，凡是在參議員立場不許做的事情，雖然他的黨要他做，他也只有敬謝不敏。

依本書著者的了解，美國國會兩黨的黨員常與本黨採取不同的步調，而為民主國家所獨有的現象。照一位參議員辦公室供給本書著者的資料，以一九七四年為例，民主黨議員照該黨決定投票的，佔百分之六十三，共和黨佔百分之六十二，一九七五年比數較高，民主黨佔百分之六十九，共和黨佔百分之七十。

中國國民黨迄今有時尙自稱是革命的政黨，它的黨章規定：「本黨組織原則為民主集權制。……在決議前得自由討論，經決議，須一致服從。」

這項規定本很合理。但如果只顧集中，不顧民主，甚或在決議前不經自由討論，而就用黨部命令強制執行，那就要發生糾紛了。

現代民主國家的經驗，可供參考，包含下列幾項：

一、英國制度: 黨由本黨的國會領袖和幹部領導，國會領袖就是黨的領袖。整個黨的代表大會雖是國會黨的上級組織，但前者只在集會時決定黨的路線或黨綱，至於以後如何實施，決定之權不在中央黨部，而在國會黨的黨員大會及其領袖。

美國制度，在朝黨有兩個領袖，一是總統，一是國會黨部。他們雖經常協商，但地位完全平等。國會的議決案應該如何決定，法律應該如何釐訂，最後都取決於國會黨部。總統只能通過政府權力的程序，要求覆議，但不能用中央黨部的名義在事前或事後對國會黨部或黨員下達政策性的命令，飭其遵行。中央黨部只管黨的事務，最重要的是發展組織和籌募經費以及部署下次的選舉，它不管政策。

二、英國的國會黨部或美國的國會黨部都有領袖，但他們不能專斷獨行。英國保守黨的領袖，在朝時不出席國會黨部的會議，而由總指揮從事聯絡，但在野時則須出席會議。工黨比較民主化，它的領袖經常出席會議。美國黨部的領袖，更與其他黨員一律平等。

黨對國會的決議和行動，一律通過和取決於國會黨內的討論和表決，而不是領袖，也不是中央黨部所能強加於他們。因此，黨的決策既為黨員自己經過討論所決定，自然比較易為他們所悅服和執行。

### 第三項　命令或良心

一個政黨內部的多數決定或上級命令，自應為黨員所服從，然難免仍有不同的的反應和紛歧的行動。這或許由於該項決定或命令本身實在不無問題，而為有些黨員所不服或不安 (*personal conscientions conviction*)。於是他得在命令或良心之間作一痛苦的選擇。

違背良心而接受命令，他會「內疚神明，外慚清議」。順從良心而違背命令，他會遭同志的非議和紀律的制裁。魚與熊掌不可得兼，然則

應當何所取捨？美國故總統甘迺廸的「當仁不讓」，就是有感於此而寫的。他的答案乃是這樣：

「本書不擬指陳：唯黨是從以及對於黨的責任是無可避免的災禍，因此我們絕對不能讓黨來影響我們的決定。本書更不主張自己的州或地區的地方利益在任何時候都不該予以考慮。相反地，每一個參議員的忠於他的黨，他的本州和地域以及他的國家與自己的良心，都要統籌兼顧。在黨內問題上，他對黨的忠誠一般居於主導地位，在地區之間的爭執上，他的地域責任感，可能會決定他的方向。只有在全國性的問題上，在與地區、政黨利益適相逕庭的良心問題上，他的勇氣就要受到考驗了。」（註三六）

甘迺廸的意思，是說在全國性的問題上，在良心問題上，參議員應有勇氣放棄他對地區或黨的忠誠，而以國事為重，以求心之所安。

政黨政治是近代的產物，一位近代政治學者，寫現代民主政治名著的蒲雷士爵士（Lord Bryce），在他另一名著公民精神的障礙中提出一個折中的答案，他主張以國家利益為標準，而以本人的良心判斷為依歸。他說：

「所謂政黨的精神，要看個別特殊問題的重大與否來決定它適用的程度。如果它是一個嚴重影響國家利益的問題，政治家應該不顧一切以行其心之所安。但是那個問題如果是次要而沒有深遠影響的，他在責任上應該為黨而放棄他自己的意見。」

因此，他主張：

「在小的問題上，不致影響行政部門的命運的，黨員有隨時反

對它的自由。 他應該把民間各式各樣的意見反映於行政部門， 他應該警告它不得藉口黨誼黨德來嚇阻言路，而行政部門因此可以受益。……臨到重大的事情，牽涉到國家利益的，他應該把國家利益置於黨誼黨德和黨紀之上，而設法推翻那個行政部門，不應讓它錯下去。」（註三七）

孔子認為對這二者之中的選擇應該不很困難。他指出應該以「義」作為判斷的標準；如果涉及不義，則對君父的命令，也沒有服從的義務。他說：

> 「昔者天子有爭臣七人，雖無道，不失其天下。諸侯有爭臣五人，雖無道，不失其國。大夫有爭臣三人，雖無道，不失其家。士有爭友，則身不離於令名。父有爭子，則身不陷於不義。故當不義，則子不可不爭於父，臣不可不爭於君。」（註三八）

中國監察院在四十六年十二月二十三日發生了一件大事，十一位監察委員經院會推舉組成的一個委員會，提案彈劾行政院俞鴻鈞院長，當經依法審查通過，送請司法院予以懲戒。十一人中有十人是中國國民黨黨員，國民黨中央黨部於是考慮如何予以紀律處分。三年半以後乃決定舉辦中央從政黨員總登記。用意是在約束從政黨員以後務須服從黨的總裁和中央黨部。

本書著者也是俞案的提案委員之一，鑒於黨部的容忍態度，準備登記，以繼續保持二十二歲就已入黨的歷史。但恐登記辦法過分妨礙監察工作，所以不無躊躇。於是函請中央黨部予以澄清。下文是那時寫給中央黨部秘書長的函稿：

> 「此次黨員總登記辦法中若干規定，因字義籠統，目前已多疑

慮，將來必有爭議。本黨先哲有名言曰：『共信不立，互信不生；互信不生，團結不固。』故為辦好總登記，以加強團結，必須祛除一切疑慮，以期建立共信，產生互信，庶幾團結可臻鞏固。敬本此旨，提出下列問題，擬請中央迅賜核示。

「一、關於黨員總登記之程序，初聞中央對登記申請須加審查，俾便有所淘汰。旋聞總裁不以為然，故登記後，據謂不再審查。但查中央從政幹部組織辦法第二十條有『核准登記』字樣，是登記後尚待核准，方生效力。依此推論，則中央仍保有不核准之權。此與總裁指示是否逕庭？應請明示。

「二、中央從政幹部規約第三條所稱，必須透過組織，方可提出之『重要提案』，是否僅指中央從政幹部組織辦法第卅一條之重要糾彈案？監察院尚有若干屬於院務處理方面之提案，似不應在該條限制之列。

「三、前條所謂『重要糾彈案』，於糾舉案及彈劾案外是否尚包括糾正案而言？但糾正案之對象，為對行政措施之注意改善，乃係建議性質，旨在納行政措施於政策或法制之軌道內，而求其更善，並無追究行政責任之意。且採納與否，權在行政機關，並無強制作用。本黨一向鼓勵同志及國民對國事自由提供意見，報章評論，處士橫議，新聞紀事，政府久已摒棄事前檢查。自不致獨對監委同志之糾正提案，橫加事前限制。故糾正案之提出，應認為不在該條所謂『重要糾彈案』之列。

「糾舉案係送請上級行政機關處理，且多係小案，自無予以限制之必要。

「彈劾案亦僅具檢舉作用，將來懲戒與否，被彈劾人如為文官，權在公務員懲戒委員會，如為軍人，權在國防部，如為總統副總統，

權在國民大會。被彈劾人如尚觸犯刑法，並應移送法院偵辦。但遍閱此次總登記辦法，對懲戒機關或司法機關之懲戒或不懲戒，起訴或不起訴，科刑或宣告無罪，皆不加以限制，任其自由裁量，此自為正當辦法。是則對於同具司法性質之彈劾案，而其效果且遠不及懲戒、起訴或科刑之嚴重，自亦不應有所限制。

「但總統副總統為國家元首或副元首，地位重要，關係重大，故憲法規定，必須有全體監委四分之一以上之提議及全體監委過半數之可決，方得提出彈劾案。此即所謂重要之彈劾案。其餘彈劾案，因僅需監委一人之提議，經監委九人之審查通過，即可成立，故應認為俱屬次要。第三十一條既規定以重要糾彈案為限，對於次要之彈劾案，自不在適用之列。

「究竟所謂『重要糾彈案』，可否以關於總統副總統者為限？如不以此為限，則請將不許自由糾彈者之官銜，一一列舉。此項官銜，應不甚多，為杜爭議，務請明列。

「以上所陳，事關黨員對黨負責之範圍以及監委依法盡忠職務之程度，過寬過嚴，皆非所宜。監委同志，俱深關切。如蒙採納上述見解，則請迅賜核示，對總登記之順利完成，必有裨益。而監委同志，在做一好黨員之要求下，尚可勉強做一好監委，則國家、本黨及監委同志可望共受其利。讀陸放翁詩：『人才衰靡方當慮，士氣崢嶸未可非。萬事不如公論久，諸賢莫與眾心違！』深信中央必能善圖之也。」

後來中央黨部秘書長約集黨員監委當眾宣佈：重要彈劾應包括對行政、司法和考試三院院長的彈劾案。對其餘各項則無異議。於是黨員監委都去登記。

## 第四項　超出黨派

懍於監察委員的良心作用常爲黨派作用所左右，有心人於是主張在憲法中明定監察委員應超出黨派以外獨立行使職權。

中國憲法第八十一條規定：「法官須超出黨派以外，依據法律獨立審判，不受任何干涉」。又第八十八條規定：「考試委員須超出黨派以外，依據法律獨立行使職權」。法官是終身職，本可特立獨行，不受干涉，黨派對他們所能發生的影響應不很大。考試委員掌理公務員的考試和保障，對象多半是中小官員，與黨派利害所關不大，黨派對他們沒有干涉的必要。可是憲法却對他們二者言之諄諄，黨派不得干涉，他們對黨派應可不予理會。監察委員有權彈劾總統副總統或其下的大官，影響重大，他們的職務行爲自爲黨派所注意，在朝黨要保護同黨的官員，反對黨要推倒執政的人員，難免都要利用監察委員黨同、伐異，於是論者以爲監察委員更有超出黨派以外獨立行使職權的必要，可是憲法却不作這樣的規定。（註三九）

但是所謂「超出黨派以外」的涵義，究竟如何？不外下列兩說：

甲說：中止黨員的權利和義務，不參加黨部會議，不繳納黨費，不爲黨部助選和募捐，不接受黨部的指示和干求，黨部也不得就他的職務行爲對他有所指示或干求，自更不得因所求不遂而對他執行黨紀。

乙說：可以參加黨部活動，但黨部不得對他的職務行爲有所指示或干求，並不得以他不接受黨的指示或干求而予以黨紀制裁。

以上兩說，似以甲說爲然，但執行較難，所以通常是以乙說爲準。

此外，美國有幾個實例，可供參考：

一般公務員可以參加助選活動，但須在公餘之暇去做。一般閣員也可爲總統助選，但國務卿、國防部長和司法部長照例不許。季辛吉國務

卿在一九七六年大選時，針對雷根和賈克森而替福特外交作辯護，被人責爲違反傳統。

法官比較超然，例如美國最高法院審理尼克森與水門案特別檢察官爲調取總統府錄音帶的訟爭案，一位法官自動廻避，其他八位法官，有人屬於共和黨，却一致拒絕尼克森的要求。

依本書著者的體驗，黨部對黨員監察委員的壓力和影響，自屬難免。憲法如果規定監察委員須超出黨派之外獨立行使監察職權，黨部就不便以黨紀爲後盾，公然干涉。

## 第四節　風格與紀律

### 第一項　風格私說

一九七〇年五月二十日，本書著者寫信給美國參議員傅爾勃賴特，（時任參議院外交委員會委員長），勸他以國事爲重，黨見爲輕，特立獨行，砥柱中流。並強調美國一位參議員的故事，以代說明：

「我還記得緬因州參議員威廉費仙登一八六六年對維蒙特州參議員佛特的逝世，曾有這樣幾句唁辭：『議長先生，當一個人被選爲本院議員時，他勢必遭受的苦難，甚至做夢也想像不到。……議長先生，假如他想保持他的正直，他必須學習堅忍不移，在責任的道路上穩步前進。支持他的只有一個想法：日後總可以獲得人們的諒解；如果得不到諒解，則他個人的希望、理想、甚至名譽，與他受命保護的人民利益比較起來，畢竟是微不足道的』。像你這樣博學、正直和勇敢，自必也有這樣的精神。我期待你的明智的考慮和反應！」（註四〇）

這樣的認識和實踐，是民意代表，特別是監察委員應有的風格。可是不夠具體。

五十八年十一月二十三日在臺北市議員選舉二位監察委員前夕一個座談會中，本書著者提出智、仁、勇、勤、儉五項作爲監察委員必須具備的精神。原文如下：

「在這五者之中，我要特別強調仁的重要，其次是勇，再次是勤，第四是智，最後是儉。

「說到仁的重要，我就聯想到到監察院來申訴的人，都是一些被欺負的人或被寃枉的人，他們都是很小的老百姓。很少是有權或有勢的。監察委員如果沒有仁愛的精神，就不願對這些小人物表示同情，自更不肯爲他們打抱不平。因爲打抱不平必須結怨於有權勢的人，乃是很艱苦的工作，沒有仁愛的人怎麼能肯多事呢！

「於是還需要勇氣，僅是『富貴不能淫』和『威武不能屈』還不夠，還要做到『人情不能動』，就是說要有破除情面的勇氣，而這是很難的。

「如何能有勇氣呢？除了先天的因素外，也須靠後天的培養。古人說『無慾則剛』，所以本身的生活必須節儉。因爲『儉以養廉』。如果監察委員本身因貪戀物質的享受而不能儉，因而取不義之財，自己便犯了法，即使倖逃法網，但是何能再有勇氣去爲老百姓打抱不平。

「最後說到勤和智。監察委員辦理糾正案彈劾案或審計案，要看資料，要聽報告，要調查事實，要研究案情，自需相當的智。所謂智，包括先天的智慧和後天的知識。但只要能有中人以上的智慧和大專程度的知識，已經可以勝任了。可是必須勤。不獨『勤能補

拙』，而且假使不勤而懶或怠，如何肯爲人民服務，如何能爲國家辦事呢！」（註四一）

六十二年一月七日，在臺灣省議員要增選七位監察委員前，本書著者寫信給全體省議員，指出監察委員在積極方面應具的品德和消極方面應防的缺點：

「我以爲監察委員要具備這些積極的條件：

「第一、他要有仁愛的心腸，能夠人溺己溺，推己及人；

「第二、他要有服務的熱忱，肯管事，肯說話；

「第三、他要有超人的勇氣，不畏苦難，不避權勢。

「同時，在消極方面也有幾點必須注意：

「第一、他不可有污點或劣跡落在他人的手中或心目中，否則他就不可能有勇氣和道德的聲望；

「第二、他不可經營企業或執行業務，否則可能以私害公，而有求於人便易爲人所制；

「第三、他不可過奢華的生活，而要在國家給他的薪俸中量入爲出，不僅他本人而已，他的家屬也都要克勤克儉；

「第四、年齡不宜太大，在三十五歲的最低限度上，愈輕愈好，否則不獨銳氣銷蝕，難當『風霜之任』，而且精力也不能應付繁重的案件、信件、資料、接談和會議。」（註四二）

張劍寒教授總結十位監察委員在歷屆年度總檢討會發表的意見，濃縮爲這樣幾項：

「就爲人與律己言，監察委員應㈠有廉潔精神，即毋以賄遷，富貴不能淫，而如冰霜之清。㈡有不屈精神，即毋以勢僑，威武不

能屈，而如松柏之貞。㈢有勤儉精神，卽毋以窮濫，貧賤不能移，而如秋菊之傲。從對人與處事方面言，應㈠有公允之精神，舉察官邪，必究大體，毋尅毋頗；糾正違失，必有中道，毋過不及。㈡有忠誠之精神，應專利國家，而不爲身謀，不因循縱姦，毋假公濟私。㈢有盡責之精神，如守夜之犬，報凶之烏，清道之夫，及照明之燭。㈣有仁恕之精神，敦仁之存，篤義之行，懲惡勸善，激濁揚清，辯冤白謗，維護正義。㈤有審愼之精神，愼言愼行，不沽名釣譽；護法守法，不譁衆取寵。㈥有剛正之精神，不阿所好，不作鄉愿，『冷面鐵寒』，『冰心鐵骨』。」（註四三）

此外，本書著在曾在民國五十七年十一月監察院的一次總檢討會議中檢討「監察委員以後怎樣做？」，指出八項，其中下列五項較爲重要，可以列爲監察委員風格的又一套標準：

一是監視而不干涉。監察委員是人民的耳目，也是政府的耳目。監察委員在中國的傳統上是御史，御史在古代另有一個名詞叫「耳目官」，監察委員也應該做耳目，但不是執行的人。他們的任務只是聽和看，而不是代行政機關決策或執行。所以監察委員對於全國的行政機關、軍事機關、考試機關和司法機關連法院在內都要加以監視，對於它們的官員、經費和業務都要了解，發現有違法失職的應加糾舉或彈劾，對行政機關並可糾正。這是監察院的本分。但是不要熱心過度，進一步替它們決策或執行，那就變成了干涉。監察院已有一個很好的傳統——不干涉審判。其實不獨審判不應該干涉，對其他機關的業務也只求了解，發現違失就糾彈，但不要越俎代庖。

二是明察而不苛求。監視必需明察。「明察秋毫」也許過份，但並無不可，只是不要苛求。有些小毛病發現了不必就提糾彈案。例如一個

官員如果平時很好，則一時的小錯誤，應可准他將功抵過。

三是糾彈而不怨恨。糾舉彈劾是在執行國家的法律，而不是對對方有什麼私仇或私見。必須沒有私仇和私見，才能出於大公。所以應以公正的態度和悲憫的心腸去調查案子。對對方不利的地方，自須注意，而對他們有利的地方，也要同樣注意。

四是敬和而不順流。這包涵兩句成語：一是「敬而不順」，二是「和而不流」。所謂「和而不流」，就是說在同事之間以及機關和機關之間應該和睦相處，應該和衷共濟，應該協調合作。但是要和而不流，絕不與他們同流合污。

其次說敬而不順。孔子曾說：「為人臣止於敬」，意思說，做部下的對上司一定要很恭敬。但孔子又說：「忠焉能不誨乎！」下屬對上司要忠，就不可騙他，不可矇蔽他，而應將事實真相告訴他，有意見也必須提出來，並試圖說服他。這就是忠，也就是敬。

孟子也說：「責難於君謂之恭，陳善閉邪謂之敬。」上司有錯誤時，就要加以責難，這是恭。向上司貢獻好的意見，他如有壞的念頭，就要把它封起來，不讓它發芽、開花、結果，這就是敬。孔子還有一句話特別適用於監委：子路問如何奉事帝王，孔子說：「勿欺也，而犯之」。犯就是犯顏直諫。你對上司進言，他也許不高興，討厭你，面色也變了，但孔子說還是要冒犯他，而不得「以順為正」。

五是有為而不有求。這是說，監察委員應該要有作為，但不得有干求。「有為」就是有作為，該彈劾的就彈劾，該糾舉的就糾舉，該糾正的就糾正。「有求」包括求名、求利和求官。有為與有求是衝突的。要求名、求利和求官，就不可能有作為。所以古人說：「人必有所不為，而後可以有為」。

監察委員職權的行使，不能僅靠憲法賦予的權力，還須靠整個監察

院的權威。而權威的要素乃是多數監察委員的德望。監察委員個人的無求——不求名，不求利，不求官，乃是德望的基礎。(註四四)

監察院本身，一向也很重視風格。它曾制訂一個動員公約和實踐要目，並在每次動員月會由主席朗誦。原文如下。

### 監察院監察委員動員公約

我們願意貢獻一切力量，爭取反共抗俄戰爭的勝利。茲為厲行國家總動員法令，各自努力本位工作，經鄭重議定下列公約，保證切實履行，如有違反，願服從衆議，接受嚴厲的批評和制裁，決無異言：

一、貫徹反共抗俄國策；

二、鞏固民主憲政基礎；

三、嚴正行使監察職權；

四、砥礪監察委員風格。

### 動員公約實踐要目

一、關於貫徹反共抗俄國策者：1.確認反共抗俄為全世界人類爭取自由之戰爭；2.集中力量爭取反共抗俄之最後勝利。

二、關於鞏固民主憲政基礎者：1.絕對遵守憲法並注意其實施；2.嚴密糾察違反憲法之行為。

三、關於嚴正行使監察職權者：1.不虧職責，2.不越權限。

四、關於砥礪監察委員風格者：1.不畏強力，2.不存私見，3.不辭艱苦，4.不受請託。

### 第二項　紀律規範

但是上文列述的那些精神或風格，只是一些德目，不是強制辦法，端賴監察委員自愛自勉，所以效果難必。於是監察院乃制訂整飭紀律辦

法，並設紀律委員會，期以集體力量，加強對自身的監察。

依照整飭紀律辦法，監察委員如果違法失職，應受監察院紀律制裁。但這「違法失職」四字，不夠明確。美國辦法則較具體。

美國參衆兩院都訂有公務行為規範。玆將衆議院的規範譯錄於下：

一、衆議院議員、官員或職員時時須以為人稱道的行為方式立身處事。

二、衆議院議員、官員或職員須堅守衆議院規章的精神和條文，以及正式設立的委員會的規章。

三、衆議院議員、官員或職員不得接受任何報酬，也不得從任何來源取得任何藉不正當運用他在國會的地位的影響力所獲得的報酬。

四、衆議院議員、官員或職員不得直接或間接從任何與國會審查的立法有直接利害關係的個人、組織或公司收受具有實質價值的禮品。

五、衆議院議員、官員或職員不得自任何個人、組織或公司收受演說、寫作或其他類似活動超過這項服務一般代價的酬金。

六、衆議院議員須將其競選基金與個人財源分開。除非經法律特別規定，他不得將競選基金轉用於私人用途，也不得動用競選基金作為無法歸於正當競選用途的支出。

七、主辦紀念晚宴或其他籌募基金活動，除非事先明白通知捐款人或參加者：這筆所得將作其他用途使用，則衆議院議員須將所有此類所得視為競選捐款。

八、衆議院議員不得以他的助理員額聘請任何並不執行與其所得報酬相稱的職務的職員。

九、衆議院議員、官員或職員不得因任何個人的種族、膚色、宗教信仰、性別或原有國籍而開除或拒絕雇用其人，或在報酬、條件、地位或工作特權方面歧視任何人。

十、被法院判處兩年以上徒刑的衆議院議員，不得參與各委員會的業務，也不准在衆議院或全院委員會會議中對任何問題投票，除非或直至他依法宣告無罪而復職爲止，或直至他在這種判罪後重新當選衆議員爲止。

在水門事件後，美國官員和議員的聲譽墮地，卡特總統乃以道德相號召，兩院議員也改進道德規範，力謀自新。(註四五) 茲將一九七七年三月衆議院通過的加強辦法報導如次：

一、限制薪俸以外的收入不得超過薪俸的百分之十五，換言之，每年不得多於八千六百二十五元。這個額外收入，包括演講和律師的報酬，但不包括股票、公債和房地產的利潤。這是說，以勞力換來的收入要受限制，而投資則不在此限。理由是利害關係人常以邀請演講或聘爲法律顧問的方式致送金錢，影響立法，所以要特加限制。

二、限制演講報酬每次不得超過七百五十元。

但參議院的限制則放寬爲一千元。按參議員的演講報酬一向較高。每次有高達一萬元的。高華德參議員近在一家電視臺出現四次，每次得酬二千五百元。一九六八年與韓富瑞搭擋競選副總統的穆斯基參議員日前曾慨乎言之：「沒有大量的演講收入，就不可能有我這個參議員」。所以參議院不得不酌予放寬。

至於兼營律師的收入，自更可觀，有每年高達四萬元的，而百分之六十的議員都兼任律師。兩院現行紀律，限制議員律師不得代表當事人與聯邦政府打官司，也不許接受各種行政法院的訴訟事件。這次新道德規範對律師報酬並未設限，但顯然須納入全年八千六百二十五元額外收入的限額中。

三、議員本人及其配偶的一切額外收入，包括投資所得（例如股息和房地產利潤），勞務所得（例如上述律師報酬）以及一百元以上的禮

物，每年都須向衆議院的紀律委員會詳細申報並須公開。

過去辦法，收受禮物不加限制，僅說價值不得太高。額外收入每筆如超出五千元時，方須申報。人民要求查閱議員的申報書，必須正式聲請，而由該會立即通知該議員。新辦法顯較進步。

四、禁止以貼補交際費或辦公費等名義收受捐贈或移用節餘的競選經費。衆議院允對每一議員每年貼補五千元，參議院草案中尚未規定數額，但將來自必跟進 。

但是道德規範對議員競選經費的籌募，沒有什麼新限制，這是一個大漏洞。而以現在競選花錢之多，例如參議員高達二百萬元，衆議員也需數十萬元，個人無力負擔，自須廣爲勸募，於是欠上大批人情債和政治債，自必妨害議員行使職權的獨立、客觀和公正。

一個有效的補救辦法，是公費競選，就是由國庫貼補競選費用。這個辦法，去年已行之於總統和副總統的競選，一般人認爲效果很好，卡特政府現擬將它也實施於國會議員的選舉。擬議中的辦法，是將競選費用，在某種限額中，民間捐助和國庫補助各佔一半。於是可望議員不致爲籌款而動輒求助於豪門大戶以致受他們的挾制和利用。

但是徒法不能自行，於是各民主國家的國會都設有紀律委員會。美國衆議院紀律委員會的名稱叫做「公務行爲準則委員會」(*Committee on Standards of Official Conduct*)。

紀律委員會的組織，監察院規定由各選舉區監察委員互推一人充任之，並由各委員互選三人爲召集人。

美國參議院的紀律委員會由多數黨和少數黨議員各推三人，衆議院則各推六人分別組織之，並以多數黨委員一人爲各該委員會的主席。

依照中美辦法，議員的紀律案件，都須經人檢舉或有議員提議，紀律委員會方可處理。

　　為防止濫施檢舉，監察院規定須有確實姓名和住址經院長先行查明並非假冒，然後輪派其他委員負責調查。調查報告密送紀律委員會開會處理。委員本人也可申請院長調查他自己涉嫌的問題，以求澄清。美國眾議院規定：調查須有議員檢舉或議員自行申請。社會人士則必須先請議員代為檢舉，經三人拒絕受理時，方可向紀律委員會申訴。

　　美國眾議院規章第十一條第四項就紀律委員會的職權列舉規定如下：

　　一、公務行為準則委員會獲得下列授權：

　　甲、隨時向眾議院建議該委員會認為適於建立或執行眾議院議員、官員及職員公務行為準則的各項行政措施；

　　乙、調查眾院議員、官員或職員涉嫌違反公務行為規範（*Code of Official Conduct*）或適用於這些議員、官員或職員履行其職務或職責行為的任何法律、規章、條例或其他行為準則的任何行為，並在通告和聽證會後向眾議院建議解決辦法，或該委員會認為合於情況的此種行動。

　　丙、在眾議院同意下，向適當的聯邦或州當局報告眾議院議員、官員或職員違反任何適用於執行其職務或克盡其職責的法律的可靠證據。

　　丁、考慮任何眾議院議員、官員或職員要求有關他們諮詢意見的要求，並在適當保證有關人員隱私權的情況下，發表這種意見，以供眾議院其他議員、官員和職員參考。

　　二、甲、公務行為準則委員會不得作成任何有關眾議院議員、官員或職員公務行為的議案、報告、建議或諮詢意見，該委員會也不得進行有關這種行為的任何調查，除非獲得該委員會過半數委員的同意。

　　乙、除該委員會主動進行調查的情況外，該委員會僅能在下列情況下進行有關眾議院議員、官員或職員之公務行為的調查：

　　子、接獲眾議員書面，或宣誓提出或提交眾議員並由該議員轉交該

委員會之控訴；

丑、接獲並非衆議員的個人書面並宣誓提出的控訴，而這種控訴曾由他向三位衆議員提出却被拒絕轉送該委員會者；

丙、該委員會不得對任何涉嫌違反當時尚未生效的法律、規章、條例或行爲準則的行爲進行調查。

丁、該委員會委員不得參加涉及他本人案件的該委員會的行動。如果他喪失擔任該委員會委員的資格，衆議院議長須從他同一政黨議員中指派一人擔任該委員會委員。

紀律委員會處理紀律案件，在監察院必須先行調查，在美國國會必須先行公開聽證（*public hearing*）。然後由委員會製作報告送請院會討論。

美國辦法較爲周詳，可供參考，譯錄於本章註釋欄中。（註四七）

對監察委員的紀律處分包括左列四項：

一、將調查報告抄送被檢舉之監察委員，促其注意；

二、予以譴責；

三、限定期間，免派調查案件；

四、涉有刑事罪嫌者，移送管轄法院。

美國國會的紀律處分，通常是「譴責」（*Censure*）。它也有權開除議員。所謂譴責，是由議長宣讀院會通過的案文，但衆議院的譴責辦法比較嚴厲，由國會警衞官將該議員「押解」到餐廳由議長當衆譴責。

但中美兩國紀律委員會的成效却都不大。監察院曾對來自淪陷後大陸的一位監察委員從事調查。但對有些「利害衝突」的事件（例如兼職或經商）却不加注意。

美國曾有參議員七人和衆議員十八人曾受這項譴責處分。它對議員的顏面和前途都有損害，自具相當嚇阻作用。但僅有衆議員一人受到撤職

處分。

## 第五節　薪俸和補助

國會議員的待遇，以薪金和補助爲準，各國相差很遠。最好是美國，最差是中國，可是後者仍爲許多中小公務員所羨慕，因爲一個委員的薪津幾乎是一個小職員的四倍。

美國參議員和衆議員的薪金是一樣的，一九七四年是每年各爲四萬二千五百美元。在開國初年，參議員的薪金曾高於衆議員，理由是前者的工作較忙。但不久便平等了。監察委員與立法委員和國大代表的薪俸也一律平等。

從一九七七年二月開始，美國議員的薪俸已調整爲年薪五萬七千五百元，增加率爲百分之二十八點九。如與官員比較，有如下表：

| 人　　　　員 | 最近年薪 | 現在年薪 | 增加率 |
|---|---|---|---|
| 副　　總　　統 | 65,600 | 80,000 | 22.0 |
| 最高法院院長 | 65,600 | 80,000 | 22.0 |
| 內　閣　部　長 | 63,000 | 67,500 | 7.1 |
| 副　　部　　長 | 44,600 | 60,000 | 34.5 |
| 國　會　議　員 | 44,600 | 57,500 | 28.9 |

但議員尚有比政府官員更好和更多的額外優待，略舉於下：

英國下院議員一九七四年的年薪是一千七百五十鎊，外加個人辦公費每年七百五十鎊。依照現行滙率，兩共折合美金六千二百五十元。自一九七五年起已增爲二萬二千美元。法國議員的待遇較好，年薪約合美金一萬二千元，外加辦公費一萬八千美元，合計三萬美元。（註四八）

德國議員的待遇則低於美法兩國，他們每年可得六千二百八十八美元。

蘇聯是以勞動的價值來計算報酬。但它的國會議員的薪金每月約合一千美元，開會期間，每日加給公費約合一百五十美元。而一千美元的月薪，較半熟練技工的工資高出百分之二十五。他們仍可照領他們本業的報酬——兼職兼薪。（註四九）

日本議員的薪金，每月約合美金一千二百元。以日本物價之高和議員應酬之多，顯然入不敷出，不得不仰給於黨派的領袖，甚至依靠民間財閥的補助，所以不易維持獨立的立場。（註五〇）

中國御史的俸給一向是較少的，西漢時代是丞相的三分之二，（丞相是六萬，御史大夫是四萬。）（註五一）另一說是丞相一萬石，御史大夫二千石）。

現在監察委員的月薪，是歲費九千二百元，公費九千二百元和小組研究費數千元。

美國議員得自國庫的支援，最大一筆是他們雇用助理人員的補助。美國參衆兩院議員的總數是五百三十五人，全院職員約一萬七千人，其中約八千人是個別議員所雇用，爲議員個人服務，而由國庫支付薪金。平均每一議員可雇助理人員十一點二一人。其中衆議員每人最多可用十八人。對參議員則不加限制，而以經費爲範圍，有的大牌參議員，雇用三十人之多。

衆議員雇用助理人員的經費是每年二五五、一四四元，參議員則以選區人口多少爲標準，每人可以多至九〇二、三〇一元。

助理人員的工作很複雜，主要是爲議員研究問題或爲他們的選民服務。一位名叫何爾德的衆議員，收到一位選民的信，請教他怎樣防止老鼠咬掉他的山慈姑，他回信答覆：用鐵絲網把山慈姑罩起來。

　　助理人員是議員的手足、耳目和頭腦。我國總統府的資政和行政院的政務委員都由國庫爲他們各雇秘書一人，但立監委員負擔繁重的經常工作，却沒有這樣的權利，一切都得由他們自己去做。本書著者曾說監察委員要有三頭六臂，其中第五臂是要有三位助理人員，一位做他的秘書，處理信件，一位做他的專員，研究問題，一位幫他招呼選民。（註五一）

　　此外，議員在首都和選區各設一辦事處，房租和家具都由國庫供應。

　　議員使用的郵電和每年二十六次和職員六次的華府與選區的往返以及辦事處的開支，都由國庫負擔，衆議員的平均數是每人每年四八、〇〇〇元，參議員是七八，〇〇〇元。

　　議員可對選民免費寄贈國會公報和政府的出版物，平均計值每人每年超過一〇，〇〇〇元。

　　議員享有六、五〇〇元的文具費，四八〇，〇〇〇個免費信封和五千元的印刷費。議員寄出去的信實在太多了，以致國會有一個自己的郵局，僱用了一百一十個員工。

　　議員的免費信件和其他「公務」郵件，曾有一年多達三千三百四十一萬三千零三十二件，重達四百三十八萬五千零七磅。（註五二）法國議員也有免郵費的權利。他們在選區和巴黎之間往來的旅費和在巴黎境內的電話費也由公庫負擔。

　　中國立監委員也曾享受過火車免費的權利，但監察院不久把它謝絕了。

　　議員可以隨時要求主席准他發表簡短聲明，列入國會紀錄，並把它多印幾千份到幾萬份，由國會免費寄給選民。而且字數沒有限制，因爲他可把有關資料作爲附錄，不經宣讀，附印於文後。曾有議員一次列入紀錄的資料厚達三百六十頁。（註五三）又有一位議員把國會紀錄多印六萬份，免費寄給他的選民。（註五四）

議員連任滿五年就可享受養老金，同時仍可享受爲聯邦政府工作的其他養老金。以年薪四萬二千五百元計算，滿五年後可得百分之十二又二分之一，每年五千三百十二元五角，每五年進一級，滿二十五年可得百分之六十二又二分之一，每年二十六萬五千五百六十二元五角。但他們在職時每年須以薪俸的百分之八約三千四百元納作養老保險金。

議員可以每年在稅單上減免三千元生活費，每一會期又可加報二千元的「公家開支」。

此外，美國議員還有一個特權，他們可以保送軍校的學生。後者必須有人保舉，方有投考資格。總統可以保送的名額是每年三百人，參議員是五百人（每人可保送五人），眾議員是二千一百七十五人。（註五五）

英國一位議員所嘆的苦經，表達了英國議員待遇的菲薄。他說：

> 「把我們的待遇窘狀，去與我們被期待應做的工作相比較，簡直要成很大的諷刺。……
>
> 「每一議員只有一個地方是屬於他個人的，那只是一只有鎖的櫃（*locker*），體積小得不能放入一只手提箱。我們也沒有一具個人專用的電話。我們只好提着公文在走廊中往來踱步，以焦燥的心情等待輪到通話的機會。我們不能接聽外面打進來的電話，而醫院的醫師則各有一具接話機」。（註五六）

還可加上一點：英國現在下院議員總數是六百三十五人，而會場的座位却只有四百三十七個。（註五七）

最後，如把國會和議員一切支出合併計算，美國國會本年度的預算已達十一億元，是十年前的三倍，是中華民國中央政府六十七年度總預算的三分之一。

## 第六節　言論免責

### 第一項　中國傳統和美國範例

中國憲法第一百零一條規定：「監察委員在院內所爲之言論及表決，對院外不負責任。」這種言論免責權，乃是議會政治的常軌，而以英國爲濫觴，已有二百八十餘年的光榮歷史。原來英國一六八九年的民權法典第九條：「國會內之演講、辯論或其程序，不得在任何法院之中或國會外之任何其他處所，予以彈劾或追問」。這是議員言論免責權的權輿。

中國議會政治的歷史雖很短，但監察人員的言論免責却是悠久的傳統。尙書是中國最早的史書，它在堯典中記舜怎樣重視輿論：「詢於四岳，闢四門，明四（方之）目，達四聰」。（註五八）孔子因而稱頌：「舜其大知也與！舜好問而好察邇言，隱惡而揚善」。（註五九）朱熹註釋：「舜之所以爲大知者，以其不自用而取諸人也。邇言在淺近之言，猶必察焉，其無遺善可知。然於其言之未善者，則隱而不宣，其善者則播而不匿，其廣大光明又如此，則人孰不樂告之以善哉！」（註六〇）這所謂「隱而不宣」，就是後世清太宗在建立都察院詔書中所說：「所言非，不問」的張本。（註六一）

但中國憲法第一百零一條的規定不僅承襲這個傳統，也採用美國憲法第一條第六項：「各該院議員不得因其在議院內所發表的言論，在議院外受責問」。

人民代表何以有這特權呢？請引美國最高法院首席法官柏爾森在柯芬控告另一柯芬案的判決書中的幾句名言，以作說明。他說：

> 「這些特權的授予，其目的不在保護國會議員的利益，使其免於執法人員的訴追，而在支持人民的權利，俾其代表可以放膽執行

其職責而不應受到刑事或民事的訴追。所以我以為美國憲法第一條第六項的解釋不應該是拘謹的, 而應該是自由的, 庶使憲法原來的作用可以充分的發揮。我認為這個特權不僅限於表示意見、發表演說或參加辯論, 而且適用於投票、提出書面報告以及其他基於議員職責或執行議員職務所做的任何行為。我為這個條文所下的定義, 是:每一議員所說所做的一切言行, 只要他站在人民代表的立場, 為執行職務而言行, 他就不應受訴追, 不問他那種言行是不是符合國會內部的議事規程, 甚或違反議事規程。而且我不贊成把免責的範圍限於國會內的言行, 有時他的言行雖不發生在國會圍牆之內, 但是也可享受免責的權利。」

這是一百五十幾年以前的古訓, 迄今尚被奉為圭臬。美國國會最近重修再版的一本美國憲法判解彙編特把柏爾森這段話列為主要的釋示, (註六二)亦可見其權威之高了。

美國最高法院在另一判決中說: 「國會議員在執行職務時可以如此放肆而不受追訴, 不是為了他們的私人便利, 而是為了國家的公共利益。假使不給以特別的保障, 我們不要期待國會議員會有超過常人的勇氣。」(同上頁) 而國家是要求議員有超過常人的勇氣的。

請再看現代各民主國家憲法的規定:

法國憲法(一九五八年)的第二十六條規定: 「國會議員執行職權所作的言論和表決, 不受追訴、搜查、逮捕、拘留和審判」。

日本憲法也規定: 「兩院議員在院內所為的演說、討論或表決, 對院外不負責任。」 (第五十一條)

意大利憲法的第六十八條規定:「國會議員執行職務時所發表的言論和投票, 不受訴追」。它的第三項甚至規定: 「國會議員的逮捕或拘禁,

縱使是（法院）執行（該議員因犯執行職務以外的罪的）確定判決，也須經其所屬議院的許可。」（註：括弧中的文字是本書著者加上去的。）

土耳其憲法關於議員言論免責的範圍，不僅限於「議會內」的「表決、意見或發言」，而且也及於議員「對其在議會外關於此等發言或表決所做的說明」。（第十七條）

泰國舊憲法的規定很週到。在議員本身之外，免責的特權而且包括下列對象：一、議會當局所發行的會議議事錄；二、受議會召喚的人在議會所陳述的事實和所發表的意見。（第五十六條）

馬來亞憲法第六十三條指出議員不僅在院會中而且也在委員會議事中的發言或投票，都不得予以審究。此外，它另有一個特點，就是：「任何人關於國會發表或許可刊行文件中的事項，不得被控訴於法院。」（第六十三條）這有類於我們刑法第三百十一條第四款的規定：「對於中央及地方之會議或法院或公衆集會之記事而爲適當的載述者」，不罰。

上列各國的國會議員，依其憲法都享有言論免責的特權，當然包括誹謗免責的權利在內。請再引美國一位著名參議員賓漢的話來作證。他說：「在這議會的議場中，我有權指摘一個人爲小偸。經過國會議事紀錄的傳播，這句罵人的話將有很大的宣傳效力，甚至報紙也會把它宣揚開去。但是那個被罵的人沒有控訴我的機會,沒有法庭將受理他的控訴,他甚至不能問我爲什麼要那樣的罵他。」(註六三)

只有德國憲法明定，「誹謗不在此限」。這是說：「無論何時，聯邦議會議員不得因其在聯邦議會或其委員會所爲的表決或發言而受司法上或懲戒上的訴追，或在聯邦議會外被追究任何責任」，（第四十六條）但是不准指摘或傳述足以毀損他人名譽的事情。這就是所謂「但誹謗不在此限」。（同上）有這「但書」，我不懂德國議會怎樣尙能行使彈劾權。（德憲第六十一條和第一百九十八條）因爲議員在告發（彈劾）總

統或法官時，必須指摘後者如何違法或失職，這就涉嫌誹謗。議員執行職務而須就其言論或表決對國會外負責，負誹謗之責，自將使議員箝口結舌，不能盡其所言，自更不能提案彈劾，那豈是國家之福！德國憲法這個「但書」，我以爲很不妥當，自然不足爲訓，更不足爲法。

而且德憲關於誹謗負責的規定，也有自相矛盾或費解之處。因爲德憲第四十二條規定：「聯邦議會及其委員會的公開會議的眞實報告，不負任何責任」。然則議員的指摘如爲「眞實」時，爲什麼仍須負責任？議會和委員會都可不負責任（當然不負誹謗之責），但是作爲議會或委員會的構成份子的議員却須負誹謗之責，這又如何說得通！

又德憲第四十四條規定：聯邦議會有設置調查委員會之權；調查委員會的決議不受法院審查，但法院對調查所根據的事實得自由評價和判斷，不受議會調查結論的拘束。這個規定自很合理，但是參加調查委員會的議員的言論却須受法院的審查，負誹謗之責，這也是說不通的。

我查過所有重要國家的憲法，它們都沒有像德憲那樣議員須就誹謗負責的規定。即使以德憲而論，現行德憲的前身，極著名的威瑪憲法，也沒有現在這個規定。它的第三十六條說：「聯邦議會或各邦議會議員所爲的表決或執行職務的發言，無論任何時期，均不得爲裁判上或紀律上訴追的對象，並不負任何院外責任。」又第三十八條說：「聯邦議會及各邦議會的議員，因其議員身分從他人處得知的事實，或在其執行職務時以事實告知他人者，就其事實和人有拒絕證言的權利。關於文書的扣押，也和議員拒絕證言的權利相同。」就事論事，威瑪憲法這些規定，比較符合國家的利益和世界的潮流，但爲一九四九年德國憲法所不採。

### 第二項　所謂「不法言論」

中國憲法第一百零一條雖然沒有德憲那樣要糾問議員的誹謗責任，

但對條文的含義未始沒有紛歧的看法，尤其關於「不法言論」問題，出入最大。

本書著者曾在中國憲法第一百零一條中加上幾個括弧使其意義格外明顯：「監察委員在院內（也就是院的圍牆之內）所為之言論（包括演講、辯論、討論、質問和提案，也就是一切合法言論和不法言論）及表決，對院外（一切法院、總統或軍事機關）不負責任（不受任何院外機關或人員的質問、訴追或處罰）。」

於是發生下列兩個問題：

一、在院內的言論固不負責任，但如監察委員在院外執行職務，例如在院外實施調查或監試，他們的言論應否負責？

答：既是執行職務，自不負責。

二、言論自由應以法律為範圍，不法言論，既然違背法律，怎麼可以不負責任？而且依照司法院院解字第三七三五號解釋：「縣參議員在會議時所為無關會議事項之不法言論，仍應負責」，足證議員的不法言論並無保障。

答辯一：如果監察委員在院內的言論不受特殊（！）保障，則第一百零一條便應這樣寫法：「監察委員在院內所為之「合法」（！）言論及表決對院外不負責任」。這樣的規定還有什麼意義呢！因為合法言論當然不負責任，何必再勞憲法特予保障！可見憲法該條規定的主要意義，是為保障在院內的「不法」言論。

答辯二：因為監察委員如果沒有這個特別保障，他們簡直不能指責某官失職、某官貪污，因為那將觸犯公然侮辱罪或誹謗罪，他當然只得三緘其口了。

答辯三：卽使以司法院院解字第三七三五號解釋而論，它也並不絕對排除對不法言論的保障。它的涵義有如這樣：

一、不法言論，如果與會議事項無關，應負責任，不予保障；

二、不法言論，如果與會議事項有關，便不負責任，應有保障。

但這所謂「與會議事項有關」的限制，當然不適用於監察委員，因為憲法加於他們的限制只是「在院內」，而非「在會議時」。而「在院內」的言論原則上被認爲與職務有關（職務行爲），所以不負責任。

反之，如果他在院內爲私事而與人爭吵，如有不法言論，對方自可糾問其責任。

三、監察委員的言論，對外雖不負法律責任，但仍負道德責任。因為他們須守道德規範，並受輿論和選民的監察。他們如果無理取鬧或信口雌黃，縱使法律不加以制裁，但必爲輿論所指摘，甚或爲選民所罷免或唾棄。他們有權而不敢濫用，就因懍於這些限制。

而且他們尚受議會紀律的監督和拘束。他們的言論僅有對外不負責任的權利，但因濫用特權，勢將羞及全體，所以議會都設有紀律委員會，對違紀議員予以紀律處分。

例如美國是最尊重言論自由的，議員的言論更受憲法保障，連法院也不得糾問，可是那位大名鼎鼎的麥加錫參議員，曾在一九五六年因對另一位參議員出言不遜而受參議院的紀律制裁，予以譴責，不久便憂鬱而逝。（註六四）

## 第七節　身體保障

### 第一項　保障限度

依照中國憲法第八條，人民的身體自由，本有相當保障，而第一百零二條則更予監察委員以特別保障：「除現行犯外，非經監察院許可，不得逮捕拘禁」。這種保障顯然採自美國。民國元年的臨時約法第二十

六條已有這種規定:「參議院議員除現行犯及關於內亂外患之犯罪外,會期中,非得本院許可,不得逮捕。」現行憲法刪除「內亂和外患之犯罪」,以免與政治犯罪纏夾一起,自較開明。但民國十二年的憲法則更規定:「兩院議員因現行犯被捕時,政府應將理由報告於各本院,得以院議要求於會期內暫行停止訴訟進行,將被捕議員交回各本院」,則保護更見週密。大約這是爲防止軍閥逮捕議員,使會議不能進行。(註六五)

民國十八年的監察委員保障法第二條也規定:「監察委員爲現行犯被逮捕時,逮捕機關須於二十四小時內將逮捕之理由通知監察院。」但因現行憲法第八條:「人民因犯罪被逮捕時,其逮捕拘禁機關應將逮捕拘禁原因以書面告知本人及本人指定之親友」,則被拘捕的監察委員自可要求該機關通知監察院,所以現在已無這個特別條文。

對於議員身體自由的保障,德國憲法有很周到的規定。依照第四十六條:

一、非經聯邦議會許可,議員不得因犯罪行爲而被訴追或逮捕,但在犯罪當場或次日被逮捕者,不在此限。

在中國,監察委員可因犯罪行爲被傳訊或追訴,但非得監察院同意不得被逮捕或拘禁。

二、前文所謂「犯罪當場或次日」,就是所謂現行犯,(註六六)在中國可被逮捕或拘禁。但在德國,如經聯邦議會要求,羈押應即停止。

巴西和日本的憲法,也有類似的規定。

三、非經聯邦議會許可,德國議員的其他自由,不受限制,也不得依照憲法第十八條對他採取行動(剝奪他的自由)。

按第十八條全文如下:

「凡濫用言論自由,尤其是出版自由（第五條第一項）、講學自由（第五條第三項）、集會自由（第八條）、結社自由（第九條）、

書信、郵件與電訊秘密（第十條）、財產權（第十四條），或庇護權（第十六條第二項），以攻擊自由、民主之基本秩序者，應剝奪此等基本權利。此等權利之剝奪及其範圍由聯邦憲法法院宣告之。」

第二項 一個先例

民意代表身體自由的保障，具有「自明之理」，無待釋明。但有一點在我國曾起紛爭，那就是拘捕監察委員的許可程序。

下文是本書著者五十五年九月二十六日在監察院院會討論臺北地方法院檢察處要求逮捕三位監察委員時的發言紀錄，值得轉載於下：

「主席,各位同人：為了本案,我想各位同人的心情都很沉重,所以處理這個案子也非常審慎。也許有人雜有感情作用,但大部份人都是着眼在制度。中央日報不久前就透露了臺北地檢處這一封給立監兩院的信的措辭,就像方才所宣讀的,所差的只是文號沒有寫出來,人名也沒有寫出來,其他同今天所讀的一模一樣,就只是那幾句話。他們用這樣簡單的來文就要我們許可逮捕委員三人之多（最初是說二人,後來又說三人,現在揭曉是三人）,我們覺得手續太草率,文字內容太簡單。假使我們接受這一封空洞的信,加以處理,地檢處大可以把這一封信油印或鉛印,僅把文號及人名空起來,以後要逮捕那一位委員,只要花一分鐘時間把字號和人名填上去,就可送來要求逮捕了。」

「到了那個時候,我們如再說內容太簡單——不曉得犯了什麼罪,嫌疑重大到什麼程度,因而要求補充資料,他們將說：『我們是照向例辦理。以前某月某日也是這麼一封簡單的信,你們也受理了,而立法院且鼓掌通過。現在我們也是依照那個前例來辦,你們又說

要我們補充事實，要我們說明案情，要我們證明嫌疑重大到非逮捕不可，你們豈不是有意挑剔！豈不是有意庇護要被逮捕的人，同時也違反了你們自己的先例。』各位想想這樣的後果嚴重到什麼程度！

「監察委員在民代意表中特別容易招怨，容易被人家報復，而報復手段可能是陷害我們。但他們要逮捕、拘禁我們，我們總算還有憲法的一點點保障，假使我們今天草率的准許逮捕，這就創下一個先例，那麼我們連這一點點的保障都也自我取消了。所以我們今天一定要地檢處舉出事實理由來，提出證明方法來，那麼將來人們就不可能輕易誣陷我們。這樣，民意代表行使職權就可以鼓起勇氣而不怕人家隨便誣陷和報復。所以今天處理這個案子不要太草率，不要怕時間稍長。我不懂立法院爲什麼五分鐘就處理完了這樣重大的案子。

「我也知道現在外界對於我們處理本案不像立法院那樣迅速而嘖有煩言，以爲我們包庇同事，以爲我們違反「偵查不公開」的原則。所以我們今天要澄清一下。法律上所謂偵查不公開是指對一般公衆不公開而言。至於檢察官辦案對上級檢察官是絕對不秘密的，重要案子甚至還要報告司法行政部長。而且過去有許多例子，我們對偵查期間的案件也調過卷，問過話。所謂偵查不公開，顯然不能作爲絕拒我們調查的依據。

「關於本案，方才秘書長和院長都曾報告，焦首席檢察官已經告訴我們本案是有關於黃豆案，而且還說這幾位委員牽涉到收受賄賂，而且還說某一位拿了多少萬，另兩位拿了多少萬，說得很詳細。他們兩位把焦首席檢察官的談話，轉達我們，在場的委員都聽到了。足證偵察不公開，對監察院不能適用。

「我要求把這幾句話列入紀錄，也把今天院長及秘書長的報告列入紀錄。使將來任何首席檢察官，或其他機關，不許以偵察秘密為理由，不讓我們了解案情，而輕言逮捕。也不得再以簡單的公文要求逮捕。他們必須像這一次的補充事實，然後我們方可考慮。

「臺灣曾有兩個逮捕民意代表的例子：一是逮捕省議員楊玉城。我們秘書長曾打電話問過臺灣省議會議長，函告臺北地檢處公事送達省議會之後，議長就臨時提出於大會，有十幾位議員發言，結論是授權議長和副議長到臺北去查詢。他們見了焦首席，他把整個案情告訴他們。兩位得到滿意的答覆，方准焦首席逮捕。那件事前後共花了三天時間。第二個例子就是這次逮捕立法院三位委員，不到五分鐘，兩次鼓掌，立法院就把它通過了。就這兩個例子來看，省議會的處理比較高明。」

那天監察院院會經三小時的討論，全體一致決議如下：

「貪污禍國殃民，本院素所痛嫉，歷年以來迭加糾彈。同人如有犯者，自應依法嚴懲，若法院因此申請逮捕或拘禁，本院在了解案情後，自應迅速決定。但憲法第一〇二條既以許可或不許可之權，授予本院，本院必須為慎重之行使。故該主辦法院應將該委員涉嫌犯罪之事證於申請時通知本院，作為本院許可與否之依據。今據臺北地方法院檢察處九月二十三日北檢沛寒字第一二一一六號要求逮捕或拘禁本院委員三人之來文，僅謂：『㈠本處偵辦五十五年偵字第二七六號貪污罪嫌一案，對於貴院監察委員孫玉琳、于鎮洲、郝遇林將予偵訊，必要時並將逮捕或拘禁。㈡茲依憲法第一〇二條規定函請許可，迅賜惠復。』既未敍明事實，更無任何證明，甚至各該委員究竟涉嫌何一案件亦僅告知其代號。本院如果就此一紙空文，

即予許可，則此例一開，任何地方法院首席檢察官一人皆得援例以一紙空文要求逮捕拘禁民意代表，而該民意機關勢必只好照例輕率許可，則憲法保障民意代表使其敢於盡言責糾官邪，而不慮構怨結仇攀誣陷害之意義從此盡失，民意機關監督政府之功能勢必因之大為斲傷。是則為一案而開惡例，殊非國家之福。本院因此認為必須審慎從事，以重法治。頃據李院長及鍳秘書長報告向臺北地方法院檢察處焦首席查詢經過，獲悉本案情形，委經院會於研究討論後，決議許可該檢察處對各該委員於必要時予以逮捕或拘禁」。

把監察院這個決議和處理辦法，以與立法院比較，臺灣大學傅啓學、張劍寒和胡佛等六教授，在他們所著的中華民國監察院之研究，曾有這樣的批評：

「吾人認為立法院此舉（以五分鐘討論和兩次鼓掌，許可地檢處逮捕三位立法委員），失諸輕率孟浪，未能理智思考。雖可取悅輿情於一時，難免貽害於未來。監察院比較老成持重，處事練達，而對職權行使不苟也。」（註六七）

### 第三項　審議程序

三位委員的逮捕雖結束，但本書著者為使逮捕納入正軌，認為有制訂審議程序的必要。乃與二十七位監察委員擬訂「監察院對拘捕監察委員申請許可案審議程序」，提請監察院討論。全文如下：

「第一條　本院院長接到執法機關以本院委員觸犯刑法嫌疑重大申請許可將其逮捕或拘禁之公函，如認為對涉嫌情形及重大程度說明尚欠明瞭時，應卽函覆該執法機關，請其補充資料。

「第二條　本院院長依照前條規定接受申請函件後應即定期召集院會，加以審議。

「第三條　院會以秘密方式行之，涉嫌委員應行廻避，但經主席許可，得向院會陳述案情，述畢退席。

「第四條　申請許可與否之表決，依本院議事規則之規定爲之，但經出席委員五分之一之要求，應舉行無記名投票。

「同案涉及二人以上時應分別表決之。

「第五條　申請許可案以在一次院會審議完竣爲原則。」

　　該案的重點，本在第一條的補充資料，第三條的准許當事人陳述案情和第四條的無記名投票。但有關方面却把這三點一筆抹煞，而其理由只是認爲不利於逮捕。提案人本來兼顧監察院的審議權和監察委員經憲法保障的人身自由，而這三條可使手續比較鄭重。第三者實無反對的必要。

　　兩個月後，提案人發覺沒有照案通過的可能，而如果照反對意見修改，監察院無權獲悉拘捕理由，不能兼聽當事人的陳述，也不能舉行秘密投票，自惟有閉目塞耳，聽任拘捕。這樣修改的審議程序，訂了不如不訂的好。而且不訂這個程序，監察院尚有九月二十六日院會的成例可援，可以要求申請逮捕機關補充事實和理由，可以准許當事人列席陳述意見，述畢退席。所以如果不能訂得更鄭重一點，便無另訂的必要。

　　五十六年十一月，陳委員訪先、張委員岫嵐和本書著者，提了一個臨時動議，如下：「關於執法機關申請本院許可其逮捕或拘禁本院委員案，本院應如何處理，本年九月二十六日院會已有決議，在國家未有普遍適用之法制前，如有此類申請案件，自應依照該一決議辦理，暫時毋庸另訂審議程序。請討論案。」

　　院會討論結果，刪除「暫時毋庸另訂審議程序」，修正通過。

## 第八節 罷免和辭職

中國憲法對中央民意代表和總統副總統都訂有罷免原則。(註六八)這是最進步的民主制度的一端。罷免權創始於美國，然美國並未普遍實施，其他國家也很少採行，所以我國可以說是後來居上。

很多人都知道，美國的罷免制度，乃是二十世紀早期的產物，殊不知二百多年前美國就已創始而且對象包括國會議員在內。美國獨立後曾有一部「聯邦約法」(*Articles of Confederation*)，它規定各州有權罷免它的國會議員而另派議員繼續參加國會。現行憲法雖也規定選舉聯邦參議員乃是各州的權力，而有些州憲仍規定人民有權罷免一切選舉產生的官員，甚或包括法官在內，但因國會兩院是決定議員資格、出席權利和除名的惟一機關，議員縱使為本州選民所罷免，對他沒有拘束力，除非國會將他除名，他仍可續任議員。可是如果他真的被州民罷免，就很難再做下去。

美國各州採行罷免權的，首先是俄勒岡州，時在一九〇八年。以後加州等十一州也相繼實施。

市憲定有罷免權的，首推洛杉磯，時在一九〇三年。

依照官制，罷免方式可分三種：一是票上標明罷免某人，通過後定期選舉繼任人；二是將現職人員和另一候選人同時徵求選民意見，現任如果落選，就以新人接替；三是以現任徵求同意，如果落選，等於罷免。

中國監察委員選舉罷免法規定罷免辦法有如下列：

一、監察委員准由原選舉人予以罷免。但須有原選舉會選舉人四分之一以上人數的連署方可申請，須有罷免案投票人過半數的同意方可罷免。

按：所謂「原選舉人」是指選出那位監察委員的那個省（市）議會或其他法定選舉人。

二、罷免當然須有理由，並須提出理由書。但理由的範圍很廣泛，依照法理，諸如違背誓言、怠忽職守、不恤民意、聲名狼藉、有負付託以及一切違法的公私行為，都可作為罷免的理由。

罷免理由書應送達省（市）議會議長，（如果他由省（市）議會選出）。議長無權審查理由，但應查明申請人是否確實和人數是否足額。

罷免申請書應即送給被申請罷免的監察委員，他須在十日內提出答辯書。該項申請書和答辯書應由承辦機關一併公佈。承辦機關首長並應於申請書送達後三十日內召開罷免會，舉行無記名投票。

罷免案通過後應予公告，並依法補選，以補足原缺的任期。

罷免案如被否決，原申請人不得對該監察委員在同一任期內再提罷免的申請。這是選舉罷免法第二十一條的規定。但如有新事實或新證據，原選舉人或申請人對該監委是否也不得再作罷免的申請，法律並未明定。如果以內閣制國會的信任為例，似可再提。但尚待解釋。

可是就職未滿六個月的監委，不受罷免。

監察委員可否辭職？手續如何？應否須待他人核准？何人有權核准或不核准？法律並無明文。

張劍寒教授指出：

「監察委員如何辭，涉及辭職之程序和方式。關於程序，法雖無明文，但為昭鄭重，依照學理，辭職應以書面提出，不能以口頭表示作為依據。依照前面所述，辭職書中應說明辭職理由，並由本人親自簽蓋，方始合理。辭職書應向有受理權之機關提出，而受理機關只可作形式審查，不得作實質之審核，亦可說監察委員之辭職是一種獨立的法律行為，不必要受理機關之補充。因之，辭職書之送達，只是一種通知行為，不必得其「許可」或「認可」，即可生效。惟監察委員依法支領歲費公費為有給職，辭職生效後不得再領

歲費公費，亦不得再行使職權。爲確定生效日期，應認爲辭職書正式送達受理機關時，即行生效。」（註六八）

陳少廷教授也說：

「在陶百川先生請辭監委的這一段過程中，曾有一種意見提出來，認爲立法委員有一會期無故不報到者即視同辭職之規定，國大代表有候補制度，而惟監察委員無類似規定，因此認爲監察委員是不能辭職的。其實，我國憲法並未把服公職視爲一種強制性的義務，而當作一種權利。所以監察委員的辭職是絕對自由，無法加以禁止或不准的。現在由於鈕代表和陶委員的相繼辭職，已經確定了我國中央民意代表是可以自請辭職的。」（註六九）

胡佛教授說得很透澈：

「上述法規內的自由行使職權，從反面來看，可包括職權的不行使在內。一位監察委員可以不糾彈，也可以拒絕同意權的行使。這些除自我道德的約束及輿論的監督外，法律並無強制的規定。從這一個原則，再進一步觀察監察委員的辭職，就不難了解辭職不過是職權的永不行使，此仍屬監察委員的自由，且亦無任何法規可加強制。強制是一種義務，義務對自由及權利常是一種相對的限制，這在憲政的原理上，必須出之於明文的規定，才不致流於濫用，而影響到民權。我國憲法不僅不視服公職是一種強制性的義務，且當作一種權利，其他法規的規定也大體一本憲法的精神，所以監察委員的辭職是絕對自由，無法加以禁止或不准的。

「當然，監察委員既然就任，就表示接受了省市議會的委托，或可這樣說：已間接接受了選民的委托，所以，儘管法規上並無強

制留任的義務，任何一位監察委員仍應盡最大的可能，履行就任的承諾，在六年的任期內，以不辭職爲宜。但第一屆監察委員的任期，早已屆滿，與省市議會及選民的約定，已經解除，目前的繼續行使職權，不過是格於現實的情勢，無法改選，而由大法官會議作如此權宜的解釋，使我國的法統與五院制度，不致陷於停頓。因之，監察委員的辭職，在法理上也不牴觸過去的約定。」（註七○）

但是林瑞富先生不以爲然。他在「就教於胡佛先生」一文中指出：

「監察委員任期屆滿本當辭職，唯大陸淪陷，部分監委無從改選，以致有司法院大法官會議第卅一號之解釋：監察委員任期屆滿事實上不能依法辦理次屆選舉時，『自仍應由第一屆監察委員繼續行使職權』——以免陷於停頓致與五院之本旨相違。

「可知第一屆監委任期屆滿後，『應繼續』而非『得繼續』行使職權。依此解釋，對想當監委而未能當監委之他人而言，第一屆監委有『繼任之權』；然另一方面對不願繼任者，則已課予『繼續行使職權』之義務。所以如此，無非要求第一屆監委在次屆委員改選前，負起歷史性的任務——以免監察權陷於停頓，並維護五院完整，此一切莫非爲反攻復國的嚴肅使命。故如欲使第一屆監委得自由辭職，法理上應從立法及司法解釋謀求補救，始爲正確。」（註七一）

其實胡佛先生早在前文中提出監委辭職的先例。他說：

「事實上，監察委員早有辭職的先例。如不久之前病故的前司法院長田炯錦先生原是甘肅省的監委，後因轉任官職辭職，補選曹啓文先生繼任；廣西省的監委陳恩元先生，也是由於原監委李宗仁的辭職，補選產生。自政府遷臺後，察哈爾省的監委谷鳳翔先生，也

因轉任官職辭職，且因大陸陷共，未能補選。」（註七二）

在這兩例中，田先生是司法院院長，谷先生是司法行政部部長，他們的辭去監委，我們有理由可信，都是合法而不違法。而且「監察權」並不因他們的辭職而「陷於停頓」，「五院完整」也不因他們的辭職而不能「維護」。

而且林先生在他文中最後也承認監察委員是可以自由辭職的。因為他說：

「陶先生之辭職已經內政部『准予備查』，並經最高當局聘為國策顧問，辭職似成為既定事實。為陶先生計，似以登錄為執業律師，法理上可依憲法第一○三條視為當然辭職，較為直截了當，而法律尊嚴亦完整無傷。」（註七三）

這是說，登錄為執業律師而辭去監察委員，便不使「監察權陷於停頓，並維護五院完整」，也可符合司法院大法官會議第卅一號解釋。林先生這個「直截了當」的構想是正確的。

然則何以因其他事故而辭職便須被譏為那麼非法呢！（註七四）

其實監察委員可以自由辭職，也有法律明文可以引用。監察委員選舉罷免法第十七條規定：

「監察委員於當選後，由選舉監督分別通知，於十日內以書面表示願否應選。如不願應選，以得票次多數者當選。」

外國的法例也是小異大同 。例如美國總統尼克森在一九七四年八月八日下午，事前未經與他人商討，突然發表電視廣播，聲明辭職，並自定生效時間是次日正午。次日上午十一點三十五分，他的辭職通知也到

達國務院（首席部），全文只有一句：

> 親愛的國務卿先生：
>
> 　我從此辭去美國總統的職務。
>
> 尼克森

　　有些辭職聲明則規定較遠的生效日期。例如美國前參議員傅爾勃賴特在任期屆滿前十五日聲明將提前四天辭職，俾新當選的彭柏斯參議員可以提前四天就職，並較其他新進參議員多得四天的年資，而他自己也可多得百分之六的養老金。

　　本書著者曾就辭去監察委員的經過情形，寫了一篇：辭職新例，載在東方雜誌復刊第十一卷第二期。有些本節所未解答的問題，可在那個新例中獲得答案，包括辭職理由和程序，可供參考。附印在本章註釋欄中。（註七五）

## 註　釋

　　（註一）荷蘭憲法第八十五條。

　　（註二）馬來西亞憲法第四十五條。

　　（註三）美國憲法第一條第三項原規定：「合衆國參議院議員由各州州議會選舉。每州選舉參議員二人，任期六年。」後經憲法修正案第十七條第一項改爲：「合衆國參議院由每州人民選舉二人組織之。參議員各有一表決權。其任期爲六年。」

　　（註四）二人原名是 *Alexander Hamilton*（一七八八年）和 *John Dickinson*（一七八八年）。轉引 *George H. Haynes, The Senate of the United States, P.79*。

　　（註五）*Madison, Debates, P. 34.*

　　（註六）同前，*P. 71.*

　　（註七）同註四所引著作，第一四頁。

　　（註八）同前，第八五——八六頁。

　　（註九）謝瀛洲，中華民國憲法論，第一九二頁。

　　（註一〇）孫中山，三民主義，民權主義第六講，第三六九——三七〇頁。

　　（註一一）同前，第四講，第二八九——二九〇頁。

（註一二）陶百川，叮嚀文存第三册，第一四七——一五八頁。

（註一三）那時的負責人是郎雲鵬和趙炳坤先生等。

（註一四）司法院釋字第八十五號解釋。

（註一五）該法第十條規定：「各省監察委員五名，其中四名以得票比較多數之男子候選人首四名爲當選，其餘一名以得票比較多數之婦女候選人一名爲當選。各婦女候選人所得票數，單獨計算。如無婦女候選人，或無婦女候選人當選時，任其缺額。應選出名額爲二名者，以候選人中得票比較多數之首二名爲當選。應選出名額爲一名者，以候選人中得票比較多數之一名爲當選。」

（註一六）民國三十六年國民政府組織法第五條。

（註一七）顧亭林，日知錄，第二六四頁。

（註一八）林紀東，中華民國憲法逐條釋義，第三册，第二三一頁。

（註一九）張劍寒等六教授合著：中華民國監察院之研究，中册，第四六○頁。

（註二○）茲錄張教授原文於下：「就政治之觀點言，大法官會議釋字第三十一號，不無可議之處。監察委員僅係繼續行使職權，並非任期未滿，因之，監察委員死亡或出缺，即使某些省份可以補選，亦不得爲之。如是一來，監察院無法再補充新血輪，亦無法再增加新生力，只有讓監察院自生自滅矣。此種「關門主義」之解釋，既無裨於政府功能，亦無益於國家人民，故期期以爲不可也。此其一。繼續行使職權，乃係任期屆滿後之權宜措施，既然任期屆滿，人民就不能罷免之。蓋罷免之義，係對「任期內」之公職人員爲之，罷免後依法補選。而監察委員選舉罷免法第二十條即明定「罷免案通過後即由議長或首長公告之，並依法補選。補選監察委員之任期，至原任期屆滿之日爲止」。今第一屆監察委員任期已滿，自無罷免之餘地。如監察委員繼續行使職權，而議會不能罷免，聽任其違法失職，是豈民主政治之常軌耶！若認繼續行使職權時，仍可罷免，罷免之後，不准補選，則監察委員愈來愈少矣。憲法上之職權恐亦無法行使，與請求解釋之旨趣，亦不相合。此其二。解釋爲現任監察委員繼續行使職權，不惟使監察院僵化，而且妨害臺灣省議會職權之行使，蓋監察委員係由省市議會選舉，臺省監委如出缺，省議會可補選，在繼續行使職權的場合，臺省監委縱使出缺，臺省議會亦不得補選。能補選而不令其補選，於政策亦有未合也。此其三」。

（註二一）同前，第四六四頁。（同前書，第四六一頁）

（註二二）紐約時報專電譯文如下：

「中國政府一位著名的官員呼籲舉辦兩個中央民意機關的選舉，以增加臺灣居民的代表性並引進青年人。

「這個建議是監察委員陶百川提出來的。監察院是兩個中央民意機關之一，是一個『守夜狗』的機構，任務是監察政府的措施。他主張立法院的選舉也要舉辦。

「陶先生的建議並不適用於第三個中央民意機關——國民大會。它六年集會一次，任務是選舉總統和副總統以及考慮憲法的修改。

「陶先生去年年終演講中指出舉辦這樣的選舉，可望在這嚴重時期增強人民和政府的團結。他的演講，引起了輿論界的共鳴。

「他說這樣的選舉，也將對那兩個民意機關供給新血輪，以保證將來老委員死後，仍有委員繼續執行立法和監察的任務。」（下略）

（註二三）本書著者在監委任內，一向把所提的彈劾案、糾舉案和糾正案，在公佈時卽寄與當事人，庶幾他可以了解內容，並早作準備。

（註二四）*Donald Tacheron, The Job of the Congressman, PP. 280, 281.*

（註二五）*Richard Walker,* 現已成爲中國好友。參看本書導論第一節。

（註二六）陶百川叮嚀文存，第一冊，第八——一〇頁。

（註二七）*Robert Carr, etc. American Democracy in Theory and Practice,* P, 300.

（註二八）同註四所引著作，第九九——一〇一頁。

（註二九）*Hans H. Baerwald, Japan's Parliament, PP, 83–87.*

（註三〇）同註一九，第四四四頁。

（註三一）同註二八，第一〇三頁附註。

（註三二）同前，第一〇三頁。

（註三三）*Leon D, Epstein, Partisan Fareign Policy, The Suez Crisis, World Politics, January, 1960.*

（註三四）同註二八，第四七九頁。

（註三五）陶百川，知識分子的十字架，第三二頁。

（註三六）甘廼廸，當仁不讓（中譯本），第二一七頁。

（註三七）*James Bryce, The Hindrances to Good Citizenship PP. 89–91.*

（註三八）孔子，孝經，諫爭章第八。

（註三九）同註一八，第一八七頁。

（註四〇）陶百川叮嚀文存，第十二冊，第一六〇頁。

（註四一）同前第九冊，第二三二——二三三頁。

（註四二）同前第一冊，第四〇〇——四〇一頁。

（註四三）同註一九，第五一六頁。

（註四四）陶百川，監察制度新發展，第二〇——二五頁。

（註四五）美國哈律斯民意測驗所於一九七七年春徵詢人民對十一個機關的印象，他們所得分數有如下表：

| 名　次 | 機　　關 | 得　分 |
|---|---|---|
| 1 | 消費者的代言人 | 66分 |
| 又 1 | 電視 | 66分 |
| 2 | 新聞界 | 63分 |
| 3 | 白宮 | 60分 |
| 4 | 州長 | 59分 |
| 5 | 州議員 | 58分 |
| 6 | 農會 | 56分 |
| 7 | 地方政府 | 55分 |
| 8 | 國會 | 53分 |
| 9 | 工商業 | 45分 |
| 10 | 工會 | 34分 |

（註四六）美國衆議院公務行爲準則委員會規章：

第一條　會議：

一、本委員會定期集會日爲每月第二個星期三，除非衆議院當天並無會議。但在主席確定並無任何事項須討論時，定期會議無需舉行。

二、在可行範圍內，通知須在會議七天前發出。但如有正當理由，主席有權提前通知。

第二條　法定人數——本委員會兩名委員卽構成聽取證詞和接受證據的法定人數。

第三條　小組委員會：

一、主席得設立小組委員會，並得規定他認爲適當的職責。各小組委員會的委員人數須規定多數黨與少數黨各佔一半。主席得將本委員會審查的任何法案、議案或其他事項交由適當的小組委員會考慮或調查，並得予以撤囘。

二、主席和本委員會少數黨資深委員爲各小組委員會的當然委員，並得參加表決。

三、本委員會的任何委員得出席任何小組委員會，但僅有該小組委員會委員、主席和本委員會的少數黨資深委員有表決權。

四、在可行範圍內，衆議院規章與公務行爲準則委員會規章須爲各小組委員會之規章，但各小組委員會得擬訂並無不合之附加規章。

第四條　證人：

一、傳喚證人的傳票須在他預定出席前及早發出，使他可以準備出席聽證會，並聘請律師。

二、除主席另行特別授權外，本委員會任何委員或職員不得在本委員會票傳證人預定出席日期之前公佈他的姓名。

三、本委員會票傳的各證人，得領取本委員會的旅費津貼和出席費。

四、主席得允許被調查人員在其律師協助下，查問或反問其他證人。

五、除本條第四款規定外，只許本委員會委員或獲得授權的職員代表本委員會詢問證人。

六、主席須對提交本委員會的證言或證據是否准許列入紀錄的任何問題作**裁**決。除非本委員會不少於七名委員的表決予以反對，他的裁決乃是最後的決定。

第五條　變更規章——本委員會規章得以過半數表決予以變更、修訂或廢除。

第六條　聽證廣播——本委員會任何聽證會或會議公開進行時，本委員會得以過半數表決根據眾議院規章第十一條第三項第五款規定，允許該聽證會或會議由電視廣播、無線電廣播和靜態攝影，或以任何這種探訪方式予以全部或一部分報導。

第七條　規章的分發——出席本委員會的各證人可各得本委員會規章及可適用於證人權利的有關眾議院規章條款的印本。

(註四七) *U. S. News and World Report, July 1, 1974, P. 28.*

(註四八) *Herman Finer, The Major Government of Mordern Europe, P. 621*

(註四九) *Hans Baerward, Japan's Government, P. 138.*

(註五〇) 馬空羣，秦漢監察制度，第一三頁。

(註五一) 陶百川叮嚀文存，第一冊，馭變圖強之道，第一〇——一一**頁。**

(註五二) *George Haynes, The Senate of the United States, P. 903.*

(註五三) 同前，*P. 907.*

(註五四) 同前，*P. 901.*

(註五五) *Senator Keating, Government of the People, P. 16.*

(註五六) 同註五二，*PP. 123-124.*

(註五七) 英國國會編送，*A. Guide for Visitors, 1974, P. 1.*

(註五八) 高本漢，書經註釋，第二頁。

(註五九) 中庸第六章，四書集註，第四**頁。**

(註六〇) 同前。

(註六一) 請參閱本書導論，第六節，第三項。

(註六二) *The Constitution of the U. S. A.* (美國憲法判解彙編) *P. 100.*

(註六三) *George Haynes, The Senate of the United States, P. 882.*

(註六四) 陶百川，知識分子的十字架，(收印在叮嚀文存中)第五七——六三**頁**

(註六五) 議員犯內亂或外患罪可被逮捕，是採自日本舊憲法，但日本現行**憲**法已將其刪除。

(註六六) 中國刑事訴訟法第八十八條第二項規定：「犯罪在實施中或實施**後**即時發覺者爲現行犯」。又同條第三項規定：「有下列情形之一者以現行犯論：一、被追呼爲犯罪人者，二、因持有贓物或其他物件或於身體衣服等處所露有犯罪痕**跡**，

顯可疑爲犯罪人者。」

（註六七）該書中册，第四九五頁。

（註六八）同前，第五〇九頁。

（註六九）六十六年六月二十三日臺灣時報。

（註七〇）六十六年六月二日聯合報。

（註七一）中國論壇，第四卷，第七期，第三二頁。

（註七二）同註七〇。

（註七三）同註七一。

（註七四）胡佛先生對林先生文曾寫駁議，與林文同時發表於同期中國論壇。

（註七五）本書著者曾爲東方雜誌寫過「辭職新例」一文，茲摘錄於下：

民國六十三年六月，我在美國患病，覺得身心更老，不能續做常致焦頭爛額的監察工作，所以決定在一年假期屆滿時辭去監委職務。

因爲我是中國國民黨黨員，而三十年前選舉監委時曾荷黨部支持，我乃先向中央黨部負責人報告我的辭意。

又因爲我是上海市臨時參議會所選出，而該會參議員尙有數十位住在臺灣，我也應把我的辭意先請他們諒解。

在致一位前參議員的信中，我說：「依照監察法規，我的任期只有六年，而我竟做了二十餘年，我已對得起上海同胞和參議會諸公了。」

三個月後，那年九月，我就致函監察院聲明「引退」。承二十九位同人來函挽留，但我去志很堅，未能遵命。從那時起，我自以爲已經不是監察委員了。

（中略）

今年三月，報載國民大會代表鈕先箴女士因爲年老伴弱，不能囘國開會，請辭代表職務，經內政部註消資格。我因而想到我的辭職理由，與她的小異大同，自可援例辦理，乃於四月二十八日搭機返臺。

經向有關方面解釋我的辭職決心後，五月二十四日我向內政部寄呈這樣一信，並將副本送呈監察院：

「百川於民國六十三年九月因病向監察院聲明引退及辭職，並請其轉知大部註消監委資格，但未荷惠辦。茲特援引國民大會代表鈕先箴女士辭職及註消資格之成例，函陳大部報備。至祈惠予依法處理並見覆爲荷。敬上內政部　陶百川親啓　六六、五、廿四。」

我的信只是向內政部「報備」，當然不是請它核准，因爲它無權核准；也沒有再用「註消資格」字樣，因爲它也無權註消。但是報載內政部官員還是有點爲難。因爲，據說，在監察委員中，以前雖有因爲轉任公務員而辭職的，卻沒有因爲健康不佳而辭職的先例。甚至有人說，現任中央民意代表，因爲大陸淪陷，無法補選，

根本不得辭職。

其實，依照法理，轉任公務員旣可辭職，這已樹立了辭職的先例，這也是說，中央民意代表，不問有無候補代表或能否補選，並非不可辭職。

而且現行法中也有明文可以援用。監察院監察委員選舉罷免法施行條例第十七條規定：

「監察委員於當選後，由選舉監督分別通知，於十日內以書面表示願否應選。如不願應選，以得票次多數者當選，其願應選者，並應附送二寸半身相片兩張。」

這條規定，我以爲包含兩層意義或兩種精神：

一、做不做監察委員，包括當選而不做，或做了一時不願續做，悉聽本人自由。

二、無論不應選或不續做，不必經人核准，只須書面表示，就生效力。

其他民主國家的法制，也多如此，其中世界民主政治的老祖宗，希臘的憲法（它是現世最新的民主憲法，一九七五年六月十一日施行），最爲突出：它的第六十條第二項規定：「國會議員有辭職的權利，只須向國會議長送達書面聲明，辭職卽生效力；辭職不得撤回。」

我的辭職案，可以說與希憲規定不謀而合（因它那時尙未訂定），因爲：

一、我已做了二十餘年的委員，而且已是七十五歲的老人，應有退隱的權利。（希憲也認爲辭職是權利）。

二、我曾向監察院提呈辭職書，完成了必要手續。（對內政部的報備，我一向認爲實非必要）。

三、我旣已公開聲明辭職，自無撤回或復職之理。

後來臺灣大學政治學敎授胡佛先生，以「有感於陶百川先生的請辭監委」爲題，撰文發表於聯合報，結語說：「陶先生之去，法律的手是無法挽回了。」使人恍然大悟，議論遂定。

六月九日上午，我接到內政部的覆文，簡單扼要，全文如下：

「受文者：陶百川先生

「字號：66 9臺內民字第七三九七三九號

「一、六十六年五月二十四日大函敬悉。

「二、復請查照。　　　　　　　　　　　　　　部長張豐緒」

六小時以後，我又接到總統府的聘書，「特聘」我爲國策顧問。

但這兩者並無關連。我辭職前已經做好退隱的準備，被聘爲國策顧問完全出於意外，而且國策顧問發表在內政部「復請查照」之後。

至於監察院方面，它在接到我的副本後，曾向院會提出報告，但旣無討論，更無決議，也無覆文。

於是塵埃落定，新例成立。　　　　　　　　七七抗戰四十週年前夕，臺北。

# 第三章　組織和機構

## 第一節　院　長

### 第一項　選　舉

中華民國憲法第九十二條規定：「監察院設院長、副院長各一人，由監察委員互選之」。國會的院長（*president*）和議長（*speaker*）由議員互選之，乃是各國通例。但也有例外，例如美國和印度參議院的院長，都由副總統兼任，荷蘭國會第一院（參議院）的議長，由國王於議員中任命之，第二院的議長則國王於議員推薦的三位議員中擇一任命。

但副院長或副議長的制度，各國便相差很大。有的設副院長，例如印度參議院，但美國的參衆兩院都不設副座。有的設副議長一人以上，例如德國是三人，法國是六人。德、法所以設有副議長三人以上的原因，顯然是兩國都有二個以上的大黨，俾使它們各有代表以副議長名義參與院務。

中國早期的御史制度，也設副座，叫做中丞。但作用逈異於德、法。漢書記載：「御史大夫……有兩丞，秩千石，一曰中丞。」依據唐朝名御史李華的御史中丞廳壁記，「御史中丞，貳大夫，以臨其屬」。李華並指出須設副座的道理：「漢儀，（御史）大夫（爲）副丞相，以備其闕，參鑾國綱，鮮臨府事，故中丞專焉」。這是說，秦漢時代的御史大夫，因兼副丞相，不能專心於御史府的業務，所以不能不設副座以爲襄助。後來御史大夫不兼副丞相，副座也就廢除了。

　　訓政時期的監察院，不置副院長。現在監察院的副院長，職權也很
有限，只是在院長不在會場時，代任主席，並在院長不能視事時暫行代
理院務。但因一做副院長，他便不行使一般監察委員的職權，反使監察
院少了一個得力監委。

　　至於監察院長副院長應由監察委員互選，乃是各國通例。但也有不
以為然者。五五憲草便主張由國民大會選舉。已故司法院副院長謝瀛洲
先生曾慨乎言之：「蓋訓政時期之……監察委員係基於監察院院長之提
請任命之，故院長之權力足以支配全體監察委員。……此後假令有少數
監察委員，其行動越出於軌範，監察院院長亦不能運用其權力加以抑制
矣」。他附和五五憲草的主張，認為「足以加強監察院長地位，使其能
負起領導全院之職責」。（註一）

　　本書著者則認為監察院院長的領導地位應該加強，容俟後陳，但因
現行憲法規定監察委員不是國民大會所選舉，院長當然只能由委員互選
了。

　　可是有一關連的問題却值得檢討，就是監察院院長副院長的選舉，
應否先由政黨提名。

　　本書著者認為大可不必，而且也不適宜。理由如下：

　　一、有如法院的法官，監察委員乃是執法人員。憲法規定：「法官
須超出黨派以外，依據法律獨立審判，不受任何干涉」（第八十條），
監察委員的執法對象是政府和官員，為免「官官相護」或「黨同伐異」，
他們更應超出黨派或官員或黨爭之外，依據法律對官員彈劾或糾舉，對
行政措施批評和糾正，對政府經費審核和剔除。而這些任務，只有超出
黨派以外方能憑良心和依法律獨立執行。本書曾加詮釋。（註二）監察院
院長如由黨派提名，人選必須符合黨派的利益，並為黨派所喜愛，於是
他很難不對黨派負責，不為黨派謀利益。

二、作為一個黨員，黨派利益自必為他所關切、照顧和支持。這是人性，也是黨性，也是做人的道理。但是監察院院長是憲法和法律的衛士，是老百姓的「青天」，必須具有剛直的脊骨和公正的清望，方能發生監察政府和領導同人的功能。執政者如果把他當作一個黨員而以提名為手段，以黨紀為後盾，而以黨令相干涉，則他勢將成為伏馬塞蟬，而監察制度亦必流為告朔餼羊。

三、而且監察院不能立法，不能制訂政策，也不能決定預算，而只如犬之守夜，烏之報曉，清道夫之清潔打掃，外科醫生之打針開刀，幫助立法機關和行政機關，監察着法律必須遵守，政策必須貫澈，預算必須執行，法紀必須維持。它是執法機關，而不是政治機關。監察委員和院長如果不得其人，後果只是不盡監察之責或做得過分一點而已，對大局沒有多大危害。法官掌生殺之權，尚且須超出黨派以外，聽其獨立審判，監察院院長自更不應也不必把他納入黨的部勒。

## 第二項　職　　權

監察院雖是委員制而非首長制，但監察院院長仍掌有相當重大的職權。這些職權，有的基於憲法，有的基於法律，有的基於監察院的單行法規，還有基於習慣或法理。他的權責有如下列：

一、對外代表監察院。例如總統依憲法第四十四條召集有關各院院長會商解決有關院與院間的爭執時，監察院院長便是監察院的代表。又如依憲法第七十一條，監察院院長得列席立法院陳述有關監察事項的意見。

在總統制的國家，在朝黨的國會的院長和議長，與總統的交往頻繁，發生作用也很大。因為院長和議長乃是立法和行政兩部門之間的橋樑。所以總統常須邀請他們往總統府聽取報告或會商重大事項。但因國會尚有代表他黨的領袖，總統有時會專與他們接洽，或邀他們與院長和議長

共同會談。

在內閣制的國家，因為行政首長仍兼議員，而且擔任國會領袖，政府與國會打成一片，毋須院長或議長做橋樑。但國會對外接觸時，例如參加國家的慶典，院長或議長仍是國會的當然代表。

二、綜理院務並監督所屬機關。在監察職權方面，監察院是委員制，但在院務方面，它是首長制，由院長全權處理。後者包括經費、人事和一般院內行政和事務。該院設有秘書長，對院長負責，全院職工也由院長任免，監察委員向不予干涉。經費的概算也由院長決定，不必報請院會核定。該院雖設有經費稽核委員會，但只是事後稽核而已。

以此與他國相比較，監察院院長在院務方面的職權顯然較大。以美國為例，眾議院的秘書長、警衛長、牧師和郵政局長都由議員選舉。眾議院並設有一個院務委員會，負責經費和事務等事項。該委員會主席海斯近因任用他的情人而浪費公帑，備受輿論和議員的攻擊，以致不得不放棄連任。這可證明議長不親庶務和經費的好處。

三、主持院會。監察院院長是院會的當然主席。他掌握主席的一切職權，例如召集會議、制訂議程、主持討論和表決、維持會場秩序、宣佈休息和散會，以及適用議事規則以解決臨場發生的問題。

院長主持會議時，對議案仍可發言或參加辯論，並在表決正反同數時表示贊成或反對。美、德、法、日等國的議長也是如此。但英國議長則例不參加辯論，也不表示贊否，以保持他的中立和超然。

監察院置秘書長，承院長之命處理該院事務和指揮監督所屬職員，並置主任秘書、參事、秘書、調查專員、稽核和編纂。

秘書處設下列各組室和科：

一、第一組：設糾彈科和調查科；

二、第二組：設議事科和公報科；

三、第三組: 設文書科、印電科和檔案科;

四、第四組: 設圖書資料科和實錄編輯科;

五、第五組: 設總務科和福利科;

六、審閱室: 協助委員處理人民書狀、調查報告以及彈劾案和糾舉案的審查準備工作。

監察院並設速記室、檢核室、公共關係、會計統計和人事等機構。

## 第三項　領　　導

但監察院院長却不宜過於無爲和不求有功。因爲監察委員代表省市,地醜德齊。好處是平等自由、互不干涉,壞處是羣龍無首,一盤散沙。補救之道,有賴院長,但他須透過組織加以協調。法國和德國的辦法可供參考。

法國國民議會(衆議院)設置一個院務局,由院長、六位副院長、十四位秘書和三位負責院內行政和財務的職員組織之。它是院的最高行政機構。

法國新國會集會後的第一任務是選舉院長。他就與院內各黨派協商院務局的其他人選,提出名單,榜示於走廊中徵求意見,如有議員五十人在一小時內聯名反對,院長就須設法補救,最後並予批准。

西德聯邦議會(衆議院)也設有一個類似法國的 Altestenrat 意爲長老委員會,由院長、三位副院長和十五位黨派領袖組織之,於製訂議事日程和建議議案的辯論時間外,並得提出各委員會的人選。

本書著者認爲監察院也需要這樣的綜合委員會,以溝通同人的意見,包括各黨派的利益和觀點,並對重大問題爲院會準備議題,俾以集體行動加強監察工作。

一九七三年,本書著者曾寫一個提案,後因決定出國,未曾提出。

重要內容有如下列：

一、名稱：監察院監察業務促進委員會。

二、組織：置委員十五人，以院長副院長為當然委員，其餘五人由院長遴選，八人由院會推選，任期一年，連選得連任。

三、任務：準備重要討論事項。

四、會期：每月集會兩次，由院長召集之，並任會議主席。

過去有幾位監察委員提案較多，成為「明星」。該委員會的主旨，是仿法德協調委員會制度，使個別委員的精神負擔可期減輕，而代之以集思廣益，衆擎易舉。

監察工作乃是「風霜之任」。即使只做報兇之鳥或守夜之犬，它的啼聲或吠聲，也會惹人厭惡。所以監察工作很難期之於自發自動。它的最大來源是人民書狀，但絕大部份是關於投訴人的利益，偏於瑣屑。重要的案件只能期望監察委員自行提出。所以上文所引監察業務促進委員會的任務，就是注意有何重要事項應加注意，而用該委員會名義或請個別委員提出院會處理。

監察院不能「羣龍無首」，而院長限於職權又不能單獨領導，則德國和法國國會的院務機構和本書著者的構想，似不失為一種補強辦法。以它與程序委員會比較，前者是積極的，而後者是消極的。

## 第二節　院　　會

### 第一項　職　　權

監察院是委員制，不是首長制，所以由監察院會議（院會）和委員會分別行使一部份職權。委員會的組織和職權詳見下節。院會行使的職

權，包括下列各項：

一、修訂監察和審計法規。其中應經立法院通過和總統公佈的，送請立法院完成立法程序。其餘規章經院會通過後即予公佈施行。

二、選舉院長、副院長、監察委員行署委員和特種委員會委員。

三、就總統提名的司法院和考試院的院長和副院長，大法官和考試委員舉行同意投票。

四、審查和決定對總統副總統的彈劾案。

五、討論院長、委員會、委員、秘書處或審計部等的提案。有時爲對外交問題表示立場，發表文電或宣言。

六、聽取院務報告並加以檢討，每年十二月並舉行一個月的年度總檢討會議。

年度報告和檢討的範圍頗廣，包括中央巡察報告和地方巡察報告及其檢討，所以連帶談到政治。例如在報告財政巡察情形時自須涉及財政設施及其得失，於是乃更產生「對一般政治設施檢討意見」，洋洋灑灑，包羅宏富，一律送請行政院「注意改善」。

這些政治檢討意見，有的很重要，但因巡察時間有限，巡察委員不可能作深入的調查和研究，而且報告時間短促，只能提出大綱，送到行政院後，因爲過於簡略，也不能引起重視。所以本書著者一再建議把那些報告和意見改交各有關委員會調查研究，酌提糾正案，依法送請行政院注意改善，收效或可較大。

監察院院會不像其他民意機關會議那樣享有大權。因爲監察業務中只有同意權的行使屬於院會，他如彈劾權和糾舉權是由委員輪流行使，糾正權由各委員會行使，審計權由審計部全權掌理。

此外，院會也討論委員的提案，或推派委員調查案件，但討論以後或調查結果，仍交有關機構依法處理。凡此都與一般國會迥不相同，這

也許是承襲中國御史的傳統，因為御史都是各自單獨行使職權，不必取得同僚的同意，也不必秉承御史大夫的意旨或經他核准。可是監察院因為是委員制，已經不像御史那樣獨斷獨行了。

### 第二項　法定人數

以時間來論，監察院院會包括下列三種：

一、常會：每月舉行兩次到四次。

二、臨時會：院長認為必要或由委員十人以上提議，則由程序委員會安排時間召開臨時會議；

三、年度總檢討會：每年年底舉行一次，為時約一個月。

監察院的委員會須有委員除外出調查視察者外的過半數的簽到方得開議。院會則以全體委員五分之一為法定人數，但審查及決議對總統副總統彈劾案的院會，出席人數應過半數。

這個五分之一的法定額，比諸美制，自嫌過少，因為美制是半數。但是比較英國，則又過多，因為英國的法定人數是四十人，而英國下院議員的總數多達六百三十五人。

美國眾議員的總額是四百三十五人，而又長年開會，所以每次開會要有過半數議員出席，原不容易。於是乃有一些補救辦法，例如中途退席不影響會議進行，除非有人因為不足法定人數反對繼續開會，但仍可改開全院委員會，它的法定人數僅一百人。

所謂「全體」監察委員，並非指憲法規定應選出委員的總額，而是指實際選出並報到而仍生存的現有人數，換言之，乃是能應召集開會的實有人數。這就是民國四十九年二月十二日司法院大法官會議釋字第八十五號解釋的柱意。（註三）但監察院在這以前早已自訂類似辦法，就是就政府公佈的選出並報到監察委員的總數中除去出缺的人數，作為全體監

察委員的總數。這也就等於以「能應召開會」的人數爲總數。

　　準此，以一九七六年二月十二日爲例，在行憲開始時，原公布而報到的監察委員共計一百七十八人，後來臺北市改爲院轄市選出監委二人，繼又連同臺灣省和海外增選的十五人，共計一百九十五人，但陷在大陸、病故或辭職者，卽所謂出缺者也有六十五人，未能應召開會，予以除去，結果尙有一百三十人，這就是那時的總數。以後如續有出缺，仍當除去，以資適應。

## 第三節　委　員　會

　　監察院的組織和機構，包括監察委員、院長、秘書長、委員會、院會、監察委員行署和審計部。但以監察工作而論，於審計部外，委員會最堪重視。它們都是監視行政機關的「守夜狗」（*watchdog*）。

　　試想聚集很多人於一堂，怎樣能夠處理複雜的問題！而且往往尙須調查事實和請敎專家。於是乃有委員會爲它代勞。因爲它的人數較少，而且往往選擇富有學問和經驗的人充任，自易達成任務。如本書第一章第三節所述，希臘參議會在西曆紀元前五百餘年，就已設置十個委員會，每會五十人，爲龐大的參議會（五百人）處理複雜或專門的的業務。

### 第一項　種類和職掌

　　在美國，委員會分爲三種：常設委員會（*Standing Committee*）、特種委員會（*Selective Committee*）和兩院聯合委員會（*Joiut Committee*）。常設委員會業務繁重，所以又設小組委員會（*Sub-committee*）。常設委員會參照政府各部會而設，例如外交委員會。下設小組委員會，例如遠東小組委員會。在各種委員會中，常設委員會自最重要，所以有人稱它爲「

小國會」。

一九七六年五月，參議院經過十五個月對中央情報局和聯邦調查局
的調查，十九日通過設立一個常設委員會，負責監察（監視）中央情報
局的經費和工作，並與其他委員會聯合監察聯邦調查局。

特種委員會是爲處理臨時或特定案件而設，數目不定，但不很多。

兩院合組的聯合委員會，分掌研究或監察任務，爲數也少。

聯合委員會不可與兩院（協調）會議委員會(*Conference Committee*)
混爲一談。後者是爲溝通解決兩院對某一法案的歧見而臨時舉行，由兩
院各派有關議員數人舉行會議，求得共同結論，分報各該院院會決定。

這個組織頗有類於我國人數較多的大會，例如國民黨全國代表大會，
的綜合委員會。起源於英國國會。在美國國會常用以解決兩院法律案或
預算案的歧異。美國第八十二屆國會共有二百十七個法案，其中九十個
經過該項綜合組織的協調，意見方臻一致。（註四）

美國的兩院會議委員會不是常設機構,遇有必要,方由兩院議長臨時
派員組織。任務完成，即行解散。參加人選形式上是由議長提出，但經
幕後與兩黨領袖先行協議。組成分子，不外有關委員會及其小組委員會
的主席以及院會討論時的重要發言議員。兩黨代表人數相同，會議不用
表決方式。代表有權自由裁量,不受院會決議或指示的拘束。如不能取得
協議，則回報各該院院會另謀解決途徑。如獲協議，也須報告院會核准。

因爲這個委員會權力的幅度很大，常被人謔稱爲「國會的第三院」
(*Third House of Congress*)。但斯坦尼爾則認爲：「會議委員會並不是
一個頑固而不負責任的第三院，它比一般想像更能反映兩院的觀念。」
（註五）

美國國會早年不設委員會，比較複雜的案件經院會一讀後改開全院
委員會（*Committee of the Whole*）作詳細的討論，然後推舉幾位議員就

決定的原則考慮細節並草擬法案，報告院會作最後決定。

一八〇〇年，衆議院僅有四個常設委員會。最先成立的是州際和國外商業委員會（*Interstate and Foreign Commerce*），時在一七九五年。後來財政委員會成立於一八〇二年，司法委員會成立於一八一三年。從此愈來愈多。現在衆議院有常設委員會二十一個，參議院有十八個。

茲將參衆兩院各種委員會（包括常設、特種和小組委員會）以及兩院聯合委員會的總數和分年增加趨勢列表於下。（註五）

| 年　　　　份 | 衆 議 院 | 參 議 院 | 兩院聯合委員會 | 總　　　數 |
|---|---|---|---|---|
| 1945 | 106 | 68 | 6 | 180 |
| 1959 | 121 | 100 | 8 | 229 |
| 1961 | 131 | 109 | 13 | 253 |
| 1968 | 139 | 104 | 15 | 285 |
| 1970 | 138 | 104 | 15 | 257 |

參議院現正考慮如何精簡委員會，據主持此項研究的史蒂文生參議員透露，參議院委員會現已增爲二百零五個，平均每一參議員須參加十八個委員會。一九七五年衆議院舉行常設委員會會議八百九十五次，小組委員會會議三千零七十五次。所以議員多忙得席不暇暖。

英國的委員會制度，迥異於美國。英國議事的主體，偏重全院委員會。換言之，英國議員對議案喜歡大家參加討論，而不常交給委員會。所以英國下議院的常設委員會，每屆不會多於五個。

日本戰後的新憲法，一反舊制，而採美制，兩院各有常設委員會十六個，名稱如下：內閣（委員會）、地方行政、司法、外交、財政、教育、社會和勞工、農林和漁業、商業和工業、運輸、交通、建築、預算、審計、衆議院院務和紀律等委員會。其中內閣委員會職掌範圍較大，包括內

關和首相官邸以及不屬其他委員會管轄的機關，如防衞廳等。

　　在這十六個委員會中，兩個是爲處理衆議院本身的業務：衆議院院務委員會掌理國會法制、彈劾法官、國會圖書館以及議長交辦事項；紀律委員會，掌理議員資格和違紀案件。（註六）

　　日本國會的特選委員會，有時係爲討論有關兩個以上委員會的業務而臨時設立，例如琉球和北部島嶼特別委員會。

　　監察院也有常設委員會，特選委員會和全院委員會。

　　全院委員會，是全體委員參加的審查會。例如在行使同意權時，對於總統咨請同意人員的審查，監察院先開全院委員會加以審查，並以結論報告院會舉行投票。

　　特選委員會是爲處理重要案件，由院會臨時推舉若干委員組織小組，從事調查和研究，並有權依法處理，例如提案彈劾。

　　常設委員會分爲兩類：一、法定委員會，乃是監察院各委員會組織法第二條規定的十個委員會；二、特種委員會，是院會決議所設的委員會。

　　茲將法定委員會的名稱和監察對象列表於下：

| 名　　　稱 | 監　　察　　對　　象 |
|---|---|
| 內　　政 | 總統府、行政院、考試院、內政部、退除役官兵輔導會和地方政府。 |
| 外　　交 | 外交部和駐外使領館。 |
| 國　　防 | 國防部、部隊和軍事學校。 |
| 財　　政 | 財政部、國營事業和地方財政機關。 |
| 經　　濟 | 經濟部、公營事業和地方經濟機關。 |
| 教　　育 | 教育部、中央研究院、地方教育行政機關、公立學校和公立學術機構。 |
| 交　　通 | 交通部、地方交通機關和公營交通事業。 |
| 司　　法 | 司法院、司法行政部、法院、監獄和看守所。 |
| 邊　　政 | 蒙藏委員會。 |
| 僑　　政 | 僑務委員會。 |

這十個常設委員會，具有相當的獨立性。因爲它有單獨的組織法，監察院各委員會組織條例，它有自己的印信，可以對外行文，它的糾正案不必提請院會討論，就可請院送請行政院注意改善。它與立法機關的委員會性質大不相同，後者只是內部的審議機構。

監察院設有下列特種委員會：程序委員會、經費稽核委員會、法規研究委員會、糾彈案件暨院會決議案辦理進度檢查委員會、實錄編輯委員會、公報編審委員會、圖書資料管理委員會和紀律委員會。列表如下：

| 名　　稱 | 人數 | 產生方法 | 任期 | 職　　　　掌 |
|---|---|---|---|---|
| 程序委員會 | 11 | 院會票選 | 一年 | 一、關於各種提案手續是否完備，內容是否符於本院權責之審定。二、關於議案之合併分類及其次序之排定。三、關於提案討論時間之分配。四、關於院會所交與議事程序有關問題之處理。 |
| 糾彈案件暨院會決議案辦理進度檢查委員會 | 11 | 同　上 | 同上 | 一、人民書狀處理情形之檢查。二、委員調查案件分配情形之檢查。三、調查報告處理情形之檢查。四、彈劾案辦理進度之檢查。五、糾舉案辦理進度之檢查。六、糾正案辦理進度之檢查。七、糾彈案件辦理逾限處理情形之檢查。八、糾彈案件結案報告書之檢查。九、糾彈案件逾限未結辦質問案之檢查。十、院會決議案執行情形之檢查。十一、其他院會交付檢查事項。 |
| 經費稽核委員會 | 11 | 同　上 | 同上 | 一、關於本院經臨各費概算預算及計算決算稽核事項。二、關於本院經臨各費收支保管之稽核事項。三、關於會議交議經費稽核事項。四、關於經費稽核事項。 |

| | | | |
|---|---|---|---|
| 整飭紀律委員會 | 各選舉區委員互推一人 | 同上 | 依整飭紀律暫行辦法第二條第二項規定。 |
| 法規研究委員會 | 自由認定 | 同上 | 一、關於一般法規之研究事項。二、關於本院會議及各委員會移付之法規審議及研究事項。三、本會委員提議之法規研究事項。 |
| 審計研究委員會 | 11 | 院會票選 | 同上 | 一、有關審計制度及措施之研究與建議。二、有關審計工作之改進。三、審計會議紀錄之審閱。四、其他有關事項。 |
| 公報編審委員會 | 9 | 同　上 | 同上 | 辦理公報稿件審查及發行印刷等指導事宜。 |
| 圖書資料管理委員會 | 9 | 同　上 | 同上 | 審議本院圖書資料徵集選購計劃及管理方案等事宜。 |
| 公報編審委員會 | 9 | 同　上 | 同上 | 辦理公報稿件審查及發行印刷等指導事宜。 |
| 實錄編輯委員會 | 7 | 同　上 | 同上 | 一、關於實錄資料之審查。二、關於實錄文稿之核定。三、關於編輯計畫或方案之審議。四、其他有關事項。 |
| 經費稽核委員會 | 11 | 同　上 | 同上 | 一、關於本院經臨各費概算預算及計算決算稽核事項。二、關於本院經臨各費收支保管之稽核事項。三、本院會議交議經費稽核事項。四、其他經費稽核事項。 |

## 第二項　組織和工作

因為人少便於考慮問題，委員會的委員人數例不很多，例如那麼重要的美國參議院外交委員會，委員僅十四人。

委員人選的產生，不外三種方法：一、同人推選；二、自由認定；三、議長指定，但往往須經黨派協議。

例如日本，在較早時期，委員人選多由議長指定，直到現在還是如此，可是幕後先經政黨協議，把名單提送議長決定和發表。

在美國，民主共和兩黨的議院黨團掌有分配委員議席的全權。兩黨各設「委員會的委員會」（*Committee on Committees*），負責決定人選。以衆議院共和黨為例，該委員會是由每州一人所組成，但他的權數則照該州議員的人數，所以大州較佔便宜。新議員先向該委員會聲明志願參加的委員會，各列第一第二和第三等志願，由該委員會委員以秘密投票作決定。

監察院法定委員會的人選早年是自由認定，而因名額有限（最多不得超過三十人），以致有些熱門委員會（例如財政委員會）人數過多，各不退讓，常起爭執。有些冷門委員會則又人數過少。後來乃採黨派協議制、

在美國，委員會各設主席一人，由多數黨議員擔任，而以年資最深者（*seniority*）為優先。所謂年資是以該議員在該委員會擔任委員從不間斷的年數為計算標準。如有爭執，由黨團決定。

監察院各委員會則置召集人。委員人數不足二十人者置召集人一人，二十人以上者二人。由各該委員會委員互選之。不得連任。

美國因採年資制，委員會主席有連續任職很久的，這使委員願意長期留在該委員會，以養成年資，同時也養成專才，而因連續擔任主席，且可培養聲望。但在監察院則因召集人不能連任，也就缺少美制的機能。

以美國與他國作比較，美國有一好處：委員會有很多職員和專家。而監察院各委員會的職員則至多限於八人，包括秘書二人、專門委員一人和科員三人。

監察院不是立法機關，職權偏於消極性，不需要很多專家。但依憲法規定：「監察院得依行政院及其各部會之工作，分設若干委員會，調查一切設施，注意其是否違法或失職」（第九十六條），又「監察院經各該委員會之審查及決議，得提出糾正案，移送行政院及其有關部會促其注意或改善」（第九十七條），監察院委員會的任務也夠繁重和艱巨，自應增置專門人才。

監察院委員會的職權，如上所述，一是調查，二是糾正。但調查不限於委員會，院會也可派查，委員或職員也可由院長基於值日委員的批辦而派其調查。調查的對象也不限於行政機關，但糾正案的對象則以行政機關為限。

監察院擁有很大很廣的調查權力，因為憲法規定它可「調查一切設施」，它可糾問行政機關及其人員是否違法或失職，它可對不法、不當或不良的行政措施提出糾正案，促其注意改善。

如果調查結果，委員會認為應提彈劾案，但因彈劾應由委員提案，委員會不得作彈劾的決定，於是乃請調查委員依法處理，這就是請他提彈劾案。如果他不提，委員會也無可如何，但其他委員自可自由提出。

委員會有些討論事項，與其他委員會也有關係，尤其是財政經濟事項常有牽連，於是乃開聯席會議。監察院曾為調查「杜絕浪費、調整待遇案」，舉行十個委員會的聯席會議，共推委員辦理。

委員會常須處理不宜公開的問題，特別是有些控案，在未調查前不宜對外宣洩，所以得開秘密會議。但監察院的委員會議，公開者多，而秘密者少。這是否是一好的傳統，似尚難說。

一個有趣的統計: 在美國參議院，二十三個常設委員會和特選委員會，一九七四年舉行會議一千八百五十三次，其中公開者一千三百九十次，秘密者四百六十三次，比例是秘密會議佔總數的百分之二十五。其中，國防委員會佔百分之六十四，程序委員會佔百分之五十二，外交委員會佔百分之四十二。

衆議院方面，也以國防委員會的秘密會議次數最多，次爲院務委員會，百分之三十二，外交委員會則僅佔百分之六，程序委員會議則全數公開，秘密會議佔會議總數僅爲百分之八。

一九七五年的秘密次數則大幅下降，參議院方面從前一年的百分之二十五降至百分之十五，衆議院方面從百分之八降至百分之三。兩院總數從百分之十五降至百分之七。（註七）

美國國會委員會的會議次數，與中國監察院比較，足可驚人: 例如參議院的外交委員會，一九七五年開會一百七十六次，監察院最多一年僅二十一次；美國參議院司法委員會是二百二十七次，對監察院的十九次。中美制度雖不同，但監察院顯然尚應多開委員會議加強行使調查、研究、監視和糾正等職權。

## 第四節 監察委員行署

中國自古就行中央集權制，直到現在，地方自治尚未全面實施。而且卽使在地方自治制度中，監察權還是操在中央，而由監察院直貫至地方。以中國幅員之廣，人口之多，中央機關對地方難免鞭長莫及。所以古時御史機關乃設地方監察機關，例如漢朝有部刺史，屬於御史府，分駐各地，代表中央監察地方。監察院現制也有監察委員行署，協助監察院分任地方監察。

依照通典，地方監察制度創始於秦：「秦置監察御史，漢興省之」。
（註八）「監察」的名稱，也本於此。

漢惠帝三年，曾派御史監三輔郡，察訟獄。常以十月囘京奏事，十
二月返任。後來各州又置監察御史。

漢武帝爲對郡國守相加強中央控制，乃置部刺史。漢書載：

> 「武帝元封五年，初置部刺史，掌奉詔條監州。秩六百石，員
> 十三人」。（註九）

以後歷朝迭有興革。清朝有十五道監察御史。監察院也有十七個監
察區，每區設監察委員行署。

監察委員行署的前身是監察使署。監察院在民國二十年二月二日成
立後，就想依照監察法設置監察使署。但兩年後方有兩區成立，四年後
又加設七區，而那時全國已劃分爲十六區。三十五年，增加爲十九區，
但東北各省、蒙古和西藏等五區並未設立。

行憲後監察使署改名爲監察委員行署，列表如下：

| 序　號 | 名　　稱 | 轄　　　區 | 成　立　年　月 |
|:---:|:---:|:---:|:---:|
| 1 | 甘寧青區 | 甘肅寧夏青海 | 民國三十七年九月 |
| 2 | 豫魯區 | 河南山東 | 同　上 |
| 3 | 晉陝綏區 | 山西陝西綏遠 | 同　上 |
| 4 | 雲貴區 | 雲南貴州 | 同　上 |
| 5 | 兩廣區 | 廣東廣西 | 同　上 |
| 6 | 兩湖區 | 湖南湖北 | 同　上 |
| 7 | 皖贛區 | 安徽江西 | 同　上 |
| 8 | 閩臺區 | 福建臺北 | 同　上 |

| 9 | 蘇 浙 區 | 江蘇浙江 | 同 上 |
|---|---|---|---|
| 10 | 冀 熱 察 區 | 河北熱河察哈爾 | 同 上 |
| 11 | 川 康 區 | 四川西康 | 同 上 |
| 12 | 新 疆 區 | 新 疆 | 三十八年三月 |
| 13 | 遼寧安東遼北區 | 遼寧安東遼北 | 三十七年九月 |
| 14 | 吉林松江合江區 | 吉林松江合江 | 未 設 |
| 15 | 嫩江龍江興安區 | 嫩江龍江興安 | 同 上 |
| 16 | 西 藏 區 | 西 藏 | 同 上 |
| 17 | 蒙 古 區 | 蒙古各旗 | 同 上 |

　　直轄市包括在所在地的監察區之內，不另設行署。

　　依照監察委員行署組織條例第三條，行署由監察委員三人主持之，而以前的監察使也得由監察委員兼任。

　　行署監察委員以廻避本區爲原則。旣是原則，自有例外，而事實是本區委員兼任者多。所以監察院行署委員推選辦法規定，三人中須有一人不屬於本區。

　　推選手續是先由各監察區內的監察委員推舉五人至七人爲候選人，提請監察院會議由全體委員投票選舉之。

　　行署的主要任務是巡察、視察和調查。重大事項應由行署委員會議議決之。但法律另有規定者從其規定。例如行署監察委員可依監察法逕向監察院提出彈劾案、糾舉案或糾正案，行署委員會議當然也可討論，但仍須呈報監察院依法審查和移送。如有急速處分必要時，行署或委員得以電報向監察院提議，經它審查決定後先行提出，再補具詳細事實和理由。

## 第五節　審　計　部

### 第一項　歸　　屬

監察院設有審計部，獨立行使審計職權，不受干涉。

審計部向屬於監察院，現行憲法也這樣規定。但國民政府提出於制憲國民大會的憲法草案，却主張把它屬於立法院。理由是預算既由立法院決定，決算亦由立法院議決，自當由立法院自行監督預算的執行和決算的審核，因而它須掌握審計機關以宏效益。但國民大會代表不以為然，紛紛反對。其中以謝瀛洲代表等所提的修正案說得最透澈，轉錄於下：

「查監察權之淵源，在於我國之御史制度。我國古代御史，有勾稽天下收支之權，故自民國十五年北伐成功，國民政府組織法頒布，實行五權制度，卽以審計機構置於監察院之下，此實本於國父遺教，毫不容疑。

「監察院之職務，在於糾彈官吏之違法失職，官吏之違法失職，多涉及於貪污，而審核其收入與支出，實為發現及防止貪污之最良好方法，故以審計機構配置於監察院之下，實為璧合珠聯，完密無間。蓋監察院既可利用其審計機構，以監督各機關之收支，使無隱匿與浮濫，而審計機關若發現有違法舞弊之情事，又立可請求監察院行使其彈劾權，作有效之制裁，其職權運用之靈活，與配合之適當，實屬無可比擬。

「更就現狀言之，近年以來，審計機構已日益完備，審計效果亦有目共見，何必改弦更張，作舝益之試驗。茲查憲法草案第七十

四條規定：『行政院於會計年度結束後四個月內，提出決算於立法院』，第七十五條規定：『立法院關於決算之審核，得選舉審計長，由總統任命之』。將審計機構移置於立法院，第七十五條規定：『立法院關於決算之審核，得選舉審計長，由總統任命之』。將審計機關移於立法院之下，實足以減弱監察之職權，影響審計之效果。且立法院為議決機關，審計長為執行機關，兩者各有專司，不相統屬，若謂預算既由立法院議決，決算之審查，亦應由立法機關執行之，則殊無理由。蓋審計機構雖隸屬於監察院，仍可藉憲法草案第七十六條之規定：『審計長於審核結束後三個月內，提出審核結果報告於立法院』，滿足其要求也。且立法院之議決事項亦多矣，若一一均須以設立所屬機關執行之，則其所屬機關當無窮盡。蓋無一機關，不需要法規以資執行，而果如其說，則無一機關，能離立法院而獨立矣。此其不衷於理，實無待於煩言。

「根據上述理由，謹提議將憲法草案第六章第七十四第七十五兩條刪除，並於第九章第一百零八條之下，加設下列條文：

一、行政院於會計年度結束後四個月內，提出決算於監察院。

二、監察院關於決算之審核及其有關事項，得選舉審計長，由總統任命之」。（註一〇）

國民大會雖將審計權仍歸屬於監察院，却把審計長的提名權歸於總統而把對他的同意權歸於立法院。（註一一）謝代表後來在他所著的中華民國憲法論加以批評：

「審計部雖為監察院之直屬機關，然監察院對於其直屬長官之任命，竟無參加意見之機會，斯亦不常有之現象也。審計長之任命，既不經由監察院之提請，則監察院對之，將何以行使其有效之監督

權？行政院院長可提請任命其直屬部會之首長，監察院院長何以獨無此項權力？苟非明瞭制憲之經過，則不易加以說明。（蓋）中華民國憲法，原欲以國家之審計機構，移植於立法院之系統下，後因備受各方之指謫，以審計職務，其方式爲執行而非議決，其性質爲監察（各機關之財務），而非立法，無隸屬立法院之理由，遂不得不還之於監察院系統，但仍取去任命審計長之同意權，此卽矛盾之所由發生也。監察院對於直屬機關首長之任命，無干預之權力，而對於不相統屬之司法考試各院重要人員之任命，反得行使同意權，是亦可謂捨己而耘人矣」。（註一二）

但林大法官紀東則不能「苟同」。理由是：

「行政院院長與所屬部會首長之間，純爲指揮監督之關係，且共同組成行政院會議，合爲一體，故憲法明定行政院院長可提請任命其直屬部會之首長。審計長爲獨立行使職權之人員，其與監察院長之關係，與行政院之情形不同，以此例彼，殊未見其當也。總之，憲法因審計長之地位重要，故定爲由總統提名，經立法院同意任命之，以昭愼重。其所以不由監察院同意，而由立法院同意者，固由於制憲當時，折衷調協之結果，或亦因審計長爲隸屬於監察院之首長，與立法院之間，又具有相當之關係（見次條），故予立法院以同意之權。此種規定，似無不當」。（註一三）

本書著者認爲兩說可以並存，折衷辦法，是由總統提名和經立法院同意的審計長人選，必須基於監察院院長的推薦。否則如照現制，審計長人選事實上極可能出於行政院院長的好惡。因爲行政院對審計部向感頭痛，如果監察院院長不是年高望重的于右任先生，則張承燠審計長去

職後未必能由副審計長接替了。（註一四）

六十四年修正審計人員任用條例，增置一位副審計長（得為二人），並規定其中一人須在審計官中遴任，也許就在兼顧行政系統和監察系統的「利益」。（註一五）

## 第二項　組　　織

現代各國因為政府的任務增加，預算膨脹，審計機關的工作負擔也逐年加重。以美國為例，現在審計人員已超過五千人，每年經費已超過一億美元，而且它的對象僅是聯邦政府。各州政府都另設審計機關。

從下列組織系統圖，可知現在美國審計部組織和任務的輪廓：

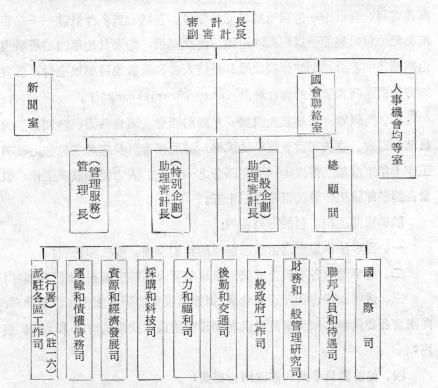

這裏有兩點頗可注意:

一、美國審計部的工作重點，已從賬目的審核轉爲績效的考核，後者包括政府的施政計劃及其執行，而考核的重點是執行的經濟和效率。至於該部原辦的賬目審核工作，則改由各機關在該部指導下自行負責審核。

所以在上圖所列的十司 (*division*) 之中只有一司，運輸和債權債務司，負責聯邦政府運輸部門的審計工作。其餘九司則分別致力於各種特殊計劃和措施，例如人力和福利等問題。運輸所以尙由審計部集中辦理，乃因一九四〇年的運輸法有這規定，迄未修改。於是該部不得不特設一司集中處理。(註一七) 一九七三年，該司處理了四百一十萬件貨運和二百萬件客運，合計十一億四千萬美元的賬目。包括七萬多件計款一千二百萬美元的超付案而予以剔除和追繳。由此類推，如果其他部門的經費也由該部集中審計，則該部縱使增加幾倍人力和經費也將難以應付，自更無力兼顧經濟和效率的綜合審計 (*comprehensive audit*)了。

二、美國審計部的重大負擔，是協助國會、國會各委員會和個別議員執行財政、立法和財政監察的職權。據現任審計長施戴茨見告，該項工作十年來增加三倍以上，現在四分之一以上的人力從事該項工作，數量高達該部總工作量的百分之三十五。

該項協助工作，包括下列各項:

一、從事法律規定應由該部辦理的特別調查、覆核和研究;

二、從事國會各委員會或個別議員所要求的特別調查、審計和覆核;

三、透過聽證會和非正式會議，對議員提案的研究報告和法規解釋，向國會各委員會和個別議員提供有關政府施政和政策的情報和法律服務;

四、協助議員草擬和修改國會提案;

五、應國會要求，派遣人員直接參加國會委員會的幕僚作業。

依照美國審計部一九七五年年度工作報告，該部兩年來致送國會和政府機關的特別報告有如下表：

| 收　受　對　象 | 1974　年 | 1975　年 |
|---|---|---|
| 參　象　兩　院 | 145 | 199 |
| 兩　院　委　員　會 | 167 | 178 |
| 個　別　議　員 | 241 | 255 |
| 政　府　機　關 | 322 | 411 |
| 總　　　　　　數 | 875 | 1043 |

又該部一九七五年向國會就討論中的法律案提供意見共二百六十六件。

按該部的工作範圍，可以大到無所不包，不僅財政經濟而已。本節寫作時，美國政壇正在鬧着審計部關於一九七五年五月雅古玆號事件的調查報告，指摘福特總統使用武力救回馬雅古玆號商船及其四十名船員之失策。

事緣該美國運貨商船爲高棉軍隊所刼持。三天後福特總統派遣海軍陸戰隊登陸於角塘島，以營救該船船員，從而折損戰士四十一名。

該報告指摘美國情報有誤。因爲美國船員並未拘禁在該島，而在一艘運兵船；而且在美國攻擊開始時，高棉已經決定並正在釋囘該船和船員。

審計部這個報告，是美國衆議院外交委員會一個小組委員會要求該部調查的。該報告分送該小組委員會和總統府。後者反對發表，經與該小組委員會協調結果，將一部份最敏感的資料保守秘密。一九七六年十月六日，在兩位總統候選人舉行外交辯論前一日，該小組發表該報告。白宮認爲它有意使福特難堪。但白宮並不責怪審計部，因爲這是它的職

責。該部職責的廣泛，於此可見一斑。

茲將該部一九七五年度總報告的章次譯錄於下，藉示美國審計工作的輪廓和重點：

第一章　本年度重要工作概述

第二章　對國會和行政機關的立法建議

第三章　爲國庫節省的經費和其他利益

第四章　對國會及其議員個人的法律服務

第五章　財政和一般管理的研究

第六章　能源，食物和材料的特別計劃

第七章　施政計劃的分析

第八章　後勤物資和交通

第九章　購置定製財物和科技發展

第十章　聯邦人事和待遇

第十一章　人力和福利

第十二章　資源和經濟發展

第十三章　其他（一般）政府工作

第十四章　國際工作

第十五章　運輸和債權債務的解決

第十六章　派駐各區辦事處的工作

第十七章　內部行政

附　錄　統計七種

至於中國審計部的組織和任務，較之美國審計部各有詳略和大小。茲列表如次，並在表後稍加說明：

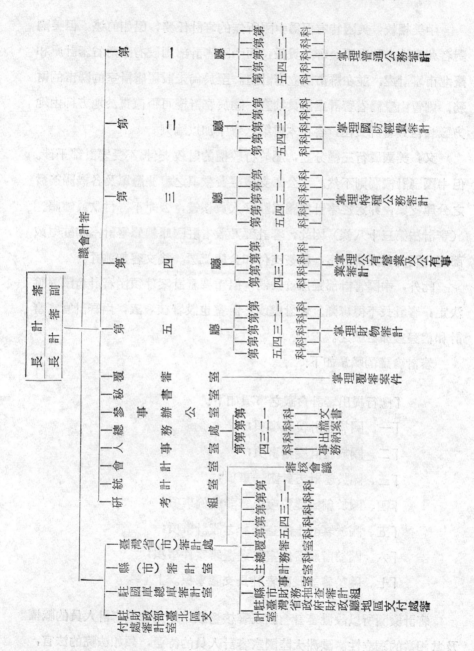

中美相較，美國特有而爲中國所無的審計任務，已如前述。但美國對各州和地方政府不負審計責任，而中國審計部則設有臺灣省審計處和臺北市審計處，並在縣市設立審計室。至於尚未設置審計室的縣市的財務，則暫由臺灣省審計處派員抽查。關於審計權可否直貫於地方抑由地方議會自負審計責任，容在本書第八章中加以論列。

又，美國厲行三權分立，屬於行政權的財政支付，不受審計部干涉。但中國審計機關則不然。「公庫支撥經費款項之書據憑單及各機關簽發之公庫支票，非送經審計機關或駐審人員核簽，公庫不得付款或轉賬。」（審計法第三十八條）因此，審計部乃設有駐國庫總庫審計室和駐財政部臺北區支付處審計室，核簽支付和公庫支票。後文容加述評。

此外，中國審計部雖採首長制，但重要審計案件須由審計會議討論決定，審計長不得專斷。審計處或審計室也設審核會議，由審計官、審計和稽察參加組織之。

審計會議的職掌如下：

「應行提出審計會議之事項如下：

「一、關於審計覆審事項；

「二、關於審計疑難事項；

「三、關於審計方針劃一事項；

「四、關於創設變更廢止審計成例事項；

「五、關於審計上調查統計之設計事項；

「六、關於所屬各處室呈送覆審案件事項；

「七、關於審計長副審計長交議事項。」

審計機關所以設置審計會議或審核會議，是爲尊重審計人員的職權及其相當的獨立性。歐洲大陸國家審計人員的待遇，類如法院的法官，

富有保障。中國審計人員的保障雖不如法官，但法律規定，他們可以獨立行使職權，不受審計首長干涉。爲求審計決定的妥適和統一，所以須設他們自己也參加和共同決定的審計會議或審核會議，以資協調。

中國審計部設副審計長一至二人，由審計長遴請任命。其中一人須在審計官中遴任之。該部職員現在的最高額是三百十六人。

### 第三項　保　　障

西洋人以審計部及其人員譬作國家的守夜狗（看門狗）(*watchdog*)，因爲他們爲人民看守國家的財富，有如狗的看門守夜和防盜報警。

以中國審計職權而論，它包括下列守護事項：

一、監督預算執行。不合預算規定的收支，審計機關應予拒絕。

二、核定收支命令。審計機關如不核定，收支命令當然無效。

三、審核財政收支，審定決算。每筆收入或支出，審計機關都須加以抽查和審核，並對決算作綜合審核。如有不合，應予糾正。

四、財務方面如有不法或不忠於職務的行爲，審計機關應加調查。如經查實，應卽報告監察院予以糾彈。

五、考核財務效能。是則不僅審查賬目是否合法而已，且須考核施政計劃執行的效果——完成程度和是否經濟等。如果績效過低或未盡職責，審計機關應報告監察院依法督責。

六、核定財務責任。如果支用違法或不當，審計機關應予以剔除、繳還甚或飭其賠償。

爲了認眞執行上列工作，審計人員動輒招怨。如果國家不給予特別保障，難免因畏怯而不能盡責和效忠。

因此，審計機關就應保持獨立性，不受行政機關的節制，所以各國審計首長，如果不是屬於國會，也由總統取得國會同意，方可任命。

茲將各國憲法所定審計首長的產生和保障方法列表如下:

| 國　　　　　家 | 產　生　方　法 | 保　障　方　法 |
|---|---|---|
| 中　華　民　國 | 總統提名經立法院同意後任命 | 任期六年 |
| 英　　　　　國 | 首相推薦英王任命 | 任期不定但須國會同意方可免職。 |
| 美　　　　　國 | 總統提名經參議院同意後任命 | 任期十五年 |
| 西　　　　　德 | | 享有與法官相同的獨立性 |
| 法　　　　　國 | | 與最高法院法官同 |
| 比　　利　　時 | 由下議院任命 | 與法官同 |
| 丹　　　　　麥 | 國會選舉 | 與法官同 |
| 荷　　　　　蘭 | 國會第二院提出三人由國王選任 | 終身職但須依法退休 |
| 巴　　拿　　馬 | 國會選任 | 任期四年 |
| 緬　　　　　甸 | 總統總理協議並經國會同意後任命 | 與法官同 |
| 馬　來　西　亞 | 元首根據總理建議與統治者會議商議後任命 | 與法官同 |
| 印　　　　　度 | 總統任命 | 與法官同 |
| 菲　　律　　賓 | 總統提名經國會兩院所設二十四人的任用委員會同意後任命 | 任期十年 |
| 南　　　　　韓 | 總統提名經國會同意後任命 | 任期四年 |

在中國，審計長固有任期保障，而一般審計人員職位的保障，則較

他尤大。因爲審計法第十條規定：「審計人員依法獨立行使其審計職權，不受干涉」；又審計人員任用條例第八條規定：「審計官、審計（及）稽察，非有法定原因，不得（將其）停職，免職或轉職」。

但所謂「法定原因」，包括依法退休、依法記大過兩次或達兩次、依法懲戒和依法被提起公訴或被判處徒刑或禁治產等而免職。其實一般公務員也都有非依法定原因不得將其停職或免職的保障，審計人員並未獨享，但他們不得無故被轉職。可是較之法官，他們的保障就相形見拙了。因爲憲法第八十一條規定：「法官爲終身職，非受刑事或懲戒處分，或禁治產之宣告，不得免職，非依法律不得停職、轉任或減俸。」

### 第四項　與監察院的關係

審計部是監察院的直屬機關，兩者的關係自很密切，但它行使審計職權，對該院具有相當的獨立性。茲略述於下：

一、審計職權由審計部及其審計人員獨立行使，不受干涉。但該部的人事經費和一般行政事務，當然仍須秉承監察院院長處理。

二、監察院設有審計研究委員會，作爲該院有關審計事項的耳目、喉舌和頭腦。該會置委員十一人，審計長須列席會議。

三、審核決算是重要審計工作。行政院於會計年度結束後四個月內編製年度決算總報告，送請監察院轉交審計部審核。該部於收到後三個月內完成審核工作，編製總決算審核報告書，於逕送立法院審議外，送呈監察院依法處理。（註一八）

行政院另編中央各機關營業決算總報告，逕送審計部審核，並編審核報告書分呈立、監兩院審議。

四、各機關如拒絕審計人員調卷或拒絕答覆，或如有不忠不法情事，或如延不送交會計報告，或延不執行審計部通知執行的案件，審計部都

得依法逕行處分，亦得報請監察院核辦。（註一九）

　五、各機關對審計部的審核決定如果不服，得聲請覆議，如果認爲有錯誤情事得聲請再審查。（註二〇）監察院如接得此項申訴，應交審計部辦理，不得逕行處分，自更不得逕予變更。

　六、審計部如有法律案應報請監察院核送立法院，如有法律疑義須聲請司法院解釋，亦應報請監察院爲之。（註二一）

　七、監察院當然可以依法糾舉或彈劾審計人員。

## 註　釋

（註一）謝瀛洲，中華民國憲法論，第一九三頁。

（註二）參看本書第二章第三節。

（註三）第八十五號解釋全文如次：

「本件准行政院及國民大會秘書處先後以國民大會代表不能改選，其出缺者亦多無可遞補，國民大會第三次會議行將集會，即需依據國民大會代表總額計算集會人數，對於國民大會代表總額之計算標準發生疑義，聲請解釋。查憲法及法律上所稱之國民大會代表總額，在國民大會第一次會議及第二次會議時雖均以依法應選出代表之人數爲其總額。但自大陸淪陷，國家發生重大變故，已十餘年，一部分代表行動失去自由，不能應召出席會議，其因故出缺者又多無可遞補。而憲法所設立之機構，原期其均能行使職權。若因上述障礙致使國民大會不能發揮憲法所賦予之功能，實非制憲者始料所及。當前情況較之以往既顯有重大變遷，自應尊重憲法設置國民大會之本旨，以依法選出而能應召至中央政府所在地集會之國民大會代表人數爲國民大會代表總額。其能應召集會而未出席會議者，亦應包括在此項總額之內。」

（註四）*Malcolm Jewell, The Legislative Process in the U. S. A., P. 44.*

（註五）*The Annals, January 1974, PP. 89-92.*

（註六）*Hans H. Barrwald, Japans Parliament, PP. 89-92.*

（註七）美國國會友人 *William F. Arbogast* 先生所供資料。

（註八）杜佑，通典，卷三二，第一八三頁。

（註九）漢書補註，卷一九上，第二七——二八頁。

（註一〇）國民大會實錄，第九一〇頁。

（註一一）憲法第一百零四條：「監察院設審計長，由總統提名，經立法院同意任命之。」

（註一二）同註一，第二〇一——二〇二頁。

（註一三）林紀東，中華民國憲法逐條釋義，第三冊，第六三一頁。

（註一四）行政院在陳誠先生任內屢與審計部發生爭執，陳且因而幾次表示辭職。最後總統因張審計長將總決算審核報告對外分送認爲洩漏機密，囑其辭職。由總統與于院長商議決定提名蔡副審計長繼任。後來另一副審計長汪伍康培先生又繼任蔡審計長的遺缺。但在李嗣聰院長任內，總統乃以行政院主計長張導民先生調長審計部。

（註一五）該條例第三條第二項規定：「副審計長爲二人時，其中一人應就現任審計官遴請任命。」但現任兩位副審計長則都是前任審計官。

（註一六）美國審計部分全國爲十五區，派員駐審區內聯邦政府的財務。

（註一七）依照美國審計部一九七五年年報第一九九頁，該項運輸集中審計卽將交與（按：現已交與）服務總署（*GSA*）一併辦理，猶如其他聯邦機關的財務。

（註一八）參閱決算法第二十五條至第三十三條。本書第七章第四節第二項另有論述。

（註一九）審計法第十四條、第十七條、第二十條和第四十六條。

（註二〇）審計法第二十五條和第二十七條。

（註二一）監察院第二一三次院會決議。

# 第四章　同意權及其行使

## 第一節　性　質

依據憲法，立法院和監察院，各自行使一部份的同意權。立法院對行政院院長和審計長的任命有同意權（憲法第五十五條和第一百零四條）．監察院對司法院院長、副院長和大法官以及考試院院長、副院長和考試委員的任命有同意權。（憲法第七十九條和第八十四條）。

所謂同意權（*consent*）是國會制衡總統的權力之一。總統任用一部份重要行政或司法人員，必須先得國會同意。這個制度，首先實施於美國，涵蓋的範圍也以美制最廣大。

茲將各國國會同意權行使的主體和對象列表於下：

| 國　　家 | 對　　　象 | 主　體（兩院或其一院） |
|---|---|---|
| 中　　國 | 行政院院長和審計長 | 立法院 |
| | 司法院院長、副院長和大法官，考試院院長、副院長和考試委員 | 監察院 |
| 美　　國 | 大使、公使、領事、最高法院法官，以及憲法未經規定但依法設置的合衆國一切其他官員；但國會如認爲適當，得以法律將此等下級官員的任命權授予總統、法院或各部會。（註一） | 參議院 |

| | | |
|---|---|---|
| 菲 律 賓 | 行政首長、上校以上的軍官和應由總統任命的其他政府人員 | 由參議院衆議院各選十二人組織任用委員會代表國會行使同意權 |
| 大 韓 民 國 | 國務總理和最高法院院長 | 國會(一院制)(註二) |
| 墨 西 哥 | 大使、公使、總領事、最高法院法官和上校以上軍官（行政人員不在此列) | 參議院 |

對此須稍作說明。

同意權原爲總統制國家所普遍採行，然範圍殊不相同。美國最爲廣泛，須經同意的職位，已達十二萬個。墨西哥則總統任命行政人員，無需徵求同意，這也頗有理由。因爲他們輔助總統推行政務，他應有權自行選用，以便指揮和使其負責。

日本、西德和希臘多採內閣制，然與英國首相的產生迥不相同。英國是以國會多數黨領袖爲首相，如無一黨佔多數，則由議席較多的一黨組織內閣，直至遭到國會的不信任後解散國會，探求民意。英國國會沒有同意權。英王就多數黨的推薦人選任命爲首相。

日本天皇猶如英王，並無提名權，所以國會也沒有同意權。但日本首相由國會選舉，而候選人則由多數黨提請國會通過，所以國會實享有同意之權。

西德制度很複雜，包括四個步驟。該國憲法第六十三條規定：

「一、聯邦總理由聯邦總統提請聯邦議會不經討論選舉之。

「二、得聯邦議會議員過半數票者爲當選，由聯邦總統任命之。

「三、提名人未能當選時，聯邦議會得於投票後十四日內以議員過半數選舉一人爲聯邦總理。

「四、聯邦總理如在限期內未能選出，聯邦議會應立卽重行投票，以得票較多者爲當選。當選之人如獲得聯邦議會議員過半數之票，聯邦總統應於選舉後七日內任命爲聯邦總理；當選之人如未得過半數票，聯邦總統應於七日內任命爲聯邦總理，或解散聯邦議會。」（另行改選）。

許多國家所以採用同意權，乃因它有下列優點：

一、它能防止不適當的任命。

二，它能防止因總統一人的好惡而任用不適當人員所導致的危險。

三、總統一人見聞有限，不可能對他所將任用的爲數很多的人都有適當的了解，而國會議員來自民間和各地，見聞較廣，所以總統應該請敎他們，並由他們對任命加以審查。

四、尤其美國是聯邦制，總統派赴各邦的官員，例如聯邦地方法院的法官和警官，自應徵詢各邦的民意，而參議員是各邦的代表，所以應有過問那些任命的權利。

五、同意權固有導致「分贓」的流弊，因爲總統從而必須重視甚至順從參議員或政黨幹部的意見，但也從而可能爲事擇人，以才能爲任用的要素。而讓任用全權交與總統一人，可能發生的任用私人或黨派作用的流弊，反而更甚。（註三）

中國制憲國民大會所以採用同意權，主要理由，也許就是上列一、二、三、五等四項。但中國同意權的適用對象，只有行政院、司法院和考試院院長、副院長、大法官、考試委員和審計長等主要人員，其餘法官和外交官員都由主管機關提請總統任命，比較美國制度，可謂已取其利而去其弊。

但有人以爲監察院不是立法機關，不應有同意權，一有同意權，它就變爲民主國家國會的一院了。對這議論，本書著者認爲所謂監察院不

應有伺意權，乃是囿於監察院是御史臺的老觀念，而它並非御史臺。依制憲國民大會的設計和現行憲法的規定，它的職權已超過御史臺，性質也不再是御史臺了。而經憲法授以同意權，它已成爲或相當於現代民主國家國會的一部分了。（註四）

現行憲法這一部分，是採取政治協商會議及其憲法草案的意見。曾任該會議秘書長和制憲國民大會代表的雷嘯寰先生在他的制憲述要一書中說得相當透澈。部分原文如下：

「（二）在職權方面，監察院除仍依照中山先生的設計，行使彈劾和監察權外，還賦予了行使若干重要官吏之同意權。即司法院院長、副院長和大法官，及考試院院長、副院長和考試委員，由總統提名經監察院之同意任命之。若從行使同意權一點來看，監察院則大大的變了質。監察院不僅頗像美國之參議院，賦有同意重要官吏之權；因而使現行憲法帶有兩院制之彩色，而在實質上把監察院變爲國會之上議院；使監察院在事實上帶有濃厚的政治性，致把中山先生之原意『彈劾權要與議會分開』的理論，完全推翻得一乾二淨了。

「關於監察院行使同意權問題，政協修改原則是有意把監察院變爲帶有『民主國議會上議院的性質』（如美國參議院）的機構，對於行政權的總統的用人權（五五憲草規定司法院院長、副院長和考試院院長、副院長均由總統任命之），給與一點制衡的作用，庶可糾正行政權的若干錯誤，庶可防止行政權的專斷獨行。制憲國民大會上對於這一點，又發生很大的爭執，國民黨一部分代表認爲這是有違中山先生的遺教，主張此項同意權應由立法院行使。最後綜合委員會仍決定依照政協憲草原案，由監察院行使之。

　　「從行使同意權一點來看，從綜合委員會的處置來看，這部憲法顯然是把監察院視爲議會之一部分了，把監察院當做議會的上議院。」（註五）

## 第二節　演　進

　　同意權的構想，種因於三權制度或權力分立的學說。美國所以成爲先導，就因它最先採行三權分立制，而同意權乃是立法權制衡行政權的一種手段。

　　美國的同意權尙有一個背景，那是英國殖民時代總督尊重民意的一種安排。他在任命重要官員前須徵詢參議會的意見。但因該會構成分子是由總督所選任，難賦民望，後來民權漸張，各州議會乃陸續取得對總督任命的同意權。

　　但美國制憲會議對於聯邦政府官員的任命是否應經民意機關的同意，意見頗不一致。主張應該的人，認爲總統如有任用官吏的全權，勢將成爲新式皇帝，而且總統的了解不能廣及於那麼多的官員，而由來自各地民間的議員對總統所擬任用的人加以審查和提供意見及同意（*advice and consent*），可以避免專橫和錯誤。反對的人，則認爲國家需要強有力的行政領導，自須對總統授予任用行政官員的全權，庶幾可使他們能對總統效忠出力，而總統乃能全權辦理並負起全部責任。

　　現行美制，在憲法上所以只提到大使、公使、領事和最高法院的法官須經同意方能任命，但又規定包括依法應經同意的其他官員，而又同時規定法律得將一般官員免去同意手續，——這是制憲會議雙方妥協的結果。

　　但上述「依法應經同意的其他官員」這一妥協，有如黃河決口，後

來國會乃在許多法律中規定很多官員的任命須經參議院同意。請看下表：
（註六）

| 屆　　別 | 年　　份 | 總統提名人　　數 | 國會同意人　　數 | 總統撤回人　　數 | 國會拒絕人　　數 | 國會未同意人數 |
|---|---|---|---|---|---|---|
| 71 | 1929 | 17,508 | 16,905 | 68 | 5 | 530 |
| 81 | 1949 | 87,266 | 86,562 | 45 | 6 | 653 |
| 91 | 1969 | 134,464 | 133,797 | 487 | 2 | 178 |

上表所列總統提名人數，是指總統一年中提請參議院同意的官員數，各年不同。但依法須經同意的職位（*position*），一九六九年已達十三萬。（註七）其中百分之九十五，是軍官的任命和晉級，只是一種例行手續。而爲數很多的郵政局長，現已不必徵求同意了。

參議院在行使同意權時，頗有自制精神，例如內閣閣員（部長，現有十二部）被拒絕的，二百年來僅八人。最高法院法官被拒絕的，約爲百分之二十，在一九二九年至一九七一年的四十二年中，共五十人。

但參議院有一很可詬病的傳統，叫做「參議員禮貌」　（*Senatorial courtesy*）。例如總統提名派往紐約州的聯邦法院法官、執行官、檢察官、警官或稅務局長等，事先須徵詢該州選出的與總統同屬一黨的聯邦參議員的意見，如果遭他反對而總統仍向參議院提名，他會在審查時加以反對，而反對的理由，甚至只是「不配我的胃口」那樣簡單粗淺。可是依照「參議員禮貌」，其他參議員都會附和，拒絕總統所提人選。

但是這個傳統現已削弱，如果總統所提人選確很適當，即使遭到有關該州參議員的反對，而仍獲參議院同意的例證，也非絕無。（註八）

中國民主政治肇始不久，所以同意權也到民國成立後方有雛形。謝文義先生在監察院同意權之研究一書中列有一表，（註九）可供參考，轉

附於下：

| 名　　　稱 | 公佈或草擬日期 | 行使同意權機關 | 同　意　對　象 |
|---|---|---|---|
| 臨時政府組織大綱 | 辛亥十月十三日公布<br>民國元年一月二日修正 | 參　議　院 | 國務員（原案爲部長）外交專使 |
| 中華民國臨時約法 | 民國元年三月十一日公布 | 參　議　院 | 國務員<br>外交大使公使 |
| 中華民國臨時政府組織法草案（宋敎仁擬） | 民國元年提 | 參　議　院 | 內閣閣員 |
| 中華民國憲法草案（王寵惠擬） | 民國二年三月擬 | 參　議　院 | 最高法院法官、審計院院長、外交特使大使公使 |
| 中華民國憲法草案（進步黨擬梁啓超提） | 民國二年擬 | 國家顧問院 | 國務總理 |
| 中華民國憲法草案（天壇憲草） | 民國二年十月卅一日三讀完成 | 衆　議　院 | 國務總理 |
| 中華民國憲法（曹錕憲法） | 民國十二年十月十日公布 | 衆　議　院 | 國務總理 |
| | | 參　議　院 | 最高法院院長 |
| 中華民國憲法草案（國憲起草委員會起草） | 民國十四年十二月起草 | 衆　議　院 | 審計院院長 |
| 中華民國憲法草案（政協憲草） | 民國三十五年十一月廿八日提送國民大會 | 立　法　院 | 行政院院長 |
| | | 監　察　院 | 司法院院長、大法官、考試院考試委員 |
| 中華民國憲法 | 民國三十六年一月一日公布 | 立　法　院 | 行政院院長、審計長 |
| | | 監　察　院 | 司法院院長、副院長、大法官、考試院院長、副院長、考試委員 |

## 第三節 程 序

關於同意權的程序，監察院訂有同意權行使辦法，分為下列步驟：

一、議程。監察院在接到總統咨請同意的文件後，即由程序委員會排定審查和投票日期。通常是在下一月會，但也得舉行臨時會議。

二、審查。由「全院委員審查會」擔任審查。先是宣讀總統府來文和所附名單和履歷。然後由委員分別發言，可以批評，也可讚揚。但是沒有討論，也不作結論。

民國四十五年八月，院會雖曾決議得邀請被提名人員去院晤談，但從未邀請。

會議秘密，非由院長而由委員另推一人作主席。

每次會議約一二小時就結束。隨即舉行院會，由委員各別投票。

以上程序，比較美國制度，有時簡單，有時複雜。後者是指美國許多案件，例如軍官陞級，主席宣讀姓名即作同意，所以中國制度反較複雜。但比美國有些同意案，中國制度則又太簡單了。

依照美制，審查是由有關委員會辦理，重要案件尚須舉行公聽會，被提名人例須到會備詢，人民團體亦可要求派員列席反對或支持。所以公聽會有時舉行數星期之久。公聽結束後舉行投票，將結果報告院會。

一九五九年，本書著者由美國政府邀請訪美，曾由美國國務院一位官員陪同，到參議院外交委員會去參觀同意權行使情形。會場上有一大圓桌，主席坐在中間，參議員圍桌而坐。主席對面是被詢問人的坐位，沒有被詢問到的人，坐在旁聽席上。那天九點十分，公聽會開始，一位大使入席以後，先由主席問他的履歷，問他對出使國家政治情形的了解，問他對外交有什麼意見和抱負。接着再由其他參議員詢問。其中也有參議

員是在「護航」，常問那位大使所想說的話。詢問時，雙方態度很好，空氣融洽。例如有一大使拿出煙斗想抽煙，但似乎不好意思，主席就告訴他抽煙好了，於是他一邊抽煙，一邊答覆詢問。對於重要的同意案，參議院在聽證前常請審計部、聯邦調查局或稅務機關提供資料，那些機關有時特別派人調查。例如就洛克斐勒副總統的同意案，僅聯邦調查局就出動四百餘人，「上窮碧落下黃泉」，搜集或覆查有關資料。

參議院如此鄭重其事，所以總統對於所提人選，不獨須加審慎，而且須先向參議員分別疏通。

有關委員會的審查報告影響很大。它可表示支持或反對，也可不作表示，甚至根本置諸高閣，總統有時也無可奈何。

三、投票。在監察院，審查結束後，它就接着舉行院會。由院長擔任主席，由審查會主席報告審查情形。委員尚可發言，但通常僅投票而已。

同意票上印着「同意」或「不同意」字樣，由委員分別加圈，會議公開，但用無記名投票。如候選人為兩人以上時，則用連記法。以得出席委員過半數的票數為當選。

美國制度，在一九二九年前，院會常開秘密會議舉行投票，但以後則須公開，除非大多數議員主張秘密。投票人准許公開他個人的秘密投票內容，俾對選民交代清楚。

參議院院會在同意或不同意（拒絕）外，尚可交還有關委員會，後者有權將其擱置。

同意案例須在會期內處理完竣。如果會期結束或休會在三十日以上尚未處理的同意案必須退還總統。除非總統再提他們，參議院不再加以考慮。但同意案無論同意或不同意，都可在當日或在下次常會召開兩日內重行處理。（註一〇）可是同意案如已送達總統府，總統有權拒絕送還。

（註一〇）

美國尚有所謂「休會任命」（*recess appointment*）。美憲第二條第二項第三款規定：「在參議院休會期間，如有空缺發生，總統有權任命官員補充缺額，此等官員之任務，應於參議院下屆會議結束前終止」。其中，最值注意的是「如有空缺發生」一詞。司法部早就把它釋爲「如有空缺存在」，而且無論空缺最初是在何時發生，也不論因爲何種理由而發生，只要該空缺在參議院休會後繼續存在，總統便得因爲無法與參議院磋商，而可任命人員以補缺。但所謂參議院休會並不包括假日或因國會決議之臨時閉會。又在參議院開會期間，如有職位出缺，則經休會任命的人員，未得參議院同意前，不得支薪。（註一一）

## 第四節　政治作用

同意權富於政治性，它的力量強弱和影響大小，常隨政治而變動。監察院在行憲之初的第一次同意案投票，總統提名的大法官，十七人中就有五人未獲同意，考試委員十九人中就有九人未獲同意，其中也有很好的人選。於是引起有心人的杞憂。但這情形以後並不再見。茲將全部結果列表如下：

| 職　官　名　稱 | 總統提名人數 | 監察院同意人數 | 不同意人數 |
|---|---|---|---|
| 司法院院長副院長 | 11 | 11 | 無 |
| 考試院院長副院長 | 15 | 15 | 無 |
| 大　　法　　官 | 79 | 74 | 5 |
| 考　試　委　員 | 103 | 94 | 9 |
| （共　　　計） | 208 | 194 | 14 |

　　同意案順利與否，與總統和監察院之間的溝通很有關係。現制是總統在提名後方經執政黨黨部以茶會方式向監察委員報告並請支持，如遭反對，補救已遲。在內閣制，總理的人選大多取決於該黨的國會議員。在總統制，總統也把重要人選先行透露給該黨國會領袖而聽取他們的意見。美制所謂「顧問和同意」（*advice and consent*），「顧問」的意義，是說總統應將人選先行徵詢國會同黨議員的意見，然後方請同意，如果遭遇強大反對，當然只好另換他人。所以結果相當圓滿。

　　美制近來還有一個重大發展，乃是國會在投票前先就某些問題詢問被提名人的意見並請他有所承諾，以後好照該等承諾而科以道義責任。

　　例如一九七三年春，美國國會決議，要求尼克森總統設置水門事件特別檢察官，人選須經參議院顧問和同意，總統並須事先聲明對該檢察官的職務行為不加干涉。後來尼克森提名考克斯。五月二十一日，司法部部長李察森率同他列席參議院司法委員會，公開保證該檢察官的獨立和不受干涉。但在五個月後因為考克斯堅持要調閱總統的錄音帶而為尼克森開革，司法部部長也不得不掛冠而去。這所謂「星期六屠殺」乃是尼克森垮臺的大原因之一。因為他公然背棄了不干涉特別檢察官職務行為的諾言。

　　後來尼克森改派喬華斯基繼任特別檢察官，在參議院舉行同意案聽證時，新任司法部部長沙克斯培代表總統承諾維持該檢察官的獨立地位和不受干涉。及至尼克森阻止他要求法院命令總統府向他提供六十四件錄音談話時，他乃依據總統前項承諾乞援於參議院司法委員會。一九七四年五月二十二日，該會議決函請司法部部長維持諾言並支持該檢察官的調卷訴訟。最後乃導致最高法院的終局判決，命令尼克森交出全部錄音談話，從而揭露他與水門案件的關係，而不得不在國會彈劾威脅下辭職。（註一三）

　　由此觀之，依照美制的演進，同意權的行使和運用，對美國政治的清明，不獨發生監察的事前作用，而且事後也還能賴以有所補救。

　　但這些事後作用只是道義約束，如果反悔，也只受道德制裁。可是道德制裁的力量和影響也不容忽視。例如福特在副總統的任命同意案聽證時，對國會堅決宣稱將來決不競選總統，但是後來還是競選，而卒落選。他的違背諾言，與落選究有多大關係，雖尚難言，但總是白圭之瑕。

## 註　釋

　　(註一) 這是美國憲法條文，列舉人數本不很高。但法律規定須經參議院同意方可任用的人數，包括行政人員和軍官，現在為數已達十三萬個職位。

　　(註二) 韓國國會議員三分之一的候選人由總統提名，經國家統一會議同意產生。此項會議與中國國民大會頗相類似。

　　(註三) *Joseph Harris, The Advice and Consent of the Senate, PP. 12-13.*

　　(註四) 詳見本書第一章第七節：監察院的國會地位。

　　(註五) 雷震：制憲述要，第三八——三九頁。

　　(註六) *Guide to the Congress, 1971.*

　　(註七) *Joseph Harris, Congressional Control of Adminination, P. 199.*

　　(註八) 參看*Edward S.Corwin, The President-Office and Powers 1787-1957.*

　　(註九) 謝文義，監察院同意權之研究，第一四——一五頁。

　　(註一〇) 同註六，第二四三頁。

　　(註一一) 楊日宣譯，美國總統的任命權，憲政思潮，第二〇卷，第五八——五九頁。

　　(註一二) 同上，第五九頁。

　　(註一三) 請參閱本書第十章調查權及其行使。

# 第五章 彈劾權及其行使

## 第一節 概 述

所謂「彈劾」（impeachment），照中國的傳統，只是一種控訴，不包括處罰、懲戒或罷免在內。

在中國君主時代，御史的彈劾，只是向君主舉劾某一官吏的不忠不法或不端，至於君主是否採納或懲處，乃是另一種處分，不包括在彈劾之內。卽使在今天，監察院的彈劾案也祇要一經送達，便已完成。卽使當事人不受罷免或懲處，也無害於該彈劾案的獨立性。

但在英美，impeachment 則本來指彈劾的整個程序，包括控訴和審判。可是通常也專指控訴。

彈劾權發生很早，中國是在秦朝，西洋是在希臘，都在西曆紀元前四五百年，本書導論曾有敍述。（註一）

在現代國家，職司彈劾者多為國會，我國也由「相當於民主國家之國會」的監察院行使彈劾權。

彈劾的對象，當然是公務人員，但御史和英國的國會也可糾彈人民。中國的軍官也受監察院的監察和彈劾。

彈劾的理由，通常是違法，中國則是違法失職。而失職多包括在違法之內。

彈劾的程序，各國多很繁重，往往須有議員過半數的決定方可提出彈劾案，而中國的一般彈劾案則僅需監察委員九人以上的審查和決定。

受理彈劾案的機關，通常是國會的另一院。也有移送司法機關或由立法機關和司法機關合組懲戒機關的。中國由司法院特設公務懲戒委員

會受理彈劾案，至對總統、副總統的彈劾案則由國民大會依罷免程序處理。軍人由國防部秉承總統（最高統帥）行使懲罰權。

對被彈劾人員的懲處，通常是免職（撤職）或罷免並停止任用。但中國的懲戒處分則多達六種。如尚有刑事嫌疑，須送法院審理。

綜合上述情形，試替現代中國的彈劾權作一界說如下：彈劾權是監察院對於違法失職的中央或地方公務人員向掌理罷免、懲戒或懲罰的機關提出控訴並要求予以懲處的權力。

但是早年恃以控制官吏使其服從人民代表機關的意旨或法律的彈劾權，現已日益萎縮，不獨範圍縮小，對象減少，而且備而不用。原因何在？一位名政治學者，曾加解釋：

> 「彈劾權何以不用的答案，是因為對現代憲法所包含原則的服從，也就是對國家透過國會所表達的意旨的服從，已與國法交織在一起，從而違反國會的民意很難逃避國法的制裁。所以早年所賴以強制邃行國家意旨的非常手段（彈劾），現在已無使用的必要。」（註三）

然則彈劾權何以又不廢除呢？他以英國為例加以答覆：

> 「一部份原因是在英國人民的保守性，同時也考慮到，有些罪行不是普通國法所能制裁，而尚待國會去對付。」（註四）

彈劾之外，英國早年還有所謂 *bill of attainder* ，現在姑譯為「缺席判罪法」。它與彈劾不同之處：彈劾是由下議院提出，上議院審判，而「缺判」則兩院都可提出，送請他院審判；彈劾須有證據，並聽取被彈劾人的申辯，而「缺判」則可由國會自行裁奪。所以「缺判」乃為對付政治逃犯而設，與現代法治主義大相逕庭，自是一種惡法。中國監察院曾有不經詢問而即彈劾，自也不足為訓。（註五）

## 第二節　彈劾對象

彈劾的對象，中國憲法規定，十分廣泛，包括總統、副總統（**憲法**第一百九十八條）、全國中央和地方政府的公務人員（第九十八條），後者包括司法院和考試院人員（第九十九條）。

不僅文官，而且軍官也是彈劾的對象。還有為數很多的公有營業機關人員和公有事業機關人員，也都被視為公務人員。

但是他國則不然，它們的彈劾對象都以大官為限。請看下表：（註二）

| 國　　別 | 彈　　劾　　對　　象 |
|---|---|
| 中 華 民 國 | 總統、副總統、全國公務人員，包括軍人、法官和公營事業人員 |
| 大 韓 民 國 | 總統、國務總理、國務委員、政府各部首長、法官、中央選舉管理委員會委員、監查院委員，及其他法律所定公務人員 |
| 日　　　本 | 法官、人事官 |
| 土 耳 其 | 總統、部長 |
| 巴 基 斯 坦 | 總統 |
| 印　　度 | 總統 |
| 伊　　朗 | 大臣 |
| 約　　旦 | 部長 |
| 敍 利 亞 | 總統 |
| 菲 律 賓 | 總統、最高法院法官、外務人員委員會、審計委員會和選舉委員會的委員 |
| 緬　　甸 | 總統、最高法院和高等法院法官 |
| 比 利 時 | 內閣大臣 |
| 丹　　麥 | 國務員 |
| 冰　　島 | 內閣閣員 |

| 列支敦斯坦 | 政府官員 |
|---|---|
| 希　　　臘 | 總統、(對內閣部長和副部長則可糾舉) |
| 英　　　國 | 國務大臣、國會議員 |
| 法　　　國 | 總統、部長 |
| 芬　　　蘭 | 總統、國務總理、部長 |
| 挪　　　威 | 國務員、最高法院法官、國會議員 |
| 荷　　　蘭 | 國會議員、部長、殖民地總督、國務大臣、各省欽命委員 |
| 瑞　　　典 | 執行公務之人員、最高法院和行政法院的法官 |
| 義　大　利 | 總統、內閣總理、閣員 |
| 奧　地　利 | 聯邦總統、部長、邦長，及其所屬機關首長 |
| 西　　　德 | 聯邦總統 |
| 巴　　　西 | 總統、部長、最高法院法官 |
| 尼加拉瓜 | 總統、國會議員、法官、部長、次長、外交代表、審計院院長 |
| 多明尼加 | 政府官員 |
| 阿　根　廷 | 總統、副總統、部長、法官 |
| 美　　　國 | 總統、副總統、聯邦政府的文官 (包括法官) |
| 哥倫比亞 | 總統、內閣閣員、國家檢察長、最高法院法官 |
| 哥斯達利加 | 總統、副總統、最高行政機關首長、外交使節 |
| 秘　　　魯 | 總統、國會議員、最高法院法官、國務員 |
| 烏　拉　圭 | 部長、國會議員、最高法院、行政法院及選舉法院的法官 |
| 巴　拉　圭 | 最高法院法官 |
| 海　　　地 | 總統、各部部長、最高法院法官 |
| 智　　　利 | 總統、國務員、高等法院法官、審計長、陸海空軍將官、省長、縣長 |
| 墨　西　哥 | 公務員 |

| 上　伏　塔 | 總統、閣員 |
|---|---|
| 加　　　彭 | 總統、閣員 |
| 多　　　哥 | 總統、副總統、閣員 |

把中外彈劾對象比較一下，可知中國的彈劾對象似應大幅減少。

減少的標準有如下說：

一、以職位爲標準。例如除去荐任（第九職等）以下的公務人員，而僅留選任、特任和簡任人員。

二、以職級爲標準。例如以獨立機關的首長爲限，政府內部機構的主管人員不在其內。

三、以性質爲標準。例如減除軍人或公營事業人員。

比較妥善的辦法，是：把彈劾的對象，限於下列公務人員：**總統、副總統、政務官和荐任職以上獨立機關的首長。**

軍官應在彈劾對象之內，但懲罰權則宜歸於統率陸海空軍的「統帥」（總統）。

對公營事業或公有事業人員的彈劾，應以相當於簡任而獨立行使職權的負責人員爲限。

以上減少彈劾對象的擬議，只是學理的檢討。在法律上，彈劾對象乃是憲法所明定，非經修憲，不受限制，而修憲的可能性，並不很大。

而且事實上監察院過去所提的彈劾案每年並不很多，所以彈劾對象雖廣，而因該院尚有應付的餘力，何妨仍維現制。

但有一點却很可注意，就是減少彈劾對象，俾得相對的加重行政首長的監督權，對政治風紀或更有益。所以本書第六章糾舉權及其行使，主張行政機關首長有權對簡任、荐任和委任職的屬員予以休職、降級、減俸、記過或申誡等處分（但不得撤職）。因此，監察院應該充分利用糾舉權，

加重行政首長的責任。

## 第三節　彈劾原因

彈劾的原因或理由，各國標準不一。中國憲法規定是違法或失職。但解釋則不僅這二者。茲將民主國家的彈劾原因歸納爲六類, 列表於下:

| 彈　劾　原　因 | | 採　　行　　國　　家 |
|---|---|---|
| 違 | 憲 | 中國、美國、大韓民國、巴基斯坦、印度、敍利亞、菲律賓、緬甸、列支敦斯坦、意大利、西德、希臘秘魯、烏拉圭, 及智利。 |
| 違 | 法 | 中國、美國、大韓民國、印尼、伊朗、列支敦斯坦、瑞典、奧地利、英國、西德、阿根廷, 及烏拉圭。 |
| 犯　　　罪 | 叛　國 | 中國、美國、希臘、土耳其、敍利亞、菲律賓、緬甸、法國、芬蘭、意大利、英國、海地、智利、上伏塔、加彭、多哥。 |
| | 職　務　罪 | 中國、美國、伊朗、約旦、菲律賓、冰島、比利時、希臘、法國、挪威、荷蘭、意大利、奧地利、巴西、尼加拉瓜、多明尼加、哥倫比亞、哥斯達利加、秘魯、智利、墨西哥、上伏塔。 |
| | 普　通　罪 | 中國、美國、英國、印尼、阿根廷、哥斯達利加。 |
| 失 | 職 | 中國、丹麥、哥倫比亞、海地。 |
| 越 | 權 | 中國、伊朗、海地。 |
| 背 | 信 | 中國、海地。 |

上表所列各國的彈劾原因雖有六類，但都不出違法失職的範圍，而尤以違法的範圍很廣，幾乎可把失職也吸收在內。

何謂違法？有人以爲:

「違法指違反法規而言，即於執行職務之際，因故意過失，抵觸法規，不適用法規，或誤用法規之情形。此項違法行爲，不以致國家或人民發生一定損害爲要件，蓋違法行爲所以須加以彈劾者，亦由於維護監察法令威信之必要也。」（註六）

所謂違法行爲究指職務上的違法行爲或職務外的違法行爲？有人試作解答，認爲：

「今但論違法行爲，從一面觀之，憲法及監察法所指違法，似限於職務上之違法，不然者，公務人員一切違法行爲，皆予置議，誠有不勝或不便監察者。另從一面觀之，若謂違法僅限於職務上事件，如公務人員非其本職之敗壞紀綱，或其他嚴重違法行爲，將不能過問，監察委員是否有失監察職責」（註七）？

上述意見，經監察院第八一次會議決議：「監察法上之違法，是否僅限於職務上之行爲，並無明文規定，但既未限制，自可就具體事實情節認定。」

薩孟武先生也說：

「至於政治尙未納上軌道，豪門權貴可以隨意破壞法律者，似應和英美一樣，不但是職務上違法，縱是私人違法而與國家利益有關者，亦無妨採用彈劾制度，以救司法之窮。」（註八）

至於犯法——犯罪，當然包括在違法之內。謝瀛洲先生且以此作爲監察權的主要對象。因爲，他說：

「彈劾之違法行爲，主要是指觸犯刑章之犯罪行爲，蓋彈劾權之所由形成，係以糾彈犯罪爲主要目的。且糾彈官吏，在於澄清吏治。

然吏治之污濁，不在於官吏之失職，而在於官吏之貪臟，貪臟即入於刑事範圍。若夫監察院對於官吏犯罪，不能彈劾，則將無事可為。因官吏違法，常發生行政訴訟問題，有行政法院之設置，自足以了之。至關於官吏之失職，自有其監督長官，量予處置，本無須監察院之過問也。」（註九）

雷震先生在監察院之將來中將公務人員的違法行為分為三類：一、為「犯罪行為」，二為「侵權行為」，三為「違反行政法規的行為」（註一〇）。於是所謂違法，依照張劍寒先生：

「乃指違反憲法及一切刑事法令與行政法令而言。至於是出於故意的違反法令，有意的曲解濫用法令，抑或過失的誤解法令，消極的不適用法令，積極的抵觸法令等，僅是責任輕重問題，並無礙『違法』行為之成立。各種法令包括成文法、習違法，及條理法；外部法規及內部法規；程序法規及實體法規等在內。」（註一一）

其次，何謂失職？涵義頗廣。汪禕成先生曾就公務員懲戒委員會議決案例要旨彙編中的懲戒歸納為二十九類，可以窺見失職的涵義。他在「關於政務官懲戒問題之我見」中說：

「筆者曾有機會看到公務員懲戒委員會編印的議決案例要旨彙編，其中選輯了自民國三十七年起至四十八年止十二年中之議決案要旨九百九十七則，按其性質分為三十二類。在這三十二類中，除了不受懲戒、不受理及免議三類外，其餘二十九類經列舉為：(1)違法抗命，(2)玩忽功令，(3)洩漏機密，(4)有欠誠實，(5)有欠謹慎，(6)濫費違失，(7)疏於督察，(8)辦事顢頇，(9)任用私人，(10)行為不檢，(11)擅權違失，(12)違法濫權，(13)疏忽職責，(14)措置失當，(15)聯保失察，

⒃延壓公文,⒄有虧職守,⒅任意曠職,⒆兼營商業,⒇違法兼職,
㉑收受餽贈,㉒接受招待,㉓違法瀆職,㉔疏脫人犯,㉕僞造文書,
㉖賭博財物,㉗侵占公款,㉘詐欺取財,㉙交代不清。」(註一二)

監察法第二十二條就失職舉有一例:

「被糾舉人員之主管長官或其上級長官對於糾舉案,不依前條
規定處理或處理後監察委員認爲不當時,得改提彈劾案,被糾舉人
員之主管長官或其上級長官接到糾舉書後,不依前條規定處分或決
定不應處分,如被糾舉人員因改被彈劾而受懲戒時,其主管長官或
其上級長官應負失職責任。」

又監察院曾以執行糾正案未能注意改善作爲失職理由之一而彈劾行
政院院長。這是以彈劾爲督促糾正案的手段,是否允當,論者仁智互見。
但公務懲戒委員會在該案議決書結論中認爲「該院逐漸改善,又無具體
辦法,於職權能事究有未盡」,從而併予申誡。

以上兩例,其中監察法第二十二條所稱失職,可名爲「法定失職」,
公懲會的議決可稱爲「理定失職」。張劍寒先生曾把本書著者所舉兩例
歸入理定失職之內。他說:

「二爲『理定失職』,卽依學理而認定之失職,如不依學理妥
善行使裁量權,違反學理上公務員之倫理義務,未『爲所應爲』。
而監察委員陶百川氏所謂主管失職認定之兩項原則,『一、應由機
關首長決定而不決定,不應請示而請示,便是失職;二、各機關的
上級長官,對下級主管的不當請示,如予批准者,也是失職』。亦
爲『理定失職』之範疇。」(註一三)

至於監察院過去彈劾案所持的理由，可分違法、失職以及違法失職等三類。但公懲會的認定，則頗有出入。以違法為理由者，在彈劾案中佔百分之十三，而在懲戒案中則高達百分之七十二點七。以失職為理由者，彈劾案佔百分之十八，懲戒案佔百分之二十七點三（包括廢弛職務在內）。以違法與失職為理由者，彈劾案佔百分之六十九，但懲戒案則不將其列為理由，而分別歸入違法或失職中。（註一四）

張劍寒教授曾就彈劾案和懲戒案的理由歸納研究，載在他們所著的中華民國監察院之研究，可供參考，但發行不廣，且已絕版，所以把它採入本書註釋欄中。（註一五）

## 第四節 釋示和行政命令

「違法」之「法」的範圍究竟如何？當然包括下列五種：

一、憲法。這是自明之理，不必贅釋。

二、憲法第一百七十條規定：「本憲法所稱之法律，謂經立法院通過（及）總統公布之法律。」

三、中央法規標準法第二條所稱的「法律、條例或通則」。此中所稱「法律」就是前文第二種法律。

四、同法第三條所規定：各機關發佈的「規程」、「規則」、「細則」、「辦法」、「綱要」、「標準」和「準則」。

五、同法第七條所稱的「命令」。

在以上五種中，二至四種應無疑義，但第五種的拘束力究竟如何，却曾發生爭執。民國六十一年，本書著者因為承辦一案，發現其中有一漏洞：一部份法官依據憲法第八十條規定：「法官須超出黨派以外，依據法律獨立審判，不受任何干涉」，認為該項法律是指憲法第一百七十條所定：

「本憲法所稱之法律，謂經立法院通過總統公布之法律」以及民國四十三年司法院釋字第三十八號解釋所規定的「與憲法或法律不相抵觸之有效規章」，至於各機關首長就其職掌所作有關法規之釋亦示或行行命令，法官沒有採用的責任，換言之，可以排斥而不用。於是監察院組織了一個研究小組，決定請司法院解釋。

聲請公函曾舉兩例，其中之一是司法行政部臺（五八）令民決字第九四八七號為退休金是否為強制執行的標的疑義令，內容是臺中地方法院將臺灣省政府退休人廖宗溪的退休金，以民事執行命令通知建設廳，就廖員的退休金項下扣發轉付債權人，但銓敘部認為該項通知有違退休法，呈奉考試院指示後，請司法行政部「令飭糾正」，該部即令飭所屬「希參照銓敘部上開意見辦理」。法官對此可否拒予遵照，而仍就退休金為強制執行？

聲請函指出「對上述問題之見解，大致可分二說」：

「甲說：法官毋須受此種釋示之拘束。其理由為：

「㈠憲法規定法官依據法律獨立審判，大法官會議解釋有效規章之適用，已較憲法原規定擴張，唯屬司法院之解釋，法院自應遵守。至各機關就其所掌業務有關法規所作之解釋，如未具規章形式，自不在大法官會議釋字第三十八號解釋範圍之內，法官自不受其拘束。

「㈡法官不受各機關對法規所作釋示之拘束，可以發揮政治上之制衡作用，使行政權不致過份擴張，以致妨害人民之權利。

「㈢行政機關之釋示為數甚多，其中有為圖一時之便利而頒發者，內容未必妥善，既經當事人提起訴訟，表示不服，經辦法官自須加以審酌，為適當之判決，如此方為獨立審判。」

「乙說: 法官應受此種釋示之拘束，其理由為:

「㈠憲法第一百七十二條規定: 『命令與憲法或法律抵觸者無效。』某項命令在未經司法院解釋認定其與憲法或法律抵觸並宣告無效之前，應屬有效。法官如認為該項命令與憲法或法律有抵觸時，自得表示意見，聲請解釋，尚不得逕自認為違憲或違法，不予適用。

「㈡我國現處非常時朝，政府為有效推行日益繁劇之政務，適時應變自須頒行各項政令，以求執行之貫澈。如法官得逕予排斥不用，則該項政令勢必流為具文，政務之推行自必大受影響，且大部份釋示，皆經司法行政部「令飭知照」，如法官尚得自為取捨，甚至為相反之裁判，則政出多門，殊違司法行政統一監督之旨。

「㈢各法官對某一釋示見解頗難一致，如各自為不同之適用，而一部份案件又不能上訴最高法院，則同類案情勢將產生不同之裁判結果，對司法威信及人民權益，皆有損害。」

民國六十二年十二月十四日，司法院公布了大法官會議議決釋字第一三七號解釋:

「法官於審判案件時，對於各機關就其職掌所作有關法規（之）釋示之行政命令，固未可逕行排斥而不用，但仍得依據法律表示其合法適當之見解。」

它的理由是這樣的:

「法官於審判案件時，對於各機關就其職掌所作有關法規釋示之行政命令，或為認定事實之依據，或須資為裁判之基礎，固未可逕行排斥而不用。惟各種有關法規釋示之行政命令，範圍廣泛，為數甚多。其中是否與法意偶有出入，或不無憲法第一百七十二條之

情形，未可一概而論。法官依據法律，獨立審判，依憲法第八十條之規定，為其應有之職責，在其職責範圍內，關於認事用法，如就系爭之點，有為正確闡釋之必要時，自得本於公正誠實之篤信，表示合法適當之見解。」

但這解釋並未對監察院的問題作明確的解答。因為第一，監察院的問題，包括(一)有關法規的釋示，(二)不具規章形式的行政命令。而該號解釋則似僅及於釋示，至於釋示以外的一般行政命令，則避而不論。

第二，即以其所解釋者而論，語意也不明確。所謂法官「仍得依據法律表示其合法適當之見解」，是否意為法官可以排斥而不用該項釋示？抑或法官須將他的相異的意見層轉司法院請作統一解釋？一位大法官的不同意見書指陳：

> 「法官審判案件對於法令認為違憲或對於行政釋示認為與法律有出入者，可以拒絕適用，此為美國所採用之制度。（但）我國憲法及司法院大法官會議法對於法令之違憲及解釋上之歧見，設置大法官會議，而授予其解釋權，解釋其為無效或統一其見解。此為我國特有之制度，與美國制度顯不相侔。依我國憲法及上開會議法與本院釋字第二號解釋，為消除違憲法令之適用及避免歧見之發生，適用法令之機關於法令有違憲之疑義或適用法令時所持見解與本機關或他機關適用同一法令所已表示之見解有異者，苟非該機關依法應受本機關或他機關見解之拘束或得變更其見解，則對同一法律或命令之解釋必將發生歧異之結果。於此種情形時，即須依法層請司法院解釋，以免違憲法令之適用或法令見解之紛歧，故難許以美國法官對於違憲法令及行政釋示有否決權之制度代替我國關於審查違憲法令及統一解釋法令之權授予司法院大法官會議之制度，而破壞我國

憲法及司法院大法官會議法上違憲審查及統一解釋之制度。」

這位法官的了解似是該號解釋准許法官可將行政機關的釋示排斥不用，而他不以爲然。所以他說：

「法官依據法律獨立審判，在其職責範圍內關於認事用法，如就系爭之點有正確闡述之必要時，自得本於公正誠實之篤信，表示合法適當之見解。惟依吾國現行法制，仍須據以依司法院大法官會議法層請司法院解釋，以資法令見解之統一，而免發生歧異之結果，削減行政效能，損害司法威信及人民權益。」

另一位不同意該號解釋的大法官更引以爲懼而慨乎言之：

「今本院大法官會議通過之解釋文謂『法官於審判案件時對於各機關就其職掌所作有關法規釋示之行政命令固未可逕行排斥而不用，但仍得依據法律表示其合法適當之見解。』其理由謂法官『在其職權範圍內關於認事用法如就系爭之點有爲正確闡釋之必要時自得本於公正誠實之篤信表示其合法適當之見解。』是在未經司法院解釋前，卽認法官得以各機關有關法規釋示之行政命令爲非『正確闡釋』矣，爲非『本於公正誠實之篤信』矣，爲非『合法適當』，爲違法失當矣，可不受其拘束而得表示其自認爲合法適當之見解矣。此非但破壞我國解釋憲法與統一解釋法律及命令由司法院爲之制度，且與政府威信之維護，以及政務之推行，國家意思之統一有大窒礙矣。」

民國六十六年三月，監察院又以「政府機關對稅法未規定應繳付稅款之事項，是否得以比照類推方法，着使人民（包括法人）繳稅」，函

請司法院解釋。

監察院例舉事實，指出：有功學社公司者，向稅捐處領得代用出廠證之機車貨物稅空白完稅照四千張，返回途中，遺失二百張。稅捐機關根據財政部的釋示，以車輛類雖規定免貼查驗證，但其貨物稅完稅照，因係一車一照，並供車主用以憑請行車執照，實已兼具完稅照和查驗證之雙重功能。故該公司遺失空白完稅照，應比照貨物稅稽徵規則第一百廿八條：「查帳徵稅廠商預領之查驗證，應妥為保管，如有損燬、遺落或盜失時，不論任何理由，均應按該項查驗證應貼貨件之稅價計補稅款結案，不得申請註銷或補發」，須補徵稅款。該管稅捐機關乃處分該公司按遺失完稅照當月份所產製機車最高稅價補繳貨物稅新臺幣一、○三三、三二○元。

於是發生中央主管機關的命令（釋示）有無拘束力或強行力的問題。

行政法院在該案判決書中主張：

「查財政部為財政主管機關，就其主管業務有關財稅法令所為之解釋，自有其拘束力，被告機關據以補征原告之貨物稅難謂有違。」（該法院六十五年度判字第四號）

監察院財政委員會不以為然，由該院申請解釋。司法院於六十六年十二月發佈釋字第一五一號解釋文：

「查帳徵稅之產製機車廠商所領蓋有『查帳徵稅代用』戳記之空白完稅照，既係暫代出廠證使用，如有遺失，除有漏稅情事者，仍應依法處理外，依租稅法律主義，稅務機關自不得比照貨物稅稽徵規則第一百二十八條關於遺失查驗證之規定補徵稅款。」

這是說，遺失空白完照既未經任何稅法規定應予補徵稅款，稅捐機關

自不得比照遺失查驗證的規定補徵稅款。反之，如果貨物稅稽徵規則帶上一筆，規定遺失空白完稅照視同查驗證，也應補稅，那就合於租稅法律主義了。

這也就是說，行政機關「釋示」的拘束力，並不如一般想像那麼大。法院自更不受拘束了。

以此與前文所引釋字第一三七號解釋相較，這第一五一號解釋自更「自由」。

以後監察院在認定「違法」時，似乎不便以違背釋示或「法規釋示之行政命令」追究公務員特別是法官的責任。其然乎？其不然乎？

## 第五節　對法官的彈劾

監察院可以彈劾法官麼？可以將法院判決的違法或枉法作彈劾法官的理由麼？

先論法官可否被彈劾。無論基於中國的傳統或憲法，這都不成問題，法官可被彈劾。世界各國也多如此。日本且以法官爲彈劾的惟一對象。美國立國二百餘年，僅有十三個彈劾案（但如剔除對參議員的一個彈劾案，則僅有十二個），但其中竟有十案彈劾法官。

張劍寒教授和林大法官紀東都曾有很好的說明，錄入本章註釋中，以資補充。（註一六）

關於彈劾法官的理由，兩位監察委員（黃寶實和本書著者）和兩位最高法院推事（陳綱和廖源泉）曾有爭辯。事緣民國五十二年監察院推派他們二人調查法院對於臺北市長黃啓瑞夫婦貪污瀆職之審判，是否涉嫌違法枉法一案。調查報告認爲最高法院推事陳綱先生和高等法院推事梁冠臣先生等四人，涉嫌庇縱罪犯，違法失職。

陳廖二推事發表聲明說：

「次就法院審判案件而言，關於供證之取捨，法律上賦與法官以自由心證之權，不容他人妄事干涉，正所以維持審判之獨立。調查報告文內，就法官採證職權之行使，任意指摘，顯係代替法院審判案件，無異以第四審職權自居，不能謂非侵害司法權，似非法治國家所宜有。」（註一七）

聲明發表的次日，黃委員和本書著者也有聲明予以答辯：

「(2)關於法院法官自由心證一點，監察院向極尊重。法官審判案件，被人控告於監察院，除非案情特別重大，監察院例不在其審判期間，即行調查或加彈劾，均係審判結束後，方為調查，此即所以尊重審判獨立。但任何自由，皆有限制，皆應負責。法官如果在採證方面，顛倒事實，混淆黑白，以致枉法裁判，使無罪者含冤莫伸，有罪者逍遙法外，在此場合，一般人民尚可告發，監察院自當依據憲法第九十七條及第九十九條，以彈劾案『移送法院辦理』。

「現代法治國家，如認為法官有違法枉法情事，皆由其國會自行彈劾並自行審判。例如日本憲法第六十四條規定：『國會為裁判受罷免追訴之裁判官（法官），設彈劾裁判所，以兩議院議員組成之』。但吾國監察院，則只許彈劾，並不自行懲戒或審判法官，（而將彈劾案送請司法機關加以審議或審判）此對法官之保障，已較優於他國。若更謂法官可以藉口自由心證，任意失出失入，而不准監察院就其裁判之枉法辱職，提案彈劾，此項論調，不獨違反憲法，亦非所以愛護司法，殊乖法治國家之常軌。」

陳廖二推事再度發表聲明：

「監察委員之彈劾法官，在憲法上原有此項職權。唯此項職權之權源在憲法，其行使職權之程序在監察法。最顯著者，彈劾之對象，為法官個人違法失職之情事，而非法官依法組織法庭，依法執行審判之職務。因之，對於兩個審級整批審判官之彈劾，顯然以法官依法執行之職務為對象，其彈劾為違憲之行為，毫無疑義。」

本書著者仍加答覆：

「……法官之自由心證及審判獨立，余等不獨素所尊重，抑且為其呼號支援，奮不顧身，紀錄俱在，不難覆按。但司法界亦難免有極少數之法官，不知自愛，枉法辱職，故刑法特設專條以資預防。其第一百廿四條規定：『有審判職務之公務員，為枉法之裁判者，處一年以上七年以下有期徒刑』。又第一百二十五條規定：『有處罰犯罪職務之公務員，明知為無罪之人，而使其受處罰，或明知為有罪之人，而無故不使其受處罰者，處一年以上七年以下有期徒刑。足見法官並非不能犯罪，而犯罪必須加以檢舉』。

「對涉嫌犯罪之法官，一般人民皆可告發，司法首長及司法警察官署，亦常移送法辦，監察院依據憲法第九十七條及第九十九條，既為公務員（包括法官在內）之最高監察機關，對於違法失職枉法辱職法官之彈劾，自更責無旁貸。上項告發、移送或彈劾，不獨不應妄指為干涉審判或妨礙司法獨立，且正所以懲一儆百，整肅風紀，使法官更為人民所敬仰，司法更為人民所信賴，有心人何忍橫加反對。乃陳廖兩推事為圖阻止彈劾，創為危辭，以聳聽聞，誣指監察院對枉法辱職法官之彈劾，乃以第四審級自居，認為對審判行為之指摘，皆為干涉審判，妨害司法，是則人民對法官之告發，司法首長或警察官署對法官之移送法辦，亦皆應認為以第四審級自

居矣，亦皆干涉審判，妨害司法矣，是則法官縱使枉法辱職，亦皆神聖不可侵犯矣。天下寧有是理乎！」

稽諸他國法例，所謂「依法組織法庭依法執行審判之職務」，也不是不得作爲被彈劾的原因或理由。英國國會一六二一年彈劾最高檢察長易佛頓（Yelverton）的事由，就是越權裁判以拒絕簽約而入人於罪，以及不就原告訴訟案件起訴。　六三七年，它又彈劾柏克萊法官（Justice Berkley），理由是誹謗大陪審團，並以提議撤除萬聖教堂聖餐桌威脅陪審團，以及審判時刻意損抑原告律師，並棄置法律的原因而不用。（註一八）

在瑞典，最高法院法官因爲利己、偏頗或懈怠，違反法律明文規定或證據，而爲不正當的裁判，使人或擬使人喪失生命自由名譽或財產時，便受彈劾。

在日本，一九四九年最高裁判所第二小法庭發生錯誤判決，引起法官的錯誤判決是否可以作爲彈劾事由的爭議。結果因該錯誤判決尚未到顯著或嚴重的程度，沒有予以免職的追訴，但仍處以一萬元的懲戒處分。（註一九）

又，陳廖二推事聲明中所說，「對兩個審級整批法官之彈劾」，不無誇張。因爲該案兩個審級整批法官共有八人，（最高法院五人和高院三人），而彈劾案所彈劾者祇是兩院的庭長和主辦推事，共四人，對陪席法官都未彈劾。

林大法官在他的著作中引述這個故事後，加以評論：

「爲使監察院加強澄清吏治之作用，力求審判之公允，監察院對於法官違法失職之行爲，應均可彈劾，不必加以限制；而爲尊重司法獨立，與法官執法之尊嚴，又以愼重彈劾爲宜。如何求其得中，

而爲適當之限制，則甚費商討也。」

本書著者在任監委時，一直倡導「自我節制」。民國四十九年，曾在監察院加以說明：

「對法官的彈劾，我們應該特別鄭重。我想貢獻四個字作爲今後行使憲法第九十九條所賦與職權的參考，這四個字就是『自我節制』。就是說，有若干種『違法』情事，我們以不彈劾爲宜，就不要彈劾，有若干種違法情事，則應彈劾，而且非彈劾不可。這是『自我節制』。

「例如刑事訴訟法第三百七十一條規定：『有下列情形之一者，其判決當然爲違背法令（違法）：一、法院之組織不合法者；二、依法律或裁判應廻避之推事參與審判者；三、禁止審判公開，非依法律之規定者；四、法院所認管轄之有無係不當者；五、法院受理訴訟係不當者；六、除有特別規定外，被告未於審判期日到庭而逕行審判者；七、依本法應用辯護人之案件或已經指定辯護人之案件，辯護人未經到庭辯護而逕行審判者；八、除有特別規定外，未經檢察官或自訴人到庭陳述而爲審判者；九、依本法應停止或更新審判而未經停止或更新者；十、依本法應於審判日期調查之證據未予調查者；十一、未予被告以最後陳述之機會者；十二、除本法有特別規定外，已受請求之事項未予判決或未受請求之事項予以判決者；十三、未經參與審理之推事參與判決者；十四、判決不載理由或所載理由矛盾者。』下級法院的判決，一有上述情形之一，就是『違法』，那個判決，就當被撤銷。這是應該的。但本院却不必也不宜，就以此爲理由而予以彈劾。例如某判決在高等法院審理時禁止旁聽，被最高法院依據上引第三款規定認爲『違法』而撤銷其判

決，請問我們就應以此爲理由而彈劾高院那三位承辦推事麼？我們依法是可以彈劾他們的，但我以爲應該『自我節制』一下，不要予以彈劾。

「當然，另有一些違法情形，例如具有上引第七款情事，（未經辯護人到庭而逕行判決者），我們自可予以彈劾。

「說得再具體一點，法官有枉法情事，應該彈劾；法官有瀆職情事，應該彈劾；法官有失職情事，應該彈劾；法官有違反公務員服務法情事，應該彈劾；法官在審判上有重大違法情事，也應彈劾，但其違法情事如果不很重大，就不宜彈劾。這是我的『自我節制』說。

「問題是在何者爲重大違法，何者爲非重大違法。我們似可定一標準，例如就上引十四款違法事項中分別認定何者爲重大事項，以後如有法官違反這些重大事項方當加以彈劾。」

何振奮先生曾爲「重大違法」在聯合報撰文說：

「陶百川所指『重大違法情事』，不應解釋爲『重大刑案』，因在保障人權的大原則之下，人民無辜遭受寃獄，三天和三年，都是一件重大情事，所以應解釋爲違反民、刑事訴訟法或民、刑法的明文規定，致使訴訟當事人受到損害。例如：刑事訴訟法第一百十四條所規定的被告申請交保不得駁囘而予駁囘。第三百七十九條的應廻避的推事竟參與審判等，或刑法所規定未滿十四歲其行爲不罰而竟予處罰，或違反未滿十八歲或滿八十歲犯罪者不得處死刑或無期徒刑之規定等。」

在與何先生的討論中，一個問題似獲澄淸，就是監察院有權糾問法官審判的內容。「因爲它對法官是否『枉法審判』或『明知無罪而使其受訴追處罰或明知有罪而加以庇縱』的認定，有時不能不糾問並根據法官的

審判內容以爲之。這種場合中的審判內容就成爲何先生文中所謂『枉法之證據或資料』之一，有時難免須在審判行爲及其資料中求之。」（註二〇）

但監察院一向不以法官量刑輕重作爲法官違法與否的理由。（註二一）

## 第六節　對總統的彈劾

監察院可以違法失職爲理由彈劾公務人員，這是憲法第九十七條、第九十八條和第九十九條所明定。監察院也可彈劾總統副總統，但以何種理由爲彈劾，則第一百條並未規定。林紀東先生曾加剖析：

> 「本條未以違法或失職，爲彈劾總統副總統之理由，是否文字上之省略（可解爲因比照前此兩條，當然亦以此爲理由），抑係別有用意。吾人以爲此非文字上之省略（第九十九條，仍有違法失職字樣），而係別有理由。因總統爲國家元首，副總統爲國之副貳，其地位均極重要。彈劾總統副總統爲國之大事，不容以尋常之違法失職爲理由，輕易提出彈劾案。故不爲相同之規定。外國憲法，恒以違反憲法、犯叛逆罪，爲彈劾總統之理由（見前舉西德、菲律賓、義大利、巴西、印度各國憲法）。我國憲法雖無明文規定，自應於具有違反憲法等重大理由時，始可對總統副總統，提出彈劾。」

就法言法，這個問題很可注意。林先生雖認爲「不容以尋常之違法失職爲理由輕易提出彈劾案，故不爲相同之規定。」但他在後文也認爲如有重大的違法失職情事自非不可彈劾。他引李宗仁副總統彈劾案爲例而說：

> 「如民國四十三年間，監察院委員，以副總統代理總統李宗仁，當大陸形勢緊急時期，棄職逃往美國，經各機關團體紛電李氏返國，主持中樞大計，李氏不僅拒不返國，且妄稱在美國可行使中國總統之

職權，不僅在政治上，爲重大之違法失職，在道義上亦屬荒謬絕倫，乃提出彈劾案，國民大會旋亦通過罷免案，論者均無異辭，足見總統副總統，如有重大違法失職之情形，自可構成彈劾之理由。」

此外，依據憲法，總統可被彈劾的原因（事由）尚有數種：

一、違背憲法。依照憲法第四十八條總統誓詞：總統應「遵守憲法……如違誓言，願受國家嚴厲之制裁」，自可作此認定。

二、不忠職務。理由同前。誓詞有「盡忠職務」之語。不忠職務，乃是最重大的失職，自應彈劾。

三、妨害人民福利。這與誓詞「增進人民福利」，背道而馳。

四、危害國家。這是違背誓詞「保衛國家」的重大情事。

五、辜負國民付託。這是違背「無負國民付託」的承諾。

六、犯罪。依據憲法第五十二條，自可增加這項原因。因除內亂罪外患罪外，總統犯其他罪刑，在任時固不受法院訴追，但仍受彈劾。

七、其他違法或失職之情節重大者。

請再以他國爲例，藉資比較。列表如次：

| 國　　　　別 | 彈　　劾　　原　　因 |
|---|---|
| 美　　　　國 | 叛逆罪、賄賂罪或其他重罪和輕罪（註二二） |
| 大　韓　民　國 | 違憲或違法 |
| 印　　　　度 | 違憲 |
| 菲　　律　　賓 | 違憲、叛逆罪、收受賄賂罪或其他重罪 |
| 西　　　　德 | 違憲或違法 |
| 法　　　　國 | 叛逆罪 |
| 希　　　　臘 | 叛逆或故意違憲 |
| 巴　　　　西 | 普通犯罪或逃責罪（註二三） |

觀上表可知總統違憲可受彈劾，所以彈劾原因並不以犯罪爲限。這是現代各國的通例。但因美國憲法並未把「違憲」字樣明定在彈劾原因之中，關於違憲可否彈劾，一直發生爭論。最近爲了對尼克森總統的彈劾問題，爭論得格外激烈。因爲尼克森認爲他並未犯罪，國會不應對他彈劾。國會則持相反的立場，它以爲「輕罪」可以包括非行或邪行。

「重罪和輕罪」之說，始於英國。英國對「重罪和輕罪」加以彈劾的作法並非基於犯罪行爲。「輕罪」是泛指各種嚴重的政治弊端的名詞，僅用於國會彈劾程序，在普通英國刑法中並無依據。

美國憲法中有關彈劾條款的起源，顯示憲法制訂人遵循上述英國慣例，並無彈劾僅基於罪行之意。

參議院四次判決有罪的案子涉及聯邦法官。在這些法官中，只有一位觸犯罪行，他是南北戰爭期間接受任命爲南部聯邦法官的韓福瑞法官。

依照多數憲法學者的研究結論，美國憲法第二條第四項所規定的彈劾原因，所謂「重罪和輕罪」(*hingh crimes and misdemeanors*)，應解釋爲不僅限於一般刑法規定的犯罪。但也警告不得作漫無限制的解釋。所謂「重罪和輕罪」的概念，不應被視爲基於政治得失而暫時在衆議院取得過半數以及在參議院取得三分之二多數支持的決定，有如福特總統在任衆議員時所持的見解。

美憲第一條規定:

「參議院有審判一切彈劾案之權。因審判彈劾案而開會時，全體參議員應宣誓或作代誓的宣言。美國總統受審時，最高法院首席法官應任主席。無論何人，非經出席參議員三分之二的同意，不得被判有罪。」

同一條款又限制判決彈劾案的影響：

　　　「彈劾案的判決，以免職和剝奪擔任及享受美國任何具有官銜、
職責或利益之職位的資格爲限。但被判有罪者，應受法律上的起訴、
審訊、判決和處罰。」

　　美憲這些規定，在兩個重要方面明白劃分彈劾和刑事性質的訴訟程
序。第一，彈劾的結果僅限於免職和褫奪擔任公職的資格。普通刑事制
裁不在彈劾程序中。第二，彈劾並不阻止隨後對被彈劾和免職的人提起
刑事訴訟。所以憲法並不把彈劾和免職視爲刑事訴訟程序。

　　彈劾之不限於刑事犯罪，有着歷史和制憲會議的有力支持。美憲的彈
劾和免職程序都取法於英國國會。「重罪和輕罪」這個名詞也引自英國法
律。許多著名的英國彈劾判例是根據在本質上並非罪行而是國會所認爲
顯然未能執行法律或職責。在本世紀受到彈劾的另外兩位法官，經參議
院宣告無罪，但不構成犯罪的行爲而被免職。另一位法官是皮克令，他因
精神錯亂和酗酒而在一八〇四年被免職。皮克令案比其他三案更明顯的
說明，可提起公訴的犯罪並不是彈劾的唯一原因，只要被告的行爲被國
會認爲應予免職就可加以彈劾了。

　　一個最好的例證，就是美國衆議院司法委員會一九七四年七月對尼
克森總統的彈劾案。該案決議第一句雖提到「重罪和輕罪」，（原文是：「
議決：以重罪和輕罪彈劾美國總統尼克森，並向參議院提出以下彈劾條
款：」），但它所列舉的罪狀，乃是「妨害審判」「濫用總統職權」和「蔑
視國會。」

　　罪狀第一條屬於刑事，但第二條和第三條都不是刑名，而也構成彈劾
的原因。第三條指摘尼克森拒絕國會調卷，容在本書第十章「調查權及其
行使」中詳述，第一條則附錄於本章註釋欄中。（註二四）第二條全文如下：

「利用美國總統的職權。尼克森違背依照憲法他須忠誠執行美國總統職務，並盡力維護和遵守美國憲法的誓詞，他也漠視憲法規定他務使法律得以忠實執行的職責，而一再從事侵犯公民的憲法權利，妨害司法的正當和適當施行以及合法調查的進行，或破壞行政部門的執法機關及其目的。

「這種行為包括以下幾項:

「一、他親自並透過他的部屬和代理人採取行動，侵犯公民的憲法權利，竭力自國稅局取得所得稅申報單中所包含的機密資料，以達未經法律授權的目的，並促使以差別待遇着手或進行所得稅稽核或其他所得稅調查。

「二、他濫行利用聯邦調查局、秘密勤務局和其他行政人員，侵犯或漠視公民的憲法權利，指揮或授權這些機構或人員進行或繼續電話監視或其他調查，以達到與國家安全、法律執行或他的職務及任何其他合法職權並無關係的目的；他曾指揮、授權或准許利用藉此獲得的資料，以達到與國家安全、法律執行或他的職務及任何其他合法職權並無關係的目的，他也曾指揮隱匿聯邦調查局電話監視所作的某些紀錄。

「三、他侵犯或漠視公民的憲法權利，親自並透過他的部屬和代理人授權並允許在總統辦公室內保持一個秘密調查單位，以取自競選捐款的金錢提供部分財政支持，非法利用中央情報局的人力物力,從事秘密非法活動,並企圖損害被告接受公平審判的憲法權利。

「四、他未能使法律得以忠實執行，在他知悉或有理由知悉他的親近部屬竭力妨害並破壞正當設立的行政、司法和立法機關有關非法進入民主黨全國委員會總部和其後的掩飾，以及有關其他非法活動的合法調查時，未能採取適當行動。其他非法活動包括推動國

會同意克連甸爲司法部長、電子監視一般公民、闖入費爾汀醫師的辦公室，以及總統連選連任委員會的競選資助。

「五、漠視法治，故意濫用行政權力，違反他務使法律得以忠實執行的職責，干涉行政機關，包括聯邦調查局、司法部水門案特別訴訟小組辦公室和中央情報局。

「在這一切作爲中，尼克森違反總統所享的信任，破壞立憲政府、妨害法律和司法以及顯然損害美國人民。

「因此，基於這種行爲，尼克森自應被彈劾和審判，並被免職。」

## 第七節　彈劾案的提議

監察院的彈劾，以提案而開始，但本書著者一向堅持提案必須先經調查，並須取得被彈劾人的談話筆錄或其他足以證明他已有直接向監察院申辯機會的文件。

監察院曾有幾次因爲是行政機關送請彈劾，或由審計部檢舉，值日委員認爲案情已臻明確，可以不必再查。信如所說，則行政機關何以不能逕送懲戒機關處理呢？那是因爲法律顧慮行政機關容有偏頗，爲保障高級人員不受長官的欺侮，所以規定簡任職人員必須送經監察院提案彈劾方可懲戒。長官既不得自行懲戒，也不得逕行移送。如果監察院不予調查，逕行彈劾，自使當事人喪失直接向監察院辯寃白謗的機會，不獨草率，抑且悖理。記得本書著者早年曾將臺灣省政府送請彈劾一位物資局局長案批交調查，後經查明不應彈劾而消案。但不久前對臺北市政府一位衞生局局長，監察院依照臺北市政府的請求，不經調查逕行彈劾，無論是否受懲戒，總是不足爲訓。（註二五）

美國制度: 展開彈劾程序可有許多方法: 一位衆議員可在院會中口頭提出控訴,也可提出書面書狀,一名以上的衆議員可提案送請衆議院審議，總統向衆議院發表的咨文也可展開彈劾程序,衆議院也曾接受州議會、屬地和大陪審團提出的控訴,衆議院一個委員會的報告也許會提出導致彈劾的事實或控訴。根據衆議院議事規則，一項彈劾建議具有最高特權，必須優先討論。與該彈劾控訴有關的建議也享有同樣的特權待遇。

在表決彈劾以前，衆議院須由一個委員會審查這些控訴。它可以任命一個特別委員會加以調查，或將它交由一個常設委員會例如司法委員會處理。

委員會在審查或公聽時，允許被告出席或委任律師辯護，他們可以提出證人，並盤詰對方。

委員會的聽證會可以公開或秘密進行，在調查結束後，它可建議予以彈劾，並提出彈劾書陳述彈劾理由。

建議彈劾的提案必須送請衆議院優先辯論和表決。辯論須受一般國會議事程序的約束,經院會多數通過,彈劾方能成立,送請參議院「審判」。

成立彈劾案的法定人數,美國是衆議員的二分之一,其他各國有高達三分之二的。我國對總統副總統的彈劾人數是全體監察委員四分之一以上的提議和過半數的審查和決定，但對一般公務人員包括行政院院長則是監察委員一人以上的提議和九人以上的審查和決定。傅啓學教授等的中華民國監察院之研究列有一個比較表,(註二六)經加修改, 轉載於下:

| 國　　　別 | 彈　　劾　　程　　序 |
|---|---|
| 大　韓　民　國 | 一、須有國會議員三分之一以上之提議但對總統則為二分之一以上。<br>二、經合法選出並在職之國會議員過半數投票贊同之決議，始可成立，但對總統則為三分之二。 |
| 日　　　本 | 參眾兩院合組法官訴追委員會，委員二十人，候補委員十人，代表國會彈劾法官，以委員十五人以上的出席和出席委員三分之二以上的決定，提出彈劾案。 |
| 土　耳　其 | 須有國民大會全體會議三分之一的議員，始可提出彈劾案。 |
| 巴　基　斯　坦 | 一、須有議員總額三分之一以上簽署之書面通知，該通知須交議長。<br>二、書面通知中應敘明指控詳情。<br>三、彈劾書副本應送交被彈劾者。 |
| 印　　　度 | 一、須有該院議員總額四分之一以上議員之署名。<br>二、須經該院議員總額三分之二以上之通過。 |
| 約　　　且 | 提出彈劾案須經全體議員三分之二的可決行之。 |
| 敍　利　亞 | 一、須有全體議員四分之一的書面提議，向議長提出。<br>二、應交法律及憲政兩委員會聯席審查。<br>三、聯席審查報告須交付大會討論。<br>四、須經全體議員絕對多數通過。 |
| 菲　律　賓 | 須有議員總額五分之一的決議，始可提出彈劾案。 |
| 緬　　　甸 | 一、須有該院全體議員四分之一以上簽署之書面彈劾案。<br>二、須經該院全體議員三分之二以上之贊成。 |
| 冰　　　島 | 經各院過半數議員之出席及投票，通過彈劾案。 |

| 英　　　國 | 一、依照普通議案提出程序，先作彈劾動議。<br>二、草擬彈劾理由書。<br>三、過半數議員之可決，提出彈劾案，任命彈劾訴追人。 |
|---|---|
| 法　　　國 | 一、國會兩院分別舉行公開投票。<br>二、各有全體議員絕對多數之同意成立彈劾案。 |
| 芬　　　蘭 | 一、國會以四分之三之多數票決定彈劾案。<br>二、由司法總監向最高法院提出控訴。 |
| 瑞　　　典 | 依法律所定程序爲之。 |
| 意　大　利 | 由國會聯席會議議員絕對多數通過彈劾案。 |
| 西　　　德 | 一、彈劾案之動議，至少須聯邦議會議員四分之一或聯邦參議院投票權四分之一之贊同。<br>二、彈劾案之決議，以聯邦議會議員三分之二或聯邦參議院投票權三分之二多數決定之。<br>三、起訴由彈劾機關委託一人行之。 |
| 巴　　　西 | 由衆議院議員絕對多數通過彈劾案。 |
| 尼　加　拉　瓜 | 由衆議院議員全體三分之二的贊成通過彈劾案。 |
| 多　明　尼　加 | 須有下議員全體議員四分之三之多數票決，始可提出彈劾案。 |
| 阿　根　廷 | 須有衆議院出席人數三分之二的審查及決議，始可提出彈劾案。 |
| 美　　　國 | 一、衆議院依普通動議程序，提出彈劾動議。<br>二、由有關委員會先行調查。<br>三、調查後向院會提出報告，交付討論。<br>四、院會以普通多數表決之，成立彈劾案。<br>五、起草彈劾書成立彈劾訴追委員會。 |
| 哥　倫　比　亞 | 一、因國家檢察長之控訴或人民之請願而提起彈劾案。<br>二、依法提出彈劾理由書。<br>三、由衆議院以普通多數議決成立彈劾案。 |

| 哥 斯 達 利 加 | 須有全體議員三分之二的決議，始可提出彈劾案。 |
|---|---|
| 巴 拉 圭 | 衆議院以三分之二的絕對多數，彈劾最高法院法官。 |
| 烏 拉 圭 | 一、由政黨或黨員提出請願。<br>二、由衆議院依普通多數之可決，提出彈劾案。 |
| 海 地 | 由衆議院議員三分之二的多數贊成，提出彈劾案。 |
| 智 利 | 一、由衆議院十人以上之連署提出彈劾動議。<br>二、聽訊被彈劾人之答辯。<br>三、交五人委員會審查。<br>四、衆議院以過半數同意，彈劾案始告成立。<br>五、推三人向參議院提出。 |
| 上 伏 塔 | 以議員總數之三分之二可決提出彈劾案。 |
| 加 彭 | 以議員三分之二的多數秘密投票通過，提出彈劾案。 |
| 多 哥 | 以議員三分之二的多數公開投票，決定提出彈劾案。 |

以上列各國與中國比較，彈劾案的提議人數和成立人數，前者顯然多於後者，因而也較困難和鄭重。容當申論。

## 第八節　彈劾案的審查

以美制而論，中國彈劾權的行使，顯較簡易。特色各殊，有如下述：

一、美制彈劾案成立的人數是衆議院議員的二分之一，而中制則是輪值審查的監察委員九人中的五人。兩相比較，懸殊過甚。中制人數這樣的少，可能是因襲御史制度。御史可以單獨糾彈，不必請人聯署，也不必事前請准他的長官（例如御史大夫）。

二、美制審查公開，中制審查秘密。在中國，甚至提案委員須經邀請而不得自動參加會議或旁聽，而且答覆詢問後必須退出。被彈劾人當

然更無權與聞。在這點上，美制自優於中制。

三、中制：審查委員接到審查開會的通知，例在前一日，既不知彈劾案文，也不知提案委員和當事人的姓名，自更不知案由。而且照例不得向秘書處探詢。眞可謂「保密到家」。原因和理由是避免干擾或遊說，本來未可厚非。但審查委員只有一二小時可以了解和討論案情，而且僅憑案文以作判斷，難免草率和輕率。（註二七）美制開會審查有達數十次者，自較審愼。

四、美制：表決採用點名表決法，由秘書逐一點名，議員隨聲口頭表示「有罪」（guilty）或「無罪」（not guilty）。中制則採秘密投票法。

本書著者主張採折衷制。五十二年曾在監察院建議：

「關於糾彈案的審查，到現在爲止都是採取秘密投票方式。當然秘密投票有好處，委員可以憑自己的良心來行使職權，而不愁會有外界壓力的打擊。但是就壞的方面來說，究竟誰贊成或反對，他人無從知道。於是照良心和責任應該贊成的，但因反正別人不曉得，他就投了反對票。於是他可以達到非法護航的目的，而不負護航的道德責任。

「因此，我建議：以後對於審查糾彈案的秘密投票辦法，應該想法修正如下：㈠對總統、副總統、行政院長、考試院長或司法院長等五人的彈劾案，仍以秘密投票爲宜。因爲這些案的壓力一定很大，爲使審查委員可以自由行使職權，應該使他有秘密投票的權利。㈡對其他彈劾案，爲減少責任不明的毛病，我主張要點名表決。這樣，千手所指，千目所視之下，大家可憑良心投票，就不致於規避責任。㈢假使被彈劾人雖不是總統或院長，而我們所受的壓力仍很大，覺得仍以秘密投票比較有利於職權的行使，如有審查委員提議

祕密投票，而由主席徵得大家過半數同意時，也可祕密投票。」

但是日本的彈劾制度，則較中美兩國現制更單純，更簡易。因為：

一、日本的彈劾對象，重在法官，（但對人事人員也可彈劾）。日本憲法第七十八條規定：「法官除經裁判確定，因身心故障不能執行職務之情形外，非經正式彈劾不得罷免之。法官之懲戒處分，不得由行政機關為之。」又第六十四條規定：「國會為裁判受罷免訴追之法官，設彈劾所，以兩院議員組成之。關於彈劾事宜，以法律定之。」

二、日本國會對法官的彈劾原因共有兩項：「一、顯然違背職務上之義務或怠忽職務情節重大者。二、其他在職務上或職務以外，有顯然喪失為法官應有威信之越軌行為者。」（註二八）這第一款中所謂「違背職務上之義務」，相當於中國制度中的所謂「違法」，包括枉法審判。所謂「怠忽職務」自指失職。第二款所謂「喪失為法官應有威信之越規行為」，範圍更廣，但仍屬所謂違法失職。

三、日本國會把彈劾法官之權交與參衆兩院合組之法官訴追委員會，兩院各選議員十人為委員，五人為候補。他們十五人以上出席和出席委員三分之二的決定即可提出彈劾案，逕向參衆兩院合組的法官彈劾裁判所提請懲罰，而不必報請兩院通過。這與美制迥異。但依中制，彈劾案審查委員是逐案更換，輪流擔任，而日制是在新國會開會時即予選出，與議員同其任期。

四、日制：國會不像美國那樣由參議院裁判彈劾案，而由參衆兩院於新國會召開時各選議員七人為裁判員（候補為四人）合組法官彈劾裁判所，參照刑事訴訟法審理彈劾案，經三分之二裁判員的決定，罷免該法官。

茲將日制重要程序附錄於本書註釋欄中，以供借鏡。（註二九）

中國制度：彈劾案審查後應決定成立或不成立。

審查成立的案件，應就下列事項併作決定： 一、送達機關；二、是否通知該主管長官作急速救濟的處置；三、是否移送司法或軍法機關訴追；四、公布或不公布。

## 第九節　彈劾案的成立或不成立

審查成立的案件，應由審查會製作審查決定書，載明下列事項：

一、被彈劾人姓名職務；

二、彈劾案由；

三、彈劾案應否成立及其理由；

四、製定審查決定書年月日；

五、審查委員；

六、主席簽名蓋章。

監察法規定：審查會必要時得修改彈劾案的文字。但審查會照例很少修改。監察院認為該案仍應由原提案委員負責，所以審查會不宜修改它的事實或理由，甚至連「文字」也認為以不多修改為宜。監察院似乎認為審查會另有審查決定書，該會的意見詳載於決定書的第三項，這是該會所當負責的。本書著者認為尚有改進的餘地。請先看決定書的一個樣本：

## 彈劾案審查決定書

| 提委 | 案員 | 王澍霖　金越光　周財源　馬慶瑞　吳大宇 |
|---|---|---|
| 被劾人姓名官職 | 彈人名職 | 鍾時益　臺灣省政府財政廳廳長。<br>林得樑　臺灣省政府財政廳主任秘書。<br>荊允謀　臺灣省政府財政廳第一科科長。<br>劉仁育　審計部協審兼科長。 |
| 彈劾案由 | | 爲臺灣省政府財政廳廳長鍾時益、主任秘書林得樑、第一科科長荊允謀、審計部協審兼科長劉仁育等，對於臺灣省菸酒公賣局與啓達實業公司議價採購防潮熱封玻璃紙案，未盡應盡之監督職責，提案彈劾由。 |
| 應否成立及其理由 | | 查臺灣省政府財政廳廳長鍾時益、主任秘書林得樑、第一科科長荊允謀、審計部協審兼科長劉仁育等對臺灣省菸酒公賣局與啓達實業公司議價採購防潮熱封玻璃紙案未盡監督職責，且有徇私包庇之嫌，致國家財物蒙受重大損失，影響政風至鉅，顯屬違法失職，本案應予成立。 |
| 移機 | 送關 | 公務員懲戒委員會 |
| 審委 | 查員 | （略） |
| 主簽蓋 | 席名章 | （略） |
| 中　華　民　國　六　十　五　年　十　二　月　　六　　日 | | |

此案官吏被彈劾的原因和理由，自是違法失職，但決定書交代得顯然不夠清楚，雖原彈劾案已有敍述，然決定書對該案既有「決定」性，似應詳敍事實和理由。

依照他國通例，彈劾案由審查人員以他們的名義製作；提案人的原文可能吸收在內，也可能不予採用。中國如果仿行，彈劾案文應由審查會重寫，並由審查委員和原提案委員同在一個文件（彈劾案）上簽名，以昭鄭重。監察院的糾正案就是這樣辦理。先由委員會通過原則，再推人草擬糾正案文，經通過後以委員會名義送院發文。不再用原提案人名義。

彈劾是由個別委員負責，與糾正案之由委員會負責者，性質自不相同，以上改進意見，只想把審查決定書寫得更充實，更名副其實，於是自須使審查委員與原提案委員共負彈劾之責。

至於審查決定不予成立的案件，也應敍明理由，載入決定書，並由秘書處報告院會。這不獨表示負責，而且也對原提案委員有明白交代。所以尚須由秘書處報告於院會的理由，乃是可讓全體同人甚至社會各界都知某事曾由某委員彈劾。於是該委員尚可在院會發表意見，以求取廣大的同情和支持，並使審查委員不要輕易否決彈劾案。

本於同樣的動機，監察法第二十八條特別是它最後一句，規定：

「決定公布之彈劾案，自監察院送達有關機關之日起，應於七日內於監察院公布牌公布並刊登監察院公報，發布新聞。審查委員認為必要時，並得決定在報紙上公告之。」

前者（報告院會）是因一位委員的彈劾案被否決，後者（登報公告）是因一個彈劾案的新聞被扣登，而所作的預防和補救。

此外，一個重要的補救辦法，乃是「再審查」。監察法第十條規定：

「彈劾案經審查認為不成立，而提案委員有異議時，應即將該彈劾案另付其他監察委員九人以上審查，為最後之決定。」

該項異議，應在十日內向秘書處提出。

如上所述，現制對彈劾案提案委員的權利已有適當的注意。例如他可出席審查會議說明案情和答覆審查委員的詢問，對於彈劾不成立的決定，他可聲請監察院另派其他監察委員重行審查。但是被彈劾人則沒有這些權利。改進辦法，似應：在五日前將彈劾案文寄與該被彈劾人，囑他列席審查會議，爲他自己作書面和口頭辯護，並答覆詢問。

「法律之前，人人平等」。監察委員應有面對被彈劾人的攻擊（並予以防禦）的勇氣和雅量。世界各國，莫不皆然，中國不應獨異。

## 第十節　彈劾案的公布和移送

彈劾案通過後，審查會尙須決定是否公布。依監察院的慣例，應予公布。但有時也有爭論。所以四十四年五月二十四日院會決議：「凡審查決定不公布之糾彈案件，由審查委員會或各主辦委員會之召集人向院會報告。」四十五年六月二十一日院會又決議：「糾彈案件成立後，除依監察法凡涉及國防外交機密者可不公布外，其餘一律要公布。如不公布，應說明理由。」

彈劾案成立後，應該移送有關機關辦理。這個有關機關，包括下列三種：

一、懲戒機關。總統副總統彈劾案的懲戒機關是國民大會。一般文職公務人員的懲戒機關是司法院的公務員懲戒委員會。軍官的懲戒機關是國防部。

國民大會負責懲戒總統副總統的彈劾案，這是憲法第一百條所明定。公務員懲戒委員會負責懲戒一般文職公務人員，原則上也是憲法所確定。憲法第七十七條規定：「司法院 …… 掌理公務員之懲戒」。但這「公務員」是否也包括武職公務員在內，過去各方面所見不同。民國三十九年

監察院彈劾西安綏靖主任胡宗南案係送公務員懲戒委員會辦理。後來它却請示司法院，後者轉呈總統。次年二月，總統府臺統㈠字第六九三號代電內開：

> 「查現役軍官被彈劾案件，應由何項機關審議，舊公務員懲戒法無明文規定，嗣經中央政治會議決議，軍事長官應由中央最高軍事機關審議，普通軍官佐,由軍政部審議，並先後奉國民政府令遵在案，……查現役軍官被彈劾案件，在法無明文規定懲戒機關以前，可照該院意見，暫仍由軍事機關辦理。」

此後軍官彈劾案都送國防部處理。後來司法院向監察院表示：

> 「查現役軍官被彈劾案件，在法無明文規定懲戒機關以前，暫仍由軍事機關辦理等因，惟尋繹電示意旨，係為法無明文之暫行辦法，似宜一面修正現行法律，俾有明文規定。」

司法院接着提出修正草案，以公務員懲戒法第七條規定:「本法所稱公務員，謂委任職以上，或相當於委任職以上之文武職人員。」但立法院未予通過,並函覆司法院：

> 「僉以值此戡亂時期,武職人員所負職務與文職人員確有不同，如依普通公務員懲戒程序辦理，迂緩遲頓，恐誤機宜，影響軍紀，目前殊非修正公務員懲戒法之適當時機，擬具審查報告，提經第九會期第二三次院會討論，決議：本案予以保留。」

本書著者一向主張軍官的彈劾案應送國防部辦理，並且認為並非「法無明文」，而這個法便是陸海空軍懲罰法。公務員懲戒法第一條規定:「公務員非依本法不受懲戒，但法律別有規定者，不在此限」。陸海空

軍懲罰法，便是該條所稱的「法律別有規定者」。

陸海空軍懲罰法對軍官的懲罰處分共有五種：「一、撤職，　二、記過，三、罰薪，四、檢束，五、申誡」。這與文官的懲戒處分相差不大。「上將之懲罰，　由總統核定之。」（第二十三條）「中將以下懲罰權責之所屬及程序，於施行細則中定之。」（第二十四條）「本法施行細則由國防部定之。」（第二十五條）

二、司法機關。監察法第十五條規定：

> 「監察院認為被彈劾人員違法或失職之行為有涉及刑事或軍法者，除向懲戒機關提出外，並應逕送各該管司法或軍法機關依法辦理。」

這所謂「司法機關」究何所指？是審判機關，即法院？抑是檢察機關，即地方法院檢察處？

國民政府時代的彈劾法第八條，本來規定涉及刑事應送「法院」，不是送「司法機關」。

現行憲法第九十七條更明定：「如涉及刑事，應移送法院辦理。」

然則現行監察法何以將「法院」改為「司法機關」？其實司法機關也可認為是法院，何以監察院不此之圖，而送到法院檢察處，授檢察官一人以「審查」和不予起訴的全權而自居於告發人的地位？

前司法院副院長謝瀛洲先生，認為現行辦法極不妥當，他提出兩種解決辦法。他說：

> 「至於救濟之方法，如能仿照丹麥挪威成例，將公務員懲戒委員會組成為混合法院，使與監察院（彈劾機關）對立，審判一切關於官吏違法或犯罪之事件，此上策也。否則仍以公務員懲戒委員會審

理懲戒事件，關於官吏犯罪，則效法意比荷各國，探司法法院制，使監察院直接向法院提出彈劾，以監察委員代替檢察官，亦不失爲一種解決之方法。」（註三〇）

張劍寒敎授更直截乾脆，認爲所謂「法院」就是法院的審判庭，而非檢察處。他舉出三層理由：

「吾人認爲此處之『移送法院辦理』，應作廣義解釋，理由有三。第一，彈劾權本有刑事上公訴權之性質，旣爲刑事公訴權，則監察院移送涉有犯罪嫌疑之被彈劾人於法院，卽等於檢察官之提起公訴，惟因非由檢察官行使，爲示區別，故曰彈劾權。是故此處之移送法院，應指移送法院審判庭而言，非指移送法院檢察處（署）也。第二、監察院發覺被彈劾人涉有刑事犯罪嫌疑，如罪證確鑿，則可移送法院審判庭，依法審判。若對犯罪證據調查不確，或證據不全，則可決定移送法院檢察處（署），使其偵查起訴。總之，移送之法院，包括軍法司法機關之檢察及審判兩部分，惟究竟移送何者，係監察院之裁量問題，由其視案情自由決定，不可硬性解釋爲只可移送法院檢察處也。英美法各國家之彈劾訴追人及彈劾訴追委員會制度，卽可說明彈劾機關之移送，有訴追之意，並非向檢察官告發也。第三，如不探上述解釋，則監察院等於刑事訴訟上之告發人：『不僅非檢察官之比，無起訴上訴之權，且不如刑事訴訟上之告訴人，因告訴人於檢察官爲不起訴處分時，尚可向上級檢察機關聲請再議，而監察院則無此種權力也。』（註三一）。對於官吏犯罪之告發，卽一普通人民亦優爲之，何須設此龐大之監察院耶？（註三二）。』」
（註三三）

　　本書著者曾本「卑之無甚高論」，主張監察院在彈劾案的刑事訴訟程序中應取得告訴人的地位。容在下節中詳陳辦法和理由。

　　現在有一新問題，彈劾案送達懲戒機關後，監察院是否尚可撤回？慣例是不可以的。本書著者認爲如果發現新事實或新證據，因而認爲不應彈劾，監察院自應自謀補救，不可將錯就錯，聽任讓懲戒機關不予懲戒。補救辦法，就是由原審查委員審查決定，予以撤回。

　　這樣處理的法律根據，是監察法第八條：

　　　　「彈劾案向懲戒機關提出後，於同一案件如發現新事實或新證據，經審查後，應送懲戒機關併案辦理。」

　　但是監察院在適用前項規定時，對被彈劾人不利的新事實或新證據，也許可能移送懲戒機關，（可能在對被彈劾人申辯書的核覆意見中附帶敍入），但對他有利的則照例批覆：逕向懲戒機關申辯。這樣的批覆，於法似屬不妥，於理也似不公。

　　監察院的理由，也許是：

　　　　一、彈劾案不能撤回。但監察院一向主張懲戒處分應該可以覆議。覆議結果如果撤消原處分而改爲不予懲戒，當然無損於懲戒機關的尊嚴，反而可得公正的美名。然則監察院何所懼而不可撤回彈劾案？法律並未禁止彈劾案的撤回。

　　　　二、監察院也許以爲既有新事實或新證據可使被彈劾人不受懲戒，何勞監察院撤回彈劾案？但這是監察法第八條加於監察院的責任，（自不限於移送不利於被彈劾人的新資料），監察院應當負責辦理。而且依照經驗法則，公懲會爲顧到監察院的尊嚴，很少不予懲戒，但是即使是輕微的處分，例如記過或申誡，在潔身自好的人尤其是高級官員也將認爲是白圭之沾，抱恨終生。監察院自不可不盡其在我，負起善後之責。

　　話雖如此，但本書著者不敢相信監察院會採納上項見解（撤囘彈劾案）。監察院也許會照第八條規定，將有利於被彈劾人而不利於彈劾案的新事實或新證據，於審查後送給懲戒機關併案審理；這樣也就可謂盡心盡責了。

　　三、被彈劾人的主管長官。監察法第十四條規定：

　　　　「監察院向懲戒機關提出彈劾案時，如認爲被彈劾人員違法或失職之行爲情節重大有急速救濟之必要者，得通知該主管長官爲急速救濟之處理。主管長官接到前項通知不爲急速救濟之處理者，於被彈劾人員受懲戒時，應負失職責任。」

　　該條所稱「急速救濟」，似應包括停職或調職在內，但監察院過去不常作這要求，而願在彈劾文中喚起公懲會注意，請它依照公務員懲戒法第十六條「通知該管長官先行停止被付懲戒人之職務。」

## 第十一節　監察院應有刑事告訴人的地位

　　前節提到監察院將彈劾案移送法院的檢察處後僅處於告發人的地位，在該處的偵查和審判過程中，不獨該院不得過問，檢察官也不予理會。它的地位，遠不及告訴人。本書著者曾在民國五十五年立法院修改刑事訴訟法的事候，向監察院建議在刑事訴訟法中增加四項。茲將原案轉錄於此。其中提及監察院並套以括號者就是建議修改的文字。原案如下：

　　一、刑事訴訟法第二百三十四條請修正爲：

　　檢察官依前三條規定或因其他理由爲不起訴之處分者，應制作處分書，敍述不起訴之理由。

　　不起訴處分書應以正本送達於告訴人及被告。（其由監察院移送偵查

者，並應將副本送達於監察院。）此項送達自書記官接受處分書原本之日起，不得逾五日。

（說明）監察院移送偵查之糾舉案或彈劾案，其結果如何，自爲監察院所關注，故主張將不起訴處分書之副本如期送達於監察院，揆諸事理誠屬必要。但原條文無此規定，實爲法律之疏漏。

二、刑事訴訟法第二百三十五條請修正爲：

告訴人接受不起訴處分書後，得於七日內以書狀敍述不服之理由，經原檢察官向直接上級法院首席檢察官或檢察長聲請再議。但有第二百三十二條第二項之情形者，不得聲請再議。

（監察院對其移送偵查案件之不起訴處分，得於收到不起訴處分書後十日內提出意見，函請機察官再議。）

（說明）㈠依照現行刑訴法，監察院對其移送偵查案件之不起訴處分，不得申請再議。但監察院移送偵查之糾舉案或彈劾案，皆爲關於公務人員違法失職之重大事件，與國家社會之利益所關甚大，且在移送偵查之前，經過監察委員三人以上或九人以上之審查決定，處理又極鄭重。對於檢察官一人所爲之不起訴處分，法律自應有救濟之規定。

㈡目前慣例，爲由監察院函請檢察長依職權發交原檢察處重行偵查。但檢察長依法並無必須發交重行偵查之義務，故亦可以不發交。且刑訴法第二百三十九條規定:「不起訴處分已確定者，非有下列情形之一不得對於同一案件再行起訴: 一、發現新事實或新證據者，二、有……爲再審原因之情形者」。故檢察長卽使接受監察院之要求發交重新偵查，但因格於上條限制，結果往往仍不起訴。

㈢若照修正文草案之主張，監察院得函請再議，而再議可不受上條限制，則原檢察處之上級檢察署，如「認爲有理由者，應分別爲左列處分: 一、偵查未完畢者，命令原法院檢察官續行偵查；二、偵檢巳完備

者，命令原法院檢察官起訴」。（刑訴法第二百三十七條）但此項規定，現僅適用於告訴人，不適用於告發人。但監察院代表國家行使監察權，其糾彈案，遠較自訴案為重大，自應使其得依再議程序得法律上之救濟。

㈣或謂訴追之權，應屬於檢察官，而檢察官固為代國家行使追訴權者。監察院糾彈案既已移送檢察處，應任檢察官自由裁量。檢察官如有枉法瀆職情事，監察院可加以糾彈。故不必畀監察院以申請再議之機會。此言實似是而非。蓋監察院以糾彈案移送檢察處偵辦，即為尊重檢察職權，案經移送之後，監察院應任檢察官自由裁量，不得干涉，此為監察院自來遵奉之法治精神。但檢察官以一人之力行偵查之事，其偵查容或不完備，對事實之認定容或錯誤，對法律之見解容或失出失入，甚或有瀆職枉法之可能，因而其所為之不起訴處分自難完全恰當，故法律有再議之規定。但對於監察院移送偵查之重大案件，此檢察官一人所為之不起訴處分，即為最後之判斷，不得聲請再議，別無補救辦法，即使監察院糾彈該檢察官，但對案件本身仍無挽救可能，非若審判程序之可以抗告，再抗告，可以上訴，再上訴，可以聲請再審，可以提起非常上訴。故現行法律關於監察院不得就自己移送案件聲請再議之規定，不能不認為過於輕忽。日本刑訴法規定警察機關對於不起訴處分之案件得逕請法院審理，實有至理。吾國對告訴人之申請再議，無人認為其不尊重檢察官或檢察職權，更無人認為有干涉司法之嫌，且為挽救不起訴處分之不當或違法，論者且一致認為有聲請再審之必要。但對監察院之再議主張，乃抱杞人之憂，抑又何耶！

㈤至所以規定為十日者，乃因監察委員散處各地，原提案委員之意見，非有較長時間不能經由監察院提出於法院。

三、請在刑事訴訟法上訴章中增列一條：

（監察院對其移送偵查案件之判決得函請檢察官上訴。）

（說明）檢察官之立場不同於審判官，故有「檢察一體」之說。監察院與檢察官之任務一部分頗有類似之處，故監察與檢察實有密切配合之必要。監察院對其移送偵查案件之判決如認為應行上訴者自得請檢察官提起上訴，彼時檢察官即應上訴。

四、刑事訴訟法第四百二十一條請修正為：

為受判決人之不利益，聲請再審，得由管轄法院之檢察官及自訴人為之。但自訴聲請再審者，以有第四百十五條第一款規定之情形為限。

（監察院對其移送偵查案件之判決得函請檢察官聲請再審。）

（說明）同上。（完）

以上這個建議由監察院以院函送致立法院，但未為該院所採納。

其實監察院不必通過立法程序而也可商請法院檢察處依照本書著者上述建議，與監察院加強如下的聯繫：

一、檢察官應將不起訴處分書於五日內送達監察院。

二、監察院得就不起訴處分函請檢察官再議。後者不得拒絕。

三、監察院得請檢察官上訴。後者不得拒絕。

四、監察院得請檢察官聲請再審。

但是最簡單的辦法：監察院可以遵照憲法第九十七條，將彈劾案的刑事部分送請法院院長依法審判，不必再請檢察處偵查和起訴。理由詳見前節。

凡此都只是起訴方面的辦法，合理而又合法。至於審判，應由法官依據法律，獨立進行，監察院不得干涉。

## 第十二節　彈劾案的審理

### 第一項　審理機關

中國彈劾案的審理（懲戒）機關，已如前述。茲與他國列表比較如下：

| 彈 劾 案 審 理 機 關 | | 國　　家　　舉　　例 |
|---|---|---|
| 國 | 參議院或上議院 | 英、美、巴西、巴拉圭等 |
| | 兩院中的任何他院 | 印度（註三四） |
| | 兩院合組彈劾法庭 | 日本、法國（註三五） |
| | 國會一院兼司彈劾和懲戒 | 菲律賓（註三六） |
| 法 院 | 憲法法院 | 西德 |
| | 特別法庭 | 希臘（註三七） |
| | 普通法院 | 丹麥、芬蘭（註三八） |
| 混 合 組 織 | 行政、立法、司法合組憲法委員會 | 大韓民國（註三九） |
| | 司法、行政、軍事人員合組彈劾法庭 | 瑞典（註四〇） |

在這三類審理機關中，由國會審理者最多，超過半數，次為法院，混合者寥寥幾國而已。

在中國，總統副總統彈劾的審理機關是國民大會，它相當於民主國家的國會的一院，一般文官由司法機關（公懲會）審理。監察院對武官也有彈劾權，但審理機關則是國防部。

一般強調彈劾權的人，一向主張監察院應兼掌懲戒權。制憲國民大

會代表谷鳳翔先生等五十八人曾有提案詳述理由:

「㈠五權係以其性質配屬於五院，並非治權之平均分割，故其
職權應屬於甲機關者，不應強為劃割於乙機關。誠以任何機關其應
有之職權，如不完整，則其職掌殊難發生效能。彈劾與懲戒，係監
察權行使程序上兩階段，自不應劃分屬於兩機關。㈡就法律性質上
講，懲戒處分為行政處分，而行政處分，無屬於司法機關之理由。
在五權憲法原則下，自當屬於監察院。㈢就十餘年來實行經驗講，
分屬於兩機關，徒使程序上遷延浪費，有損政府之威信。㈣懲戒權
歸監察院行使，仍係另立機構配屬於監察院，並非由監察委員行使，
亦不失其獨立性。㈤過去因監察權之割裂分屬於各機關，以致監察
權失去作用，貪官污吏毫無忌憚，不能不引為借鏡。㈥各國議會制
度，彈劾與懲戒雖分屬於上下兩院，但本憲法係採用五權之原則，
不能與外國議會制度強為比擬，　分屬兩機關，　以失五權憲法之價
值。」（註四一）

國民大會第四審查委員會表示贊成，把原憲草法案第九十三條修正
為:「監察院為國家最高監察機關，行使同意、彈劾、糾舉、懲戒及審
計權。」　但國民大會綜合審查委員會決定刪除「懲戒」兩字。主要理
由: 原告不應兼任審判官。

但這理由並不絕對正確。如果以監察委員九人提出彈劾案，而以全
體委員過半數通過懲戒處分，有如上引菲律賓國會的兼掌彈劾和懲戒，原
則非不可行，也未可譏為原告兼審判官。

此外，制憲國民大會代表阮毅成先生鑒於會中司法院與監察院派為
懲戒權的歸屬問題相持不下，一度主張由考試院掌理懲戒，並寫一提案，
副署者頗多。內容如下:

「㈠公務員之懲戒，係屬行政處分，不當屬諸司法院。而監察委員係由民選產生，兼有彈劾懲戒之權，亦不甚妥。

「㈡考試院掌理全國公務員之任免獎懲，在考績考成案內，亦有懲戒之規定。其最大處分爲免職，與公務員懲戒委員會所爲者相同。如將公務員懲戒權，改屬考試院，則人事制度益臻健全，而無彼此不相聯繫之弊。

「㈢考試院院長、副院長、考試委員，均經監察院同意而後任命，且均超出黨派以外，以之行使公務員懲戒權，當爲監察院所信任。」

本書著者也是制憲國大代表，那時未見該案。頃讀阮著制憲日記，它已有交代。該書第七十四頁記載：

「我的（懲戒權）改屬考試院案，因與許多方面接洽，認爲用意甚善——在解決糾紛。但如引起其他枝節，反爲不美，故未提出。表決結果，仍以主張屬司法院者佔大多數。」

現在憲法旣已把懲戒權授予司法院，而以公懲會負實際責任，鑒於過去尙能稱職，似無更張必要。如能透過大法官會議解釋，承認公懲會的委員是憲法第八十一條的法官，終身任職，這樣可望他們「超出黨派以外，依據法律獨立審判，不受任何干涉。」（第八十條）

此外，公懲會曾受另一衝擊：行政院在民國五十九年向立法院提案：另設政務官懲戒委員會。監察院不以爲然，曾以下列意見書送請立法院併案處理：

「一、查於現有公務員懲戒委員會外主張另設政務官懲戒委員會，其理由無非謂政務官執行政策，而現有之公懲會則未必能了解

政策，故不應受理對政務官之彈劾案。姑不論公懲會委員是否不了
解國家之政策，但本院之彈劾，向不以政策之當否為事由，而僅問
是否違法或失職。故以公懲會委員不了解政策為理由而另設政務官
懲戒委員會，其前提即不存在，其另設便無依據。

「二、現行公務員服務法第一條規定:「公務員應遵守誓言，忠
心努力，依法律命令所定，執行職務」。刑法第十條第二項規定:
「稱公務員者，謂依法令從事於公務之人員」。足見事務官固為依
法令執行職務之人員，然政務官何嘗為非依法令執行職務之人員，
公懲會之懲戒，固皆以違法失職為對象或理由，而行政院近向立法
院提出之政務官懲戒法草案，其懲戒之對象或理由，亦規定為「違
法失職」，既無關於政策之制訂或執行，亦無其他事由。據此更可
知現有之公懲會應能受理及審議對政務官違法失職之彈劾案，而無
另設機構之必要。

「三、照行政院所提政務官懲戒法草案之規定，凡屬特任官及
特派官，皆為政務官，則五院之秘書長、駐外大使，及最高法院院
長等，自亦皆為政務官，但與所謂政務者並無關連，而依該草案，
則如有違法失職，亦皆不受公懲會之懲戒，此又與所謂政務官不應
受該會懲戒之理論更相矛盾。

「四、再就事實言之，行憲後成立公務員懲戒委員會迄今二十
二年，對政務官之彈劾案件僅四案六人而已，平均約五年一案，今
為政務官之懲戒，另設獨立機構專司其事，自無經常工作可辦，其
人員將形同備位，其機關則疊床架屋，如此虛耗國帑，實有悖政府
年來倡導精簡節約之旨。

「五、復查行政院所提政務官懲戒法草案第六條規定『司法院
設政務官懲戒委員會，置委員九人至十一人，由總統於富有法律學

議或政治經驗之政府高級人員中遴任之，均爲無給職。』其理由謂：政務官官階高，而現制之公懲會委員官階低，以官階較低之公懲會委員，審議官階較高之政務官，有欠合理。但法院推事、檢察官之官階其爲薦任者，依法亦得審判任何官階之公務員，則簡任一級之公懲會委員，審議較高官階公務員之彈劾案，本法律之前人人平等之義，自無不合。況現制公懲會委員，均係就資深之法官與資深之公務員中遴選任用，較政務官懲戒法草案規定之資格，並不爲低，且對法律之適用與政務之了解，以及對於違法失職事證之判斷，應可勝任。今另以現任政府高級官員組設機關，專司政務官之懲戒，以政務官而兼任政懲會委員，是乃以政務官懲戒政務官並以行政官而兼司法官，顯非五權分立、司法獨立之精神。」

立法院處理結果，仍維現制。

## 第二項　處分和程序

懲戒處分，分爲下列六種：

一、撤職：於撤其現職外，並於一定期間停止任用，期間至少爲一年。

二、休職：於休其現職外，並不得在其他機關任職，其期間至少爲六個月，休職期滿，許其復職。

三、降級：降一級或二級改敍。自改敍之日起，非經過二年，不得敍進。受降級處分，而無級可降者，比照每級差額，減其月俸，其期間爲二年。

四、減俸：依現在的月俸，減百分之十或百分之二十支給，其期間爲一月以上，一年以下。

五、記過：自記過之日起，一年內不得進敍，一年內記過三次者，

由主管長官依前條規定減俸。但照分類職位，公務人員考績法第十二條規定，記大過二次或達二次者免職。

六、申誡：以書面或言詞為之。

一個經憲法鄭重其事的規定和國會鄭重其事的彈劾案，結果極可能只落得一些記過或申誡的處分。這種制度，可謂當世無雙，流弊很多。因為監察院的彈劾已成為無足輕重，而且為數很少，而行政機關對屬員的處罰權，却掌於監察院和司法機關。多年來政治紀律的鬆弛和行政效率的低落，這種懲戒制度，多少也要負些責任。

所以本書著者主張把這六種懲戒處分分成兩部分：一是撤職，仍由公懲會掌理；一是休職、降級、減俸、記過和申誡，交給行政機關首長掌理。

監察院的彈劾案移送公懲會後，它只許在撤職並停止任用以及不予懲戒的二者之中作一決定。

行政機關首長可就監察院對他屬員的糾舉案或不待糾舉而自動對他屬員予以休職、降級、減俸、記過或申誡的紀律處分。

這個道理，前文已有所陳，玆不贅述。

其次，公懲會的處理程序，也有改進餘地。請略述美國制度以作比較，並舉美國參議院審判江森（*Andrew Johnson*）總統彈劾案的情形，以供借鑑。

一八八六年三月二日和三日，衆議院在一連串表決中，通過十一項條款，指控江森違反官吏任期法，一些違憲行為以及在一連串政治演說中攻擊國會。四日下午，參議院警衞通報，衆議院推選擔任告訴人的交涉委員抵達參議院議場門口。七名衆議員已被衆議院推選擔任交涉委員，其中一人向參議院議長報告：交涉委員已準備代表衆議院提出彈劾書，彈劾江森總統。

參議院在彈劾程序中扮演的角色──「審判一切彈劾案之權」，是

仿效英國上議院審判下議院提出的彈劾案。

在江森總統被彈劾案例中，三月四日下午，衆議院向參議院提出彈劾書，參議院定於次日開始審判，並通知最高法院院長出席會議，擔任主席。憲法規定，對總統的彈劾案應由最高法院院長主持會議。三月五日，他由最高法院資深法官倪爾森陪同，穿着法衣，進入參議院議場，並由倪爾森監督他宣誓：在審判這一彈劾案時「根據憲法及法律公平審理」。他監督參議員作同樣宣誓。

雖然參議員可自動放棄投票，但法規並未規定參議員因偏見或利害關係而須廻避。在審判江森總統時，參議員韋德獲准投票，並投票贊成有罪，江森的女婿、田納西州參議員派特森則贊成宣告無罪。韋德參議員當時是參議院臨時議長，如果江森總統被判有罪，他將繼任總統。

被彈劾者在懲戒程序中爲答辯人，不必一定親自出席。江森總統並未到場，而委由律師代表出席。

口頭證言可向參議院大會提出，也可向由十二名參議員組成的一個委員會作證。

由於現在審判彈劾案的參議院有多達一百名參議員，如果都能在任何時間隨意詢問證人，將會過於繁複，因此規定參議員須以書面通過主席向證人提出問題。

首席法官（最高法院院長）在審判總統案中擔任主席本來是反常的，所以參議院規則規定：

> 「審判會議的主席得裁決所有證據問題和附帶問題，此一裁決與參議院的判決同樣有效，除非一部份參議員要求舉行表決，則須交由參議院決定。」

後來首席法官蔡斯的裁決曾有十七次爲參議員所否決。

作證是在公開會議中進行，但最後審議則祕密進行。表決時則又公開進行，就每一款詢問每一參議員的意見。

如果出席投票的參議員沒有三分之二認為答辯人有罪，他即被宣告無罪。

如果三分之二以上認定答辯人有罪，他即被免職。接着參議院又表決是否褫奪答辯人以後擔任政府具有職責或利益的任何其他職位的資格。一九一二年被免職的艾奇寶法官即剝被奪這一資格，但一九三六年遭免職的李特法官並未喪失這一資格。

參議員可以發表意見書說明投票的決定。在彈劾江森總統案中，三十五位認為江森有罪的參議員中有十八人，十九位認為江森無罪的參議員中有十二人提出意見書。江森因不足三分之二的票數（僅少一票）而未被免職。

美國制度與中國制度比較，不同之處有如下列：

一、美國衆議院對彈劾案派人追踪，有七名衆議員代表衆議院出席參議院全體參議員所組成而以最高法院院長為主席的彈劾審判庭，擔任控訴和辯論。全體衆議員都可旁聽。而中制的監察院則不派員參加公懲會或國民大會（如果彈劾的是總統副總統）的懲戒會議。

二、美制：會議公開，當事人雙方都可派遣律師（江森並未親臨會場，但派律師參加），從事口頭攻擊和防禦。中制則採書面審理，公懲會將彈劾案送與被付懲戒人申辯，並將申辯書送與監察院，由提案委員於十日內提出「核閱意見」送與公懲會。公懲會有時也推人調查。但不舉行公聽會。

三、美制須三分之二出席參議員的同意方可撤職和停止任用，而中制則為過半數。

比較結果，美制第一第二兩點都優於中制，美制第三點似可適用於

總統副總統的罷免，對其他懲戒則仍以現制（過半數）爲宜。

### 第三項　覆議和刑懲先後

中美兩制都沒有覆議制度。本書著者認爲有勝於無，曾在監察院作這建議，但以有新事實或新證據爲限。雙方當事人都可聲請，仍由公懲會審理。前大法官王昌華先生則主張兩級制：

「因爲我國公務員懲戒制度係採一審制，懲戒處分一經公務員懲戒委員會議決後，即屬確定，既無不服的申訴辦法，亦無減免的救濟規定，不若刑罰經司法或軍法機關判決以後，得依法上訴，或聲請覆判，而確定以後尙得依法聲請再審或非常上訴，甚至還有減刑赦免的救濟。又不若行政訴訟在起訴之前，須經訴願與再訴願的程序，判決以後，亦得依法聲請再審。此誠與公務員懲戒制度之消極保障公務員的本旨，不甚相符。況律師的懲戒，與會計師的懲戒都採二審制，以資保障其職業自由的權利。爲使公務員的身分保障權，更能切實有效，自應將公務員懲戒制度改爲二審制。在原有公務員懲戒委員會以外，另設公務員懲戒覆議委員會於司法院，以司法院院長兼任委員長，其委員人選亦應提高標準並兼重政治經驗與法學專長。不論被付懲戒人或懲戒案件原移送機關，對於公務員懲戒委員會審議事務官懲戒事件所爲懲戒處分的議決或不受懲戒的議決，如有不服，均得向公務員懲戒覆議委員會請求覆議。而政務官的彈劾案，則由監察院逕送公務員懲戒覆議委員會審議，經其議決後，即屬確定，不得再請求覆議。」（註四二）

另一問題：監察院的彈劾案或糾擧案，以及公懲會的懲戒事件，認爲有刑事嫌疑者，都應移送該管法院或軍法機關審理。而公務員懲戒法

第二十三條從而規定：「同一行為已在刑事偵查或審判中者，不得開始懲戒程序」。於是發生刑懲先後的利弊問題。這包括三種情形：

一、懲先刑後。國會在提議或審理彈劾案時，雖已發現涉有刑事嫌疑，但不予理會，而仍進行並完成彈劾或懲戒程序。

二、刑先懲後。有如中國懲戒法第二十三條的處理。

三、懲刑平行。各行其是，不相關顧。而因刑事程序遠較懲戒程序複雜，結果會是懲先刑後。

近來多數學者，包括司法界當局，贊成懲刑平行，但恐懲戒結果會影響審判心理。中國時報曾有社論加以辯解：

　　「或有人謂，由現行的刑先懲後，修正為刑懲平行，由於懲戒程序比較結案較速，其懲與不懲，可能影響法院刑事部份審判心理。我們認為，此種顧慮，乃屬多餘。因為且不說法官地位超然，審判獨立，任何一個法官，不應也不必受包括公懲會在內的任何一方的影響。即以影響而言影響，現行的刑先懲後規定，根據公懲法第廿五條：『就同一行為如已為（法院）不起訴處分或免訴或無罪之宣告時，（公懲會）仍得為懲戒處分，其受免刑或受刑之宣告而未褫奪公權者亦同。』然則難道說，刑懲平行，法院法官可能受公懲會審理決議之影響，刑先懲後，公懲會就不會受法院判決的影響嗎？」（註四三）

## 第十三節　懲戒處分的執行和對懲戒委員的彈劾

公務員懲戒委員會所決定的懲戒處分，對象如為委任官，由該會呈請司法院令行，如為荐任職以上者，呈由司法院轉呈總統令行。

各機關長官接到所屬公務員懲戒處分公文後，應於七日內將執行情

形列表分別通知原議決的懲戒機關、原送審議的監察機關和銓敍機關。其撤職、休職、降級或減俸者，並應通知審計機關。如有延未通知執行情形者，各機關應加催詢。

審計機關審核各機關會計報告時，發現曾受懲戒處分公務員有不合法的支俸單據，即應依法剔除，並由該機關長官負責追繳。

銓敍機關查有公務員曾受撤職、降級、減俸、記過懲戒處分，而未收到執行情形表時，應先通知審計機關，暫不核銷公務員俸薪之全部或一部。

此外，監察院曾以問題兩側詢問公懲會意見：

一、公務員懲戒委員會在職務上如有違法失職情事，如提案彈劾，應如何辦理？

二、公懲會對彈劾案處分的輕重問題。

公懲會的答覆如次：

「一、關於公務員之懲戒，應由司法院依照憲法規定，所設之公務員懲戒委員會統一辦理，其委員如有違法失職情事，經提案彈劾，亦應移送同一懲戒機關辦理。至公懲會委員之違法失職情事，就臆想所及，要不外下列三種情形：（一）個人私行為之違法失職。如其有違反公務員服務法上誠實、謹慎、清廉、勤勉、貪惰、放蕩驕恣等情事，當然可以依法彈劾，移送公懲會依一般懲戒程序辦理，僅該被彈劾之委員個人應行廻避。（二）委員個人執行職務之違法失職。如監察法第十七條所定：『懲戒機關對彈劾案逾三個月尚未結辦者，監察院得質問之。經質問後，並經調查確有拖延之事實者，監察院對懲戒機關主辦人員，得逕依本法第六條或 第十九條 辦理之。』公懲會對於此種被彈劾或糾舉之委員， 自亦與第一種情形同

樣辦理。（三）委員集體執行職務之違法失職。或有認爲遇有此種情形，將因全體委員之應迴避，而使懲戒程序之進行，發生窒礙。實則此係絕對不可能之假設，蓋公懲會審議案件，與法院之評議，殊有不同，每一案件應在開會前三天，將配受委員之審查報告印送各委員，卷宗置書記廳，任由委員調閱。開會時再由配受委員詳細報告，使各委員對案情全部明瞭，然後各委員依次逐一表示其意見，就審查報告與處分標準經兩次表決，方能決定。而處分標準之表決，須由最不利於被付懲戒人之意見，順序算入次不利於被付懲戒人之意見，至達過半數之人數爲止。故自公懲會成立以來，迄今三十餘年，從未發生委員集體之職務上違法失職情事，即委員個人之違法失職，亦尚未之聞也，況將來對懲戒之議決，有覆議之擬議，另謀補救之道，更無糾彈全體委員之必要。」

「二、依公務員懲戒法第二十條規定，懲戒案件之議決，以出席委員過半數之同意定之。而公務員懲戒委員會組織法雖規定懲戒事件之審議，應有委員七人以上之出席，但實際上現有委員十二人，每次開會大致均全體出席，各委員莫不因該項議決一經成立，在現行法上別無救濟之途，每一案件之審議，均特別鄭重，力求允當，完全處於超然客觀之立場。對於移送機關與被付懲戒人之不利及有利意見，同樣重視。初則根據調查所得確證，以認定其違法失職之情事，繼則衡量其違法失職所發生損害之輕重，再參酌其動機目的，與平日生活狀況及品行，然後依次表示意見，以決定懲戒處分之輕重。」

還有一個問題：薦任職公務員經其主管長官記過申誡，而監察院認爲處分過輕經以彈劾案或經將糾舉案移送公懲會者，公懲會如何處理？

五十二年十二月，雙方協議如下：

「一、遇薦任職以下公務員違法失職，業經院部會或地方最高行政長官予以記過或申誡處分，而又經糾舉者，各機關自行撤銷其處分，再送公務員懲戒委員會予以審議。

「二、監察院如遇前項事實，逕提或改提彈劾案移付懲戒時，該會依例為實體上之審議。」

註　釋

（註一）本書導論第三節和第六節。

（註二）本表係就張劍寒教授等中華民國監察院之研究的原表（第六七四——六七七頁）改訂而成。原表本有「法律依據」經予刪去，希臘和菲律賓的「彈劾對象」也依各該國的新憲法予以修改，巴拉圭則經增入。

（註三、註四）A. V. Dicey, The Law of the Constitation, P. 455.

（註五）容俟後論。

（註六）林紀東，中華民國憲法釋論，第二八七頁。

（註七）洪力生，論憲法上的彈劾權，法學叢刊第五期第三七頁。

（註八）薩孟武，中華民國憲法概要，第二六〇頁。

（註九）謝瀛洲，中華民國憲法論，第一九五——一九六頁。

（註一〇）雷震，監察院之將來，第八〇——八一頁。

（註一一）同註二，第七一八頁。

（註一二）憲政思潮第十一期第一七四——七七頁。

（註一三）同註二，第七一九——七二〇頁。

（註一四）同註二，第七二二——七二四頁。

（註一五）同前，第七二六——七二七頁。原文錄後：

為確實瞭解「違法」與「失職」之具體情事，則尚須對監察院之歷年彈劾書及公務員懲戒委員會之議決書，加以研究分析。就彈劾書所指責之「違法」看，約可分為三種，一為違反憲法，二為違反刑事法令，三為違反行政法令。茲分述之。

一、違反憲法者：民國四十一年一月十一日監察委員金維繫等九十二人彈劾副總統李宗仁違法失職案，其彈劾理由謂：「查副總統李宗仁前於代行總統職權期間，當三十八年十一月匪焰正熾，西南軍事緊急之際，遽離國土。始而寄跡香港，旋卽

稱病赴美。不顧輿論指責，與各方勸阻，棄職遠走，希圖自全。三十九年二月本院會以哿電促其明示態度，乃所復艷電，竟謂：『在美照常批辦公文，庶務並未廢弛』。依憲法第三十五條至第四十四條所規定之總統職權，豈能在外國行使？其弁髦憲法，已屬顯然」（註七二）。則是以違憲作彈劾理由。此外，四十年十二月廿三日，監察委員蕭一山等十一人，彈劾行政院長俞鴻鈞違法失職案，亦認其違反憲法第九十七條第一項「促其注意改善」之規定（註七三）。民國四十三年五月十五日，監察委員曹啓文等三十六人彈劾司法行政部長林彬違法失職案，亦係以「違憲弄法阻撓監察權行使」（註七四），作爲主要彈劾理由。（註七五）

　　二、違反刑事法令者：依照憲法第九十七條第二項後段「如涉及刑事，應移送法院辦理」之規定，可知對於違反刑事法令而有犯罪嫌疑者，亦可彈劾，不過彈劾案應先「移送法院辦理」耳。依據往年彈劾之實例，違反之刑事法令，計有刑法、戡亂時期檢肅匪諜條例、懲治走私條例、戡亂時期肅清煙毒條例、妨害兵役治罪條例，……。至彈劾之理由，則不外「顛覆政府，危害國家」，「濫用職權，非法圖利」，「監守自盜，侵佔公物」，「便利他人，逃避兵役」，「貪汚舞弊」，「枉法裁判」，「包庇匪諜」，「干涉審判」，「凌虐犯人」，「走私圖利」，「縱容毒犯」，……。

　　三、違反行政法令者：公務人員之違法被彈劾，依據彈劾實例，以違反行政法令者爲最多。所違反之行政法令，有外部行政法，如國家總動員法、出版法、所得稅法、兵役法、審計法，及監察法等。亦有內部行政法，如公務員服務法、職員工作保障辦法、公文處理規則、法院組織法，及機關處務規程等。而公務員服務法爲違反最多之一種行政法，據初步統計，約佔百分之七十。其中違反該法第五條（卽公務員之敦品義務）者最多，約佔百分之六十五。

　　若就彈劾書或公務員懲戒委員會之議決書所指責之「失職」分析，則可分爲兩類：一爲「作爲性之失職」，二爲「不作爲性之失職」。前者是不該爲而爲，後者是應爲而不爲。茲分述之。

　　一、「作爲性之失職」：根據實例，對「作爲性失職」之彈劾，則常用「弄權矇混」，「越權妄爲」，「擅權撤佃」，「濫權自恣」，「徇情弄權」，「擅行訂約」，「濫用公帑」，「任性裁奪」，「率意而爲」，「作威作福」，「自彈自唱」，「文過飾非」，「利用公出携帶私貨」，及「捏造事實，危言聳聽」等用語。

　　二「不作爲性之失職」：就實例所示，不作爲性之失職最多，約佔全部失職的百分之八十八。經常之慣用語，則有「疏於督察」，「棄職遠走」，「溺職害公」，「失誤時效」，「用人失察」，「無故稽延」，「怠忽職守」，「塞責誤事」，濫批「緩發」，「推諉卸責」，「損害國家權益，喪失國際信譽」，「極盡推拖之能，終鮮綜覈之效」，「不肖官吏，籠絡彌彰」，「喪師失地，貽誤國家」，「弊端早

現，置若罔聞」，「逃避艱難，辱職誤公」，「挾妓冶遊，有玷官箴」，「放蕩形骸，行為失檢」。

上述「作為性之失職」，亦即「積極失職」；「不作為性的失職」，即是「消極的失職」。然不論何者，就所摘錄之用語觀之，皆應屬「違法」之範疇，蓋「弄權」、「越權」、「濫權」，及「擅權」之違法，理至易明，固可不論，而「失誤」「失察」、「失檢」、「失機」，亦在公務員服務法各有所本，應屬違法，亦甚彰著。至「曠職」、「辱職」、「溺職」、「棄職」，更在在違法，不言而明。此外，「廢弛職務」，「怠忽職守」，「擅離職守」，本質上莫不違反公務員服務法。

公務員懲戒委員會之議決書，雖將「失職」範圍縮小，但仍有「修手揮霍」，「違反國策」，「包庇部屬」，「行為放蕩」，「積習疏忽」，「不盡應盡之責」，「處理案件，久懸不決」，「陽奉陰違」等用語，表達「失職」。

（註一六）張劍寒教授的理由：

『吾人認為彈劾法官，依據立法論之觀點，並無不妥。蓋現代國家，有專以法官為彈劾對象者，如尼泊爾及日本是。而兼以法官為彈劾對象者，依前所述，亦有十四國，可見彈劾法官，所在多有。而在美國，就其彈劾實例觀之，行憲迄今共有彈劾案十三件，其中有十案，皆是彈劾法官。準此，彈劾以法官為對象，乃立法例之所常見，彈劾例之所常有，並無標奇立異之處，此其一也。法官獨立行使職權，不受干擾，若枉法裁判，違法瀆職，不僅侵害人權，而且有違司法獨立之真義。或謂枉法裁判有審級制度可資救濟，貪污瀆職有檢察官可以訴追，毋庸發動彈劾權。此論雖辯而乖，蓋審級上訴之制，雖可矯正枉法裁判之果，但不能立即就該案治其罪，聽任枉法之人，逍遙法外，殊非法治所應然。檢察官雖可訴追貪污瀆職之法官，但違反行政法而不觸犯刑章者，檢察官却無可奈何，職是之故，應以法官為彈劾對象，此其二也。彈劾是事後監察，施於其審判案件之後，案件已宣判，再行彈劾，既不影響其審判心理，亦不妨礙司法獨立，而謂彈劾法官影響司法獨立者，未免危言聳聽矣。且也，就被彈劾者個人言，係期其懲前毖後，以收懲戒之效，就一般政治社會言，乃為懲一儆百，以竟預防之功，正與法官判刑，「刑期無刑」之旨相同。彈劾法官，消極既可防止枉法弄法，積極又可倡導尊法守法，利多而弊少，故謂以法官為彈劾對象，並無不妥，此其三也。法官雖任期終身，享有嚴密之保障，但其保障之目的，在使法官「依據法律獨立審判」，若法官不依法律，濫加裁判，則殊無續行保障此枉法裁判者之道，自可依法彈劾，予以應有之膺懲。況憲法亦定「法官為終身職，非受……懲戒處分……不得免職」（第八一條）。足見法官可以彈劾，使受懲戒處分。如情節重大，亦可懲戒撤職。準是彈劾法官與憲法保障法官之旨趣並不相違，以法官為彈劾對象並無不妥，此其四也。』（引自註二那本書的第六八二——六八三頁）。

林大法官紀東的理由：

「由上述論者之反駁，足見認為法官不應為彈劾對象之說（姑簡稱為反對論），甚難成立。其根本誤會，在於以為彈劾制度，與身分保障權及司法獨立（宜稱審判獨立），均不相容。其實彈劾為發動懲戒之始，而懲戒正所以濟身分保障之窮，故彈劾與身分保障，非相反而實相成也。至於審判獨立，為法官依照法律審判，不受任何干涉之意，非謂法官可專擅自為，縱令違法失職，任何人均不能過問，由一種觀點言之，亦可謂彈劾所以濟審判獨立之窮。」（引自林紀東，中華民國憲法逐條釋義，第三冊，第三一九——三二〇頁）

（註一七）陳推事等指摘的第一點是關於調查報告的宣洩。本書將在調查章中加以述評。

（註一八）*Raoul Berger, Impeachment: The Constitutional Problems, Chapter* Ⅱ，引洪總旋先生譯文，載在憲政思潮第三十八期，第五二——五三頁。

（註一九）日本法學協會，日本憲法註解，下卷第九七三頁，引林秋水先生譯文。

（註二〇）陶百川，監察制度新發展，第六九——七五頁。

（註二一）何振奮先生前引文中（註一八）有很好的說明。

（註二二）美國憲法雖如此規定，但實例所示，不限於此。容當詳述。

（註二三）巴西憲法第八十九條：「總統違犯憲法，尤其破壞下列事實之行為，均構成逃責罪：(1)聯邦之存立，(2)立法權、司法權，以及各邦在憲法上權利之自由行使，(3)個人、政治及社會權利之行使，(4)國內安寧，(5)行政廉潔，(6)預算法，(7)公企之保管及合法使用，(8)司法判決之執行。」

（註二四）美國衆議院對尼克森總統彈劾案的第一條罪狀，譯載於下：

「在執行美國總統職務時，尼克森違背依照憲法規定他須忠誠執行美國總統職務並盡力維護和遵守美國憲法的誓詞，他也違背憲法規定他務使法律得以忠實執行的職責，而阻撓並妨害司法執行：

「一九七二年六月十七日以及在此之前，總統連選連任委員會事務人員非法進入哥倫比亞特區的民主黨全國委員會華盛頓總部，以獲取政治情報。此後，尼克森利用他的職權，親自並透過他的部屬和代理人從事執行或策劃的過程，旨在延遲、妨害並阻撓對這種非法進入所進行的調查；掩飾、隱匿並保護那些有關人員，並隱瞞其他非法秘密活動的存在和範圍。

「他用以進行這一執行或策劃過程的手段如下：

「一、對依法獲得授權的美國調查官員和職員發表或促使發表不實或使人誤解的聲明。

「二、拒絕將有關和有形的證據或資料交給依法獲得授權的美國調查官員和職

員。

「三、贊成、寬恕、默許並勸告證人對依法獲得授權的美國調查官員和職員發表不實或使人誤解的聲明，並在正式展開的司法和國會訴訟程序中作不實或使人誤解的證言。

「四、干涉或竭力干涉美國司法部、聯邦調查局、水門案特別訴訟小組辦公室和國會委員會進行調查。

「五、贊同、寬恕並默許秘密支付鉅額款項，以使證人、可能的證人或參與這種非法進入和其他非法活動的個人保持緘默，或影響其證言。

「六、盡力濫行利用美國中央情報局。

「七、將獲自美國司法部官員的消息轉達依法獲得授權的美國調查官員和職員所調查的對象，目的在協助這些對象設法避免刑事責任。

「八、發表不實或使人誤解的公開聲明，目的在騙使美國人民相信他對於美國行政部門人員和總統連選連任委員會人員方面行為不正的說法已經從事徹底和完滿的調查，並騙使他們相信這些人員並未介入這種不正行為。

「九、竭力使可能的被告和被審判及定罪的個人期望優惠待遇和考慮，以換取他們保持緘默或作不實的證言，或竭力酬報保持緘默或作不實證言的個人。

「在這一切作為中，尼克森違反總統所享的信任，破壞立憲政府，妨害法律和司法，以及顯然損害美國人民的利益。

「因此，基於這種行徑，尼克森自應被彈劾和審判，並被免職。」

（註二五）那位物資局局長是張仁滔先生，衛生局局長是王耀東先生。

（註二六）同註二，第七三二——七四三四頁。原表經本書著者酌加修改。

（註二七）糾彈案件審查會開會程序：一、主席宣告到會委員已足法定人數開始審查。二、主席宣讀案文。三、提案委員說明事由。（如未通知提案委員列席時，從略）。說明後退席。四、開始審查。五、用無記名投票法決定審查結果。六、主席宣讀審查決定書。七、主席簽署審查決定書。八、散會。

（註二八）日本法官彈劾法第二條。

（註二九）日本法官彈劾法：

第 八 條 （職權之獨立）訴追委員獨立行使其職權。

第 九 條 （召集）訴追委員會，由委員長召集之。

有五人以上之訴追委員之要求，委員長應召集訴追委員會。

第 十 條 （議事）訴追委員會，非有十五人以上訴追委員之出席，不得開議。訴追委員會之議事，以出席訴追委員之過半數決定之，可否同數時，依委員長之決定。但罷免之訴追或罷免訴追之猶豫，應以出席訴追委員三分之二以上之多數決定之。

訴追委員會之議事，不得公開。

第十一條　　（調查）訴追委員會，對於法官有訴追之請求或因彈劾認爲有罷免之事由時，應進行調查。

訴追委員會得囑託有關機關爲前項之調查。訴追委員會及依前項受囑託之機關，就其調查得要求證人到場或提供證言或記錄。

證人依前項之要求到場時，彈劾裁判所應援用證人到庭之例，支付旅費、日費及膳宿費。

第十一條　　之二（訴追委員之派遣）訴追委員會，得派遣訴追委員，進行調查。

第十二條　　（訴追期間）罷免之訴追，自彈劾罷免之事由發生後經過三年，不得爲之。但於該期間內，象議院議員之任期屆滿或象議院被解散時，於下屆國會選舉新訴追委員後一個月以內仍，得爲之。就同一事由，有刑事訴追時，則於該事件判決確定後一年內亦得爲之。

第十三條　　（訴追之猶豫）訴追委員會就案情認爲無訴追之必要者，得爲罷免訴追之猶豫。

第十四條　　（訴追狀之提出）罷免之訴追，應向彈劾裁判所提出訴追狀。

訴追狀應記載將受訴追之裁判官之官職、姓名及罷免之事由。

訴追委員會提出訴追狀於彈劾裁判所時，應即通知最高裁判所。

第十五條　　（訴追之請求）不問何人，對於法官認爲有應彈劾罷免之事由時，得向訴追委員會請求爲罷免之訴追。

高等裁判所長及地方裁判所長，就其服務之裁判所內或管轄區域內下級裁判所之法官，認爲有應彈劾罷免之事由者，應將其事由通知最高裁判所長。最高裁判所長，遇有前項通知或就法官認爲有應彈劾罷免之事由者，應向訴追委員會請求爲罷免之訴追。

第一項及前項所定訴追之請求，應就其事由附以簡單之說明，但毋庸舉證。

第十九條　　（職權之獨立）裁判員獨立執行其職權。

第二十條　　（合議制）彈劾裁判所，非有象議院之議員裁判員及參議院之議員裁判員各五人以上之出席，不得審理及裁判。但彈劾裁判所，就法庭審理或裁判以外之事項，而爲處理者，不在此限。

第二十一條　　（訴追狀之送達）彈劾裁判所遇有罷免之訴追時，應即送達訴追狀繕本於受罷免訴追之法官。

第二十二條　　（辯護人之選任）受罷免訴追之法官，不問何時得選任辯護人。

關於辯護人，準用關於刑事訴訟法令之規定。

第二十三條　　（言詞辯論）罷免之裁判，應以言詞辯論爲基礎。

受罷免訴追之法官，不於言詞辯論期日到庭者，應更定期日。該
法官無正當理由不於期日到庭者，得不待其陳述逕行審理裁判。

第二十四條　（訴追委員之蒞臨）訴追委員會之委員長或經其指定之訴追委員
應蒞臨監視審理及裁判之宣告。

第二十五條　（開庭之場所）法庭，於彈劾裁判所內開庭。
彈劾裁判所認爲必要時，亦得在他處開庭。

第二十六條　（審判之公開）彈劾裁判所之審理及裁判之宣示，應於公開法庭
爲之。

第二十八條　（審問）彈劾裁判所，得召喚受罷免訴追之法官，向其審問。
前項情形，準用有關刑事訴訟法令之規定，但不得拘提之。

第二十九條　（證據）彈劾裁判所，得因聲請或依職權，調查必要證據，或得
囑託地方裁判所調查之。
關於證據，準用有關刑事訴訟法令之規定。但彈劾裁判所及彈劾
裁判所之裁判長，不得爲拘提、沒收、搜索或其他關於他人之身
體、物或場所之強制處分，亦不得爲罰鍰之裁定。
彈劾裁判所，除前項規定外，因調查證據之必要，得爲下列各款
之處分。
一、對於證據物之所有人，命其提出該證據物；
二、爲發見事實，檢查必要場所；
三、向有關機關請求提出報告或資料。

第二十九條之二　（裁判員之派遣）彈劾裁判所，爲審理或裁判上之必要，得
派遣裁判員。國會開會中，彈劾裁判所，爲審理或裁判上之必要
派遣裁判官者，就爲衆議院議員之裁判員，應得衆議院議長之承
認，就爲參議院議院之裁判員，應得參議院議長之承認。
依前二項之規定派遣之裁判員，得支領依兩院議長協議而定之派
遣旅費。

第三十條　（有關刑事訴訟法令之準用）關於裁判員、參事及主事之回避，
法庭之審理、筆錄之作成及手續費用，準用有關刑事訴訟法令之
規定。

第三十一條　（裁判之評議）裁判之評議不得公開。
裁判應依參與審理之裁判員過半數之意見決定之。但爲罷免之裁
判，應依參與審理裁判員三分之二以上之多數意見。

第三十二條　（一事不再理）彈劾裁判所，對於已裁判之事由，不得更爲罷免
之裁判。

第三十七條　（罷免裁判之效果）法官因受罷免裁判之宣告而被罷免。

第三十八條　（回復資格之裁判）彈劾裁判所，於下列情形，得因受罷免裁判之人之請求，爲回復資格之裁判。

一、自罷免裁判宣示之日起，經過五年而發生相當之事由者；

二、重新發見無罷免事由之明確證據或其他足認爲有回復資格裁判之相當事由者。

回復資格之裁判，並回復依其他法律之所定而喪失之一切資格。

第三十九條　（法官職務之停止）彈劾裁判所，不問何時，得停止受罷免訴追之法官之職務。

第　四十　條　（與刑事訴訟之關係）彈劾裁判所，對同一事由，遇有刑事訴訟之繫屬時，得停止程序之進行。

第四十一條　（免職請求之保留）法官受罷免訴追而自請免職者，在彈劾裁判所之裁判未終結前，縱係有行使免職權之機關，亦不得將其免職

第四章　罰　　則

第四十三條　（誣告）以使裁判官依彈劾而受罷免裁判爲目的，爲虛僞之申告者，處三月以上十年以下之有期徒刑。

犯前項之罪而於所申告事件之裁判宣示前，對於其未發覺之犯罪爲所自白者，得減輕或免除其刑。

第四十四條　（對於證人等之罰則）相當於下列各款情形之一者，處以一萬圓以下之罰鍰：

一、受彈劾裁判所召喚而爲證人、鑑定人、通事或翻譯人者，無正當理由而不到庭或不盡其義務者；

二、受彈劾裁判所之命令應提出證據物，而無正當理由不提出者；

三、拒絕或妨礙彈劾裁判所檢查者。

受訴追委員會之請求爲證人或提供證言或記錄而無正當理由不到庭或虛僞之陳述或不提出記錄或提出虛僞之記錄者，以前項論罪。

（註三〇）同註九，第一九七——一九八頁。

（註三一）同註六，第二八九頁。

（註三二）同註二八，第一九六頁。

（註三三）同註二，第七五四頁。

（註三四）印度憲法第六十一條規定：國會兩院中的任何一院都可以三分之二的多數彈劾總統，移送另一院審理，以三分之二的決定將他撤職。

（註三五）日本兩院合組法官訴追委員會，提出彈劾案，移送兩院合組的彈劾裁判所審理。又法國憲法第六十七條規定：「彈劾法院由國會兩院全部改選或局部

改選後，各在內部選出同等數目之人員組織之。其院長由選出人員互選之。」

（註三六）菲律賓國會採一院制，由國民議會議員以五分之一的同意提出彈劾案，而以三分之二的同意予以懲戒。

（註三七）希臘一九七五年憲法第八十六條規定，審判總統的特別法庭，以法官十二人組織之，由國會議長在最高法院法官和高等法院院長中抽籤決定，但該總統所任命的人員應行迴避。

（註三八）此爲憲法第十六條所定，而丹國固尚有最高法院。何以不由後者審理彈劾案，尚待硏究。他國之由法院審理彈劾案，則多以最高法院任之。

（註三九）南韓憲法委員會由總統、國會和最高法院提名三人組織之，以三分之二的同意懲戒被彈劾人員。

（註四〇）瑞典憲法第一百零二條規定：「彈劾法庭以 Seva 上訴法院院長爲院長，其法官之中，應有王國各行政委員會之委員長。如控告對象爲最高法院時，則應有最高行政法院之資深法官四人。如控告對象爲最高行政法院時，則應有最高法院之資深法官四人。在上述兩種情形下，彈劾法庭均應包括駐在首都之陸軍司令官、海軍司令官，Seva 上訴法院之資深法官二人以及王國各行政委員會之資深委員。」

（註四一）國民大會實錄，第一三六六——一三六七頁。

（註四二）憲政思潮季刊第十一期，第一八一——一八五頁。

（註四三）中國時報六十六年五月四日社論。

# 第六章　糾舉權及其行使

## 第一節　性　質

　　中華民國憲法把糾舉權授予監察院（第九十條），並在第九十七條規定：「監察院對於中央及地方公務人員認爲有失職或違法情事,得提出糾舉案或彈劾案。」

　　糾舉案或彈劾案的對象雖同是公務人員，它的理由雖同是失職或違法行爲，但二者究有不同之處：一是糾舉案較有緊急性,旨在救濟和速辦；二是糾舉案只須監察委員三人的審查和通過，而彈劾案則須九人；三是糾舉案是移送被糾舉者的主管長官或上級長官處理，而彈劾案則移送司法院公務員懲戒委員審議。

　　糾舉案和糾正案也不同。前者是以人爲對象,後者是以機關爲對象,前者是以違法或失職的行爲爲理由,後者是以違法或不當的措施爲理由,前者由監察委員三人審查決定，後者則由委員會審查決定。

　　現將糾舉案、彈劾案和糾正案三者列表比較如下：

| 比較事項 ＼ 案別 | 糾　舉　案 | 彈　劾　案 | 糾　正　案 |
|---|---|---|---|
| 對　　象 | 公務人員 | 公務人員 | 公務機關 |
| 理　　由 | 違法或失職 | 違法或失職 | 違法或不當 |
| 主　　體 | 監委三人審查決定 | 監委九人審查決定 | 委員會審查決定 |

| 移　送　機　關 | 主管長官或上級長官 | 司法院公懲會軍人則送國防部 | 行政院或其部會 |
|---|---|---|---|
| 目　　　　的 | 停職或其他急速處分並得轉送懲戒機關 | 懲戒處分或懲罰處分（軍人） | 注意改善 |
| 初　步　限　期 | 一個月 | 三個月 | 二個月 |

　　糾舉案的性質與糾正案迥不相同，但與彈劾案則有類似的目的和作用，可以說是彈劾案的簡易程序。

　　在對日抗戰前，監察院只有彈劾案，沒有糾舉案。抗戰發生，軍情緊急，若干違法或失職情事必須快速處理，而因彈劾案程序繁複，不能迅赴事功，於是乃有糾舉案以應急需。（註一）現將民國二十七年至三十六年的糾舉案件數和人數，與彈劾案比較如下表：

| 案　　別╲件數和人數 | 件　　　　　數 | 人　　　　　數 |
|---|---|---|
| 糾　　舉　　案 | 1,174 | 2,126 |
| 彈　　劾　　案 | 713 | 1,060 |

　　從此可知糾舉案適用之廣和功能之大。所以憲法草案雖未將糾舉權列為監察權，但卒為國民大會所採納。

　　其實在中華民國的制憲史中，糾舉權早已呼之欲出。例如民國三年的約法，在它第三條規定：「國務卿各部總長有違法行為時受肅政廳之『糾』彈」。又民國十二年的憲法第六十四條規定：「兩院對於官吏違法或失職行為，各得咨請政府查辦之。」而該憲法對大總統副總統和國務員則規定使用彈劾權。（第六十三條）可知所謂「咨請政府查辦」就是糾舉，但不

用糾舉之名而已。而「糾舉」字樣，則固古已有之。（註二）

不獨中國，這種「咨請政府查辦」的糾舉方法，現代民主國家的國會也常在行使。美國參議院「糾舉」艾森豪政府的空軍部長戴巴德，便是一例。

戴巴德部長被控替墨林幹公證公司向 RCA 拉生意，經參議院調查後，本可予以彈劾，但它把四百七十一頁的調查紀錄送請艾森豪總統依法處理，結果戴巴德乃被逼辭職。（註三）

有一問題：對簡任職或特任職的公務員是否也可糾舉？憲法既規定對中央或地方的公務員可以彈劾或糾舉，對簡任職以上的公務員當然應可糾舉。但因監察法第二十一條規定：「……主管長官……至遲應於一個月內依公務員懲戒法之規定予以處理……」，而監察法施行細則第三十八條又明定所謂「依公務員懲戒法之規定」，是依該法第十一條和第十二條的規定。而第十一條規定：

> 「各院部會長官或地方最高行政長官認為所屬公務員有第二條所定情事者，應備文申敍事由連同證據，送監察院審查。但對於所屬薦任職以下公務員，得逕送公務員懲戒委員會審議。」

又該法第十二條規定：

> 「薦任職以下公務員之記過與申誡，得逕由主管長官行之。」

於是受理簡任職以上公務員糾舉案的長官，過去常把它轉送公務員懲戒委員會處理。如此則監察院儘可以彈劾案逕送公懲會，何必以糾舉案多繞一圈。所以有人說，糾舉案不適用於簡任職以上的公務員。

但是監察法第三十八條又規定：「被糾舉人有屬簡任職以上公務員者，仍應依監察法第二十一條規定辦理，……不得將糾舉案轉送公務

懲戒委員會」。這是說，該長官可將薦任職以下公務員的糾舉案移送公懲會，而不得將簡任職以上公務員的糾舉案單獨或一併逕行移送。

然則長官對簡任職以上官務員的糾舉案能做什麼呢？答案：他可予以停職或爲其他急速處分，例如調職；如果認爲不應處分者，應即向監察院聲覆理由。（第二十一條）二者必採其一，而不得轉送公懲會以推卸責任。

所以糾舉案可以適用於簡任職以上的公務員。

然則糾舉權可否行使於行政院院長、司法院院長或考試院院長？有人以爲不可。主要理由，是總統不是他們的主管長官或上級長官，而且他們的任命都經民意機關的同意（註四）。但是他們，特別是行政院院長，有時也有予以停職或急速處分的必要，總統對他們負有督察的相當責任，自可執行對他們的糾舉案。至於立監兩院的同意，並不保障他們不被免職，世界各國莫不皆然，何況只是停職而已。

此外，有一相關的問題：縣市長雖是簡任職待遇，但依國民政府時代公布而迄未修改的縣組織法，他仍是薦任職，所以省政府可以把他逕送公懲會懲戒。而他所屬的局長則因有關法律規定是簡任官，反須經監察院審查和彈劾方可送懲。本書著者主張縣市長應與他的局長同受保障，但行政院五十三年五月答覆監察院則持相反見解。這項不合理的分歧，應謀補救。

## 第二節　糾舉程序

一、提案：監察法第十九條：「監察委員對於公務人員認爲有違法或失職之行爲。應先予停職或其他急速處分時，得以書面糾舉……」依這規定，糾舉案必須由監察委員提議。他的提議可能基於人民的控訴，

或是基於行政機關的移送，但必須由監察委員加以調查，或由監察院職員調查而將調查報告經監察委員核閱而提出。

又該條規定，指出糾舉案的目的和條件，乃是「先予停職或其他急速處分」。如果只是為了懲戒，例如對薦任職以下人員的記過，或簡任職以上人員轉送公懲會處理，監察院便不應提糾舉案而應提彈劾案。因此，受理糾舉案的行政長官，必須就是否予以停職或其他急速處分加以決定，如果不予停職或其他急速處分，並應將理由通知監察院。

提案委員在糾舉案未經通過和移送行政機關前，不得對外宣洩。

二、審查：依監察法第十九條第一項規定，糾舉案須經提案委員以外監察委員三人以上的審查和決定。監察法施行細則第三十五條更進一步規定：「糾舉案之審查，以監察委員五人為審查委員，由秘書處定期舉行審查會，依照輪序分別通知之。審查會須有審查委員三人以上之出席方得開議。以出席委員輪序最前者為主席。」

審查委員得經審查會認定應行迴避，也可自行聲明迴避。

審查會因出席審查委員不足，則不出席的委員，第二次開會時即不再通知。

糾舉案的成立或不成立，由出席委員用無記名投票法表決，須由委員三人以上參加投票。以過半數的同意定之。可否同數時應重行投票。如再相同時，應由主席宣佈散會，並由他決定下次投票時間。

提案委員得在糾舉案未審查前予以撤回。

提案委員得列席查會，也得將糾舉事實和理由，作口頭說明，但後者須得主席許可。審查委員得加詢問，由他答覆。討論時不得在場。

為求實、求真，提案委員自可列席於審查會。但監察法何不規定被糾舉人也得列席備詢或就案情自行辯護，以昭公允？

審查會得修改糾舉案的文字。

審查會在通過糾舉案時尚應決定下列事項：

（一）移送機關；

（二）應否通知該機關予以撤職或爲其他急速處分；

（三）是否應再轉送司法或軍法機關辦理；

（四）公布或不公布。

糾舉案如不成立，審查會應說明理由，由秘書處提報院會。

本書著者認爲前列（二）乃是當然，理由已如前述。監察法施行細則似未注意監察法第十九條及其所定糾舉案的特性。所以監察院余院長在民國六十五年十二月監察院年度總檢討會要求就彈劾案和糾舉案的適用問題及其異同加以檢討。

監察法第十九條規定：行署監察委員在向監察院提出糾舉案時，不問將來通過與否，得同時通知該糾舉人的主管長官或上級長官加以注意。

糾舉案或彈劾案都有審查決定書，依照舊辦法，須由全體審查委員簽名蓋章。曾有一次有一委員拒絕簽章，以致形式上不足法定人數（九人）。本書著者建議並經院會通過改爲只列委員姓名，不必簽章，而由審查會主席簽章認證。

糾舉案如被審查會否決，秘書處應於五日內通知提案委員，他可在十日內申請再審查，由秘書處通知另一批委員重行審查，但以一次爲限。而被糾舉人則根本沒有這種機會。

被彈劾人可向公懲會提出申辯書，他們多不放棄這種機會。監察院也有答辯機會。被糾舉人也應可提申辯書，但處理機關向不轉送監察院核閱，難期公允。監察法施行細則第三十六條似可參照監察法第十六條第二項酌加規定。

三、移送和公布：糾舉案成立後，可以移送於被糾舉人的主管機關，或他的上級機關。例如對縣市局長的糾舉案，縣長是主管長官（機關）、

省主席或廳長、內政部部長，和行政院院長，都是上級長官（機關），都可移請處理。但以移送省政府最爲妥當。

查照向例，對省政府或縣市政府人員的糾舉案，往往移送省政府，對地方法院或高等法院人員的糾舉案都移送司法行政部，對軍事機關人員的糾舉案大都移送國防部，糾舉案如對行政院兩個部會以上人員或對某一部會職位很高的，多送行政院，糾舉案有二人以上而分別屬於一部會和一省政府的，通常同時分送該部會和省政府。但上述原則也有例外。如三十九年十二月二十三日對陸軍傘兵司令部三人的糾舉案，移送該司令部，而四十六年二月十二日對苗栗縣民防指揮參謀主任和管制中心站副主任的糾舉案却係移送行政院；又如四十五年十一月對彰化縣縣長及其所屬科股長等三人的糾舉案，移送臺灣省政府，而四十六年一月對新竹縣縣長和新竹市長的糾舉案却移送行政院。（註八）

糾舉案應送何處由審查會一併決定。

此外，糾舉案如涉及刑事嫌疑，監察院應併送司法機關或軍法機關，依法辦理這所謂司法機關，向例是指檢察機關，由該院移送最高法院檢察處飭屬處理。（註九）

糾舉案在未通過前，不得宣洩，通過後由審查會決定是否公布。實際上是除涉及國防外交機密者外，一般案件一律公布。又審查會決定不公布的糾舉，應由審查會主席向院會報告。旨在對「不公布」加以限制。民國四十六年五月二十八日，監察院院會決議：「凡以前決定暫不公布之案件，如經原提案委員提請公布，應一律予以公布。」這使不公布的案件更少了。

應予公布的糾舉案，依監察法施行細則第三十五條適用該細則第二十八條規定，應於該案送後七日內在該院公布牌公布，並刊登監察院公報，發布新聞，審查委員認爲必要時，也可刊登報紙廣告。但後者從未有過。公布的時間，也常在案件通過後的一二日之內。

四、處分和彈劾： 行政首長處理糾舉案，依法必須將被糾舉人停職或其他急速處分，否則必須將理由通知監察院。但實際上被停職者很少，也很少有急速處分。通常是把糾舉案轉送公懲會。這本違背糾舉案的基本精神和要求。但監察院也向不追究。

惡因是在監察法第三十二條，因爲該條規定：「被糾舉人員之主管長官或其上級長官，對於糾舉案不依前條規定處理，（監察院）得改提彈劾案。……如被糾舉人員因改被彈劾而受懲戒時，其（該）主管長官或其上級長官應負失職責任。」而所謂「前條規定」是指第二十一條：「應於一個月內依公務員懲戒法之規定予以處理，並得先予停職或爲其他急速處分。」如此，停職或其他急速處分，反成爲附帶處分，而主要的處理辦法，依監察法施行細則第三十八條，只是依公務員懲戒法第十一條，將簡任職以上人員的糾舉部分送回監察院請予以彈劾，而對薦任職以下人員則轉送公懲會或依第十二條記過或申誡。如此而已。如此則糾舉案固無多大效果，但監察院却不能科該長官的違法責任。所以糾舉案很少改爲彈劾案，而原處理該案的長官很少受失職的追究。

## 第三節　被糾舉人的處分

如上所述，處理糾舉案的長官，對簡任職以上的公務員只可停職或爲其他急速處分，而不許把它轉送公懲會，對薦任職以下公務員，於停職或爲其他急速處分外，充其量也只能申誡、記過或轉送公懲會，而停職或急速處分，又一向被誤認爲並非必要的處分，於是糾舉案的效能或作用，幾等於零。

補救之道，張劍寒教授建議：

「由上可知，糾舉權行使的實際效力，遠不如彈劾權。如欲宏揚糾舉的實效，符合糾舉權的本旨，以達到監察權之目的，必須修正公務員懲戒法，以加強主管長官對所屬人員的懲戒權，並明確劃分糾舉權與彈劾權的對象範圍。以主管長官之懲戒權來說，理應有撤職的之權，惟受懲戒人不服其降級以上之處分者，可准其向公務員懲戒委員會要求審判，以謀救濟。如此不但可以加強行政監督效力，及間接促進糾舉權行使的實效，而且可以真正減輕公務員懲戒委員會的負荷，提高懲戒處分之效率。再以糾舉權與彈劾權之對象範圍來說，不妨將彈劾對象，限於特任以上公務員，或限於簡任以上主管官與政務官，而將糾舉權，限於簡任以下公務員，或限於薦任以下公務員，及簡任非主管官。如此則彈劾範圍縮小，而糾舉權範圍擴大，彈劾權用以對付大官，糾舉權則用以對付小官，彈劾案由公務員懲戒委員會審議，其案件數量勢將減小，該會乃能勝任；而糾舉案則由被糾舉人之主管長官或其上級長官處理，該長官無從推拖，於是兩權不致重複，兩權均能發揮其效力」。（註四）

本書著者曾經提出另一種補救辦法，大意如下：

一、將公務員懲戒法第三條所規定的六種懲戒處分分為兩類：第一類僅留撤職一種，仍歸公務員懲戒委員會掌理，而將其餘五種：休職、降級、減俸、記過和申誡，改歸行政機關首長掌理。

前者仍稱懲戒處分，後者擬改稱行政處分。

二、監察院仍照現制行使彈劾權和糾舉權，但公懲會就彈劾案僅能在撤職或不撤職之中採行其一。而行政首長則就糾舉案可對簡任職以下的公務員予以休職、降級、減俸、記過或申誡等處分。

監察院對糾舉案的處分如不滿意，仍可改提彈劾案。行政首長也可

將薦任職以下公務人員的糾舉案轉送公懲會請它撤職，但不得轉送簡任職公務人員的糾舉案。（註六）

對這個構想，行政機關首長因為沒有撤職權，懲戒機關因須喪失休職等五種處分權，他們都不滿意，所以未獲採納。

兩年後，總統府重提舊事，主張把全部懲戒權交給行政首長行使。本書著者仍認為行政首長的懲處權力應予擴大，但不得享有撤職權，乃於五十七年六月上書總統，重申五十五年上述主張，並在信中指陳：

「行政長官如有休職等五權，應足使屬員有所戒懼，風紀可望整肅，此所以救時弊，實屬必要。但為防止長官過份專橫，馴致屬員不得不曲順其意，故不宜使長官更享有撤職權。故如現制之長官對簡任官連申誡處分亦不得為之，是為不及；而新構想欲使長官享有撤職權，則又係太過。過或不及，皆非所宜。如果高市長有撤職權，江前處長今日或連市府視察一職亦不能得；如果縣市長有撤職權，助選功臣皆可彈冠相慶，而原有公務人員皆將不安於位矣。」（註五）

總統把信交給有關人員研究，後者不再堅持撤職權。

立法院後來修改公務員考績法，授權行政首長在原定累積兩個大過方可撤職外，修改增訂為一次就可記兩個大過而即予免職。這也是本書著者五十五年就已主張的。（註六） 從此行政機關不必要求享有撤職權。

但本書著者現在仍認為彈劾案的懲戒處分應該以撤職為限，或再附加停止任用若干年，而糾舉案的行政處分，對特任官（政務官）以停職或其他急速處分為限，而對簡任職以下公務員則可予以休職、降級、減俸、記過或申誡。

這樣修改，在其他優點外，監察院和公懲會的工作負擔都可減輕，行政首長的領導權力可以增強，行政紀律可以整飭，而公務員（因為首

長沒有撤職權）仍有適當的安全保障。（註七）

<h2 align="center">註　　釋</h2>

（註一）非常時期監察權行使暫行辦法第二條：「監察委員或監察使對公務員違法或失職行為，認為應速去職或為其他急速處分者，得以書面糾舉。」

（註二）尚書冏命：「繩愆糾謬」。疏：「繩謂彈正，糾謂發舉。有愆過則彈正之，有錯謬則發舉之。」

（註三）戴巴德本是紐約一富商。在接受艾森豪總統任命以前，他照例賣去七十萬元的股票，辭去一家大公司的職務。但他保留了一家小公司的股權。那家公司叫做墨林幹公司，是一家關於管理效率的公證行，僅有職員十五人。他在決定保留他的股權時，曾以不替該公司圖利為條件，取得參議院的諒解。

後來參議院的調查小組，發現他在任內曾向RCA無線電公司拉生意。該公司的法律顧問伊文在參議院作證時說：「去年十二月，我接得一個電話，講話的人自稱是空軍部的法律總顧問約翰生。他說他聽說我們公司與墨林幹公司為了續訂契約，需要有人證明並無違法之處，他將寫一證明信來。」

伊文又說：「說到這裏，另一聲音插進來。他說他是空軍部長戴巴德。他告訴我好多公司的名稱，他說它們都與空軍部做生意，同時也與墨林幹訂有契約。『它們都可與墨林幹做生意，訂契約，為什麼RCA這樣神氣活現！』他的聲音很強烈，似乎要有所行動」。

參議院調查完畢後，把四百七十一頁的調查紀錄送給艾森豪總統處理。他在新聞記者招待會說：「我所接觸過的空軍方面的任務，戴巴德部長都能很好的完成。他也沒有被證實有什麼違法行為。」

「但是，」艾森豪說，「我不相信只是因為沒有違法的行為，就可擔任政府的要職。……現在還牽涉到他是否違背了道德標準的問題。……我將親自閱讀全部有關紀錄，看他有無違背道德的行為，以決定他應否幹下去。」

在艾森豪總統看過參議院的調查紀錄後，他很迅速的決定戴巴德部長應該辭職。就在一星期內，戴巴德提出辭呈，艾森豪即予批准。

（註四）傅啓學等，中華民國監察院之研究，下冊，第八一三──八一四頁。

（註七）詳見本書第五章彈劾權及其行使。

又坊間很少看到專研糾舉權的著作。王維新先生的我國現行憲法上監察院糾舉權之研究，是左潞生先生指導的碩士論文，可供參考。

# 第七章　審計權及其行使

## 第一節　性質和演進

審計權是國會的權力，它以此監督政府預算的執行和審核政府所編的決算，注意其是否合法，是否經濟，效率如何，有無不忠不法情事，對於經費的收入支出以及預算的編製，有何改進的必要，責成審計機關依法處理或報請國會核辦。

與其他國家比較，中國審計的職權可稱最大。監察院組織法第四條授予審計部的職掌有如下列：

一、監督政府所屬全國各機關預算之執行；

二、核定政府所屬全國各機關收入命令及支付命令；

三、審核政府所屬全國各機關財務收支及審定決算；

四、稽察政府所屬全國各機關財務及財政上不法或不忠於職務之行為；

五、考核政府所屬全國各機關財務效能；

六、核定各機關人員對於財務上之責任；

七、其他依法律應行辦理之審計事項。

美國制度另有重點，有如下列：

一、協助國會的立法和監察工作；

二、對國會及其議員提供立法服務；

三、審核各部和其他機關的施政計劃、實施工作和財務狀況；

四、協同財政部和國會預算委員會改進財物管理制度；

五、受理聯邦政府與民間債權債務糾紛並收取債款。（註一）

依照美制，中國審計部所掌上列第一、二、三、四，和五款的繁重任務，多由各機關自行負責處理。美國審計部頒發會計原則和標準（*statement of accounting principles and standards*）責成各機關據以擬訂會計規程（*design of accounting systems*），送請審計部核准，並據以辦理內部審核。於是審計部的負擔乃大量減輕。例如美國國防部有一百四十五種會計原則和標準，由審計部頒發或由該部擬訂後送經審計部核准。該部須經審計部核准的會計規程也有一百六十種。（註二）至於中國審計法第五款所規定的所謂綜合審計，相當於美制第三款的規定，則兩國都由審計部直接辦理。

關於指導和監察各行政機關自行審核其財務，中國審計部年來也逐漸推行。修正審計法第三十一條規定：「各機關會計制度及有關內部審核規章，應會商該管審計機關後始得核定施行，變更時亦同；其有另行訂定業務檢核或績效考核辦法者，應通知審計機關。」這是對會計法所定「內部審核」（註三）的監察。但該項監察遠不如美制那樣的周延和嚴密。

可是因為美國審計部掌有解釋會計法規的職權，各機關對某種支出可否核銷如有法律疑義，應請審計部釋示，該部也可依其見解在事後予以准駁。於是各機關往往在支付前便與該部接洽而接受它的意見，以免日後麻煩。這樣便授該部以「事前審計」的機會，有背美制精神。（註四）

這本是總統制的特徵之一——立法行政各行其是。但在英國，因為是內閣制，國會（下議院）的政府會計委員會（*Public Accounting Committee*）和審計長（*Comptroller and Anditory General*）所領導的審計部（*Andit and General Exchequer Department*）都沒有剔除和追繳的權力。現在簡述於後。

政府使用取之於民的經費自當向人民有所交代，於是乃有審計制度：

由人民的代表或由職權獨立的機關審核政府的財務，包括收入和支出，予以批駁、核銷，或改進。

審計制度由來很久。西曆紀元前四四三年的羅馬監察官已有監察稅捐征收和出納的權力。（註五）中國秦漢時代的御史也可查察計簿，從而兼及財務。（註六）

但是現代審計制度，則形成於十七世紀六十年代，距今也已三百多年了。一六六七年，英國與荷蘭的第二次戰爭展開，國家戰費激增，英國國會乃乘機取得財政監察權，通過一個法案，把原有的政府財務審計委員會（*Commission of Public Accounts*）擴大權力，不獨可以審核政府財政收支，而且可以調查財政方面一切不忠不法的行為。他們有權傳詢當事人和證人，並將後者責付監獄，不准保釋。他們對財務有最終審定權，對政府的支出，可以剔除和追繳，享有法院的大權。從此以後，原屬於英皇的審計權，乃為國會所取得。（註七）

美國開國初年，仿照英制，由國會設委員會審查財政部送去的會計表報。但因國會沒有審計專家，收效不大。一九二一年，國會乃設置現有的審計部（*General Accounting Office-GAO*），加強審計業務。該部置審計長一人，任期十五年，對國會負責。（註八）中國審計制度發展較遲。因為在辛亥革命（一九一一年）前，它一直是專制政體，而辛亥革命後的民主體制，則僅曇花一現。一九二八年國民政府方設審計院。一九三一年，監察院成立，它改稱審計部，而隸於該院，直到現在。

以上英美中三國的審計，早年本來都屬於行政系統，與財務行政相配合，但後來却都改隸於國會。

但歐洲大陸有些國家的審計，則採取超然制度，有如法院，獨立於國會和行政之外，對財政行使審核權。例如西德憲法第一百十四條規定：「決算由審計院審查之。該院構成員享有與法官相同之獨立性。」法國

第五共和憲法第四十七條規定: 「審計院協助國會及政府監督財政法案
之執行。」第四共和憲法第十八條則更明顯: 「國民議會有審計權。爲協
助國民議會執行審計事務, 設審計院。關於國家歲入歲出之審查、國庫
之管理, 國民議會得委託審計院爲之。」

　　但也有極小部份國家的審計權尙操之於行政首長。例如大韓民國憲
法第七十一條規定:「監查院於總統之下, 以監察歲入歲出經費之決算
案。審核國家及其他依法規定各機關之帳目, 並監視各行政機關及公務
員職務之執行。」

　　又第七十二條:「(1)監查院由包括院長在內共五名以上十一名以下
之監查委員組成。(2)監查院院長總統經國會之同意任命之。院長之任期
爲四年。(3)如遇院長缺位時, 繼任者之任期以任滿前任者之剩餘任期爲
止。(4)監查委員由總統經院長之提名而任命之。其任期爲四年。」又第
七十三條: 「監查院每年檢查歲入歲出之決算案, 並將其結果報告總統
及次年度國會。」

　　這裏附帶指出一點: 韓國監查院制度的制訂, 曾經派員來臺研究中
國的監察院。它不僅監督財物, 也監察官員。(第七十二條)但兩者的基
礎逈不相同。監察院是民意機關, 而監查院則是總統府的一個附屬機關。
所以把韓制與現代他國的審計制度相較, 韓制不是演進而是落後了。

## 第二節　英制特質

　　英美文化相同之處很多, 但政制方面則因一是內閣制,一是總統制,
便有許多出入。我們對美國政制比較熟知, 而對英制, 特別是審計制度
較爲生疏, 而英制却另具特色。下文略加介述。

　　英國國會的財政監察制度, 環繞着兩個重要的機構: 下院的政府會

計委員會和審計長領導的審計部（*Audit and Exchequer Department*）。審計長須對該委員會負責。

　　一八六一年根據葛雷斯頓的提議而設立的公共會計委員會，是第一個，直至今日仍是，國會審計制度的突出的例子。它原先設立的目的是調查與政府支出的職權、規律和會計有關的問題，並確保各行政部門的支出和其他財務事項必須符合國會的議決結果。它的職責從那時起已擴大到包括調查財務和行政措施，特別是不經濟或浪費的措施或支出。它審查各行政機構的撥款和帳目，並在審計長稽核之後，向下院提出報告和建議。因此，它是行政部門和國會之間不可缺少的一環；它認可審計長的稽核結果。財政部從而執行它的建議，並對各部門發佈備忘錄指示它們應採取的行動。

　　下院極少討論或辯論該委員會的建議。它們實際上是對財政部和其他部門提出的。各部很注意這些建議，而且通常一定遵照實施。該委員會對各部門的行政措施和財務作業從事微妙而有效的監督，但不侵犯行政權責或削弱行政職能。這種英國財務制度，基於調查各部門如何運用撥與它們的經費並使各部主要官員對任何未經授權、輕率或浪費的支出嚴格負責，最能達成真正經濟和國會監察的目的。

　　在成立初期，該委員會注意要求改善會計制度；它堅持嚴格定期，並依明確的帳目分類精確而迅速的提出帳目。它要求各部門就任何不尋常的支出，特別是與預算不符的支出，提出說明。但在大約一八八〇年以後，它擴大業務範圍，不僅考慮支出的法律和會計問題，也查究跡近浪費或耗費不貲的行政措施。它鼓勵審計長注意他認為不合理或不經濟的任何行政措施，並要求各部會計人員加以說明並辯護。在第二次世界大戰以後，這種注意經濟和謹慎使用公帑而不是正當與否的趨勢，更為明顯。正如一位審計長所說，該委員會的工作「主要是針對與經濟或

不經濟有密切關係的管理問題」。

　　要了解國會公共會計委員會的工作，必須略述審計長所執行的稽核業務。他的任期並無限制，並且只能由國會兩院予以免職。他一向是由文官中選任，通常是前任財政部的官員，並在任命前擔任某一部門的主管，因此，他熟悉行政各方面的業務，但並非會計專家。

　　審計部約有五百名稽核人員，他們全年處理他們的業務，利用考核或現場稽核的方式查明各部門的內部稽核是否健全和稱職。審計長敍述的稽核報告包括：

　　一、「會計稽核」，以證實收支帳目是眞實的記錄；

　　二、「財務稽核」，涉及各部內部稽核和財務手續是否適當，包括合約手續和存貨盤查。

　　三、「撥款稽核」，旨在：甲、確保經費支出是根據國會通過時的用意；乙、調查預算與支出間的任何差異和變更用途；丙、確定支出的符合職權。

　　審計長受到的唯一約束是向國會報告稽核結果，並發表批論。財政部發出的所有撥款帳目都須經他批准，但一度重要的這種職權現已大致流爲形式。不像美國，英國的審計長沒有結算帳目、拒絕支出或提出意見書或解釋法令意義和效果的權力。他在稽核報告中證明帳目正確，以及對他認爲未經授權、不符國會撥款原意，或違反財政部或各部門規定的任何支出提出異議。他也指出各部會計紀錄中的任何缺點以及他的稽核人員所異議的任何措施，特別注意各部的合約手續、探辦、財產目錄和監督等事項。他可以報告任何他認爲必將引起公共會計委員會注意的事項，並應促請該委員會注意跡近耗費不貲或浪費的措施。然而，他的人員並不從事效率檢討，或試圖對各部組織和管理作一般的評估，審計長本人也避免對政策表示任何意見。

公共會計委員會現在是下院歷史最悠久的委員會，由十五名委員組成，分由兩個政黨指派。依照慣例，主席是反對黨議員，他通常是前財政部政務次長。這項經驗使他徹底了解財政和行政業務。在國會會期開始以及審計長準備提出有關特定部門的稽核報告後，該委員會舉行聽證會，通常每週舉行兩次。出席聽證會的會計主官（通常是常務次長）必須說明和辯護審計長提出異議的支出或行為。這使任何缺點或不當支出的責任公正明顯的落在各部行政主管身上。

該委員會的報告，對各部如有批評，總是輕描淡寫，避免感情的指控，也極少對各部官員表示責難。它在報告中通常注意它認為錯誤或過度耗費的部分措施或手續，並在不提出補救辦法的前提下，要求該部門和財政部展開調查，並作必要的改正。可是財政部指示各部門執行該委員會建議的備忘錄，却相當明確。它雖然並非命令，各部門却一向遵從這些建議。但它們可在財政部同意下延緩行動，並要求該委員准許延到來年實施。該委員會嚴格從事追踪考核，查詢各部門如何執行上年度的建議。審計長並報告各部門未能遵行其建議的任何情事。

公共會計委員會對各部門的日常行政加以繼續不斷和極有益的影響，因為各部門官員時時銘記：該委員會必將發現任何有問題的支出或行政措施而須由他們向該委員會答辯。這在嚇阻浪費、過度支出和輕率管理方面具有重大的影響。該委員會從未誇耀它所節省的款額，但它無疑有助於促成各部門在管理方面講求經濟和謹慎。

總之，英國國會的審計監督因而與美國大不相同。由一個下議院常設委員會在國會審計長協助下進行監督，它最關心的是公帑的經濟運用，而非合法性的技術問題。審計長只向公共會計委員會報告必將引起它注意的重要事項——通常是他認為浪費或不符合既定財務手續的支出或措施，雖然有時他也提出有關支出的職權或合法性的問題。英國的審計制

度因此促進各部門的支出經濟及管理謹愼。美國制度有時會產生反效果，因爲它集中注意於財務法律的解釋和支付的合法性。

英國的制度對支出進行事後審計，但美國則有事前審計之權。因爲美國審計長有權拒絕核銷。美國行政部門如對一項擬議中的支出發生問題，它會事先徵詢審計部的意見。英國的審計長則不得就稽核工作事前提出意見。他沒有權力阻止他認爲未經授權或不當的支出，但美國的審計長則認爲這種權力是他的職務所絕對不可缺少的。

但是如果說英國的審計對各部門的措施沒有多大影響力，那就錯了。它們是在支出之後全年進行審核工作，一經審計提出問題，有關部門就中止支出，以待澄清，除非該部門自信能使國會感到滿意。

## 第三節　審計的任務

### 第一項　支付核簽

審計的主要任務，本是監督預算的執行，但監督方法不在事前，而在事後。而中國審計則特別道地，不僅行之於事後，抑且行之事前，也就是在預算規定經費的支付之前。所以中國的審計法在一九七二年五月一日修正前本有『事前審計』的一章（第二章）。修正審計法雖將該章刪去，但事前審計的一部份實質則仍保存。

事前審計的主要方法是查核分配預算，和核簽公庫的支付書以及支票。

一、各機關依審計法第三十五條規定，應將已核定的分配預算，連同施政計畫及其實施計畫，依照審計規定的期限檢送審計部查核。如與法定預算或有關法令不符，應予糾正。

二、行政院依預算法第六十四條，核准動支第二預備金或依總預算法施行條例，核准動支法定預算內各統籌科目，或中央主計機關依據預算法第六十條准予備案的各機關動支第一預備金，都應函知審計部加以查核，並將動支數額予以登記，以資查考。

三、審計法第三十八條和第三十九條規定，公庫支付經費的撥款書據憑單和各機關的公庫支票，非送經審計機關或駐審人員核簽，公庫不得付款或轉帳。他們如果發現與預算或有關法令不符時應予拒絕。

該項核簽或拒簽，除有調查必要或不得已事由外，自收受時起不得逾三日。

為着實施事前審計，審計部在國庫局（中央銀行代理）設有駐國庫總庫審計室，在財政部臺北區支付處（臺灣銀行代理）設有駐處審計室。前者核簽國庫存款戶及書戶存管款項收支會計憑證和報表，民國六十四年度共計十七萬兩千九百七十三件，後者核簽付款憑單（包括支票）及有關證件共計二十一萬三千八百十六件。該項審核工作自很繁重，但並無必要，且不合理。理由如下：

一、執行預算，是行政職權。預算規定經費的撥支和出納及其有關支票的簽發，自有會計和行政人員負責，他們自有法律授予的權責和遵循的法規，無須監察院和審計部協辦，那是干涉其職權並分擔其責任，與五權分立的理論似屬不合。

曠觀世界，竊恐只有中國尚在施行這種權責混淆和工作重複的雙軌制。（註一〇）

二、美國審計監督行政機關執行預算的方法是代各機關制訂或審核它們制訂會計原則和標準以及會計規程，而不是直接核簽他們的支付票據。中國審計部也有那種參與制訂的職權。例如國庫法第十條規定：「（國庫或臺庫）收入之退還（或）支出之收回，其處理辦法由財政部會同中

央主計機關（及）審計部定之。」又公庫法第二十一條規定：「收入之退還、支出之收回，應各按其性質，於原存款內為之。其辦法由公庫主管機關會同收支機關、主計機關、審計機關定之。」又會計法第十八條規定：各級政府會計制度的設計，「應經各關係機關及該管審計機關會商後始得核定。修正時亦同。」

而且在會計法中訂有很周密的會計內部審核制度，而會計人員又由主計機關任免，不隨行政首長進退，地位和職權都相當獨立，如有重大過失並須負損害賠償責任。（註一一） 所以審計機關的事前審計似係重複而無必要。

三、請再看該項事前審計的行使結果，足徵事前審計收效很小，即使廢除，也沒有多大損害。例如民國六十五年度審計部查核分配預算包括一般機關經費和國防經費共計二百二十九件，俱無不合，查核預備經費的動支共計一千六百十六件，俱無不合，又核簽撥款憑單一般經費共四百八十九件，經加指正者僅十件，國防經費共計五十二萬八千五百七十五件，經加指正者僅四百零六件，而且情節都很輕微。至於核簽公庫支票為數既多，審核費時，（審計人員有權擱置三日），而多年來核簽結果，尚未發現多大錯誤，如果加強會計人員的內部審核，更無需審計人員再行核簽。

而且支付機關遍及全國，而現在審計部僅在臺北一地設有審計機構辦理核簽工作，其餘各地都照審計法第三十七條規定派員抽查。

為着節省審計機關的人力財力，抽查已屬多餘，因為審計尚須辦理決算審核（事後審核），已可收監督預算執行的功效了。

又，各機關在中央政府預算外，尚有營業預算，但審計部對它並不辦理事前審計，而加強決算審核加以監督。這種制度和經驗，也可足為廢除機關預算事前審計的理由。

## 第二項　決算審核

審計的基本任務，是審核決算，因爲通過這個程序可以決定經費支付是否符合預算，是否合法，有無違法失職或不當情事，經濟或不經濟的程度以及施政計劃事業計劃或營業計劃的效能和完成程度。

決算審核每年雖僅辦理一次，時限定爲四個月，可是它的準備工作則經常在做，因爲各機關須將收支賬目編成會計報告連同單據每月一次送與審計部審核，後者必須逐筆審閱，分別准駁。到了審核總決時再行派員分赴各機關抽查並作實地視察。然後編製總決算審核報告分送立法院和監察院審議。

因爲決算審核過程這樣周到，事前審計實無必要。決算應按它的預算分爲下列各種:

一、總決算，二、單位決算，三、單位決算的分決算，四、附屬單位的決算，五、附屬單位決算的分決算。

政府每一會計年度的一切收入和費用，都應編入它的歲入歲出決算。如有上年度報告未及編入決算的收支，應另行補編附入。

決算須由機關長官和主辦會計人員簽名蓋章，分送該管上級機關和審計機關。該上級機關接到上四項決算，應即查核彙編。如發現其中有不當或錯誤應予修正，並通知原編造機關。

中央主計機關應就各單位決算，附屬單位決算和國庫出納報告，參照總會計簿籍的紀錄編成總決算書，呈行政院提經行政院會議通過，於會計年度結束後四個月內提出於監察院。

依照決算法第二十條規定，審計機關審核各機關或各基金決算，應注意下列事項: 一、違法失職或不當情事的有無；二、預算數的超過或剩餘；三、施政計劃、事業計劃或營業計劃已成和未成的程度；四、經

濟與不經濟的程度；五、施政效能或營業效能的程度，及與同類機關或基金的比較；六、其他與決算有關事項。

審計機關審核政府總決算，應注意下列事項：一、歲入歲出是否與預算相符。如不相符，其不符的原因；二、歲入歲出是否平衡。如不平衡，其不平衡的原因；三、歲入歲出是否與國民經濟能力及其發展相適應；四、歲入歲出是否與國家施政方針相適應；五、各方所擬關於歲入歲出應行改善的意見。」

審計機關審核決算時，如有修正的主張。應即通知原編造決算的機關限期答辯。逾期不答辯者，視為同意修正。決算經審定後，應通知原編造決算的機關，並以副本分送中央主計機關和該管上級機關。

審計長於中央政府總決算送達後三個月內完成其審核，編造最終審定數額表，並提出審核報告於立法院。

決算法第二十四條，規定立法院與決算審核報告的關係以及它所應該審議的事項和權責：

> 「立法院對審核報告中，有關預算之執行、政策之實施及特別事件之審核、救濟等事項予以審議。

> 「立法院審議時，審計長應答覆質詢，並提供資料。對原編造決算之機關，於必要時亦得通知其列席備詢或提供資料。」

然則監察院所司何事？該法第二十六條規定：

> 「監察院對總決算審定數額表應行處分之事項，為下列之處理：
> 「一、應賠償之收支尚未執行者，移送公庫主管機關執行之。
> 「二、應付懲處之事件，依法移送該機關懲處之。
> 「三、未盡職責或效能過低應予告誡者，通知其上級機關之長

官。」

又第二十五條規定：「總決算最終審定數額表，由監察院咨請總統公告。其中應保守秘密之部份，得不公告。」

以上是指中央機關的決算而言，至於國營事業則另有總決算，由主辦單位和主管機關依照上述程序和辦法編造送審。經審核後也送立、監兩院分別審議。

審計部的年度總決算審核報告，是監察院的重要文件，其中最重要的是審定數額表，但其他資料也為人民所當知。可惜監察院都作密件處理，而實際並無保密必要。請看上引決算法第二十五條，該條規定，總決算審定數額表原則上應予公告。審計部報告中其他部份當然更應公開了。

茲將審核報告書的大綱（目錄）抄錄於下，以與美國審計部的年度報告大綱相比較：(註一○)

## 中華民國六十五年度中央政府總決算審核報告書（第一冊）目錄

## 第三項　財物稽察

　　審計機關的第一重大任務，是政府在營建或修繕工程或購置定製或變賣財物進行前，如果營繕工程的金額在臺幣四百萬元以上，或購置定製或變賣財物在二百萬元以上，(註一一)必須報請審計機關派員稽察。這也是一種事前審計，而爲中國所特別重視，他國則多辦理事後審計，認爲這些行政機關所應負責辦理的事務，無需人民代表機關事前干涉，否則有背權力分配的原則而使職責混淆，影響事務進行。本書著者迭次參加這項討論，並參加有關法令的修訂，對這問題採取折衷態度，就是懍於政治風紀猶待改進，財物稽察尚有必要，但範圍應予縮小，手續應予革新。六十一年的修正營繕工程及購置定製變賣財物稽察條例，就本上項精神而修訂。簡介如下。

　　營繕工程或購置定製變財物，（以下簡稱工程或採購）在招標、比價、議價、訂約、驗收或驗交時，應報請上級機關和審計機關派員監視。如果未達稽察金額，則由主計和有關單位會同監辦。

　　招標須在主辦機關門首公告五日以上，並在當地報紙廣告二日以上。並須有三家以上廠商參加，方得開標。如果只有兩家，則採行比價。

　　合於下列條件的，也得比價，但須徵得審計機關同意：

　　一、營繕工程，經調查在同一地區內，僅有二家營建廠商符合規定招標標準者；

　　二、購置的財物，經調查在同一地區內合格的投標廠商，不足三家

者；

三、經公告招標後，參加投標廠商，連續兩次不足三家，或雖達三家而營繕工程或購置定製財物標價超過預估底價，或變賣未達底價連續兩次，而再行招標確有困難者；

四、經公告招標後，僅有二家廠商投標，如再行公告招標或另行辦理比價，而無法應急者；

五、經行政院指定地區採購者；

六、確因緊急需要，必須爭取時效，不及公告招標辦理時，經列舉事實報上級主管機關核准者。（註一二）

與舊條例比較，可知比價範圍已擴大，而招標範圍則相對縮小。

如果比價也有困難，則尚可議價，那是主辦機關與一家廠商間的協商，手續更簡，彈性更大，而流弊也更多。稽察條例第十一條規定，有下列條件之一者，經徵得審計機關同意，就可議價：

一、營繕工程及定製財物，在同一地區內經調查僅有一家廠商符合規定招標標準者；

二、購置財物，在同一地區內經調查僅有一家廠商出售或無完全相同之規範可資比較者；

三、購置定製財物，係屬專利品或獨家製造或國內試驗製造或原廠牌之配件不能以他項財物替代者；

四、經連續辦理比價兩次僅有一家參加者；

五、各機關相互間或各機關與外國政府或國際組織間買賣或交換物資原料器材或房地產者；

六、公有房地產，經審計機關同意不能招標比價，得參照公定價格讓售者；

七、公有事業機關或公有營業機關，確因營業需要必須指定地區購

置房地產作爲營業之用者；

八、船舶歲修待檢者；

九、一次所需財物，雖有數家可資供應但無一家能全部供應者；

十、軍事機關購置財物，經國防部核定指廠訂貨、實驗訂貨、試驗製造或停工停航待料之急需軍品者。

而舊條例准許議價的條件則只有三項。原文（舊第八條）如下：

> 「凡營繕工程購置財物之招標或比價，須有三家以上廠商投標，方得開標，二家廠商開具價單，方得比價。但有下列情事之一者，不在此限（按卽議價）：
>
> 「一、營繕工程在偏僻地區無二家以上之廠商者；
>
> 「二、在同一地區僅一家有此項財物者；
>
> 「三、財物爲一家所獨造或專利，不能以他項物品替代，且銷售限於一行商者。」

不僅如此，修正稽察條例，尚有便利行政機關的下列辦法：

一、各駐國外採購機構受託代辦各機關購置定製財物，得免照本條例有關程序的規定。但應將報價比較表、決標表和合約副本，報請審計機關查核。（第二十八條）

二、軍事機關採購軍品或營繕軍事工程，具有高度機密性者，經行政院核定後，得自行辦理，事後應敍明原由，檢附各項有關文件，送審計機關核備，其因軍事緊急性或爲確保軍品品質時效，不及依本條例規定程序辦理者，由國防部核定後，亦得自行辦理。但事後應敍明原由，檢附各項有關文件，送審計機關查核。（第二十九條）

三、各機關營繕工程，以自行購料、僱工方式辦理者，其工料合併計算在一定金額以上者，應經上級主管機關核准，並徵得審計機關同意

爲之；事後應將辦理情形，連同預算、圖說、工料計算表及其他有關文件，送審計機關查核。但購料達到一定金額者，仍應依照本條辦理。（第三十條）

四、公有營業機關經常購製的原料、物料和出售的成品，經上級主管機關核准和審計機關同意，得不適用本條例。（第三十四條）

五、國家遇有重大天然災害或經濟上重大變故，而緊急需要採購的財物或營繕工程，經行政院核准，得不適用本條例關於招標、比價、議價的規定。（第三十五條）

自從修正稽察條例大開議價的方便之門後，議價案件大增，而招標和比價案件相對減少。請看六十五年度（六十四年七月至六十五年六月）審計部經辦稽察案件統計表：（自左至右）

| 類別 | 機關別 | 派員監視部分 開標比價(件) | 派員監視部分 議(核)價 | 派員監視部分 決標(數) | 派員監視部分 決標金額 NT$(單位百萬元) | 派員監視部分 節省公帑或增加庫收 NT$(單位十萬元) | 函復自辦部分 開標比價(件) | 函復自辦部分 議(核)價 | 函復自辦部分 決標(數) | 函復自辦部分 決標金額 NT$(單位千萬元) | 比較 件數% 監視 | 比較 件數% 自辦 | 比較 金數% 監視 | 比較 金數% 自辦 |
|---|---|---|---|---|---|---|---|---|---|---|---|---|---|---|
| 營繕工程 | 普通公務機關 | 58 / 6 | 46 | | 5,196 | 149.0 | 17 / 5 | 4 | | 224 | | | | |
| | 軍事機關 | 26 | 12 | | 461 | 1 | 32 / 13 | 13 | | 157 | | | | |
| | 公營事業機關 | 93 / 13 | 109 | | 6,561 | 38.5 | 40 | 43 | | 378 | | | | |
| | 小計 | 177 / 19 | 167 | | 12,218 | 187.6 | 89 / 8 | 60 | | 760 | 56 | 44 | 94 | 6 |
| 購置定製財物 | 普通公務機關 | 127 / 25 | 118 | 73 | 1,606 | 13.3 | 15 | 15 | | 71 | | | | |
| | 軍事機關 | 283 / 30 | 149 | 5 | 3,055 | 29.3 | 19 | 23 | | 58 | | | | |
| | 公營事業機關 | 651 / 272 | 515 | 369 | 13,248 | 66.1 | 68 | 57 | 1 | 226 | | | | |
| | 小計 | 1,061 / 327 | 782 | 447 | 17,911 | 108.8 | 102 / 10 | 95 | 14 | 356 | 65 | 35 | 98 | 2 |
| 變賣財物 | 普通公務機關 | 64 | | | 1,619 | 16.5 | 100 | | | 368 | | | | |
| | 軍事機關 | 11 | | | 7 | 6 | 71 | | | 136 | | | | |
| | 公營事業機關 | 45 | | | 4,129 | 3.4 | | | | 2,721 | | | | |
| | 小計 | 120 | | | 5,756 | 20.7 | 372 | | | 3,226 | 20 | 80 | 64 | 36 |
| 總計 | | 1,358 / 346 | 949 | 447 | 35,886 | 317.1 | 543 / 18 | 155 | 14 | 4,342 | 58 | 42 | 89 | 11 |

依照前表,全年度各機關決標條件是四百四十件,比價是三百四十六件,合計七百九十三件,而議價(核價)案件是九百四十九件,後者超過前二者幾達百分之二十。年來則超過更多。這是好事還是壞事？尚難斷言。

但是政治如果清明,毋寧乃是正常發展,現在則恐流弊頗多。啟達案就是一例。(註一三)

議價有一特點就是不先規定底價,而由雙方討價還價,所以標準不夠具體和正確。美國制度是以賣方的成本加利潤作為計價標準。中國現在也多照此辦理,而由審計部保留查核承攬廠商賬冊的權力。稽察條例第十二條規定:

> 「各機關在一定金額以上之營繕工程及購置定置國內財物,其議價係依成本加利潤之條件訂定合約者,審計機關得派員就承攬廠商合約項目之實際成本有關帳簿,加以查核,並將查核結果,通知有關機關。
>
> 「前項查核結果,如成本不實,致利潤超過原約定時,應通知主辦機關,向原承攬廠商追回其差價。前項追回差價,並於合約內訂明之。」

前列稽察案件統計表中尚有一點也可注意,就是稽察結果為國庫節省公帑和增加庫收(變賣財物所得)三億一千七百餘萬元。

稽察工作遇有高科技性的案件,審計機關因缺乏那些人才和技能,輒感難為有效的稽核。修正稽察條例乃把這種責任歸於行政院。該法第三十一條規定:

> 「各機關購置、定製財物,其屬技術規範需要鑑定之事項,應由主辦機關層報行政院核定之。」

但依修正審計部組織法第十五條，審計部得設委員會聘請專家備作顧問。又舊審計法第五十六條規定：

「審計機關對於審計上監視鑑定等事項得委託機關團體或個人辦理，其結果仍由原委託機關決定之。」

本書著者曾在調查臺灣糖業公司招標籌建蔗漿廠時向審計部建議依照該條委託公家審查標單，後來該部委託臺灣紙業公司、中興紙業公司和臺灣機械公司派員擔任審標事宜，經兩個月的審查，認為不合，決定廢標。(註一四) 該條文及經修正列為新法第九條。(註一五)

### 第四項　效能考核

中國審計制度的革新，民國六十一年是重要關鍵，因為審計法和機關營繕工程購置定製變賣財物條例都在那年修正施行。在此以前，預算法在六十年底和會計法在六十一年已先於審計法規而修訂實施。

以這四種法規互相比較，預算法處於主導地位，其餘三種都為執行預算法服務。(其中稽察條例關係較少)。修正預算法有一重點，就是所謂績效預算，於是審計法就有所謂綜合審計，以資配合，後者表現於審計法第五章「考核財務效能」。在這以前，審計的任務只是審核收支的合法與否，以後則尚須審核是否經濟和有效。這就是綜合審計 (*Comprehensive audit*) 的主要意義。

於是預算執行機關應將逐級考核各機關按月或分期實施計劃的完成進度、收入和經費的實際收支狀況，隨時通知審計機關。(第六十二條)

公務機關編送會計報告和年度決算時，應就計劃和預算執行情形，附送績效報告於審計機關；其有工作衡量單位者，應附送成本分析的報告。並加說明。(第六十三條)

各公有營業和事業機關編送結算表和年度決算表時，應附送業務報告，其適用成本會計者，應附成本分析報告，並加說明。（第六十四條）

審計機關辦理公務機關審計事務，應注意下列事項：一、業務、財務、會計事務的處理程序及有關法令；二、各項計劃實施進度和收支預算執行經過及其績效；三、財產運用有效程度和現金財物的盤查；四、應收應付帳款和資產負責的查證核對；五、以上各款應行改進事項。（第六十五條）

審計機關辦理公有營業或事業機關審計事務，除依前條有關規定辦理外，並應注意下列事項：一、資產、負債，及損益計算的翔實；二、資金來源和運用；三、重大建設事業的興建效能；四、各項成本、費用和營業收支增減的原因；五、營業盛衰的趨勢；六、財務狀況和經營效能。（第六十六條）

審計機關審核各機關或各基金決算，應注意下列事項：一、有無違法失職或不當情事；二、預算數的超過或賸餘；三、施政計劃、事業計劃或營業計劃已成和未成的程度；四、經濟與不經濟的程度；五、施政效能、事業效能或營業效能的程度及其與同類機關或基金的比較；六、其他與決算有關事項。（第六十七條）

審計機關審核中央政府總決算，應注意下列事項：一、歲入歲出是否與預算相符；如不相符，其不符的原因。二、歲入歲出是否平衡；如不平衡，其不平衡的原因。三、歲入歲出是否與國民經濟能力及其發展相適應。四、歲入歲出是否與國家施政方針相適應。五、各方所擬關於歲入歲出應行改善之意見。（第六十八條）

審計機關考核各機關的績效，如認為有未盡職責或效能過低者，除通知其上級機關長官外，並應報告監察院。如果由於制度規章缺失或設施不良者，應提出改善意見於各該機關。（第六十九條）

所謂綜合審計（注重效能考核）近五年來盛行於美國。它的任務和程序，包括下列三項：

一、實地視察某一施政計劃的執行情形和經費用途，蒐集資料以供研究；

二、就各項資料作綜合審核；

三、將審核結果連同改進意見寫成報告。

一九七五年美國審計部舉行了八百三十六次視察和一千三百七十六件綜合審核。

以美國聯邦政府機關之多和計劃之多而且大，綜合審計自唯有擇案辦理。美國審計部因而設一「領導小組」(*Lead Division*) 叫做施政計劃審核計劃委員會 (*Program Planning Committee*)，由審計長親任召集人，以決定何者應作優先審核。一九七五年度擇取了二十六個主要對象，包括能源、保健和賦稅政策等。

### 第五項　責任核定

審計人員好把審計機關比作財務法庭，把他們自己比作財務法官。這也不無相當理由。因為審計法第五章授予他們「核定財務責任」的職權，有如下列：

一、各機關人員在財務上應負的責任，非經審計機關審查決定，不得解除。（審計法第七十一條）審計機關請予核銷時就發給核准通知。（第二十二條）如果不准核銷，則依第五章規定分別處分。

二、遇有審計法第五十八條所列情事，按即保管財物遭受損失，經審計機關查明不盡善良保理人應有的注意時，該機關長官和主管人員應負損害賠償責任。（第七十二條）

三、經審計機關決定應予剔除或繳還的款項，如果不能依限追還，

該機關長官和主辦會計人員如對簽證該項支出有故意或過失，應負連帶損害賠償責任。

四、出納人員簽證支票或給付現金，如超過核准數額或誤付債權人，應負損害賠償責任。會計人員或其他核簽人員也負連帶之責。

五、會計簿籍所載事項與原始憑證不符致使民款遭受損失者，有關會計人員應負損害賠償責任。

以上各項賠償責任，舊審計法規定須由責責機關向法院訴追，新法則已授予執行名義，可以強制執行，自較有效。該法第七十八條規定：

> 「審計機關決定剔除、繳還或賠償之案件，應通知該負責機關之長官，限期追繳，並通知公庫公有營業或公有事業主管機關；逾期，該負責機關長官應即移送法院強制執行；追繳後，應報告審計機關查核。」

同條又規定：

> 「前項負責機關之長官，違反前項規定，延誤追繳，致公款遭受損失者，應負損害賠償之責，由公庫公有營業或公有主管機關，依法訴追，並報告審計機關查核。」

這是說，長官延誤追繳，雖應負損害賠償責任，可是不能強制執行，而須依民事訴訟法規向法院訴追。

第七十七條而且定有免責條件：

> 「審計機關對於各機關剔除、繳還或賠償之款項或不當事項，如經查明、覆議或再審查，有下列情事之一者，得審酌其情節，免除各該負責人員一部或全部之損害賠償責任　或僅予以糾正之處置：

一、非由於故意、重大過失或舞弊之情事,經查明屬實者; 二、支出之結果, 經查確實獲得相當價值之財物, 或顯然可計算之利益者。」

本條第一款就是所謂已盡善良管理人的注意, 自可酌免賠償責任。

## 第四節　審計程序

各國通例, 審計都在事後。但中國在行憲初期則屬行事前審計, 由審計機關派員在各機關設置審計室, 例如駐招商局審計室, 各項支付必須在付款前送請該室審核, 不獨參與行政, 混淆責任, 而且牽制過甚, 延誤事功。政府遷臺後除保留核簽支付書和公庫支出憑證外, 不再有其他駐審。但審計法第十二條仍復規定:「審計機關應經常或臨時派員赴各機關就地辦理審計事務; 其未就地辦理者, 得通知其送審, 並得派員抽查之。」這所謂「經常……就地辦理審計事務」, 應作嚴格解釋, 不應作為恢復駐在審計或事前審計的廣大授權。

審計的對象自是政府機關及其財務, 但審計法規定:「審計機關對於公私合營之事業, 及受公款補助之私人團體應行審計事務, 得參照本法之規定執行之。」這種合營事業僅限於政府資本超過百分之五十者, 或其轉投資事業的資本超過百分之五十者。(第四十七條) 如果資本僅佔百分之五十, 自尚不能適用。它和受公款補助的私人團體的審計, 審計部另訂一種審核辦法。

依該審核辦法, 審計部行使下列職權:

一、主管機關應就投資目的、所營事業、資本組成、投資金額和效益分析等計劃, 並檢同有關資料、協議或契約等, 送審計機關備查。變更時亦同。(第三條)

二、主管機關應將對該事業的核示或陳報事項，函審計機關備查。（第四條）

三、主管機關應將該事業的預算決算，以一份送審計機關。（第五條）

四、審計機關查核前條預算決算，以適用各該公私合營事業所訂定規章爲準據。遇有疑問，各該主管機關應爲負責的答復。必要時，審計機關並得派員調查。（第六條）

五、合營事業的經營，如有違背法令，不合原定投資目的，效能過低，或公股代表未盡職責，經審計機關查明屬實者，應向主管機關提供建議改善意見，或爲糾正的處理。（第八條）

審計機關及其所派執行職務的人員就其職務行爲，享有廣大的權力和保證，列擧如下：

一、審計機關對於各機關一切收支和財物，得隨時稽察之。（第十三條）

二、審計人員爲行使職權，得向各機關查閱簿籍、憑證或其他文件，或檢查現金、財物，各該主管人員不得隱匿或拒絕；遇有疑問，或需要有關資料，並應爲詳實的答復或提供。如果違背本項規定，審計人員應報告該管審計機關，通知各該機關長官予以處分或呈請監察院核辦。（第十四條）

三、審計機關爲行使職權，得派員持審計部稽察證，向有關公私團體或個人查詢，或調閱簿籍、憑證或其他文件，各該負責人不得隱匿或拒絕；遇有疑問，並應爲詳實的答復。行使此項職權，必要時得知照司法或警憲機關協助。（第十五條）依這規定，審計機關的調查對象，不僅限於官吏。

四、審計機關或審計人員行使前二條職權，對於詢問事項，得作成筆錄，由受詢人簽名或蓋章；必要時，得臨時封鎖各項有關簿籍、憑證

或其他文件，並得提取全部或一部。（第十六條）

五、審計人員發覺各機關人員有財務上不法或不忠於職務上的行為，應報告該管審計機關通知各該機關長官予以處分，並得由審計機關報請監察院依法處理；其涉及刑事者，應移送法院辦理，並報告於監察院。（第十七條）

六、審計人員對於前條情事，認為有緊急處分之必要，應立卽報告該管審計機關，通知該機關長官從速執行。該機關長官接到前項通知，不為緊急處分時，應連帶負責。（第十八條）

七、對於審計機關通知處分的案件，各機關有延壓或處分不當情事，審計機關應查詢之，各機關應為負責的答復。各機關不負責答復，或答復不當，審計部得呈請呈請監察院核辦。（第二十條）

八、審計機關對於各機關違背預算或有關法令之不當支出，得事前拒簽或事後剔除追繳之。

但審計機關的審核並非一次卽行終結。如果認為依法可以核銷，應對該機關發給核准通知，如果認為不當或違誤，則應發審核通知，由它聲覆。

各機關接得審計機關的審核通知，應於三十日內聲覆。（第二十三條）

各機關如果不服審計機關的決定時，除決算的審定依決算法規定辦理外，得自接到通知之日起三十日內，聲請覆議。但以一次為限。（第二十四條）

此外，審計法為昭審愼，尚有所謂再審查。該法第二十七條規定：

「審計機關對於審查完竣案件，自決定之日起二年內發現其中有錯誤、遺漏、重複等情事，得為再審查；若發現詐偽之證據，十年內仍得為再審查。」

又第二十八條規定：

「審計機關因前條為再審查之結果，如變更原決定者，其已發之核准通知及審定書，失其效力，並應限期繳銷。」

審計法施行細則第十九條規定：

「審計機關對於聲請覆議及再審查案件所為之准駁，本法第二十三條所為之逕行決定，及第七十七條所為之免除賠償責任或糾正之處置，均應以審計會議或審核會議決議行之。」

如果行政機關對聲請覆議的駁覆或對再審查所作決定而仍持異議時，審計法施行細則第十七條規定：

「原核定之審計機關，應附具意見，檢同關係文件，呈送上級審計機關覆核。原核定之審計機關為審計部時，不予覆核。」

有些財務機關的組織法規例如中央銀行組織條例，明定審計機關派員擔任它的理監事，那時審計機關是否受它決議事項的拘束？審計法第三十條規定：不受拘束，但以該參加人對該決議曾表示異議者為限。其實審計人員根本沒有參加行政機關的必要，前述有關法條似應修正。

前已提到，審計部有權參與各機關會計制度和規章的制訂。審計法第三十一條規定：

「各機關會計制度及有關內部審核規章，應會商該管審計機關後始得核定施行，變更時亦同；其有另行訂定業務檢核或績效考核辦法者，應通知審計機關。」

這也是美國制度的特色，它把這種制度推行得很澈底，因而它本身

的審核工作也就很輕鬆。因為各機關的會計制度如果健全，內部審核如果周密，收支應上軌道，審計部便無逐案逐筆重核的必要。

該法又規定：

> 「各機關長官或其授權代簽人及主辦會計人會，簽證各項支出，對於審計有關法令，遇有疑義或爭執時，得以書面向該管審計機關諮詢，審計機關應解釋之。前項解釋，得公告之。」（第三十二條）

在美國，類似的規定可使各機關的了解趨於統一，不致各是其是。所以中國隨即採行。

審計機關監督預算的任務，須到總決算審核報告提出於立法院和監察院後方始完竣。

立監兩院審議該審核報告，各有重點。立法院注重「審核報告中有關預算之執行、政策之實施及特別事件之審核、救濟等事項。」（決算法第二十七條）監察院則注重審核報告所列應行處分的事項：「一、應賠償之收支尙未執行者，移送國庫主管機關或附屬單位決算之主管機關執行之；二、應懲處之事件，依法移送該機關懲處之；三、未盡職責或效能過低應予告誡者，通知其上級機關之長官。」

## 第五節　地方審計

於此尙有一問題：地方政府財務的審計是否應由審計部掌理？依照現行審計和財務法律，審計部掌理地方審計，但是理論的分歧迄今依然存在。現在先舉反對論一則。（註一六）它主張地方審計權不應屬於審計部，而應屬於省縣市議會。理由列下：

「主張地方審計權不應屬於監察院之審計機關，而應分別屬於省縣市議會者，其理由頗多，歸納之則有下列數端。第一　地方制度為中央制度之縮小，中央為立監兩院制，地方則為議會制。故在中央立監兩院既有之職權，地方議會均應有之。第二，縣市實施地方自治，所有預算既由縣市議會審查，則其決算亦應由縣市議會審查。否則，只有放，沒有收，就民意代表職權言，實不完整。第三，憲法第一〇五條規定「審計長應於行政院提出決算後三個月內，依法完成其審核，並提出報告於立法院。」是其審計權行使之範圍，僅以中央決算為限，對地方決算，自不應由審計部審核，而應由縣市議會審核之。(註一四) 第四，縣市自治後，縣市為法人，對於法人內部之事情，自可本於自主決定權，加以決定。因之，對縣市本身財政收支之審核，應該由其意思機關之議會為之，中央之審計部及其所屬審計處，不能越俎代庖。否則，有違地方自治之基本原則。第五，依照民主政治之原理，地方議會應有預算及決算之審核權，且世界各國，對於州或省以及省州以下之城鎮，其審計事務之處理，或委託會計師辦理，向州省或城鎮之民意代表報告，或由州省城鎮之民意代表，推舉人員或另設委員會審查之。從未聞有由中央審計機關，設立附屬機構於州省縣市以辦理其審計事務者。第六，依照國父之均權主義及憲法第一一一條之規定，『其事務有全國一致之性質者屬於中央，有全省一致之性質者屬於省，有一縣之性質者屬於縣。』而縣市決算之審核，為『一縣之性質』，彰彰明甚，中央自無設置審計機關兼辦地方審計之理。第七，中央之審計機關如對地方機關，尤其對地方自治團體之機關，行使審計權，不惟須多設機構，浪費財力，且因不闇自治之理論，不明當他人民之需求（因非民意代表），無法從事現代之綜合審計，而對公有投資利益加以衡量。第

八，現行審計法第五條之規定，違反憲法精神，有背民主自治之理論，不能倒果爲因，基此規定，而認中央對地方有審計其財務收支之權，若然，則無異承認凡存在者即是合理，不可理喻矣。」(註一六)

林紀東先生則就現制立論，認爲審計部可以兼理地方審計，但在實行地方自治後，自應劃歸地方議會。他說：

> 「吾人以爲審計機關，對於地方財務有無審計權，應視地方已未實行地方自治而不同，如地方未實行地方自治，則地方並非具有獨立法律上人格之法人，並無財政自主權，其財務收支，自得由國家審計機關（或其所派遣之機關），加以審察。反之，如地方已實行自治，則爲具有獨立上法律上人格之法人，具有財務自主權，國家除對於其重要之財政設施（如募集公債），必要時得加以監督外，（如應事先聲請核准），於其一般財務設施，則無審計權，應由地方自治團體所設之機關，自爲審計，俾合於地方自治之本質。如此種認識無誤，則現在臺灣、福建二省，臺北市，暨福建省所屬之金門、連江二縣，均未實行地方自治，其財務收支，自得由國家審計機關，予以審察。」(註一七)

以上兩種主張，自皆持之有故，言之成理，且可代表一部份立法委員的見解。但監察院則不以爲然。四十五年二月，它曾由一個研究小組提出一份「關於地方審計問題之說明與釋疑」。就反對論據詳加破立。其中第四節照錄於下：（照錄原文，免加引號）

在立法院審查本院（監察院）上述修正草案時期中，有人提出所謂改制論，主張省縣市之審計權，不屬於監察院審計機關，而應分別改屬於省縣市議會或政府。亦有改制論者則主張省縣市可設置省審計處及縣

市審計室，但其首長人選主張在省應由行政院提名，交省政府咨請省議會同意任命之，在縣市應由省政府提名，交縣市政府咨請縣市議會同意任命之。亦有主張逕由省縣市政府提出人選咨請同級議會同意任命之。其理由據稱有如下述，茲與本院見解一併論列如下：

一、改制論者以為憲法第一百零五條規定：「審計長應於行政院提出決算後三個月內依法完成其審核，並提出報告於立法院」，其列舉審計權行使之範圍，僅以中央決算為限，而對地方決算既隻字未提，因可推知審計長不過問地方決算，亦即不應兼辦地方審計云云。

查監察院之審計權乃係憲法第九十條所授予；該條明定：「監察院為國家最高監察機關，行使同意、彈劾、糾舉及審計權。」憲法並未將此審計權授予其他任何機關，足徵憲法係將整個審計權（包括中央及地方）授予監察院一個機關。故如有其他任何機關分掌此審計權，其為違憲，殆無庸疑。

改制論者所提出之憲法第一百零五條，乃係限制審計長審核決算之時間，並規定其與立法院之關係，而不能即認為審計權之行使僅以中央為限，且僅以審核中央決算為限。蓋果如改制論者之推斷，審計權僅得行使於中央，則地方審計應由何人辦理，憲法豈能無明文規定！而審核中央決算以外之中央審計業務，審計長且將無權辦理。此實為法理及事實所不許。足見憲法第一百零五條係就中央決算審核一事之時間及與立法院之關係為明文之規定而已，其無意限制審計權之直貫至地方或限制審計長之兼辦中央決算審核工作以外之一般審計業務，殊不容疑。

且吾國自監察院掌理審計以來，其審計權一向直貫至地方，若制憲國民大會果有將地方審計於地方自治完成後，改歸地方政府或地方議會掌理之意，豈有不在憲法中明文規定之理！而制憲時亦必有人提及此項主張。惟其因為監察院之審計權應本向例直貫至地方，故制憲國大代表

中並無一人一言加以反對，而憲法乃無以衍文規定貫至地方之必要矣。

二、改制論者引證憲法第五十三條：「行政院為國家最高行政機關」及第六十二條：「立法院為國家最高立法機關」，因而謂行政院不能因此代替地方政府辦理地方行政，立法院亦不能因此代替地方議會立法，從而推定監察院亦不能將審計權貫至地方。殊不知行政院之所以不能代替地方政府辦理地方行政，乃因憲法以第十一章（地方制度）限制其權力之行使範圍，因而乃有其他機關（省縣市政府）依據憲法行使其地方行政權。立法院之所以不能代替地方議會立法，乃因憲法第一百十三條規定：「屬於省之立法權由省議會行之」及第一百二十四條規定：「屬於縣之立法權由縣議會行之。」而監察院之所以兼掌地方審計權，即因憲法並未以審計權授與地方政府或地方議會，因而地方審計權自必專屬於監察院，此法理之至明者也。

三、改制論者苦於在憲法中不能獲得監察院不得兼掌地方審計之根據，於是乃以地方自治為言，而謂：「憲法第十章『中央與地方之權限』，對於省縣財產之經營及處分，省縣財政及縣稅，省縣債及省縣銀行，規定分別由省縣立法並執行之，是明示省縣財政屬於自治範圍，脫離中央財政而自成系統。在此系統之下，財政管理權分別屬於省縣政府，而財政監督權則操之於各級地方議會。如現行臺灣省臨時省議會組織規程第三條規定，臨時省議會議決省預算及審核省決算。臺灣省各縣市實施地方自治綱要第十六條規定，縣（市）議會議決縣（市）預算審核縣（市）決算及檢查縣市公庫。……如審計部復審核地方決算，是無異分裂地方議會財政監督權。」

但此一改制論者不知所謂憲法第十章中央與地方之權限所規定及劃分者，僅以立法及行政為限，而不及於司法、考試及監察。查第十章計共五條，悉係關於「立法」及「執行」二者之規定。是以所謂省縣財產

之經營及處分，所謂省縣財政及省縣稅，所謂省縣債及省縣銀行，其與地方之關係亦僅以立法及行政爲限。（卽所謂「由省縣分別立法並執行之」。）而所謂「明示省縣財政屬於自治範圍脫離中央財政而自成系統」者，亦僅以立法及行政（執行）爲限。然則改制論者何能以憲法第十章中央與地方之權限各條規定作爲分割監察院審計權之根據！反之，該章各條規定適足證明自治之地方議會僅有立法權而無監察權或審計權，自治之地方政府僅有行政權而無監察權或審計權。

改制論者嘗引臺灣省實施地方自治綱要爲辯護，因該項臨時辦法及單行規程，會有省縣市議會得審核決算之規定。但彼等不知該項辦法及規程，俱係行政命令，而非國家法律，且與國家法律（憲法及行憲後修訂之審計法）相牴觸。而且事實上，臺灣省縣市議會亦並不審核決算，抑且明言決算應歸監察院之審計部審核。前引臺灣省議會致省政府之公函，卽其明證，玆再抄錄如下：臺灣省臨時議會四四寅寒歲二字第四〇〇二號函開：「查各機關之決算報告，省政府於彙編總決算案後，應先送審計機關審核後，送本會提出報告。惟省政府尚未依法辦理，應請省政府洽請審計機關辦理，以符法定程序。」且臺灣省政府因恐省縣市議會誤解其所謂審核『決算』之意義，曾以明令分電各縣市議會及縣市政府有所釋示：「平時各縣市政府與所屬機關會計帳目及憑證之審核，依法屬於審計職權，不屬議會查核之範圍。但對政府機關財務收支數字如有疑義時，得向地方行政主官質詢或逕函審計機關查核辦理。」此項釋示，迄爲省縣市議會及政府所信守，彼改制論者其未知之耶！

四、改制論者既誤認監察院之審計權不得貫澈至地方，於是仍進一步主張：「行憲後實施自治的區域，無論省縣市，都自成一級政府，並各有獨立的省縣市議會。而各該議會並無「立法」及「監察」之分，依法當可執行全部財務監督權，卽地方政府的決算與預算都同由各該議會

審核通過。」

　　然此一改制論者不知省縣市雖「都自成一級政府，並各有獨立的議會」，然此政府及此獨立的議會，仍須受國家之監督而非絕對的「獨立」。國家對地方政府及議會之監督，包括立法監督、行政監督及監察監督等，而監察院之審計權，即為國家對地方財政之一種監督。憲法並未排除此項國家監督權之直貫至地方。

　　此一改制論者所謂：省縣市議會『並無立法及監察之分，依法當可執行全部財務監督權』，此項認定，不獨毫無論據，抑且違背憲法。蓋憲法第一百十三條規定：「屬於省之立法權由省議會行之」，又第一百二十四條規定：「屬於縣之立法權由縣議會行之」，然憲法並無隻字規定省縣市議會亦得行使監察權。足見五權憲法中之省縣市議會僅為單純的立法機關，而不如三權憲法中之議會兼掌一部份之監察權。故亦如中央之立法院，省縣市議會不得行使審計權，因而亦不得執行「全部」財務監督權，「即地方政府的決算預算都同由各該議會審核通過」之權。

　　　　本書著者六十七年三月三日加註：民主國家地方政府的審計權，也未必都操在地方議會，例如印度中央政府的審計長便兼理各省政府的財務審計。他的地方審計報告也是由他送致省長轉送省議會審議。（印度憲法第一四九條至第一五一條。並請參閱 *G. N. Joshi, The Constitution of India P.188*）

　　五、改制論者關於地方政府或議會掌理地方審計之組織問題，約有三說：

　　甲、地方審計由省縣市議會審計處室行使之，其組織條例另定之。

　　乙、地方審計首長應由地方政府主管提名，議會同意，然後再予任命之。此外，議員任期屆滿，同意權理應終止，地方審計首長的任期，

原則上似應與投同意票的議員相同。

丙、省縣市政府各設一審計機關，「成為地方政府機關之一」，地方審計首長由地方政府首長任免之。其中省審計首長，應由行政院遴選一人交省政府提請省議會同意後任命，縣市審計首長應由省政府遴選一人交縣市政府提請縣議會同意任命。

以上三項擬制，因其牴觸憲法，根本無存在之餘地，本可置諸不論，但為澄清視聽起見，一併加以批評。

依據以上三項擬制，省縣市審計機關成為地方機構之一，其首長由地方政府主官任免之。地方審計機關既成為地方之附屬體，其首長及全體審計人員自須受該地方政府主官之審核獎懲任免及一切本於行政監督權之指揮及監督，則其地位並不超然，其職權自難獨立行使。而審計權之作用，通常俱包括下列各項：「一、監督地方政府預算之執行，二、核定地方政府主官之收支命令，三、審核地方政府之計算決算，四、稽察地方政府包括主官財政上之不法及不忠於職務之行為。」審計人員既有此等重大之職責，而其審核之決定，與政府主官又有極重大之利害關係，故其本身實不宜處於地方主官監督指揮之下，以免被其干涉或利用，而形同虛設，甚至助長浮濫，包庇貪污。反之，地方審計機關如屬於監察院，則其地位超然，自可獨立有效行使其職權，於地方財政及地方自治實昴有裨益。且其審核決算之報告，須送請地方議會依法審議，則地方議會亦不患無監督地方財政之機會。是現制無論從任何角度觀察，皆屬有利而少弊。彼改制論者之主張，縱使不問其是否違憲，即在實益上亦殊無成立之理由。（完）

這個爭議，到民國六十一年五月，審計法經立法院通過和總統公布後，議論方息。該法第四條規定：

　　「中央各機關及其所屬機關財務之審計，由審計部辦理；其在各省市地方者，得指定就近審計處（室）辦理之。」

該法第五條且准審計部設置地方審計機關：

　　「各省（市）政府及其所屬機關財務之審計，由各該省（市）審計處辦理之，各縣市政府及其所屬機關財務之審計，由各該縣市酌設審計（室）辦理之。」

審計部現在臺灣省和臺北市各設有審計處，並在臺北和高雄以及卽將在臺南和新竹設置審計室。凡此都由審計部派員主持。

至於審計處室與省縣市議會的關係迄今仍不夠密切。但審計處一向審核總決算並向議會提出審核報告，審計室也將開始辦理。本書著者曾向監察院提過一些構想，現錄於下：

　　「一、省縣市政府應將年度總決算於該年度終了後六個月內編送各該管審計機關依法審核。

　　「二、審計機關接到前項總決算報告後，應於三個月內完成其審核，並編印審核報告書。

　　「三、前項審核報告應送請同級議會審議，並呈報上級審計機關。

　　「四、議會對決算報告或其他財務審核事項如有疑問，審計機關應加說明或答覆；議會如需要有關資料，審計機關應予供給。

　　「五、議會如發現審核報告或其他審計報告有錯誤時，得請審計機關依法舉行再審查。

　　「六、議會對財務行政如有意見，得請審計機關依法處理。

　　「七、審計機關認為不法或不當之收支應予剔除及追繳者，或

應付懲處者或未盡職責或效能過低應予告誡者，均應呈報其上級審計機關轉請監察院依法處理，並在年度總決算審核報告書中報告於議會。

「八、年度總決算經議會審議後，移送同級政府公布之。」

如上所述，地方審計機關對總決算所行使的，是審核權（或審計權），自應獨立行使，不受干涉，庶能發揮『財務司法』的效能，善盡監督預算的職責。至議會所行使的則是對總決算及其審核報告的審議權，權力範圍，有如上列第四第五第六及第八等項。

這樣的權力劃分，完全取法於現行中央審計制度。在這現制中，立法院掌有審議權，而審核權則為監察院的審計部所行使。但審計部雖屬於監察院，而其職權則獨立行使，不受干涉。

## 註　釋

（註一）*GAO Annual Report, 1973, P.1.* 但其中第三項則參照該部一九七五年年度報告所改寫。又原文尚列有「協助對聯邦候選人選舉費用的監察」，但現已歸屬聯邦選舉委員會管轄，故略。

（註二）同前，第七頁。

（註三）會計法第九十五條至第一百零三條。

（註四）*Joseph Harris, Congressional Control of Administration, PP. 139-148*

（註五）本書導論註二三。

（註六）同前，註八三。

（註七）*Taswell-Langmead, English Constitutional History, P. 429.*

（註八）*U. S. Government Munual, 1976。*

（註九）參閱本章第二節英美審計制度簡介及本書第三章第五節審計部。

（註一〇）美國年度報告載在本書第三章第五節。

（註一一）民國六十三年二月，審計部依照審計法第三十六條規定這個數額。以後可視物價隨時增減。

（註一二）稽察條例第七條。

（註一三）監察院彈劾案案由：「爲臺灣省政府財政廳廳長鍾時益、主任秘書林得樑、第一科科長荆允謀、審計部協審兼科長劉仁育等，對於臺灣省菸酒公賣局與啓達實業公司議價採購防潮熱封玻璃紙案，未盡應盡之監督職責，提案彈劾由。」該案事實之一：「據審計部提供有關本案資料指出：臺灣省菸酒公賣局（以下簡稱公賣局）所用之包裝香煙玻璃紙，亦卽本案採購之「防潮熱封玻璃紙」（以下簡稱玻璃紙），每年需要量極大，一向仰賴國外進口，委由中央信託局辦理，歷年得標廠商，遍及歐美日本各國，而以日本供應者較多。國內廠商，中國人造纖維公司（以下簡稱中纖）亦曾以同樣產品供應該局，六十三年辦理標購時，國外招標，該局並未通知中央信託局注意歷年供應該局產品較多之日本廠商有無參加；國內招標，該局亦未注意曾經供應該局同樣產品之中纖有無投標。蓄意造成啓達實業公司（以下簡稱啓達公司）獨家投標之特殊情勢，改爲議價辦理，以便相互勾結舞弊。觀於財政廳六十五年尊重審計部意見，在中纖繼續抽樣之後，兩家比價結果，竟可節省公帑五千萬元之鉅，尤足見六十三年向啓達公司採購案國家資財損失之重大。此亦爲造成轟動社會官商勾結啓達鉅案之重要因素之一。」

（註一四）陶百川叮嚀文存第十三冊，萬利奇觀，第一五七頁。

（註一五）修正審計法第九條：「審計機關對於審計上涉及特殊技術及監視、鑑定等事項，得諮詢其他機關、團體或專門技術人員，或委託辦理，其結果仍由原委託之審計機關決定之。」

（註一六）張劍寒教授在中華民國監察院之研究中的意見，見該書第六三七一六三八頁。

（註一七）林紀東教授，中華民國憲法逐條釋義第三冊，第三五九頁。

# 第八章　糾正權及其行使

## 第一節　性質和演進

中國憲法第九十六條規定：「監察院得按行政院及其各部會之工作，分設若干委員會，調查一切設施，注意其是否違法或失職。」

又第九十七條規定：「監察院經各該委員會之審查及決議，得提出糾正案，移送行政院及其有關部會促其注意改善。」

糾正權在中國也有很長的歷史。但很多人只知彈劾的淵源，而不知或不承認糾正權也可上溯到秦漢時代。彈劾是御史的職權，而糾正是諫大夫的職責。二者都是中國現代監察制度本源的一部分。

中國古代職司彈劾的官吏，稱為察官，職司糾正的官吏，統稱言官。

中國歷代的言官，曾有許多不同的名稱，包括諫大夫、諫議大夫、給事中、補闕、拾遺、散騎常侍、司諫、正言和訓士等。册府元龜追溯言官的歷史，指出：

> 「自秦置諫議大夫，專掌議論，漢廢其職。至武帝後置諫大夫，隸光祿勳。無常員。牽用名儒宿德，以任用其職，周旋侍從，參相諷諫。」（註一）

唐宋兩朝對言官禮遇之隆，逾於御史。宋史載：

> 「左散騎常侍，左司諫，左正言，同掌規諫諷諭。凡朝政闕失，

大臣至百官任非其人，三省至百司事有違失，皆得諫正。」（註二）

上引文獻中所謂「議論」、「諷諫」、「朝政闕失」、「任非其人」和「事有違失」，與現代中國的糾正事項相較，不能不說確有類似之處。

降至民國初年，肅政廳對總統享有建議權，對於政治上應興應革和國病民瘼等事項，都得單獨或聯名向大總統呈遞條陳，提出建議，以備採擇。（註三）

到了對日抗戰時期，國民政府公布非常時期監察院行使職權暫行辦法，第五條規定：

「各機關之公務員，對於非常時期內應辦事項，有奉行不力或失當者，監察委員或監察使，得以書面提出建議或意見，呈經監察院院長審核後，送交各該主管機關或上級機關。主管機關或其上級機關，接到前項建議或意見後，應即為適當之計劃與處置。」

依照國民政府擬訂的中華民國憲法草案（五五憲草），監察院本來沒有糾正權或建議權。

國民參政會憲政期成會對憲草的修正案，主張授予監察院以質詢權，修正案第九十八條規定：

「監察院為行使監察權得依法向各院各部各委員會提出質詢。」

這顯然探自英國的國會制度，它的質詢能夠發生糾正作用。（註四）

政治協商會議的憲草修正案方始提出糾正案這一名稱。該草案第一百零一條和一百零二條的規定，與現行憲法的第九十六條和第九十七條幾乎相同。

但憲法第九十條只提到同意、彈劾、糾舉和審計權，而沒有提到糾正

權，於是引起糾正是否是監察權的疑問。其實憲法第九十七條既已規定行政院應對糾正案注意改善，其為監察權應無疑義。至於有人說糾正案對行政院並無多大拘束力，因而疑其具有權力的要件，實則憲法所明定為監察權的彈劾案，也不能拘束司法機關，糾舉案也不能拘束行政機關。以糾正權與其他監察權相較，它的力量縱嫌軟弱，可是已較強於古代諫議大夫的權力。

現代民主國家的國會，也行使一部分的糾正權。有的使用質詢方式，有的使用「單獨決議」，（一院決議，不是兩院聯合決議或共同決議），對行政機關也沒有絕對的拘束力，但却很受重視。王雪艇（世杰）先生在所著比較憲法中指出：

　　　　「議會各院對於行政或其他事件，得向政府提出建議案。依一般國家通例，議會的建議案與議會所通過的法律有別。法律須經由兩院的通過，建議案則可由各院單獨向政府提出。法律案，通常係對一般事件，為概括的規定；建議案，則卽對於個別事項，亦可提出。在許多國家中，議會兩院所通過的法律案，政府只有服從的義務，無拒絕的權能，建議案則無強制政府的能力。但在採行議會內閣制的國家，下議院向政府提出的建議案，實際上往往使政府不能不予接受。因為政府的拒絕，或會引起該院對於政府為不信任的決議。所以議會的建議案，亦實含有監察的意味。」（註五）

至於以質詢方式作為糾正之用，英國國會使用頻繁。一經質詢，政府官員必須卽席採取對策，或相辯駁，或予採納，不得置諸不理。中國糾正權的作用也是如此——加以注意改善並函覆，或將不能照辦的理由函覆監察院。

但在總統制的國會，一般趨勢是用立法程序通過決議，在預算案、

撥款案或法律案後附帶決議，要求政府就某些問題採取某些行動。那就不是建議了。

但美國國會也常以建議案表達它對果些問題的關切，建議政府注意改善。例如當法國釋放巴游恐怖分子達吉時，美國參議院外交委員會通過決議，向院會提案指責法國此舉有害於國際間撲滅恐怖活動的努力，並呼籲卡特總統迅與法國及其他國家磋商，以防止類此情事的再度發生。參議院這種決議案，不必送請衆議院共同決議，也不需總統簽字公布，所以沒有多大拘束力。

中國憲法將這種決議的權力授予立法院。該法第五十七條第二款規定：

> 「立法院對於行政院之重要政策不贊同時，得以決議移請行政院變更之。行政院對於立法院之決議，得經總統之核可，移請立法院覆議。覆議時，如經出席立法委員三分之二維持原決議，行政院院長應即接受該決議或辭職。」

這種權力，尚無一定名稱，我想把它叫做「訓示」(*Mandate*)或訓示權。

因為糾正權類似建議權，而一般民主國家的國會多享有建議權，有人從而認為監察院不應有糾正權，以免侵入立法權的範圍。林紀東大法官對此曾有長篇駁議，而在結語中指出：

> 「實則我國舊日之監察權，原包括諫駁權在內，現行憲法上之監察院，多享有類似外國國會之權力，故其具有糾正權，於監察權之本質，並不相背。且因監察院從旁諫諍之故，亦有助於行政效能之增加，發揚五權憲法着重五權合作之精神。故憲法賦與監察院以糾正權，並無不當。」（註六）

在「訓示權」外，一般民主國家現在建立一種監察長（*ombudsman*）制度以糾正行政部門違法或不當的措施。這種發展，正有類於中國諫諍權和建議權的演進爲糾正權。（詳見本書第一章第六節：「國會監察的新發展」。）

## 第二節　主體和程序

中國憲法第九十七條規定：「監察院經各委員會之審查及決議，得提出糾正案」，所以糾正案的主體是各委員會，而不是院會。立法用意，或因糾正案涉及專門問題，應由專家作主，而委員會按照行政院的工作而分設，平日又在經常調查它的一切設施，（憲法第九十六條），自已成爲專家，糾正案經過有關委員會的「審查及決議」，自應認爲比較可靠。

有人認爲那是基於中國明朝給事中（監察機關）分科監察的傳統。這也許是理由之一。（註七）

監察院曾有委員在十餘年前將調查報告逕請院長批送行政院或其有關機關促其注意改善見覆。本書著者認爲程序不合。一因該項處理應該先經有關委員會「審查及決議」，方合法定程序。院長無權逕批。二因既須要求行政機關注意改善，就當用糾正案方式，不獨爲求妥善和有效，亦所以表示公開，而請院長批送，則有類於「偸關漏稅」。因而提請院會決議以後必須照糾正案程序由委員會審查決議，但各委員會雖有數次決議：「將調查報告送請有關機關注意改善見覆」，但不用糾正案名義。而因有時也能發生效果，而且比糾正案容易通過，所以很多委員樂於採用。

後來本書著者也改變觀念，主張把「注意改善」事項分爲兩類：一是性質嚴重，事理明確，而認爲必須澈底改善的，當然用糾正案名稱，送請行政院務須注意改善。另一類則經調查後認爲性質尚非十分嚴重，但

仍宜請行政院或有關部會酌予改善，則經監察院有關委員會討論後可將該案調查報告送請有關機關參辦。這就不用糾正案名稱，而有似建議案。這樣的處理辦法，好處有二：一是強調糾正案的重要性，要求行政首長親自辦理，力謀改善；二是很多人民申訴不致因為不夠糾正案的資格而束諸高閣。

這種不用糾正案的糾正方法，現在監察院各委員會已屢加使用。六十六年十一月的年度報告書，且把「調查意見送各機關處理案件辦理情形報告表」列入書中，共計一百零七件。本書著者很感興趣，將以專節（本章第七節）特加檢討。

此外，監察院每年一次的年度總檢討，例須檢討政治，並有許多檢討和改進意見，其中多數是基於年度巡察之所得。這些檢討意見多半很有價值。依照向例，一律由總檢討會議的政治小組加以整理，彙送行政院請它「注意改善」。

行政院因為它們不是糾正案，而是「建議書」，分交有關機關處理。它們往往把它置諸高閣，直到次年監察院再開總檢討會議時方始答覆。因為送去的都是一些原則，旣不敍明事實，也不詳述理由，於是覆文也就籠統簡略，不着邊際。這樣的處理，無異把許多有價值的檢討意見當作官樣文章給糟塌了。

本書著者一再呼籲把那些政治意見用糾正程序處理：分交有關委員會補充事實和理由，作為糾正案移送行政院注意改善。一條意見作成一個糾正案。每次年度總檢討會可能產生幾十個糾正案，豈不盛哉！但是也有一些意見，例如「加強團結」，雖是當務之急，但未必宜於提案糾正，於是只得作為建議案廣播於社會，以期蔚為風氣。所以現在這種流水帳式的政治檢討意見的寫法也有可取之處。

糾正案的程序，實較彈劾案鄭重，包括下列各項：

一、提案：或由委員提案，或由人民在書狀中提出要求或建議，或由秘書處剪報移送。

委員的提案或提出於委員會，或提出於院會。後者為數較多，因案經院會討論，往往載於報紙，可收廣大的宣揚之效。院會有時也推委員調查研究，如結果認為有糾正必要，將報告交有關委員會「依法處理」，意即提出糾正案。但院會往往將提案逕交有關委員會處理，而不直接派查。

二、調查：調查主體本有兩種，在監察院派人調查外，尚可函請其他有關機關代查（行查）。委員提案例都自查，人民書狀多半行查，如不滿行查結果，監察院當然尚可自查。

三、審查和決議：依照性質，調查報告或由一個委員會會議或會同二個以上委員會舉行聯席會議加以審查和決議。監察院民國四十六年的一個糾正案，杜絕浪費調整待遇條，係由十個委員會聯合處理，因該案所涉事項與十個委員會所主管者都有關係。

糾正案如未獲通過，依監察法施行細則第四十條，該委員會應即報告監察院院會。這條用意是在督促委員會須鄭重其事。因為一經報告院會，全盤事實都為全體委員所共知，甚至透過新聞報導，引起國人注意，而提案人或贊成糾正的委員如有不同意見也有申訴於院會以謀補救的機會，於是可望委員會在討論時不致將糾正案輕率否決。

四、移送和公布：糾正案通過後尚應決定：（一）移送行政院或其有關部會，（二）應否公布。而大多數是移送行政院並公布。

糾正案通過後應即移送監察院備文轉送。監察院長依法必須照辦並速辦，不得抑留或干涉，也不必報告院會。因糾正權依法由委員會獨立行使。

監察法施行細則第四十二條規定：糾正案公布方式計有㈠公布於監

察院的公布牌，㈡刊登於監察院公報，㈢發布新聞以及㈣刊登報紙廣告。以上一至三式都屬當然，第四式則因報紙新聞曾遭「封鎖」，不能刊出，於是乃有刊登廣告的對抗方法，但必須經原辦委員會開會通過。

五、質問：行政院或有關部會接到糾正後如逾兩個月尚未將改善和處置的事實答覆監察院，該院委員會得經決議加以質問。

質問方式包括兩種：㈠書面質問，㈡通知行政院或有關部會主管人員到院質問。（監察法施行細則第四十四條）

現行辦法，行政院接到糾正案後立即轉令所屬部會依法處理，並即以書面答覆監察院。這樣的答覆，尚非監察法第二十五條和其施行細則第四十四條的答覆，因該項答覆應舉出「改善及處置之事實」。於是行政院尚有列舉事實的另一次書面答覆。

六、結案或查詢：監察院原辦委員會就行政機關的事實答覆，如認為適當，應即製定結案報告書提報監察院院會予以結案。

該原辦委員會如認為所答尚不適當，得經決議加以查詢或派委員調查。結果如認為適當則予以結案，如認為不適當，則可另採步驟，曾有一次因而彈劾行政院院長。（註八）

但依成例，監察院原辦委員會如認為所答不適當時，可以不加查詢或不再調查，而即提出第二次糾正案，甚至第三次糾正案，後者是民國六十二年吳石清案所創的先例。（註九）

委員會在審議行政機關答覆時例必徵詢原提案委員的意見，往往從而引起第二次甚或第三次糾正案。

## 第三節　客體和對象

糾正案的主體，是監察院及其委員會已如前述。它的客體，則是行

政院及其有關部會。這是憲法第九十七條所明定。但監察院所糾正者究為何事何物，這又是一種客體。為便於辨認，本章把收受糾正案的機關稱為客體，而把糾正的事物稱為對象。

所謂「行政院及其有關部會」，是說糾正案送行政院，也可逕送有關部或會請它注意改善。但對它的三級機關，例如國際貿易局，監察院並不直接送致該局，而送與行政院或經濟部。

至於涉及省或縣市政府的糾正案，監察院一向移送行政院處理。但民國六十六年五月二十八日涉及臺灣省政府財政廳的一個糾正案，監察院則移送臺灣省政府處理，後者也就受理。可是地方政府的事務應否作為糾正案的對象，時論頗不一致。有反對者，認為那是地方自治事項，應由地方議會管轄，但依現制，則也是監察院糾正的對象，有人因而加以折衷，主張：「此問題之關鍵，在於省縣是否為地方自治團體」。這是說，如為地方自治團體，監察院不應對它行使糾正權。至於臺灣省則尚未實行地方自治，該省各縣市「自治之性質，與憲法所規定之省縣自治不可混為一談」，因而認為仍可作為糾正案的對象。（註一〇）

本書著者另有一個折衷的想法，就是依據事物的隸屬關係來決定。這是說，如果它是地方政府執行，但由中央立法的事物，應該是監察院糾正案的目標，如果是地方政府立法和執行，則不應在監察院糾正之列。這些事項，詳細列舉於憲法第一百零七條，（規定由中央立法和執行的事項共十三種），第一百零八條，（規定由中央立法和執行或交由省執行的事項共二十種），第一百零九條，（規定由省立法和執行或交由縣執行的事項共十二種），以及第一百十條，（規定由縣立法和執行的事項共十一種）。其中由中央立法和執行的事項當然屬於糾正範圍，由省或縣立法和執行的事項，監察院似以不問為宜，但由中央立法而交由省縣執行的事項，監察院應該過問，換言之可以糾正。

這些可以糾正的事項，列舉於憲法第一百零八條，包括下列各款：

一、省縣自治通則；

二、行政區劃；

三、森林、工礦及商業；

四、教育制度；

五、銀行及交易所制度；

六、航業及海洋漁業；

七、公用事業；

八、合作事業；

九、二省以上之水陸交通運輸；

十、二省以上之水利、河道及農牧事業；

十一、中央及地方官吏之銓敍、任用、糾察及保障；

十二、土地法；

十三、勞動法及其他社會立法；

十四、公用徵收；

十五、全國戶口調查及統計；

十六、移民及墾殖；

十七、警察制度；

十八、公共衞生；

十九、賑濟、撫邮及失業救濟；

二十、有關文化之古籍、古物及古蹟之保存；

本書著者主張不屬於糾正範圍的事項，規定於憲法第一百零九條和第一百十條，有如下列：

一、省（或）縣教育、衞生、實業及交通；

二、省縣財產之經營及處分；

三、省市政；

四、省縣公營事業；

五、省縣合作事業；

六、省縣農林、水利、漁牧及工程；

七、省縣財政及省稅；

八、省縣債；

九、省縣銀行；

十、省縣警政之實施；

十一、省縣慈善及公益事項。

此外，考試院、司法院和立法院是否也是糾正權的客體？它們的行政事務是否也是糾正權的對象？本書著者以爲考試院和司法院的行政事務也是糾正權的對象，但這兩個機關却不是糾正案客體。換言之，監察院可以也應該依據憲法第九十九條適用第九十五條調查該兩院「一切設施，注意其是否違法或失職」，如果查有違法失職情事，並當適用有關法條糾彈該項當事人。但對該違法失職情事的本身，監察院殊難視而不見，它雖從未提出糾正案，但仍在調查時由調查委員向其主管人員口頭促其注意改善，而常收相當效果。例如監察院曾接人民書狀檢舉考試院委員違法兼職，推派本書著者等調查，經請考試院自行注意改善而收效。又如人民書狀檢舉司法院制定方案擬將公務員懲戒委員會委員和行政法院評事調任他職，有違國家保障法官的精神，監察院也派本書著者等調查，經請司法院妥爲研究處理，該評事等得免他調。這是沒有糾正案的糾正，收效頗大。

其中尤其是對於考試院，因爲監察院掌有監試權，監察委員在監視考試的整個過程中常須表達注意改善的關切，予以口頭糾正。（註一一）

對於司法行政，因它隸屬於行政院，監察院自可行使糾正權，但不得

干涉法院的審判。這個問題相當複雜和微妙，容在調查章中再行論列。

軍事機關也是糾正案的對象。公營事業亦非例外。

總統府及其所屬例如中央銀行，不是糾正案的客體，因爲它不屬於行政院，監察院不能對它提出糾正案。但它乃是糾正的對象，而糾正的方式則適用上述對考試司法兩院之所爲。

監察院對立法院不能行使糾正權。但立法院的經費却在監察院（審計部）監督之列。

有一問題，迄無明確規定：何種情事可以糾正。憲法只說：「監察院經各委員會之審查及決議，得提出糾正案。」（第九十七條）監察法第二十四條的規定也同樣的籠統。政治學者則有三說：

一說認爲憲法第九十七條是承接第九十六條而來，後者規定：「監察院得按行政院及其各部會之工作，分設若干委員會，調查一切設施，注意其是否違法或失職。」所以凡是違法或失職情事都在糾正之列。

二說認爲第九十六條的「違法或失職」，應照第九十七條分別處理，──依照該條第一項就違法部分予以糾正，就違法或失職部分予以糾彈，從而認爲糾正案的對象應該是違法或失當，而非違法或失職。

三說認爲糾正案的對象很廣泛，不僅違法和不當，而失職結果如果滋生損害於人民，也當設法改善和補救。所以認爲以上兩說可以並存。由監察院各委員會在審查時自行審酌。

本書著者同意以上第三說。

糾正案尚有一個目標，就是「注意改善」（憲法第九十七條）或「改善與處置」。（監察法第二十五條）因此行政機關對糾正案的處理就有伸縮的餘地。於是乃有吳石清案的第三次糾正案以及對行政院俞鴻鈞院長的彈劾案。兩案都因糾正案的處理失當而發生的創例，下文當加剖析。

## 第四節　第三次糾正的條件

　　監察院的糾正案，一向以兩次為限。但民國六十二年的吳石清案却開了三次糾正的先例。

　　依照往例，糾正兩次就可結束。吳石清案所以有第三次糾正案，乃因臺灣省政府在答覆第二次糾正案時提出一個新辦法作為拒絕糾正的理由，但監察院不能接受它那辦法，並認為不成理由，自須予批評，於是乃提出第三次糾正案。所以第三次糾正案應以發現新事實、新證據或新理由為先決條件。如果有了四次五次都不嫌多，如果沒有，第二次也不應該提。

　　以吳案為例，省政府在答覆第二次糾正案時已承認下列事實：

　　一、林務機關應在民國三十六年四月發給吳商的欅木採伐許可證，拖到三十七年五月方予發給，而竟將准許採伐時間倒塡為三十六年四月至三十七年四月，塡發時卽已逾一個月，而成為廢紙。

　　二、經吳商申請補足一年，但林務機關認為吳商「自三十六年二月十二日間開始採伐至三十七年二月十四日奉命停伐，工作實施已歷八個月之久」，故僅准「延期」四個月。但卽使照林務機關之說法，算足八個月，亦尚差五日。「有賬算賬」，此五日亦經補足。

　　三、且所謂「延期」之四個月，自係補足其所欠之時間，（四個月加上八個月為一年），而非為「延期」。但卽使承認是延期，然經吳商聲請延期，依法本可延期三次，而竟被拒予延期，一次也不許可。卽連吳商彼時業已指證及為申復書所承認之颱風及其理由，林務機關亦不予理會。

　　四、由於林務機關之故意或過失，以致吳商所採伐者，不及應得木

材總數百分之十，而且皆被林務機關禁止搬出，可謂一無所得。

五、林務機關之多種過失，皆經臺灣省政府一一承認，並謂對人將予以懲處，對事已予以改善，但獨不肯對吳商履行債務及補償損害。

省政府提出的改善和處置辦法，乃是推給法院，要吳石清去控訴省政府。它在答覆監察院文中說：「本案當事人吳石清自可依法律途徑向法院提起訴訟。此外別無可循之途。如經確定裁判命林務局爲賠償之給付，本府自當令飭遵照辦理。」

第三次糾正案認爲省政府旣已承認因爲它的林務機關違法失職以致造成吳商的重大損失，自應依照糾正案逕予吳商以適當補償。該糾正案指出：

「欠債還錢，此乃天經地義，而：『行使債權，履行債務，應依誠實及信用方法』，（民法第二百十九條），亦爲文明世界普遍遵行之行爲規範。

「債務人對應還之債自不應推拖敷衍，更不得刁難逃賴，否則卽係違反誠實信用及公序良俗。私人間固當如此，政府對人民尤應如此。林務局對吳商旣負有債務，自當自動償付，不得擅稱『你去打官司好了』或『你爲什麼不去告我呢？』」

糾正案又指出：

「依憲法第二十四條規定：公務員違法侵害人民之自由或權利者，不獨須負刑事或行政責任，亦應負賠償責任。民法依此原則，在其第二百二十條規定：『債務人就其故意或過失之行爲，應負（賠償）責任』。又第二百二十四條更具體指出：『債務人（按本案爲國家或其行政機關）之代理人或使用人，（按本案爲林務機關及其職

員），關於債之履行有故意或過失，（該）債務人應與自己之故意或過失負同一（賠償）責任。』」

對省政府所謂除司法判決外別無可循之途云云，糾正案更慨乎言之：

> 「要知訴訟之外，尚有調解或仲裁，皆係可循之途。上級機關例如行政院之命令，下級機關例如本案中之省政府自當遵照辦理，此亦係可循之途。至在五權憲政制度中，對監察院之糾正案，省政府亦當尊重，並應就其糾正事項『注意改善』。（憲法第九十七條）近據調查，民主國家因法院兼理行政訴訟程序繁複，費用浩大，非一般平民所能負擔，而上級行政機關又不免官官相護，故多賦予國會或地方議會以糾正權，十年來不斷發展，現在已達六十個國家或地區。本院為五院之一，其職權應為朝野上下所尊重。對本院之糾正案，行政機關自當據以改善，不得擅自將其摒於『可循之途』之外而侈言訴訟。」

第三次糾正案最後經行政院決定令飭省政府對吳石清補償一百六十萬元而結案。

## 第五節　糾正與質問、調查和彈劾

監察院對行政院或有關部會就糾正案的處理於繼續糾正外尚得採行下列步驟：

一、質問：監察法第二十五條規定：「……如逾二個月仍未將改善與處置之事實答覆監察院時，監察院得質問之。」監察法施行細則更規定：「……得經決議以書面質問或通知行政院或有關部會主管人員到院質問。」

二、查詢或調查：監察法施行細則第四十五條規定：糾正案經行政

機關答覆後，監察院經辦委員會如認爲適當時應予結案，如「認爲尙須查詢者，得由有關委員會決議，由監察院行文有關機關查詢，或推派委員調查。」

以上所謂質問、查詢或調查的對象，當然包括行政院長和與該糾正案有關係的部會首長。但民國四十六年監察院的杜絕浪費調整待遇糾正案向行政院（兪鴻鈞）院長質問和查詢時，兪院長却拒絕「到院質問」，後又進一步認爲「未便以綜理院務之行政院長視爲被調查人員而爲監察法第二十六條第二項之適用」。

演變結果，最後乃導致監察院對兪院長的彈劾和司法院對他的懲戒。

這個糾正案和彈劾案轟動中外，這不獨是因爲它的政治意義，而且是因爲它所涉及的法制問題，那時固糾纏不已，迄今尙仁智分歧。

遇到這種情形，——對糾正案不加注意改善，拒絕口頭質問，拒絕調查，藉口法律見解不一致但不申請解釋，監察院可否以其違法失職予以彈劾呢？

有人以爲行政機關並無必須執行糾正案的義務，所以不照糾正案改善，不能認爲違法失職而予以彈劾。因爲，他們說：

「惟行政院於總統領導之下，負綜理全國行政之責；行政院各部會，於行政院長領導之下，負掌理全國某類行政之責，亦有其一定之職責與權力，某種行政政策，宜如何決定？某類行政事務，宜如何處理？自有其一定之主張，且因其負實際處理行政責任之故，於興革利弊，或知之較審。監察院因興利除弊之必要，固有提出糾正案之權，然行政院及其各部會爲善盡職責起見，自宜擇善而從，固不必固執成見，亦毋取於盲從附和也。監察法第二十五條之規定，措辭雖甚嚴厲，其眞正用意，當在於防止被糾正機關之置而不問，

拖延不決，致反憲法定制之意，非謂行政院或有關部會，無所選擇，有依照監察院所提糾正案，而改變措施之義務也。」（註一二）

但也有人認為監察院對這情形可以糾彈。因為：

「不僅這樣。憲法還明白規定『監察院經各該委員會之審查及決議，得提出糾正案，移送行政院及其有關部會，促其注意改善』（第九十七條）。可見行政院有接受和實行糾正案的必要。如果不然，這就是說如果不注意改善，那便是違法失職了。違法即違反憲法；失職即曠廢職責。違法失職即可彈劾。這是第九十七條規定了的。其文為『監察院對於中央及地方公務人員，認為有失職或違法情事，得提出糾舉案或彈劾案』。這就可見彈劾案原可由糾正案發展而來了。」（註一三）

一個折衷之說，主張：

「倘質問後仍無下文，或其答覆令人難於滿意，其事態嚴重者，監察院固得彈劾其主管人員。但彈劾是監察院的另一權力，並非糾正權之必然結果，只可謂監察權之配合運用，不能算是糾正權之強制力。」（註一四）

監察院的彈劾俞院長就是因為像上述反對論者也不能不兼顧的理由：「當在防止被糾正機關之置而不問，拖延不決，致反憲法定制之意」。也就是折衷論者所應有的顧慮：「質問後仍無下文，或其答覆令人難於滿意，其事態嚴重。」

本書著者認為糾正案的導致彈劾可能包括兩種情形：一是上文所說的「置而不問」，「拖延不決」，「事態嚴重」；二是糾正的事物對象，例

如俞案所涉及的杜絕浪費調整待遇，或如上述吳石淸所受的非法侵害，違失情形特別嚴重而明顯；三是糾正未獲改善。

本書著者認為彈劾應否隨糾正而提出，可就上述三種情形加以判斷，而如下表：

| 糾正對象是否嚴重 | 糾正案執行情形 | 糾 正 效 果 | 應 否 彈 劾 |
|---|---|---|---|
| 情形嚴重 | 執行不力 | 未獲改善 | 應予彈劾 |
| 情形嚴重 | 執行已力 | 未獲改善 | 不予彈劾 |
| 情形不嚴重 | 執行已力 | 未獲改善 | 不予彈劾 |
| 情形不嚴重 | 執行不力 | 未獲改善 | 不予彈劾 |

但所謂「情形嚴重」是指違法失職的情形明顯而重大，不一定包括它的結果。例如吳石淸案所涉及的對象和目標，僅是高雄鄉下一位小商人和千餘立方公尺的木材，但林務機關的違失情形以及臺灣省政府對兩次糾正案的推諉敷衍，都很明顯而重大，如果最後未獲改善，監察院就有加以彈劾的必要了。

但以彈劾作為貫澈糾正案的方法，監察院在彈劾俞院長時施行一次，有人不以為然。可是司法院則予以支持。該院公務員懲戒委員會在懲戒他的決議書中宣稱：俞院長「對糾正案迄未為適當之改善與處置，所稱逐漸改善，又無具體辦法，於職權能事究有未盡。」因而併予申誡。

## 第六節　糾正案的效果和藝術

在各種監察權中，同意權使用次數本來不多，彈劾權和糾舉權，以他國為例，將隨政治的淸明和人事制度的健全而趨於備而不用，審計權將成為例行程序而減少它現有的重要性，調查權和監視權也將隨其他權力的退落而減少作用。只有糾正權得繼續表現它的必要和功能，其命維新。

　　試看歷史。古時候政府與人民的關係，只是「打屁股」和「收錢糧」，所以中國的仁政只是「輕刑罰，薄歲歛」。糾正權的對象於是也很有限。現在社會進步，實業發達，政府的職能隨着擴大，與人民的接觸也就更多，而人民所受於政府違法失職的損害和寃屈也就更甚。

　　處理人民申訴而為其平反，行政機關本身尤其是它的上級機關，當然責無旁貸。於是乃有訴願制度。

　　訴願是向負責機關的上級機關去申訴。如果失敗，當事人尚可向更高一層的機關去再訴願。以中國為例例如遭受縣政府的損害者，可向省政府訴願而向行政院的有關部會再訴願。如果對再訴願仍不滿意，可以依法向司法院的行政法院提起行政訴訟。(註一五)

　　美國在稅務方面，近設一種簡易法庭，受理一千五百元以下的案件，訟費十元。一九七三年，處理三千六百四十一案，結果是五百三十案全勝，一千一百四十九案稅負獲得減少，三百十六案敗訴，餘無管轄權。平均從五百零一元減為二百三十八元。成績很好。

　　反觀中國，行政法院審理人民對政府的訴訟，成績就不很好。依據金耀基先生的調查，從民國三十九年到五十七年的十九年中，它審理了五千一百四十一案，其中僅六百零二件是人民(原告)勝訴，佔總數百分之十二。(註一六) 本書著者對行政救濟制度及其功效向很重視。早在民國五十年發現行政法院的判決，十分之九都是人民敗訴，官官相護，(註一七)因而向監察院提議，並經核可，要求司法院令飭行政法院將原告敗訴的判決書逐一抄送監察院備查，當荷照辦。監察院收到後即交司法委員會審閱，但因對司法院不能提糾正案，所以無法補救。

　　對於訴願制度，本書著者曾在民國五十七年五月向監察院院會提案主張派員調查，以謀補救，並建議調查事項四點如下：

　　一、訴願法規定：受理訴願或再訴願機關應於收受訴願書（包括再

訴願書）之三月內就訴願事項予以決定。但事實上有拖延數年乃至十餘年經一再催促而仍不決定者。應請行政院及其所屬各部會以及臺灣省政府、臺北市政府於文到一個月內將超過三個月猶未決定之各訴願案列册通知本院，並請逐案說明逾期之原因。

　　二、訴願案拖延原因之一，爲原處分機關不依訴願法第六條之規定在十日內提出答辯書。上級行政機關應如何加以督促或逕依訴願人之要求予以決定？

　　三、調查結果如發現訴願案有故意拖延不決之情形，應請報院作專案調查。

　　四、各機關處理訴願案有設有訴願審議委員會者，亦有卽由參事、秘書處理者，應否各設委員會並置曾習法律之專任委員以專責任？調查及審議程序應如何統一規定，以利進行？

　　監察院調查結果，向行政院提出一個糾正案，行政院據以改善，要點如下：

　　（一）訴願之決定，自收受訴願書之次日起，應於三個月內爲之，爲訴願法第八條第二項所明定，並經本院一再令飭切實注意，依照辦理有案。嗣後各機關對於訴願案件之處理，應嚴格依照法定時限辦理，不得延誤。目前如有逾期尚未決定之案件，並應提前趕辦儘速結案。

　　（二）原處分或原決定機關對人民因不服處分或決定而提起訴願或再訴願之案件，應切實遵照訴願法第六條第二項之規定，於收到訴願或再訴願書副本之次日起十日內自動檢卷答辯，毋須另候受理訴願或再訴願機關令飭答辯。如原處分或原決定機關逾越該項法定答辯期限而不爲答辯者，受理訴願或再訴願之機關得依職權調查事實，逕爲決定，並追究其遲延責任。

　　（三）各機關辦理訴願案件，應儘速指定專人辦理。如以案件增加

致原有人員不足因應時，應就該機關之缺額儘先補用辦理訴願案件之人員。至承辦訴願案件人員如有涉及其本身或其家族之利害事件，應依照公務員服務法第十七條之規定予以廻避。其參與原處分或原決定之人員於訴願或再訴願程序進行中，對該項有關案件之審查決定，亦應自行廻避。

（四）訴願經最終決定之機關決定後，如認為原處分或決定之人員對於該項違法或不當處分有應負刑事或懲戒責任者，應由最終決定機關依訴願法第十二條之規定移送主管機關辦理，不得寬縱。

（五）現行訴願法自公布施行迄今已卅餘年，其中若干規定已不足因應實際需要，業經飭由本院法規整理委員會擬就修正草案，對於保障人民權益，加強監督功能，已有所修訂，一俟將來完成立法程序當益足發揮行政救濟之功能。

糾正案的對象是行政機關違法、失職或不當的措施，它們多半損害人民的權利或利益，而正是訴願或行政訴訟的對象和管轄範圍。但因訴願和行政訴訟難望獨立和公正，於是監察院乃運用糾正權以為補救。其實即使在瑞典和英國法治昌明的國家，也尚有需於國會監察長制度，做人民的「保護人」。（註一八）

可惜糾正權的行使也不夠理想。依照監察院對國民黨第十一次全國代表大會的書面報告，該院在民國五十八年至六十五年的八年中提出糾正案共九十九件，照抄如下：

| 性質件數 / 年份 | 教育財政內政 | 內政財政教育經濟 | 經濟財政內政 | 內政經濟 | 內政財政 | 財政經濟 | 財政司法 | 內政司法 | 邊政 | 司法 | 交通 | 教育 | 經濟 | 財政 | 國防 | 外交 | 內政 | 合計 |
|---|---|---|---|---|---|---|---|---|---|---|---|---|---|---|---|---|---|---|
| 58年 | | | | | 1 | 1 | 1 | 1 | | | 3 | 1 | 1 | 3 | | | 5 | 17 |
| 59年 | | 1 | 1 | 2 | | 1 | | 1 | | 1 | 1 | 2 | 1 | 2 | | | 8 | 21 |
| 60年 | | | | | | | | | | | | 2 | 3 | | | | | 5 |
| 61年 | | | | | | | | | | | 2 | | 1 | 1 | | 1 | 4 | 9 |
| 62年 | | | | | | | | | | | 1 | 2 | 2 | 1 | | | 10 | 16 |
| 63年 | | | | | | | | | | | 2 | | 1 | | | | 3 | 6 |
| 64年 | 1 | | | | | | | 1 | | | 1 | 1 | | 1 | | | 11 | 16 |
| 65年 | | | | | | | | | | | | 3 | 3 | | | | 3 | 9 |
| 總計 | 1 | 1 | 1 | 2 | 1 | 2 | 1 | 3 | | 1 | 10 | 11 | 12 | 8 | | 1 | 44 | 99 |

這是說，每年僅十九件強。這與金耀基先生就民國四十五年至五十六年的十二年的調查統計，平均每年十八件強，相差不遠。（註一九）

金著又把其中五年中的七十七件按其糾正和答覆比較如下：

| 時　　　　　期 | 糾正案件數 | 答覆已注意改善 |
|---|---|---|
| 五十一年十一月至次年十月 | 19 | 13 |
| 五十二年十一月至次年十月 | 19 | 16 |
| 五十三年十一月至次年十月 | 9 | 7 |
| 五十四年十一月至次年十月 | 12 | 10 |
| 五十五年十一月至次年十月 | 18 | 16 |
| 五　年　合　計 | 77 | 62 |

這七十七件糾正案包含糾正事項二百四十八項，經行政機關答覆注意改善者佔總數百分之八十點五。（註二〇）效果遠勝於行政訴訟。

但是以訴願、行政訴訟和糾正三者相比較，對於人民權利的保護，訴願最不可靠，糾正案對行政機關沒有很大的拘束力，而行政訴訟的判決可以變更行政處分，應為人民所最適宜遵循的補救途徑。

所以本書著者在監察院批辦人民申訴時，如就情節特別重大，常請他先行訴願和行政訴訟。如果已在訴願或訴訟中，則請其等待結果。至於敗訴的申請案，常視情節即儘可能予以受理。糾正案雖不能推翻行政法院的判決，但如發現判決不法或顯然不公，監察院尚可為他平反。「辦冤白謗，第一天理」，（呂新吾），古代御史和諫官固以此為重要任務，監察院在適當情形下也是責無旁貸。但在審判進行中則不能多管，以免過分干涉。

如上所述，監察院的糾正案，平均每年不到二十件，實嫌太少。本書著者曾略加研究，慨乎言之，認為每日一件，有如童子軍守則所示「日

行一善」，也不太苛。這也就是糾正權不致被淘汰或備而不用的理由。

其實經監察院處理而獲改善的事項，決不僅糾正案所代表的那一些。因爲該院常常把人民申訴送請有關機關「查覆」或「查明處理見覆」。也有將調查報告送請「處理見覆」或「注意改善見覆」而獲得「注意改善」的結果。這也許是一種「政治藝術」。

這種藝術化的「簡易程序」，值得略加闡明。

關於批請「查覆」者：監察委員在值日時有將人民書狀批送有關機關查覆的權。本書著者有時將「查覆」兩字寫成一段長文，或指出申訴事項的嚴重性，或提請其查明的要點，以促其注意，都收相當效果。茲錄本書著者六十一年十月卅一日一個長批如下：

「私人之土地，政府原可征收，但土地究爲人民之財產，與其他財產如工廠商店之器材與貨物，同受國家之保護。即使爲供公衆之用而征收，政府亦應依法給付地價，不得使地主單獨爲公衆而犧牲。此不獨理所當然，亦爲法所明定。

「本案陳金龍君等之私有土地，座落臺北市信義路五段一百五十巷，據稱附近地價每坪已達四千元，但本案四萬餘坪土地之地價，則早爲政府以軍用理由予以凍結，故現在每坪僅爲八元至十元，此次征收價亦僅爲五十元至二百元，而大部份爲八十元。不獨顯係偏低，抑且違背法理。

「現代民主國家爲公衆使用以取得土地之方法多採購買政策，摒棄征收方法。吾國行政院近年亦力戒主管機關盡可能改爲協購，不可輕言征收。故林口特區計劃及內湖特區計劃皆因征收土地地價之不可能及不合理而先後放棄，誠屬現實而明智。

「最近臺灣省政府亦因鑑於低價征收之困難叢生，向行政院建

議公共設施保留地之地價及查估，「應參酌相連地段非公共設施保留地之地價平均計算之」；「征收以市價補償，市價係按公告現值，故應使公告現值接近實際的買賣價格」。省政府此一賢明建議，業經中央採納，列入實施都市平均地權條例修正草案中，並經行政院送請立法院完成立法程序。善哉！善哉！

　　「本案系爭土地及房屋爲數甚多，而價格又如此偏低，執行恐有困難，且又非公共設施保留地，乃據稱十一月五日即將強制征收，尤屬不合。爲謀政通人和及合理合法，可否俟前項平均地權條例修正以後再行依法參照辦理，抑或另爲適當之補救。因征收係經行政院令准，應請行政院迅予查覆。

　　輪值批辦委員陶百川六十一年十月卅一日」

本案經行政院令飭征收機關與地主再行協商。

　　其次，關於以調查報告送請有關機關「處理改善見覆」者：這種處理必須由有關委員會審查和決議，而其實則應提糾正案，已如前述。但有時遭受強烈反對，則也不失爲一折衷辦法。例如本書著者和孫式菴委員會同調查蔣夢麟先生離婚遺孀徐賢樂女士被中央信託局非法解職案，調查報告主張提案糾正，但激辯多時，未獲結論。有人提議並經決議：「將調查報告送請財政部處理見覆。」徐女士卒獲復職。(註二一)

　　此外，行政院不重視糾正案的處理，任由職員批交被糾正的有關部會處理，而將該部會覆文照轉監察院，難怪糾正案不能收改善之效。監察院曾於民國五十八年喚起行政院注意，因而稍加改進。這頗重要，所以略述經過和辦法。

　　民國五十七年，監察院財經兩委員會推舉委員七人組織工業保護措施研究小組。經過長時期的調查研究，向行政院提出一個糾正案，共有

十點。但行政院的答覆非常空洞，小組很感驚訝。想了解行政院處理的經過情形，特向行政院調閱該案卷宗，發現行政院院長和副院長都未看到那個糾正案，當然更沒有報告行政院院會，而是直接由秘書長發給經濟部會同財政部和外貿會處理。它們把意見彙集起來送給行政院，行政院長又沒有看，副院長也沒有看，就由秘書長批送給監察院，作為糾正案的答覆。

七人小組覺得那樣處理太草率。因為依照行政院分層負責規程，像那個糾正案應由院長親自處理，但是院長始終沒有看。而且行政院會議規程規定：重大的案子，不但應由院長親自處理，而且應提報院會。因此小組提出幾點建議與行政院協商如何改進糾正案的處理。

五十八年三月行政院訂了「加強處理糾正案應行注意要點」函請監察院查照。原文如下：

「㈠監察院對本院暨所屬各級行政機關所提糾正案，各機關首長應督飭所屬迅速妥善處理，不得稽延。

「㈡本院所屬各級行政機關辦理糾正案時，如該糾正案係由監察院直接移送者，應切實依照監察法第二十五條之規定，在法定期間二個月內將改善或處理情形，函覆監察院；如該糾正案由本院令轉者，應遵照院令規定期限，將改善或處理情形報院，以便於法定期間內函覆監察院。

「㈢案情複雜之糾正案，未能在上開法定期間內改善或處理完竣時，如該糾正案係由監察院直接移送者，各機關應於法定期間屆滿前詳述理由，函覆監察院；如該糾正案係由本院令轉者，應於院令規定期限屆滿前詳述理由報院，以便由院函覆監察院。

「㈣涉及兩部會以上主管或重大措施之糾正案，應由各部會詳陳意見，由院長指派政務委員審查核定或提出行政院會議討論處理，並依前項規定，于法定期間內函覆監察院。」（註二二）

## 第七節　糾正案的變態

　　民國六十五年十二月至六十六年十一月的一年中，監察院以糾正案方式函請行政院或臺灣省政府就所糾正事項加以注意改善的，共計十件，但在六十六年一月至十月的十個月中，將調查意見函請有關機關（包括行政院和縣市政府）注意改善或處理見復的，則有一百零七件之多。（註二三）

　　在這一百零七件中，有的可提糾正案，甚至糾舉案或彈劾案。而這三種案件都有憲法作根據和後盾，但是這種抄送調查意見的方式則尚無法律的明確根據，所以只能稱之為建議，乃是糾正案的一種變態。

　　這種簡易方法，監察委員頗多樂用，但時論則不以為然。例如一家報紙的社論便說：

　　　「去年行政院有糾正案追蹤管制作業注意事項之訂頒，（註二四）監院受寵若驚，此次總檢討會的第一天，監委諸公中便有人據以為監察權已受充分重視，言下沾沾自喜。其實這是行政院所應爾，亦為其藉以促進所屬機關守法精神的措施，儘管不無重視監察權之意，其重視是否「充分」則有待事實印證。但是監委諸公一得意，竟至在討論行政方面的改進建議時，有人要求文字足以表明涵義夠了，千萬避免激切。其用意看起來是禮貌問題，心理狀態則似乎十分微妙。甚至有人提出一項自暴自棄的主張，就是以調查意見取代糾正案，並使之合法化。外間聞之，不勝錯愕，有朝一日果真做到這步田地，則有報紙刊讀者投書，向政府喊寃訴苦即可，何必有監院之設。可見監察權是否伸張，其關鍵在於監院本身者多，在於政府各有關機關者少。」（註二五）

　　本書著者對這避重就輕的方法，初很反對，但因一向行之有效，漸改初衷。年來考察各國國會監察長制度，發現他們也都採用這種方法。這或許因爲他們根本沒有糾正權和糾舉權或彈劾權，不得不將就運用。監察院既有比較行之有效的糾正權或糾彈權，似不必另走旁門左道。這是反對的主要理由。本書著者認爲最好使用固有的監察權。如果院內阻力太大，不妨先將調查意見送去探路，如果無效而對方所覆的理由不夠充分，仍應補提糾正案或糾彈案。

　　同時，本書著者曾就監察院一百零七件調查意見所獲效果，以經濟委員會的九件加以檢查，作爲樣本，列表如下：

| 案　　　由 | 調查意見摘要 | 復文內容摘要 | 結　論 |
|---|---|---|---|
| 請政府擬定政策，使貿易、航運、造船三者結爲一體，密切配合，以發展航運事業（吳大宇委員等提案） | 一、請交通部擬定可行方案，付諸實施。<br>二、整頓航運，建立商譽。<br>三、輔導造船工業，俾可與日韓競爭，並帶動關係工業。<br>四、大宗物資儘量由國輪承運。 | 行政院復稱：<br>　一、貿易，航運，造船配合實施方案已核定實施。<br>　二、除已制訂防止船運糾紛緊急措施外，並已修訂船務代理業務規則及「輪船業管理規則」。<br>　三、降低船齡、核定國籍，航業公司及政府三年計劃之新船由國內承造，並由銀行融資卅億。<br>　四、由國輪承運之進口大宗資高達81% | 存 |

| | | | |
|---|---|---|---|
| 美臺針織公司陳訴國貿局處理其輸美紡織配額問題故意刁難案。 | 一、該局仍應依照其65.6.12貿二發字13889號函准美臺公司以216類配額2873打抵償221類3536打，免予倒扣。<br>二、處理紡織品配額時生錯誤，應檢討改進。 | 經濟部復稱：<br>本案處理並無不當，美臺預借221類依規定應在六六年扣回。 | 照原調查人簽注意見存。 |
| 朝陽鋼鐵公司陳訴前經核准進口解體廢船聖喬治三號，因債務糾紛，爲高雄地方法院裁定假扣押，有關機關及法院互推責任案 | 一、請經濟部對廢船輸入應作改進措施，並與業者溝通作法。<br>二、彰化銀行未爲客戶設想，應促省府檢討改進。<br>三、司法部份尚在臺南高分院更審中，暫存。 | 經濟部復稱：<br>函已將進口廢船有關規定及注意項函告該工業公會。<br>臺灣省政府復稱：<br>遵照改進並向該公司詳予說明。 | 存 |
| 泰國華僑周振發控訴榮常行剽竊其泰國鎖類註冊商標標準局蓄意偏袒案。 | 函行政院轉飭標準局對本案實質部分重新審查，予以適當之處理。 | 經濟部復稱：<br>陳訴人已請標準局參照本院調查報告辦理，但其辦理情形尚未據行政院函復。 | 仍待進一步將辦理情形答復。 |
| 中油公司委託中信局向美採購油管及鑽探器材點收發現瑕疵，迄未處理，涉嫌官商勾結違法舞弊案。 | 一、63.2.29呈准免除稽察程序而貨品遲至運至65.1.15運到。<br>二、中油同意得標商永隆公司將繳納之履約保證金由合約金5％降爲1％，過分遷就承售商。<br>三、永隆毀約，又允許鼎盛茂公司一再 | 經濟部復稱：<br>一、因能源危機貨源困難。<br>二、三次開標，僅永隆一家報價，毀約後已沒收保證金美金2644元。<br>三、爲利探勘工程進行只得勉予同意其要求。 | 先請中油、中信主管到會報告再作處理。後經胡新南，劉師誠列席報告，嗣並未函提具補充說明，提經決議：「送請 |

|  |  |  |  |
|---|---|---|---|
| | 更改信用狀及製造商。<br>四、貨到未卽時鑑定。<br>五、賠償及善後情形如何。 | 四、場地人員不敷，倉儲費用過巨。<br>五、已進行法律追訴，並請美使館協助解決。 | 原調查委員依法處理」。 |
| 李祥霖陳訴因不敢違法失職，致被行政處長黃良鵬毆打成傷，臺碱公司不處理案。 | 一、職工差、假太多。<br>二、該公司應對產品詳加規劃，以應工業需要。<br>三、應防範採購之弊端。<br>四、毆打事件旣予公平處分，應防未來類似情形之發生。 | 經濟部復稱：<br>一、四兩點一併督促改進。<br>二、與同業協調開闢燒碱其他用途以使營收增加。<br>三、雖無具體事證，仍當謹慎將事。二氧化鈦設備、採購時小有瑕疵，已先後改善。俟二期工程完竣，產量當可增加。 | 存 |
| 江宗卿陳訴：其農田水路被建築工廠破壞，無法引水灌溉，桃園縣政府未予處理案。江宗卿續訴：其水路再被雄華公司填廢。 | 一、雄華公司須依法另請變更水路，不得妨害農田灌溉。如糾紛未獲解決，建設廳應不准其開工報告及工廠登記。<br>二、有關機關應防止類似事件之發生。 | 臺灣省政府復稱：已轉飭石門水利會函該廠將土溝砌磚完成，現已暢通無阻 | 仍待繼續答復 |
| 張鴻琳等陳訴臺灣省林務局埔里事業區處理六十林班租地造林引起糾紛，請公平處理案。 | 一、仍應照謝主席之批示：「濫墾部份由林產管理局合理解決」。中國農林公司有無補償，宜澈究眞情，以解紛爭。<br>二、依森林法，在紛爭未解決前，一律 | 臺灣省政府復稱：<br>一、中國農林公司有無補償，各執一詞，係屬民事，宜由陳情人循司法途徑解決，在未解決前，暫不准砍伐該地面林木。<br>二、至陳情人侵植 | 存 |

| | 不准他人承租並暫緩砍伐林木。 | 部分依協議歸還中國農林公司承租。<br>謝主席致沈委員函：<br>　一、依商業會計法補償代金收據已逾保管年限，無法查證。<br>　二、無法將已訂約與農林公司承租之林地劃歸陳情人。 | |
| 胡應炎陳訴自有農田遭受青草湖水庫嚴重損害，有關機關迄未作妥善處理案。 | 函新竹縣政府督促有關單位依二次協調會結論：由該縣府於六十七年度編列工程費預算七十萬元，為陳情人興建堤防，以免其農田遭水淹沒。 | 新竹縣政府復稱：已編列六十萬元水庫上游改善工程費。 | *存* |

　　據經濟委員會喬主任秘書錫永見告，在這已辦結的八案中認為主管機關已接受監察院全部調查意見者，共計四案，採納其中部份意見者兩案，所見不同而不採納者兩案。一般以為如此結果，可感滿意；即使改提糾正案，因行政機關與調查意見看法不同，也未必悉為行政機關所採納。如果眼看糾正案或糾彈案因客觀癥結不易成立，而又不將調查意見送請有關機關處理改善，則是胎死腹中，根本不見天日，相形之下，自屬聊勝於無了。

## 註　釋

（註一）冊府元龜卷五二二，諫諍部總序，第二頁。
（註二）宋史卷一六一，第一一頁。
（註三）轉引賀凌虛等，中華民國監察院之研究，上冊第一四五頁。
（註四）參看本書導論第四節。本書著者那時忝任參政員，故有此體認。

（註五）王世杰，比較憲法，下冊，第二五頁。

（註六）林紀東，中華民國憲法逐條釋義，第三冊，第二七八頁——二八四頁。

（註七）詳見本書導論（註八四）。

（註八）本書本章第五節。

（註九）本書本章第四節。

（註一〇）同註六，第二七四頁——二七八頁。

（註一一）本書著者等，曾在調查考試評分錯誤應有補救辦法時，請監察院洽請考試院自行制訂補救辦法。這雖具有糾正之實，但不用糾正案之名。考試院隨即予以注意改善。茲錄覆函於下：

事由：准函請擬訂考試評分錯誤補救方法一案復請查照由。

一、貴院（監察院）五十六年七月四日(56)監臺院議字第一五二八號函敬悉。

二、本案業經本院（考試院）有關部份研討，認為歷年舉行高普考試及各種特考試暨升等考試，均由　貴院推派監察委員監試，進行莫不謹慎將事，以期各該項考試之公平合理，藉符公開競爭選拔賢能之旨。今後仍應督飭主管部門繼續研究改進。至應考人對評閱試卷事項有所不服，可逕向考選部請求答復，如仍不服，其合於訴願程序者，自得提起訴願。院長　孫　　科。

（註一五）訴願法第一條規定：「人民對於中央或地方機關之行政處分，認為違法或不當，致損其權利或利益者，得依本法提起訴願，再訴願」。又第二條規定「中央或地方機關對於人民依法聲請之案件，於法定期限內應作為而不作為，致損害人民之權利或利益者，視同行政處分」。又行政訴訟法第一條規定：「人民因中央或地方機關之違法行政處分，認為損害其權利，經依訴願法提起再訴願而不服其決定，或提起再訴願逾三個月不為決定，或延長再訴願決定期間逾二個月不為決定者，得向行政法院提起行政訴訟。逾越權限或濫用權力之行政處分，以違法論。

（註一六）*Ambrose King, The Chinese Ombudsman System: A Historical and Comparative Perspectives, P. 336.*

（註一七）六十六年四月十四日報載：「立法委員李公權昨天在立法院說，行政法院過去對老百姓訴訟案件駁回甚多，被稱為是「駁回法院」，實為我國法治的一大諷刺，希望行政法院今後能發揮司法獨立的精神。黃雲煥委員指出：李委員說行政法院是駁回法院，他頗有同感。我國是民主法治國家，行政法院不能只顧政府機關的臉色，而將百姓訴訟一律駁回。梁肅戎委員表示：有人說行政法院是駁回法院，他不以為然，法院判案最重要的是公正、妥當，不必考慮駁回的多寡。希望最高法院及行政法院朝這個方向努力。行政法院院長周定宇答覆說：人民權益固然應該注意，但也注意判案的正確，目前行政訴訟撤銷比率（人民勝訴）大概佔百分之十。梁肅戎委員的指示很對，我們也一直朝公正、妥當的方向努力。

（註一八）*Bernard Frank, The Tanzanion Permanent Commission of Inquiry —The Ombudsman. PP.255——259.*

（註一九）同註一六，第三〇〇頁。

（註二〇）同前，第三〇七頁。

（註二一）參看陶百川叮嚀文存第六冊，辨寃白謗第一天理，第三一頁——第四〇頁。

（註二二）同前第十冊，革新進步鏗鏗鏗，第七頁——第一〇頁。

（註二三）六十六年工作報告第一四頁和第五二三——五四二頁。

（註二四）行政院對糾正案追踪管制作業注意事項如下：

㈠追踪管制依據、範圍及工作劃分：監院對行政院所屬各部會局處署所提糾正案之副本，由政院研考會追踪管制，並負責全盤聯繫協調事宜，對省市政府所屬機關提出的糾正案之副本，由臺灣省、臺北市政府研考會追踪管制，及負責對行政院研考會與有關業務主管機關研考單位聯繫協調事宜。各機關研考業務單位，則負責有關本機關糾正案件之追踪管制，及對上級研考單位的聯繫協調事宜。

㈡追踪管制方法：

①各業務主管機關：

1.於收到監察院糾正案件後，應以管制案件，迅採措施，並儘早函復。

2.於監察院文到一個月內無法辦結之糾正案件，亦應先將辦理情形概要及預定結案日期先行函復監察院。

3.以上兩項函復文件，請副知本機關主管研考業務單位及行政院研考會。

②各研考單位：

1.行政院及省市政府研考會，於收到監察院糾正案件副本後，即予登記管制，並卽通知業務主管機關研考單位列入管制。

2.對監察院糾正案件，主管機關超過一個月尙未答復者，應卽予以催辦。

3.本院所屬各機關及省市政府研考會，對監察院糾正案件尙未辦結者，應於每季第一個月十日將辦理情形區分：案由、辦理情形及未能結案之原因，函送行政院研考會，彙送監察院秘書處參考。

4.對超過半年以上，久未辦結之案件，應調查原因分析責任，簽報機關首長核處。

（註二五）六十七年一月四日臺灣時報社論。

# 第九章　監視權及其行使

## 第一節　性質和種類

依照中華民國憲法，監察院行使六種監察權，就是：同意權、彈劾權、糾舉權、審計權、糾正權和調查權。但我以為它尚有另一職權──「監視權」。

「監視權」這個名詞，而且把它作為監察權之一，乃是我所私撰，但並非杜撰。「私撰」，是因憲法或一般法律中還沒有「監視權」這一名稱，不像其他監察權名稱之在法規中定有明文。「並非杜撰」，是因監察院的確有這職權，而且在法律中也標明「監視」字樣。

這些法條，有如下列：

一、監試法第三條規定：「左列事項應於監試人員監視中為之」，而監視人員則由監察委員充任，由監察院遴派。這是監視權的權源之一。

二、機關營繕工程及購置定製變賣財物稽察條例第五條規定：「各機關營繕工程及購置、定製、變賣財物，在一定金額以上者，辦理招標、比價、議價，及訂約、驗收、驗交時，應⋯⋯通知審計機關派員監視。」這是監視權的權源之二。

三、憲法第九十六條也規定：「監察院得按行政院及其各部會之工作，分設若干委員會，調查一切設施，注意其是否違法或失職。」這種委員會是常設的，它們的監視是經常性的，對象包括一切設施。該條雖沒有標出「監視」字樣，但實際已把監視權授予監察院。所以監試法和

審計法乃得使用「監視」字樣，這是最大的權源。

遠在民國二十年十月十六日，監察院呈送國民政府的工作報告已經提到「監視」的監察任務。它說：

> 「監察院設置之目的，在糾舉公務員之違法與失職，然監察制度之精神，固不僅摘發奸邪，懲戒貪墨於事後已也。此項監察權之行使，實在防微杜漸之至意。故以後關於各機關重大事務之處理，其情勢有監察之必要者，政府當令監察院派員監視（！）之。能糾正違法於事前，庶減少訴追犯罪於事後。其他議而不決，決而不行，行而不力者，監察院得隨時提出質問，以促其注意，俾各機關之公務人員，事前有所警惕，不敢放棄職責，坐失機宜。……中央歷屆全會及國民會議關於訓政時期施政中心之決議，與夫最短期間建設程序之規劃，均經定有具體方案。……惟各地能否竭力奉行，各項建設事業能否按已定步驟逐漸實施，監察院為促進行政效力，完成職責計，擬隨時分派專門人員，分赴各地，切實調查，報告政府。其玩忽因循，愆期失職者，亦隨時提出糾彈。」

稽諸歷史，中國的御史本是為監視百官特別是丞相而設置。夏侯玄指出：

> 「秦世不師聖道，私以御職，姦以待下，懼宰官之不修，立監牧以董之。」（註一）

漢朝承襲秦朝的制度，御史大夫也是察官，主者的任務是「典正法度，以職相參，總領百官，上下相監臨。」（註二）

所以那時御史大夫與丞相，既屬相關，而又相斥。丞相所當過問的政事，御史大夫也參與監臨。丞相如有不法或不當情事，御史無不盡力

斜彈，以期取而代之。於是監視很嚴。（註三）

　　現代民主國家的國會。更有很大的監視權。甚至許多執政當局所嚮往的美國式的總統制，總統雖掌握行政大權，然也受國會的嚴密監視。依照袞渭爾和柏德森二教授的名著美國立法制度，國會負有監視（*oversight*）、監督（*supervision*）以及監管（*control*）的責任。他們指出：

　　　　「一個議員密切注意和從而熟悉行政機關的組織和政策的執行，又或一個委員會運用接觸、觀察和調查而成爲對行政機關活動的守夜狗（*watchdog*），我們可把這種立法機關對行政機關的關係，名之爲監視。如果議員和委員會的影響力介入行政政策的形成和實施，從而變更它的重點和優先，這種關係，我們名之爲監督。假使立法機關直接指導行政機關的組織和政策，或後者須待立法機關的核准，我們把這種關係名之爲監管。……舉例以明之，衆議院的武裝部隊委員會，可視爲監視委員會，撥款委員會享有監督的權能，而兩院聯合組成的原子能委員會，乃是一個監管委員會。」（註四）

　　其實，不僅武裝部隊委員會，參衆兩院許多常設委員會，都負有監視政府機關的職責。其中政府工作委員會（*Committee on Goverment Operation*）且以監視政府爲專業，包括下列各項：

　　一、受理和審查審計部的業務報告和研究報告，並把其中重要和必需的建議轉報參議院或衆議院。

　　二、考查政府各部門的工作實況，注意它們的經濟和效率。

　　三、評估行政部門和立法部門實施組織功能和改進法案的效果。

　　四、研究聯邦政府與各州和各市以及與美國所參加的國際組織的關係。（註五）

回到本題，中國監察院的監視權，則採取下列方式：

一、監試：考試院在舉辦國家考試時，須請監察院派員監試。所謂國家考試包括高等考試、普通考試、特種考試以及高等考試和普通考試的檢定考試。至於考試院委託有關機關主持的考試，例如省政府的升等考試和調查局的調查人員考試，監察院也派員監試。

二、稽察：依照機關營繕工程及購置定製變賣財物稽察條例，各機關建築房屋和築路造橋等工程，購置財物、定製財物或變賣財物，在法定以上的金額時，都須請審計部派員監視。它的程序包括招標、比價、議價和驗收。

三、監察院各委員會的調查和注意：憲法授權監察院按行政院的部會設置委員會，「調查」「一切」設施，「注意」其是否違法或失職。這種「調查一切」的「注意」，就是監視。

## 第二節　程序和方法

考試是國家大政和大典。因為憲法第八十五條規定：「公務人員之選拔，應實行公開競爭之考試制度，並應按省區分別規定名額，分區舉行考試。非經考試及格者，不得任用。」

中國的考試和監察都有悠久的歷史和優良的傳統。所以孫中山先生乃把它倆列為五權憲法的第四權和第五權。

早在兩漢時代，朝廷已以考試取士。太學招生，固須考試，即使帝王延攬賢良方正直言極諫之士，也由他親自筆試和口試。

史稱「平帝時，王莽秉政，增元士之子得受業如弟子，勿以為員。歲課甲科四十人為郎中，乙科二十人為太子舍人，丙科四十人為文學掌故。」（註六）

又元光元年五月，詔賢良曰：「賢良明于古今王事之體，受策察問，咸以書對，朕親覽焉。」於是董仲舒、公孫宏等乃脫穎而出。（註七）

至於御史是否監試，漢史未有記載。依照唐史，唐大中元年，吏部宏辭舉人，漏洩試題，為御史臺所彈劾，侍郎裴稔降為國子祭酒，考試官侍郎唐扶出為刺史，監察御史馮顓罰一月俸料。足證唐朝考試是由御史監試。（註八）

明朝特別重視考試制度，明史規定：「會試初步官，監試二人，在內御史，在外按察史官。會試御史供給收掌試卷彌封謄錄對讀受卷及巡綽監門搜檢懷挾。」（註九）

監察院的監試權，也以古代御史或給事中監視國家掄才大典的制度為背景。民國十九年國民政府試行五權之治，就頒佈監試法，規定凡由考試院組織典試委員會辦理的考試，都應請監察院派監察委員監試；由考試院委託其他機關辦理的考試，得由監察院就地派員監試。這是說，前者應派監察委員親自監試，後者得派職員監試。曾有一次交通機關辦理海員考試，有些海員在國外不能趕回應考，要求監察院就地派員監試。監察院為節省旅費，曾擬委託該地領事館代辦。

監試人員的職責很繁瑣，也很重要，包括下列事項：

一、監視試卷的彌封；

二、監視彌封姓名冊的固封保管；

三、監視試題的繕印封存及分發；

四、監視試卷的點封；

五、監視彌封姓名冊的開封及對號；

六、監視應考人考試成績的審查；

七、監視及格人員的榜示及公布。（監試法第三條）

監試人員如發現潛通關節，改換試卷，或其他舞弊等情事，應報請

監察院依法處理。（第四條）如有必要，監試人員也可先行告知典試委員長卽作急速處理。

監察法第三百九十六次院會更經決議：「對於本院曾派委員監試之有關考試控訴書狀之處理，須與本院所派之監試委員密切聯繫；關於書狀之批辦，應先徵監試委員意見，俾免分歧，而重責任。」

臺灣大學傅啓學教授等七人所著的「中華民國監察院之研究」，却認爲「監試權不必行使」。他們的論據頗可注意。該書流傳很少，且已絕版，所以轉錄他們的三項理由：

「一、監察院的任務，是事後監察，不是事前監督。監試任務係事前監督，監察院不應行使。事前審計，一般人多認爲不當。考試前考試中之監督，應由考試院依法獨立行使職權，爲什麼要請監察委員來負責呢？固然，我國歷代監察人員均兼負監試之責，但歷代監察人員之職責甚多，監察院是限於憲法規定之職權，不是承襲古代監察人員之職責。憲法未規定之職權，大可不必擔任。

「二、監察院有彈劾考試院人員失職或違法之權，考試人員的唯一責任，就是考試；必須在辦理考試時違法失職，然後由監察院彈劾。今監察委員既往監試，代替主持考試人員的職責；若果考試時發生弊端，監試人員不能卽時發現，卽不能避免責備，是監察委員代替考試委員受過矣。監察院事後發現考試失職或違法情事，固然可以追究責任，可以彈劾主考人員，但既彈劾於後，何必監試於先，故監試權大可不必行使。

「三、就事實論，考試業務極繁，第一要注意的是彌封試卷，第二要注意的是試題的繕印保密，第三是拆封後分數之登記。這三件事，都不是短時間可以辦妥的。試問監察委員能不能坐視一二日，

監督試務人員彌封呢？試題的繕印，是考試最重要的業務，印題人員必入闈五日至七日，監察委員能不能入闈監督呢？至於登記分數，偶有錯誤，即影響考生之是否錄取，監察委員能不能一一核對，使其毫無錯誤呢？若監察委員不能執行監試法第三條的規定，何必擔任此種不應負擔的責任呢？這是考試人員的責任，不是監察委員的責任，故監察院不必行使監試權。」（註一○）

傅教授等所說「憲法未規定之職權，大可不必擔任」，自很合理合情，但其所謂「事前監督，監察院不應行使」，則因憲法不把監察院看作御史，而把它看作國會和民意機關，所以把純係事前監督的同意權，也以明文規定授予監察院。而且監試乃是監視而非執行，在中國已有很久的歷史，監察院依據法律繼續行使，與憲法精神正相吻合。

至於事實是否可能，確可疑慮。所以監試委員常派兩人會同或輪流工作，並與印題人員共同入闈五日至七日。工作雖稍辛苦，但結果幸尚可觀。

在稽察方面，監察院的監視工作，是由審計人員全權辦理。它的程序，已敍於本書第七章，不必複述，茲將審計部和所屬審計處六十四年度辦理監視工作為公庫節省經費或增加庫收的數額列表於下，以明監視工作的功能：（註一一）

| 事 項 額 數 | 派 員 監 視 | 節省經費或增加庫收 |
|---|---|---|
| 營 繕 工 程 | 363 件 | 節省 186,642,630 元 |
| 購 入 財 物 | 2,617 件 | 節省 108,807,182 元 |
| 變 賣 財 物 | 120 件 | 增收 20,743,089 元 |
| 共 計 | 3,097 件 | 節增 317,192,901 元 |
| 臺 灣 省 審 計 處 監 視 結 果 | | 節省 58,070,338 元 |
| | | 增收 19,741,428 元 |
| 臺 北 市 審 計 處 監 視 結 果 | | 節省 116,279,769 元 |
| 總 計 | | 節增 511,284,436 元 |

## 第三節　監試與救濟

與監試權有一相關的問題，頗可注意：政府所辦考試的應試人如果基於適當理由，認為考試機關對他的試卷評分錯誤，要求閱覽該一試卷並請補救，但遭駁拒，控到監察院請求救濟，監察院應該怎樣處理？

五十六年四月本書著者向監察院提議，要求考試機關准許應試人閱卷。提案主張：

「政府所辦各種考試之應試人，如提出有力反證，說明閱卷人對其試卷可能批錯或顯然不公，請求本院調閱該試卷時，本院得請該考試機關將該試卷複印送院。如發現批分確有錯誤，本院應通知該考試機關自行補救，以求公平而重考典。是否有當敬請討論。」

該提案主張須提出「有力反證」，以杜濫行指摘或請求救濟。所謂有力反證，例如有一應試人的英文試卷不及格，但他已經通過美國大使館的託福考試，而且他的在校成績也很好，經他提出證件，作為反證。

監察院接到該試卷的複印本時，得通知該申請人去院閱覽。如果不服，提出理由。監察院可將理由通知該考試機關自行核辦，而不代作決定。

在討論該案時，仁智各有所見。提案人的理由如下：

「一、政府機關所辦的各種考試，即使如何認眞也難免忙中有錯，仍有百密一疏。陳委員曾經報告高考評分錯誤的實例，我也舉出留學考試評分錯誤的情形。大家對這一點都有同感。

「二、因爲閱卷人員的疏忽，以致應試人應錄取而不錄取，他的損失自應予以補救。人民打官司有一審二審和三審，人民對行政機關的措施可以訴願再訴願和行政訴訟，被本院彈劾的公務員可以針對本院的彈劾案提出辯駁書要求司法院公懲會不予懲戒。國家對於人民權利的照顧自應這樣力求週到。任何有關機關及其公務人員不得因怕麻煩而不理會人民的損失。『如果怕熱，最好不進厨房』。考試制度中也應有和不怕補救錯誤的辦法。

「對這一點同人雖有同感，然也有少數人總覺得不必多事。他們說：過去旣沒有補救辦法，現在也不必更張。但是時代是進步的。旣已發現問題，而且發生糾紛，就當設法解法。應試人的損害總應該予以救濟。

「三、其實一部份政府機關已經有了補救制度。例如臺北市的初中入學聯考，一向實行覆查制度。不錄取學生的家長，可以請求聯招會予以覆核。聯招會調出他們的試卷加以密封，另請一批老師去覆閱，評錯的就加以改正，補行錄取。

「又如考選部也曾接受應試人許有恒君的請求，對他說明不及格的理由。許君不服，向行政法院提起行政訴訟，經予受理，但是

敗訴。敗訴並不重要，重要的是評分錯誤可以訴訟，這就是救濟制度的一條路徑。以後應試人對評分如果不服，自可援例辦理。

「四、但是應試人如果不准看卷，他就提不出評分錯誤的證據，行政法院就會以『空言指摘』爲理由，予以駁回。我們提案的精神，就是要保障應試人閱卷和申訴的權利。人民可在法院閱卷，可請行政機關准予閱卷或抄卷，可向立法院和本院請願和質問不受理的理由，主辦考試的機關，何獨可以不准應試人閱卷！

「我承認閱卷是會帶來麻煩的。但麻煩不能作爲否認人民閱卷權利的理由。而且麻煩也不會太多和太大，而且准許閱卷和准許申訴，可以促請閱卷人員的注意和愼重。而像過去和現在這樣不准閱卷，即使評分十二分不合理，也不愁東窗事發，於是難免草率從事，胡亂給分，使應試人寃沉海底。所以准許閱卷正是促起負責評閱，從而減少錯誤，從而減少麻煩和糾紛的最有效辦法。

「五、或謂作文試卷的評分最易引起爭執，因爲給分沒有具體的標準和一致的判斷。我說惟其判斷難以一致，所以只要給分不是太不合理，應試人便不得指摘評分一定錯誤，受理訴願或行政訴訟的機關更不會推翻考試機關的評分，所以作文糾紛更應該不會很多或很大。」

該案終獲院會通過，分送行政考試兩院擬訂考試評分錯誤補救辦法並見覆。

行政院交教育部簽辦，該部就留學考試須訂「複查工作及計分錯誤補救辦法」，全文八條併錄於下：

「第一條　凡報考本部公自費留學考試學生，對其考試成績懷疑計分錯誤時，得向本部申請複查。

「第二條　申請複查時間於每次留學考試榜示一週後半月內為之。

「第三條　本部複查工作人員，應調取申請人之全部試卷仔細查核，並應特別注意下列各款：一、清查申請人各門試卷是否齊全；二、查核申請人各門試卷及試卷中每一題目有無被閱卷人漏批分數情事（包括白卷之零分記載）；三、查核閱卷人所批分數有否不合規定計分標準情事（例如各題規定最高佔若干分數批分時不得超越，測驗題有標準答案及計分規定者，批分時應一致遵從規定）；四、查核每門試卷各題得分之和是否與卷面所批總分相符；五、查核各門試題分數總和與核計組底冊記載是否相符；六、注意試卷除閱卷人簽蓋批定之分數外有無任何更改情事；七、其他可能之錯誤。

「第四條　複查人員如發現計分確有錯誤時，應檢附原卷簽明意見，呈請予以更正，更正後得分達錄取標準者，應即補行錄取。

「第五條　複查完畢後，應於試卷封頁上加蓋「複查訖」戳記，並記明複查月日，由複查人員簽名蓋章。

「第六條　申請複查應以書面為之，並以一次為限。

「第七條　本部於放榜後一週內應成立複查工作小組，必要時得函請監察院派員監督，以示慎重。」

考試院的答覆，是：

「今後仍應督飭主管部門繼續研究改進。至應考人對評閱試卷事項有所不服，可逕向考選部請求答覆，如仍不服，其合於訴願程序時，自得提起訴願。」（註一二）

考試院這個答覆，比之於行政院的答覆和教育部的補救辦法，（註八）

眞有霄壤之遠。因爲第一，它不准應試人閱卷；第二，應試人因而無法舉出請求救濟的理由，也就喪失訴願的機會；第三，它沒有複查制度，因而可說沒有補救辦法。

入民本有提起行政訴訟的權利，但應試人不能閱卷，根本提不出理由，結果自難獲勝。尤其如果他是公務員，則因公務員不得對政府提起行政訴訟，他就不能享這權利。

幸而監察院有監試權，監試人有權調閱試卷，可以發現眞實，而作適當的救濟。

行政考試兩院實施上項補救辦法後，成績斐然，於是引起社會人士對大學和專科學校聯合招生考試評分錯誤也應補救的要求。民國五十七年春，余俊賢委員和本書著者因而向監察院提案，主張調查大專聯考評分情形和錯誤補救辦法，以期設法改善。該院推派他們調查。他們後來在調查報告中建議由聯招會自設覆查組，接受考生的覆查要求，將有關試卷，加以複閱，評分如有錯誤，並加改正和救濟。

這個以及另外一些建議，經監察院函准教育部接受辦理。據民國五十八年聯招會報告，該年試卷經聯招會覆閱和覆查結果，發現各種錯誤經予改正的，合計三萬零二百四十八件，但僅佔總件數的百分之零點一二。其中分數改正結果而合於錄取標準的，該會允在下學期准其入學。（註一三）這是監察院一個小功德，迄今仍爲人們所感念。

## 第四節　委員會的監視

監視權之採取監試方式者或稽察方式者，意義明確，無需舉例。至監察院委員會的監視權及其程序，已在本書第三章第三節有所敍述，茲不贅及，但爲臻明晰，再舉二例，作爲補充：

第一例：自從中、美共同防禦條約簽訂後，臺灣局勢大定，經濟開始起飛，工商業及軍政機關對外滙的需求也日增，行政院支應爲難。監察院爲防滋生弊病，於是加強監視，函請行政院外滙貿易審議委員會將該會及其所屬各組的會議紀錄，送與監察院。嗣後該會的會議紀錄及其所屬的普通輸入組、專案輸入組、滙款組和輸出組的每週會議紀錄，都送與監察院，由該院交財政委員會處理，後者推委員審閱。但其中軍政機關外滙審核組的紀錄，則因涉及軍事或外交機密，監察院和行政院商定：由監察院隨時推派委員前往審議委員會抽查，免送該組會議紀錄。

第二例：民國五十五年一月，本書著者向監察院院會提案，請對法院冤獄特加注意。提案指陳：

「國家愼刑恤獄，尊重人權，其第一要義應爲不得濫施羈押。乃近閱行政院來文，獲悉五十五年度法院冤獄之經國家賠償者尚有二十九件，其成因雖甚複雜，且未必皆爲主辦法官之咎責，然難免無枉法濫權等情事，自應加以澈查。用特提議：請交本院司法委員會調集全部有關案卷加以審閱，如有必要，並應調查及依法處理，以重法治。請討論案。」

院會決議：「本案連同陶委員百川發言要點併交司法委員會處理。」司法委員會第二一一次會議決議：「（一）向司法行政機關洽調五十五年度應行賠償之冤獄案卷；（二）報院函司法院轉知冤獄賠償覆議委員會及司法行政部通令各法院，自本（五十六）年一月起，將受理冤獄賠償案件之決定書副本分送本委員會。」

以後所有賠償冤獄決定書都經隨時送與監察院司法委員會，由該會推委員逐件審閱。

按：所謂冤獄是指被告在偵查或審判期間被法院羈押而最後獲得平

反的案件。至於原判有罪而獲判無罪但未被羈押的，則不適用冤獄賠償法。

　　監察院審閱冤獄案卷的目的，是在審究下令羈押的法官是否濫用職權，妄加羈押。但是有些羈押顯有必要，監察院就不應過分吹求，以免法官因多所顧忌而對應當羈押的也不羈押。

　　本書著者，曾就最初一年所收冤獄賠償案決定書的審閱結果加以統計。

　　自民國五十六年一月起至五十七年十二月十一日止（連同以前收到之廿九件）收到冤獄賠償決定書除未調齊案卷者外，計八十五件，均經司法委員會依序分配各委員審閱。

　　審閱結果，除田委員欲樸審閱高張桂案，經第二一四次會議決議：「推田委員欲樸調查」，嗣提調查報告，經第二二〇次會議決議：「存」。本書著者審閱了九案，除劉生進案，經第二二四次會議決議：「報院函司法行政部查復」，嗣准函復經第二二八次會議決議：「請陶委員百川審查」，旋提審查報告，經第二二九次會議決議：「存」。餘皆存查。又張委員建中審查簡吳滿案，經第二二四次會議決議：「報院函司法行政部調查局查復」，嗣准函復經第二二六次會議決議：「存」。其餘八十二件均經決議：「存」。（認為下令羈押之法官不負違法失職責任。）

　　玆將本書著者五十八年所辦四案的理由舉例如下：

　　（莊金火案）以本案詐欺情節而論，羈押尚無不合。可存。

陶百川　九、廿二

　　（呂良心案）本案裁定不賠，尚無不合。可存。

陶百川　九、廿二

　　（潘志高案）本案被告素行不良，羈押尚無不當，存。

陶百川　九、廿四

（胡龍輝案）本案被告初供承認竊盜，羈押咎由自取。可存。

陶百川 九、廿四（註一四）

但監察院曾有一次對原審法官予以究辦。先由王委員冠吾審閱陳國柱寃獄賠償決定書認爲不應羈押而提議作進一步的調查，旋由院派蔡委員章麟調查，建議先請司法行政部處理見覆。後經該部覆稱：「臺中地方法院推事兼庭長李國欽審理陳國柱僞造有價證券一案，就通緝到案之陳國柱是否卽爲原起訴之陳國柱，未盡職權調查之能事，致通緝到案之陳國柱被羈押二百三十八天，難辭怠忽職責之咎，已予記過一次。」（註一五）監察院未加深究。（註一六）

## 第五節　巡廻監察

現將略述監察院的巡廻監察（巡察），因爲它也略具監視作用。

巡廻監察由來很古。孟子述晏子與齊宣王的一則談話，他所說的「巡狩」，相當於巡廻監察。孟子說：

> 「昔者，齊景公問於晏子曰：『吾欲觀於轉附朝儛，遵海而南，放於琅邪，吾何修而可以比於先王觀也！』晏子對曰：『善哉！問也。天子適諸侯曰巡狩，巡狩者，巡所守也。諸侯朝於天子曰述職，述職者，述所職也。無非事者。春省耕而補不足，秋省斂而助不給。夏諺曰：『吾王不遊，吾何以休？吾王不豫，吾何以助？』一遊一豫，爲諸侯度。」（註一七）

後來秦設御史，漢承秦制，曾置監察御史，監視地方政府，並代帝王巡狩所屬。

漢武帝改置部刺史，作爲對地方政府的察官。「傳車周流，匪有定

鎮」。（註一八）「常以八月巡行所部郡國」。（註一九）

監察院的巡廻監察，師承古制，初由監察使署辦理。監察使巡廻監察規程第二條，授權監察使「應就所派監察區內巡廻視察」。時間在每年六至八月，任務是視察政治措施的得失，並接受人民訴狀。

民國三十七年六月行憲第一屆監察院成立，制訂監察委員分區巡廻監察暫行辦法，規定各區行署委員按照年度計劃出巡轄區外，監察院必要時得推選監察委員或組織巡察團赴指定地區巡察。那年九月曾組織臺灣巡察團，十月復組織首都巡察團。

現制：巡廻監察的任務如下：一、各機關施政計劃及預算之執行實際情形；二、政令推行情形；三、各級公務人員有無違法失職情形；四、當地人民生活情形；五、當地社會狀況；六、人民書狀之處理及其他有關事項。」（註二〇）

巡察分兩組進行：中央機關巡察和地方機關巡察。中央機關巡察以巡察中央有關各院部會和首都所在地的中央機關爲限，各院部會本機關在首都以外地區者，中央機關巡察組也得巡察，或由地方機關巡察各組代爲巡察之，而將巡察報告分送中央機關巡察有關各組併辦。（註二一）

現制：中央巡察組計十組，地方計十三組，時間各爲二十日。

巡察委員得收受人民書狀，得斟酌情形應就地調查，或報院處理。

巡察各組都須提出巡察報告，包含改進意見。並由各組分別向監察院當年總檢討會議作口頭說明，以便討論。（註二二）繼由總檢討會議交政治小組整理，分別列入政治檢討意見中，（註二三）函送行政院「注意改善」，或交監察院有關委員會分別處理。（註二四）

# 註　釋

（註一）三國志，第九卷，夏侯玄傳，第二八Ｂ頁。

（註二）漢書，第八三卷，朱博傳，第一六Ｂ頁。

（註三）薩孟武教授在西漢監察制度與韓非思想一文中，曾繁康大法官在中國政治制度史一書中，以及賀凌虛教授在中華民國監察院之研究上册，都持這種看法。

（註四）*Malcolm Jewell and Samuel Patterson, The Legislative Pracess in the United States, PP. 484-485.*

（註五）*Barth, Government by Investigation, P. 26.*

（註六）徐天麟，西漢會要，第二二〇頁。

（註七）同前，第四五一頁。

（註八）唐會要，第七六卷，第一三九四頁和第一三九五頁。

（註九）明史，第七〇卷，選舉志二，第二頁上。

（註一〇）該書下册，第一〇七八頁。

（註一一）依據審計部六十五年十二月向監察院提出的書面報告。

（註一二）陶百川叮嚀文存第十册，革新進步鏜鎝鎝，第九〇頁。

（註一三）同前，第九三――一〇〇頁。

（註一四）叮嚀文存，第八册，自由民主鐪鐪鐪，第九三――一〇一頁。

（註一五）卷查民國五十年間，有陳國柱者，涉嫌僞造有價證券，經臺中地方法院通緝，依該院五十一年三月十四日 (51) 中烈刑緝字第四號通緝書，記載「姓名：陳國柱，性別：男，年齡：40，籍貫：不詳，職業：商，居住所：臺北市西園路大明行被服廠」，其他身長、服飾、携帶物品、身分證字號等均「不詳」。至五十八年七月二十日，基隆市警察局第一分局查得陳國柱一名，男性，四十八歲，福建省福淸縣人，職業工，住臺北市內湖區淸白村康寧一段 255 巷 46 號，身分證字號爲基中 (11) 字第 0068 號，警員詢以「何時何地僞造有價證券？」答：「過去的事很久很久現已記不淸了。」但又說明：「我沒有住過臺北市，亦無在大明行被服廠做過工作。」警員問：「那麼你爲什麼因僞造有價證券被臺中地院通緝呢？」答：「大概是我同姓名的。」基隆市警察局於通緝案件移送書備考欄註：「該犯雖否認有犯僞造有價證券，但姓名及年齡均與通緝相符，應將陳國柱移送臺中地方法院經予羈押。

陳國柱原於八月廿七日以訴狀敍明自五十年三月起至五十八年七月止，其工作地點與工作單位及負責人等資料，請求查證彼確非僞造有價證券之陳國柱而予以釋放。李推事乃傳彰化紗廠廠長叢樹楷、工人李永泉、楊正義等辨認此陳國柱是否爲在該廠做過工作之陳國柱（亦卽僞造證券之陳國柱）。叢等三人皆稱不是，從沒有見過他。陳國柱嗣又提出自四十六年十一月起至五十八年間工作地點、工作單位及

負責人，請求查證，李推事未予置理。

五十八年十月二十日，推事李國欽制成判決書，主文爲：「陳國柱共同意圖供行使之用爲造有價證券處有期徒刑三年。」理由中關於此陳國柱是否爲犯案之陳國柱一節，僅稱：「訊據被告陳國柱雖矢口否認有共同僞造右開銀行支票情事，且諉以係屬同姓名之誤爲辯解，卷查被告姓名年籍均與本案通緝之陳國柱相符，業據基隆市政府警察局調查明確，註明在卷『云云，認定彼即犯罪之陳國柱。」

陳國柱被地院判罪後，不服上訴臺中高分院，由審判長推事鍾曜唐、推事徐元慶、溫良瑞審理，於五十九年十二月三日，以五十八年度上訴字第一四五三號判決「原判決撤銷。」並先於五十九年三月十九日將陳國柱責付。（即停止羈押）。

（註一六）關於監察院決議調閱各級法院處理冤獄賠案的問題：郭學禮委員會在一次檢討會中說：「據地方法院首長謂，自法院奉命將受理冤獄賠償案件決定書副本分送監察院後，推檢人員對於辦案多有顧慮，因推檢人員資格取得不易，深恐辦理案件發生冤獄賠償情事，而受彈劾，則前途名譽影響甚大，對被告難免因循放縱，若干罪犯因而遙逸法外，影響社會治安及秩序」。張秉智委員說：「關於司法委員會對於冤獄賠償的處理態度，這個案原先是陶委員百川提出的。冤獄案由司法委員會各委員輪流審查，我個人審查的幾個案子，沒有一個案子認爲拘押不當。據我所知，其他委員審查的案子也是這樣，被拘押而判無罪的人，有竊盜犯，有殺人犯，每次審閱都未說推檢拘押不對，可見司法委員會同仁對審查案子非常愼重。所以郭委員提出來之後，我覺得有加以說明的必要。拘押人犯少是一個好現象，我同意這個看法。」

（註一七）孟子，梁惠王下。

（註一八）後漢書，志二八，百官註五，第三頁。

（註一九）同前，第二頁。

（註二〇）巡廻監察暫行辦法第三條。

（註二一）同前，第七條。

（註二二）總檢討會議規定每年十二月份舉行，爲期一個月。

（註二三）六十六年度政治檢討意見共計三十四條，包含提醒政府於經濟建設外，更應加強心理建設，端正社會風氣。

（註二四）關於政治檢討意見可否彙送行政院注意改善，學者頗有歧見。在六十六年總檢討會議，李存敬委員等指出：監察院年度總檢討會、中央及地方各巡察組、各委員會及各委員，對政府當前一般政治設施所提出的檢討意見，經政治小組整理後，除交各委員會研究處理外，均提出數十條意見，由院會通過後函送行政院促其注意改善見復。行政院雖然十分重視，但仍欠缺法條依據，似應在監察法施行細則中增訂條文，詳加規定。對這意見，本書著者向有同感。

# 第十章　調查權及其行使

## 第一節　以調查為監察

調查是監察的必要方法，監察院行使任何監察權，必須經過調查程序。彈劾、糾舉、審計和糾正，固須以調查為立案的方法，同意權的行使，原則上也應對總統所提名的人選加以調查。同意權採自美國，而美國參議院對重要候選人的調查，往往不厭其詳。例如該院對洛克斐勒副總統任命的調查，一方面公開聽證，同時通知聯邦調查局和審計部動員五百餘人，歷時三個月，「上窮碧落下黃泉，動手動脚找證據」。監察院對候選人一向免除調查，但也有不予同意的。（註一）如果經過調查，則不被同意的或能獲得同意，而獲同意的或會名落孫山。

所以監察院的調查，包括：糾彈調查、審計調查、糾正調查和同意調查。但它沒有立法調查。於是有人認為調查權乃是工具性和附屬性的職權，附屬於其他的監察權而為其工具。而「工欲善其事，必先利其器」，它的重要性，也就可想而知了。

但是調查的性質和功能並不只充其他監察權的工具，它的本身也是一種監察。

美國國會一向就以調查作為它監察行政部門的方法和職權之一。自第二次世界大戰結束以來，這種作為對立法機構監察技術的特殊工具的重要性已大增。一部份是因一九四六年立法機構重組法案（*Legislative Reorganization Act of 1946*）的若干條款賦予國會委員會調查的推動力。

這項法案，是根據一九四六年國會聯合委員會報告中的主要建議而擬訂的。

為使國會具有更佳的「監視」法律執行的能力，那份報告建議：「指導並授權兩院常設委員會（註二）繼續監視法規和各機構依權限行事。給予它們簽發傳票之權。並廢止特別調查委員會的作法」。該報告又進而建議，「核准各重組的立法機構委員會聘用四名符合規定條件的各特殊方面的專家」。（註三）

為支持其建議，這個聯合委員會表示：

> 「憲法雖明定劃分行政與立法部門的權限，却無意讓它們各行其是和背道而馳。國會與各部會間的鴻溝已逐年加深。龐大行政部門的活動假使沒有有效的立法機構監督，民主政治的界線將逐漸模糊。每三百萬名聯邦職員中僅有一人是由人民選出並對人民直接負責。」（註四）

國會調查行政部門以防止行政機關的管理不善、無能以及濫用職權的重要性和效用是不能否認的，這是憲法賦予國會的一種防範職責。

立法機構重組法案在一九四六年八月二日由杜魯門總統簽署成為法律，除了廢止特別調查委員會的機構外，它包括了這些建議的大部分內容和其他有關的建議。這項法案在參議院通過時，禁止設立特別調查委員會，但眾議院刪除了這項條款。雖然如此，這項法案的精神對常設委員會的調查給予堅定的法律支持。在一九四六年以後的幾年中，特別調查委員會的作用顯著減少，在參議院中尤其如此。

在人員和職權方面加強後，兩院的常設委員會乃能擴大國會的調查，這是一九四六年以來的特色。

遠在一七九二年春天，美國眾議院決定調查沈克萊將軍（*General*

St. Clair）遠征西北領地的某些印第安部族遭到慘敗之事時，開始了第一次國會對政府的調查。它在三月二十七日，要求華盛頓總統展開這項調查的一項初步議案遭到否決，原因是它違反權能劃分的原則。但它接着通過一項設立特別委員會進行調查的決議案，麥廸森曾爲這項行動辯護，理由是國會有權進行有關財政的調查。

這個特別委員會的第一步行動，是要陸軍部長諾克斯提供所有與那次遠征有關的原始信件、命令和其他文件。諾克斯向華盛頓總統報告此事，華盛頓即召開內閣會議討論這個問題。在四月二日，內閣一致決定，衆議院有權進行這種調查並索閱文件，總統也應當交出「公共利益所允許的那些文件」，但應拒絕提供透露之後「將損害公衆」的文件。（註五）內閣一致認爲，所有與沈克萊遠征有關的文件都應提出，華盛頓也指示陸軍部長奉命行事。

該委員會在一七九二年五月八日送交衆議院的調查報告，宣告沈克萊將軍無罪，而指責陸軍部，尤其是軍需和承辦人員管理不善、嚴重疏忽和延遲供應必需的備服和彈藥。國會並未遵照這份報告行事，衆議院中的聯邦黨員也阻止了它的公布，因爲他們認爲它將損及諾克斯和漢米頓兩位部長。

在美國歷史上或許沒有一個其他國會委員會在使政府達成必要的改善和大量節省金錢、人員和物資方面作得比杜魯門委員會更爲有效。爲了戰爭工業生產的高速度以及軍事設施的快速擴張，第二次世界大戰時期美國不能不有龐大的開支，而且爲了速度的需要，通常的程序和防範措施也都簡化，於是驚人浪費和錯誤的措施也因而增多。杜魯門參議員所領導的一個委員會所調查的就是這種情況，而它毫無畏懼的進行調查，要求改善管理，更謹愼的策劃，以更明智而更佳的判斷行事，並避免浪費。有趣的是，英國國會也利用一個類似的預算特別委員會來調查鉅額

的戰時開支，而獲得同樣的好果。

許多因素造成材魯門委員會的成功。例如委員會的主席能充分指揮
這種調查，聘用了能幹的職員，調查在極為公正的方式下進行。而且該
委員會得到行政部門的合作，後者與它共同工作，避免感情上的指控，
並在提出任何報告前核對各項事實，於是贏得政府的支持，而它的工作
也受到被調查的各部會首長的熱烈支持。但是若干這些因素多半是起因
於美國當時正處於戰爭狀態，在平時它們將不常出現。雖然如此，該委
員會進行調查的方法，可以作為一個有益的典範。（註六）

一九四六年立法機構重組法案的「立法機構監督」條款，指導國會
的每一常設委員會，對它們管轄範圍內的政府機構的工作進行不斷的檢
討，賦予調查工作極大的原動力。此外，衆議院和參議院的行政部門支
出委員會，（後來改名為政府工作委員會）（註七）獲得授權，可對任何政
府活動進行調查。參議院所有的常設委員會都有權票傳證人，要求提出
文件，並在每次國會會期花費美金一萬元之多。衆議院的四個常設委員
會，撥款、政府工作、非美國人活動，以及法規委員會，獲得授權可以
票傳證人並索閱文件；而其他衆議院委員會在行使這些權力前，必須取
得衆議院的特別授權。

美國國會對政府的監視，極為廣泛，所有的常設委員會都可行使這
項職權。所以每一行政機關至少受到六個國會委員會的監視和調查。兩
院的撥款委員會和許多的撥款小組委員會，對行政部門進行更多的監督。
參議院和衆議院的政府工作委員會，有權調查所有行政部門的措施，並
已成為大規模的調查機構。

## 第二節　以質詢為調查

　　但是, 英國則不然。英國國會一向被稱為「大陪審員」(*Grand Inquest*),
也是第一個行使調查權的立法機構。但是時至今日, 除了與它本身議事程
序有關的調查外, 英國國會的調查工作已很少。它只有兩個定期調查政府
的委員會——政府會計委員會 (*Public Accounts Committee*) 和預算特別
委員會(*Select Committee of Estimates*), 每個委員會各有明定的職掌。

　　英國政府向不願國會委員會去蒐集攻擊它的資料。如果需要, 政府
就會自行調查。如果主題涉及廣泛的社會和經濟問題, 它會任命一個皇
家調查委員會, 委員是依資格、名望和客觀性來遴選。如果要調查有關
政府官員行為不檢的指控, 它會設立一個由一位著名法官領導的調查法
庭。如果要調查政府的問題, 它會遴選具有特殊資格的各部會高級文官
組成一個委員會。政府須負責遴選這些不同形式調查的人員, 如果被指
定的人選資格不夠或不適當, 政府會在國會中遭到嚴厲的抨擊。（註八）

　　雖然英國下議院極少對政府進行調查, 但它有其他調查政府各部會
工作的方法。那就是國會的質詢權。它常被用以調查引起民衆抱怨的政
府行動, 並且經常迫使各部會設法改善。在英國國會開會期間, 質詢是
繼續不斷的, 而且所有議員都可提出質詢。美國國會的聽證會能對政府
問題從事澈底的調查, 而英國國會的質詢則對各部會各方面的工作進行
有限度的調查。

　　在不列顛國協的會員國, 都採用以質詢為調查的方法。以印度為例,
它的質詢和調查的慣例有如下述。

　　在印度衆議院, 除非議長另有指示, 否則每次開會的第一小時（上
午十一時）都指定為質詢和答覆的時間。希望提出問題的議員, 必須在

十天前以書面通知衆議院的書記，指明質詢的部長和希望質詢列入議程的日期。（這一日期應當是在提出質詢通知至少五天之後）如果要求以口頭方式答覆的問題，則應註上星標（*）。議員不得在一天內提出三個以上註上星標的問題。超過三個以上的問題就列爲以書面答覆的質詢。

提出質詢的權利是每一議員極珍貴的職權。但這種權利受到兩個條件的限制：第一，爲獲得有關閣員管轄範圍內重要事項的資料，都可提出質詢；第二，應當遵守議事規則第四十一條（二）有關質詢性質所列舉的下述限制：

一、不得提出任何並非爲使人了解問題而絕對必要的姓名或聲明；

二、如果它包含一項聲明，議員須自行對該項聲明的正確性負責；

三、不得含有議論、推論、譏諷的辭句、責難、描述詞或誹謗的陳述；

四、不得要求對一項抽象的法律問題，或假定的待決問題的解決辦法表示意見；

五、不得問及任何人在公職以外的品性或行爲；

六、問題通常不得超過一百五十字；

七、不得涉及並非主要與印度政府有關的事務；

八、不得詢問一個委員會尙未向衆議院提出報告的議事程序；

九、不得損害任何人的品德或行爲。只有在提出一項實際動議時，才能詰難一個人的行爲；

十、不得對個人的品德提出或暗示一項指控；

十一、不得提出無法在答覆質詢的範圍內解決的有關政策的重大問題；

十二、不得重複在本質上已經答覆或被拒絕答覆的問題；

十三、不得要求提供有關瑣碎事項的資料；

十四、通常不得詢問有關過去歷史事務的資料；

十五、不得詢及在容易取得的文件或普通參考資料中已有的資料；

十六、不得提及並非主要對印度政府負責的機構或人員管轄下的事務；

十七、不得詢及有關對印度任何地區具有司法權的法庭判決下的事務；

十八、不得涉及與閣員無正式關係的事務；

十九、提及友邦不得無禮；

二十、不得詢及有關內閣討論的資料，或向總統提出的有關憲法、法律或條約明文規定不得透露消息的任何事項的建議；

二十一、通常不得詢及一個國會委員會考慮中的事項；

二十二、通常不得詢及任何法院或當局行使任何司法或準司法功能，或任命任何委員會或調查法庭調查之前尚未解決的事項，但若不致妨害法院或委員會或調查法庭考慮此事時，可以提及與程序或主題或調查階段有關的問題。（註九）

一項質詢是否准許提出，應由議長決定，他也可以決定要求口頭答覆的問題是否應當改以書面答覆。已提出質詢通知的議員，可以撤回質詢或展延質詢的日期。缺席議員的質詢問題，在議長自由決定後，可應任何議員的請求予以答覆。對任何問題的答覆，不得進行討論，但任何議員均可提出補充性的問題，以進一步說明與提出的答覆有關的任何事實。

茲錄印度國會（下議院）質詢統計表以供參考：

| 涉　及　部　會 | 口　頭　答　覆 | 書　面　答　覆 | 合　　　　計 |
|---|---|---|---|
| 工　　　　　商 | 1,733 | 3,185 | 4,918 |
| 交　　　　　通 | 832 | 1,965 | 2,797 |
| 國　　　　　防 | 880 | 1,065 | 1,945 |
| 教　　　　　育 | 1,193 | 1,886 | 3,079 |
| 外　　　　　交 | 979 | 1,430 | 2,409 |
| 財　　　　　政 | 1,022 | 1,489 | 2,511 |
| 糧　食　農　業 | 1,582 | 2,788 | 4,370 |
| 衛　　　　　生 | 537 | 1,002 | 1,559 |
| 內　　　　　政 | 1,028 | 1,782 | 2,810 |
| 新　聞　廣　播 | 281 | 582 | 863 |
| 水　利　能　源 | 456 | 562 | 1,018 |
| 勞　　　　　工 | 468 | 1,011 | 1,479 |
| 法　　　　　律 | 92 | 153 | 245 |
| 計　　　　　劃 | 421 | 761 | 1,182 |
| 生　　　　　產 | 530 | 863 | 1,393 |
| 鐵　　　　　道 | 1,429 | 4,181 | 5,610 |
| 救　　　　　濟 | 416 | 858 | 1,274 |
| 運　　　　　輸 | 491 | 1,022 | 1,513 |
| 工　程　房　屋 | 334 | 700 | 1,034 |
| 內　閣　秘　書 | 27 | 21 | 48 |
| 其　　　　　他 | 488 | 803 | 1,293 |
| 五年總計（一九五二——一九五六年） | 15,219 | 28,131 | 43,350 |

## 第三節　調查程序及其規範

### 第一項　根　　據

監察院的調查，絕大多數基於人民書狀，但也有出於委員的提案。前者例由值日監察委員批付調查，後者須經院會或委員會議決定。委員也有自行調查的權力，但須先向院長報告，並由院長輪派其他委員一人會同調查。

值日委員得將人民書狀批送其他機關處理或調查，這在監察院叫做行查，爲數頗多。值日委員當然有權認爲某一人民書狀不必調查，於是批存。

值日委員也可將報章刊物所載消息批請調查。這是符合中國御史「風聞言事」的傳統。

民國六十五年十二月至六十六年一至十一月，共一年中，監察院收受了六千七百二十件人民書狀，據以調查的，爲數二百五十八件，委託其他機關代查的一千三百三十九件。列表如下：（註一〇）

| 項　　目 | 件　數 | 收受人民書狀案件數 | | | | 委員會直接收 |
|---|---|---|---|---|---|---|
| | | 院　　　　收 | | | | |
| | | 合　計 | 新　案 | 舊　案 | | |
| 年別　合計 | 6,720 | 6,354 | 2,870 | 3,484 | | 366 |
| 六十五年（十二月） | 739 | 704 | 316 | 388 | | 35 |
| 六十六年（一至十一月） | 5,981 | 5,650 | 2,554 | 3,096 | | 331 |

| 項　　目 | 處　理　人　民　書　狀　件　數 | | | | | | |
|---|---|---|---|---|---|---|---|
| | 件　數 | 據以調查 | 送各委員會 | 函有關機關代查 | 併案辦理 | 存查 | 其他 |
| 年別 合計 | 6,723 | 258 | 1,339 | 1,486 | 781 | 2,852 | 7 |
| 六十五年（十二月） | 688 | 41 | 134 | 148 | 89 | 276 | |
| 六十六年（一至十一月） | 6,035 | 217 | 1,205 | 1,338 | 692 | 2,576 | 7 |

　　美國夏威夷監察長辦公室編印的該州年度報告書附載六個國家的監察長收受人民書狀統計表，可供參考，譯錄於下：（註一一）

| 國　　名 | 設立年月 | 人口總數（單位百萬） | 收受人民書狀件數 | 不屬管轄件數 |
|---|---|---|---|---|
| 英　　國 | 1967 | 54.00 | 548 | 64.7 |
| 紐　西　蘭 | 1962 | 2.50 | 1,135 | 52.8 |
| 瑞　　典 | 1809 | 8.12 | 3,531 | 47.1 |
| 丹　　麥 | 1955 | 4.96 | 1,275 | 67.8 |
| 魁　北　克 | 1969 | 6.03 | 5,758 | 57.2 |
| 夏　威　夷 | 1969 | 0.80 | 1,678 | 51.9 |

　　如與中國監察院比較，瑞典以八百萬人口，年收案件一千二百七十五件，中國則收新案二千八百七十件，情形相仿，但以中國與紐西蘭或加拿大的魁北克省比較，則中國顯然較少。這是中國人民對監察院信任不夠或了解不深，抑或中國政治比較清明呢？這須待作進一步的研究。

　　但據金耀基教授的研究，則又不然。他的博士論文中列有下表：

| 國　　　名 | 人　口（百萬） | 1963年所收案件 | 每百萬人口所佔數額 |
|---|---|---|---|
| 挪　　威 | 3.7 | 1,257 | 340 |
| 瑞　　典 | 7.6 | 1,224 | 161 |
| 丹　　麥 | 4.7 | 1,130 | 240 |
| 芬　　蘭 | 4.6 | 1,029 | 229 |
| 中　華　民　國 | 11.0 | 4,467 | 406 |

中國的人民書狀何以獨多呢？金教授列舉三項原因：一、中國行政的法治情況較差；二、北歐國家有較多的行政救濟途徑，而不必訴之於國會監察長；三、臺灣人民善用監察院爲其平寃，次數較多於北歐。（註一二）

可是，依照金教授，五國監察機關對於人民書狀的處理結果，中國監察院成績最差。試看下表：（註一三）

| 處　理　辦　法（百分比） | 瑞　典 | 芬　蘭 | 挪　威 | 丹　麥 | 紐西蘭 | 中華民國 |
|---|---|---|---|---|---|---|
| 糾　彈　或　告　發 | 0.1 | 0.4 | | | | 0.7 |
| 糾　正　或　建　議 | 20 | 2 | 3.5 | 5.2 | 9.5 | 0.4 |

除人民書狀外，一般民主國家的調查，都須通過三個階段：一、議員提案；二、國會或其委員會議決授權；三、公聽會。以美國來說，在一九四六年立法機構重組法案（*PL 79-601*）施行前，國會大部分的調查是由具有傳票權力並爲調查而設立的特別委員會負責。在調查結束時，該委員會即不再存在，它的傳票權也隨之消失。將傳票權授予常設委員會的首次嘗試，遭到強烈反對，但在一八二七年十二月三十一日以一百零二票對八十八票獲得通過。反對者表示，這項建議是前所未有的，因爲這種傳票權力，過去僅由形同司法機構的特別委員會方能行使。

　　一位參議員或衆議員提議調查的理由，幾乎毫無限制。不論理由爲何，調查的職權和範圍都併入一項簡單的議案中向衆議院或參議院提出。議案一旦提出，卽交由一個委員會處理。在參議院，調查案是由法規和管理委員會以及對該案具有管轄權的常設委員會加以考慮。衆議院的議案則由法規委員會和衆議院管理委員會去研究。它們向大會提出報告，由大會表決。參衆兩院聯合調查委員會則由兩院通過的一項共同議案授權成立。

　　在衆議院和參議院提議調查的提案人主持此項調查，早已成爲一種禮節。如果此項調查研究須由常設委員會負責時，通常卽由該委員會主席任命一個小組委員會，並任命提案人爲小組委員會召集人。在授權一個特別委員會進行調查時，委員由參議院主席（副總統）或議長與多數及少數黨領袖磋商提名。

　　有些民主國家，在憲法中訂有調查的授權條款。例如德意志聯邦共和國基本法第四十四條規定：

　　　　「聯邦議會有設置調查委員會之權利，經議員四分之一之動議，並有設置之義務。調查委員會應舉行公開會議聆取必要證據。會議得不公開。」

按西德的調查委員會並非常設機構，須由議員四分之一的提議，方能設置。

　　模里西斯憲法關於調查委員的設置及其任務和行使方法，規定最詳，共計七條之多。它的產生方法，依第九十六條規定：「由總督、內閣總理、反對黨領袖和其他總督認爲衆議院各黨的領袖人物共同協商任命。」他的性質有類於監察長，所以是常設機構。

## 第二項　權　　限

中國監察院的調查權，在憲法也有根據。它的第九十五條規定：「監察院爲行使監察權，得向行政院及其各部會調閱其所發布之命令及各種有關文件。」又第九十六條：「監察院得按行政院及其各部會之工作，分設若干委員會。調查一般設施，注意其是否違法或失職。」

依這授權，監察法從而規定：

一、調查對象。監察第二十六條第一項指出：

「監察院爲行使監察職權，得由監察委員持監察證或派員持調查證，赴各機關部隊公私團體調查檔案冊籍及其他有關文件。各該機關部隊或團體主管人員及其他關係人員不得拒絕。遇有詢問時應就詢問地點負責爲詳實之答復，作成筆錄由受詢人署名簽押。」

調查的對象，包括文職機關、武裝部隊和公私團體其中民間團體以與政府或其官員牽涉的事項爲限。但監察院過去對私立學校的案件也直接調查，似無必要，那些案件可請政府機關依法處理而將結果報告該院。

前引憲法第九十五條和第九十六條的調查對象只是「行政院及其各部會」，乃是舉例而言，作爲監察院行使監察權的張本。該院爲行使監察權，當然可以調查行政院以外的中央和地方的「各機關、部隊、公私團體」。（監察法第二十六條）(註一四)

調查的另一種對象，乃是檔案、冊籍和其他文件。一切有關財物，也可加以調查。有關人員不得拒絕。如果拒絕，該當如何？容後詳論。

調查人員可對被調查人詢問案情。後者應作詳實答覆，作成筆錄，由他簽名蓋章，不得拒絕。但調查人員應該也顧到他的權利和地位。民

國四十七年監察院院會決議：

> 「七、本院調查案件之目的，在獲知案情之眞相，故對被調查人，不必當塲加以責難，免生枝節。」

可是他如果不肯答覆或作筆錄，是否應負「藐視」咎責，容作專論。

前項調查人員，不僅是監察委員也包括奉派調查的監察院職員。依照民國六十六年該院年報，當年該院調查的三百九十一個案件中，一百二十九件是由院長遴派職員調查。

調查時的「詢問地點」，由調查人員指定。監察法第二十六條規定：

> 「調查人員調查案件，於必要時得通知書狀具名人及被調查人員就指定地點詢問。」

多數是在被調查人的辦公處所或監察院。

民事訴訟法第三百零四條規定：「以元首爲證人者，應就其所在地詢問之。」但其他官員則無此特權。民國四十六年監察院與行政院便是因此釀成巨波。監察院認爲該院有權邀請行政院院長到監察院備詢，而他則認爲他僅對立法院負責，只可到立法院備質詢，不得到監察院備詢問，這個爭執，將在本章第五節加以述評。現在塵埃早已落定，請引兩位學者事後冷靜平允的評論：

一是臺大教授徐松珍先生與其他五位同事在一個研究報告中的結論：

> 「吾人固不贊成將調查權擴大爲質詢權，但亦不認爲監察院不可於調查事件有必要時，邀請行政院長或各部會首長，列席監察院會議或委員會備詢。蓋監察院爲行使調查權所需之詢問，或爲行使

糾正權所需之質問（監察法第二十五條），與立法院對行政院之質詢（憲法第五十七條），在字面上的意義，並無甚區別，但其目的及範圍却不同。立法院的質詢，主要在瞭解行政院的施政計劃及政務狀況，藉使行政院在政策上對立法院負責，其職權之行使，着重於事前。監察院的詢問或質問，則用以明瞭公務人員及行政設施，有無違法失職或失當，藉資杜防弊端及增進行政效率，而其職權之行使，則着重於事後。惟因施政計劃與行政設施有密切關係，事前與事後難於絕對劃分，故調查時對於行政設施之詢問，亦難免涉及施政計劃，而形同立法委員之質詢。此即爲調查權易於濫用，而擴大爲質詢權之主要原因。設若監察委員自知節制，絕不利用調查權爲攻擊工具或自私手段，而將詢問之地點及內容，限以眞正爲行使職權所必要之部份，則調查權不致擴大爲質詢權，縱使行政院院長到監察院列席院會或委員會，亦無傷於行政院或行政院長或五院之關係。」（註一四）

二是大法官林紀東先生的看法：

　　「吾人以爲五權憲法之精神，重在五院之合作，而非如三權憲法然，儘量使其隔離。則監察院因行使監察權之必要，約請行政院有關首長，到院詢問，於憲法之立法精神，當無不合。惟對於行政院有關首長，行使調查權，易引起社會之注意，時且影響被調查人之名譽，亦屬事實，其行使自應愼重爲之，約請到監察院詢問，影響視聽尤大，非有絕對必要，自不宜輕易爲之也。」（註一五）

又該條第三項：「調查人員對案件內容不得對外宣洩」，頗易引起誤解，而被擴充解釋爲調查報告不得公開或宣洩。監察院本身也曾誤認爲：

「依照監察法第二十六條規定，調查報告不得對外發表。」（五十三年一月十八日該院第八百四十次會議決議）但它已爲同年二月二十五日監察委員第四十六次談話會所否定和澄清。監察院爲此曾作聲明：

「監察院之調查報告，除涉及國防、外交機密者外，例不禁止公開。如由院會推派委員調查，應向院會報告，並由院會處理，監察法規並無調查報告不得公開之規定，故其公開並不違法。至監察法第二十六條規定，調查人員對於案件內容不得對外宣洩，此項規定僅適用於調查期間及調查人員。此次陶委員百川、黃委員寶實由院會推派調查黃啓瑞案審判涉嫌枉失，向院會提出報告，該次院會係屬公開，新聞記者要求分送，院會自無拒絕之理，陶、黃二委員更無所謂（因此）宣洩調查案或彈劾案之可言。」

二、保全證據。監察法第二十七條規定：

「調查人員必要時得臨時封存有關證件，或携去其全部或一部。前項證件之封存或携去，應經該主管長官之允許，除有妨害國家利益者外，該主管長官不得拒絕。凡携去之證件，該主管人員應加蓋圖章，由調查人員給予收據。」

中國刑事訴訟法第一百三十四條也有類似規定。但對拒絕的人怎樣對付，却沒有下文。在監察院方面，很少被調查機關直率拒絕扣押所要的證物，它們是用推拖來敷衍一陣，例如說：「長官公出，請示後就可送上。」本書著者的對策，是把有關案卷，按頁編上頁碼，加蓋私章，以防抽換，並囑從速送去。

又所謂「妨害國家利益」，監察法施行細則第十八條規定，「係指妨害國防外交應保守之機密而言」。

爲排除調查所遇的阻力，監察法訂有強制辦法：

> 「調查人員得知會當地政府法院或其他有關機關協助；如認爲案情重大或被調查人有逃亡之虞者，得通知當地警憲當局協助，予以適當防範。」

但這兩條很少應用。對於被調查的政府機關和官員，不比對一般人民，警憲機關也頗難爲力。可是刑事訴訟法却規定：對被告的身體、物件和住宅必要時得加以搜索，（第一百二十二條），政府機關或公務員甚至軍事上應秘密的處所，司法機關也可依法搜索。（第一百二十六條和第二十七條）對於抗傳或罪嫌重大而有逃亡之虞，或有湮滅、僞造、變造證據或勾串共犯或證人之虞者，司法機關得加拘提。（第七十五條和第七十六條）監察法前項知會法院或警憲協助的規定，當係指此而言。

三、委託調查。監察法第三十條規定，監察院得請其他機關代爲調查，如下：

> 「監察院於必要時得就指定案件或事項，委託其他機關調查。各機關接受前項委託後，應卽進行調查並以書面答復。」

該法施行細則從而規定：

> 「依監察法第三十條委託調查之案件，受委託之機關應卽進行調查，並將調查結果以書面答復監察院。如逾兩個月尙未答復者，由院函催之。」（第十六條）

四、自動調查。監察法規雖要求委員自動調查，（註一六）但委員都不很願意，以避免包攬之嫌。而事實上也確實發生過以此庇護當事人的不良案例。所以監察院規定由院另派委員一人會同調查。監察法施行細

則第十三條更規定:

「監察委員收受人民書狀,擬自行調查或自動調查案件時,應先向秘書處登記。同一案件,已否經本院派查或由委員自行調查,應由秘書處查明通知新登記之委員。如已派查或有委員登記調查時,新登記委員應即停止進行,並將所收書狀或資料,交秘書處轉送查案人併案辦理。」

五、覆查。調查人員應在二個月內提出調查報告。逾期應將理由通知秘書處。

屬於彈劾案、糾舉案性質的調查報告,經職員調查者由原批辦委員處理,經委員調查者由原批辦委員會同調查委員處理,屬於糾正案性質的調查報告,由各有關委員會處理。

當事人如果認爲調查報告違反事實或顯不公正,可向監察院聲請另派委員重行調查。這個救濟程序叫做覆查。原訴人或被訴人都可請求,自不待論,有時原調查人如被疑調查有錯或不公而要求澄清,也得提出聲請。監察法施行細則第二十條訂有處理程序:

「申請覆查案件,應依下列規定處理:一、凡由院會推派調查者,其覆查聲請及覆查報告,由院會審查處理之。二、凡由委員會推派調查者,其覆查聲請及覆查報告,由委員會審查處理之。三、值日委員批派調查者,由輪值值日委員及原批辦委員會同審查處理,取決於多數,如不能決定時,提報院會決定之。四、同一案件之覆查,以一次爲限。五、覆查委員至少二人,原調查人員不得參加,但得提出書面意見。」

原訴人或被訴人在聲請書中必須說明理由。這須針對原調查報告指出不服之處。但因監察院不很願意將調查報告公開或送給當事人，後者無從了解和攻防，所以覆查聲請並不很多。

又該細則規定：覆查聲請必須在未成立糾正案、糾舉案或彈劾案前向監察院提出。如果案已成立，當事人只能向該案的處理機關去抗辯了。

有時調查人員接受對方的宴飲招待，被疑為調查不公，也可作為請求覆查的理由。有些招待，有時頗難拒絕。本書著者曾與同人五人奉推調查美援運用情形。在一家工廠調查完畢時，所乘汽車的司機已往市上吃飯，而會客室則已擺上廠方所備的午餐。真是進退兩難。相持十分鐘，司機猶未回。本書著者問明餐費數額，建議十人分擔。次日廠方果然送來帳單，各付五十餘元。

又有一次在高雄住入另一廠方預定的旅社，房金二百元，由廠方先付。本書著者乃將該款以該廠名義捐與軍友社而將收據寄與該廠。

接受饋贈，當然違法，（註一七）且易被人疑為不公。曾有一次視察一廠，主人贈送金筆，同行同人，當然謝却。後至另一廠，在臨行坐上汽車時，招待人員遞入一只紙袋，上寫「資料」。回家拆閱，附有一支名貴金筆，當即備函寄還。

這些「却之不恭」的招待饋贈，許多調查人員都曾遭遇，頗難應付。用特略述經驗，以備採用，請弗斥為自我貼金。

六、調查報告。調查人員在調查完畢時，（規定時間是兩個月，但通常都超過頗多），須即提出調查報告，內容並無一定程式，但必須敍明事實並提出處理意見。後者可以附帶建議。

調查報告通常對外不公開，但事關公眾利益，本書著者一向認為殊有公佈必要。尤其，如前所述，調查報告如不公開，甚至任意列為密件，對當事人或人民書狀的具狀人也諱莫如深，則監察院的覆查制度豈非形

同虛設！

當然，調查報告一經公開，自會對調查人員增加一些困擾，例如對內容不滿意的當事人會去與他講理，但有如西諺所說：「怕熱就不要進廚房」,「做此官行此禮」，雖有麻煩，也應有個交代。（國家機密，自屬例外）。

## 第四節　被調查人的權利和責任

### 第一項　公聽程序與證人權利

監察院的調查人員,包括委員和職員,曾有幾次被被調查人指為「在旅邸私設公堂訊問被調查人」,「強令被調查人在筆錄上簽名」,「談話錄音，將答話的官員視同罪犯」,「以彈劾相威脅，使被調查人心生畏懼」,「調查人員並未與被調查人見面，使他沒有辯白機會」。

最後一項指摘，自有理由，其餘幾項却有商討餘地。這些例子，在他國也曾發生，但已有適當的處理辦法。

試以美國為例。

美國國會最常用的調查方法，乃是公聽（*public hearing*）。公聽會有權傳喚被調查人（通常稱為證人）前去答覆詢問。（通常稱為作證）。

衆議院第一五一號決議案對證人訂有一些保障。它規定：

一、各委員會聽取證言和接受證據時，須有不少於兩位委員的法定人數。

二、允許接受調查的證人由律師陪同參加。

三、委員會若發現證據「可能會誹謗、貶損或牽累任何人」時，須在秘密會議中接受此項證據，並允許受到損害的人出席作證，或要求傳

審其他證人。

四、公布在秘密會議時取得的證據須得委員會的同意。

參議院法規和管理委員會的法規小組委員會，在一九五五年一月六日發布一項全體意見一致的報告，建議十二項保護證人的規定。包括：

一、允許自認為名譽已被他人的證言損害的人，為他本人作證或提出聲明。

二、除非獲得委員會的批准，禁止公布在秘密會議中所作的證言。

三、事先應把調查的主題通知證人。

四、允許證人在他發表證言時要求電視和其他攝影機和燈光不得對他照射。（註一七）

又衆議院會議規則第十一條尚有一些規定，以保護證人：

各委員會或小組委員會舉行的聽證會必須對外公開，除非委員會或小組委員會在公開集會並有法定人數出席的情況下，以點名表決方式決定，當天聽證會其餘議程的全部或一部份都須秘密進行。因為透露證詞、證據或其他事項被認為將會危及國家安全，或將違反任何法律或衆議院規章。

衆議院各委員會（除法規委員會外）須在展開聽證會前至少一週，公布任何聽證會的日期、地點和主題。如果該委員會須提早展開聽證，必須儘早作此宣布，並登載於每日公報。

在可能範圍內，各委員會須要求出席各證人（在出席之前）向該委員會提出所將發表證詞的書面稿件。

聽證會的少數黨委員在聽證會結束前，得以過半數的決定要求主席准予傳喚少數黨選定的證人對該議案作證。

各委員會委員在任何聽證會詢問證人時得應用「五分鐘規則」，直至該委員會各委員都有機會詢問各證人為止。

聽證會主席須在開場聲明中宣布調查的主題。

該委員會的規章須分給各證人。

證人得由其律師陪同和輔佐。律師如有違反命令、禮儀、職業道德的行為，主席得予以譴責或拒絕他出席。該委員會並得以藐視罪請衆議院傳詢違反者。

該委員會如認爲聽證會取得的證言或證據有誹謗、貶抑品格或牽累任何人時，它須一、在常會中研討這一證據或證言；二、給予他以證人身分出席辯白的機會；三、接受他傳喚其他證人的要求；四、未經該委員會同意，該項證據或證言均不得發表或在公開會議中引用。

在該委員會許可後，證人得提出書面的簡短聲明列入紀錄。

證人得取得他的證言的副本。

無論衆議院在會期中或已休會或延期，各委員會得在美國境內各地開會，並舉行聽證會。

它可以傳票或其他方式要求這些證人出席和作證，並提出它認爲必要之書籍、紀錄、信件、備忘錄、證件和文件。該委員會主席，或該主席指定之任何委員得令任何證人宣誓。

取得該委員會大多數委員授權時，它或小組委員會得發出傳票，由該委員會主席或該委員會指定的委員簽名。如該傳票須強制執行，則須得衆議院的授權或命令。（註一八）

## 第二項　藐視罪與逼供

美國法制，被調查人雖受相當保障，然仍須負答覆詢問之責，如果拒不答覆，國會有權將他拘禁。這種犯行，叫做藐視。

在一八二一年（安德森對鄧恩案），美國最高法院支持國會使用藐視國會權力（註一九）之符合憲法。最高法院宣稱，懲罰藐視國會的權力

是被假定爲參衆兩院固有的權力，因爲若無此項權力，國會將「暴露於無禮、反覆無常、甚或陰謀所造成的侮辱和阻斷之下。」然而，這項權力却被最高法院限制爲在國會會期結束之前。

這個案例是由安德森企圖賄賂一位衆議員協助一項土地要求權獲得國會通過而來的。衆院議長嚴厲申斥安德森，然後將他釋放。安德森在獲釋後，控告衆議院警衞鄧恩脅迫、毆打和誤捕。高等法院的裁決不利於安德森，他就提起上訴。最高法院同樣作了不利於安德森的判決，支持國會卽時運用藐視權力之符合憲法。

因爲監禁時間僅限於到立法機構會期結束爲止並不適當，國會在一八五七年通過一項法律，規定拒絕提供參議院或衆議院要求的資料便構成犯罪。這項法律目前仍以修正後的形式（ *2 USC 192* ）繼續有效。卽使在這項一八五七年法律通過後，國會仍願自行懲罰藐視它的人，理由是監禁幾天也許會使證人合作，而將他移送法院就會使他脫離進行調查的委員會的掌握範圍。然而，後來由於立法機構工作繁重，國會才逐漸移送法院處理。現在所有藐視國會的訴追都根據此一刑事法規向法院告發。

在一七八九年至一九六九年之間，國會在證人拒絕出席委員會、拒絕在委員會答覆問題、或拒絕向委員會提出文件的案件中，表決通過發出三百八十張藐視傳票。在這三百八十個案件中，二百八十三件發生在一九四五年以後，主要是由於衆議院非美國人活動委員會採取行動的結束。

在國會案件中運用藐視權可分爲兩大類：一、涉及賄賂或誹謗等積極行動，這些行動直接或間接妨碍立法機構行使職權；二、涉及拒絕採取立法機構宣稱有權強迫採取的行動，諸如作證或提供文件。

依據國會懲罰藐視的固有權力，委員會可提出一項議案，要求國會

主席授權警衞逮捕藐視的證人。證人卽被帶至衆議院或參議院的被告席接受詢問。院會也可通過議案下令監禁證人，或將他釋放，或由主席予以申斥。

參議院或衆議院的委員會希望對抗傳的證人提起刑事訴訟時，須向參議院或衆議院提出議案指控他藐視國會。 通過這項議案僅 需要 過半數， 但國會極少反對這種要求。 通過後隨卽交由檢察官向大陪審團提出。（註二〇）

在十九世紀的大部分期間，國會調查都未受到司法審查的限制。最高法院在一八二一年安德森對鄧恩案的判決，認爲衆議院的行動必須被「假定」爲符合法律規定。但這個判例在一八八〇年被最高法院吉爾伯恩對湯普森的重要案件判決中所廢止。該案確立司法審查國會調查活動的原則，其他判例隨之而來。自吉爾伯恩案以來，一連串的法院判決反映了國會調查權的性質和界限：

一、在指控藐視國會的威脅下，進行調查和強迫證人出席和提供證據的權力，被認爲是立法權力的必然結果。

二、調查權須與憲法授予的立法權連結起來。委員會在強迫證人作證以前，須讓他知道該項證言與立法機構目的之間的關係，而爲立法所必要。

三、調查須受憲法對個人權利保障以及三權分立而平等的權力的限制。

四、法院有權審查調查活動，雖然各委員會獲准在實際不受任何限制的情況下決定它們的處理。

吉爾伯恩案是由證人吉爾伯恩拒絕提出衆議院不動產聯營和庫克負債特別委員會要求的文件而來的。該委員會當時正在調查庫克的金融公司倒閉的情形。不動產聯營公司經理吉爾伯恩說，他不承認「衆議院調

查只與我和我的客戶有利害關係的私人企業的明顯、專斷的權力。」衆議院下令以藐視罪名將他監禁。他用人體保護令經法院獲釋後，控告議長、該調查委員會的委員和國會警衞湯普森濫捕人犯。最高法院受理該案並支持吉爾伯恩的要求權利。最高法院在其判決表示，國會兩院並未享有懲罰藐視的一般權力。國會只在傳喚證人的調查屬於國會「合法的管轄權」範圍的情況下，才能以藐視罪名懲罰頑抗的證人。

吉爾伯恩案的判決似乎將國會的權力限於進行「合法的」調查，而未明定它們的範圍。最高法院在裁決此案時宣稱，國會調查公民的私人事務並不合法，但進行與某些特別授予的憲法權力（諸如彈劾案或議會選舉資格）有關的調查則是正當的。後來的最高法院判決已撤除了對吉爾伯恩案所加的限制。

例如在吉爾伯恩案十七年後，最高法院於一八九七年判決，調查涉及國會議員的行爲時，就是「合法的」調查。這項裁決一致支持一八五七年藐視國會法令是符合憲法的。（註二一）

### 第三項　調查與訴訟程序

各國國會的調查，多依刑事訴訟程序辦理，美國亦然。獨中國則尚無所適從，監察法僅有寥寥五條規定調查事宜，自嫌不夠。監察法似可仿德意志和模里亞斯兩國的憲法，規定調查適用刑事訴訟法。

按德憲的條文是這樣的：「調查準用刑事訴訟程序之規定。書信、郵政及電訊之秘密，不受影響」。（第四十四條第二項）模國憲法規定：

「爲符合調查之目的，調查委員在有關證人之出席與審核方面（包括誓言之執行及海外證人之審核）具有與最高法院同等之權力，在文件之產生方面亦然。」

中國刑事訴訟法訂有人證和物證的條款，可作監察院調查證據的參考。而且因爲採取「當事人對等」主義，「不問其爲原告，抑係被告、不特其機會對等，且其地位亦對等。我國刑事制度之改革，因源於糾問制度，爲避免仍以被告爲其糾問之對象，對於被告在訴訟上保護其本身利益之機會，及當事人之地位，爲確保其對等，不特儘量增加其機會，且以種種方法提高其地位。我國現制，即基此旨趣，認被告，除與檢察官或自訴人同爲當事人，得行使種種權利，並有最後陳述（第二百九十條）等機會，且爲提高被告爲當事人之地位，俾與檢察官對等，並設辯護制度（第二十七條至第三十四條），以充實被告防禦之力量。」(註二二)

同時，中國民事訴訟法也有關於人證和物證的條文，而且較詳於刑事訴訟法。兩相比較，爲使被調查的官員在情緒上易於接受，監察院關於證據的調查程序，似以適用民訴爲宜。

民刑訴訟程序可供監察院調查程序參考的，約有下列各項：

一、約談。這在刑事訴訟法叫做「傳喚」，對被告和證人都用傳票。但民事訴訟法對證人則用通知書。(註二三) 監察院對被調查人向用信件，並無一定格式。美國國會間或用傳票。監察院似可仍用信件。

證人如拒不到場，民刑訴訟法都有罰鍰的規定。民刑各爲五十銀元。都准向上級法院抗告。(註二四) 監察院似應有這權力，但須請法院爲之。

民刑訴訟法規定，對抗傳的證人得加以拘提。(註二五) 監察院也應得請法院予以拘提。

二、具結。民刑訴訟法都規定，證人在訊問前，必須具結。拒絕具結或作證者，法院得科以五十銀元的罰鍰。(註二六) 監察院也應有這權力，並請法院協助。

三、作證。民刑訴訟法都規定，證人如拒絕作證，法院得科以銀元

五十的罰鍰。（註二七）監察院應有這權力，並請法院協助辦理。

最近逝世的一位法學家俞叔平先生在他所著的檢察制度論中，主張把法院的檢察處移屬於監察院，使監察和檢察二者都能從而發揮更大的功能。立意新穎，可供參考。值得節錄如下：

「而唐之左右御史、糾察違失，其職務範圍雖限於公務員，而今日之司法警察官與檢察官，對於公務員之違法瀆職案件，苟屬侵害國家法益即可本其職權而檢舉，初不限於監察委員也。而歷史上御史之權責，隨時代之需要而消張，初亦無絕對之尺度，何況我國地廣，物博，人多，按照刑法第十條，公務員之解釋寬泛，自鄉里長，保甲長，以至最高行政首長，雖無正確統計，總在數百萬以上，而將糾察違失之重責，獨付之於為數有限之監察委員，無異螳臂當車，期期以為不可，而另一方面檢察機關，機構普遍，人數眾多，徒因貪瀆案件，另有機構負其專責，未免干卿底事，置身事外，流弊所至，動搖國本，實極危險，為補救急切時弊，適應特殊環境，同時宏揚國父遺教，檢察機構，似應歸併於監察院，或兩者改組為檢察院，而與司法院相抗衡，立於同等地位，以崇高其職權，監察委員設監察委員會，監督檢察權或監察權之行使，下置省檢察使縣檢察使，在特別重要區域置直屬檢察史，或置巡迴檢察史，或由諳法律之監委兼任，或分設監委會督導之，一如監察法第四條之規定，隨地收受人民書狀洞察民隱，以擴大檢察作用在民間之影響。此外並將調查機構歸併，由檢察官監視調檢人員之活動，一如美國聯邦調查局，提高其人員水準，限制其任用資格，高級幹部應硬性規定選用法律及會計人才，中下級則選用警察人才，並指揮調度當地司法警察，使與警察在協助偵查犯罪之工作上，一如日本司法警察職

務規範與勤務細則所規定者。如此檢察一體之精神，首尾必可貫澈，架床疊屋之弊必可避免，人民之損失，亦可減少。此另一理想中之檢察制度，或可取古今中外之長而建立矣。」(註二八)

關於監察院怎樣有效行使調查權，監察法已有下列辦法：

「一、調查人員必要時，得知會當地政府法院或其他有關機關協助。」(第二十八條)

「二、調查人員於調查證據遭遇抗拒或為保全證據時，得通知警憲當局協助，作必要之措施。」(同前第二項)

「三、調查人員在調查案件時，如認為案情重大或被調查人有逃亡之虞者，得通知當地警憲當局協助，予以適當之防範。」(第二十九條)

但誠如林紀東先生所批評：「惟措辭不免失於抽象籠統。」他的理由有如下列：

「所謂『予以適當之防範』，原可作多種之解釋，惟要屬對於被調查人之行動自由，亦即人身自由之限制。按人民之身體自由，應予保障，為憲法第八條鄭重表明之原則，『非經司法機關或警察機關，依法定程序，不得逮捕拘禁』，同條亦定有明文。茲所謂逮捕拘禁，當不僅指正式之逮捕拘禁而言，變相之逮捕拘禁，足以侵害人身自由者，當亦在限制之列。監察法上開規定，或係由於『防止妨礙他人自由，避免緊急危難，維持社會秩序所必要』(憲法第二十三條)，於憲法並無違背，惟如規定過於籠統抽象，終恐其難合於憲法之精神。如與刑事訴訟法有關逮捕羈押之規定，對照而觀，尤感其規定有可商榷之處。按刑事訴訟法第一百零一條規定：『被告

經訊問後,認爲有第七十六條所定之情形者,於必要時,得羈押之』。所謂第七十六條所定之情形, 係指『一、無一定之住居所者, 二、逃亡, 或有事實足認爲有逃亡之虞者, 三、有事實足認爲有湮滅、僞造、變造證據, 或勾串共犯或證人之虞者, 四、所犯爲死刑、無期徒刑或最輕本刑爲五年以上有期徒刑之罪者』等情形而言。足見具有偵查權之檢察官, 如欲羈押刑事被告, 尙須有上開情形, 且有羈押之必要者, 始得羈押。 監察法所謂『予以適當之防範』, 固非羈押之比, 然究屬限制人身自由, 被調查人並非刑事被告, 而通知當地警憲當局協助, 予以適當防範者, 又非司法機關, 而實施此項權力之條件, 僅爲認爲案情重大, 或被調查人有逃亡之虞者,（並非有事實足認爲有逃亡之虞）, 不如刑事訴訟法規定之嚴。故此項規定, 固非無其必要, 惟措辭過於籠統抽象, 是否妥當, 殊可商榷。」(註二九）

按監察院爲行使彈劾權、糾舉權或審計權, 以制裁貪瀆姦邪, 防止逃亡或湮滅、僞造、變造證據, 或勾串共犯或證人, 自應有權作適當的防範和必要的處理。所以古代御史有的奉准自設拘留所, 美國國會也得自行拘留證人, 許多民主國家的警察機關在移送法院前也得將嫌疑人逮捕拘禁。 監察院自得「知會當地政府法院或其他有關機關協助」。 至於協助方法, 自須依照法律的限制, 不許也應該不致濫用。但如能參照前文在監察法中一一規定, 用杜爭執, 自更妥善。

## 第五節　　對總統的調查

監察院的調查權能否對總統行使？法律雖無明文規定, 但因監察院對總統有彈劾權, 而彈劾則必須先經調查, 一般認爲調查權可以行使於總統。然因過去監察院對行政院院長和法官的調查都曾遭遇阻力和發生

爭執，對總統的調查問題，自尚有研究和澄清的必要。

美國水門案件所以鬧了兩年之久，美國國會、法院和特別檢察官對總統尼克森的調查問題，乃是一個大障礙和大爭執。我國從未有過彈劾總統的調查糾紛，至於對副總統李宗仁的彈劾，因他勾留美國，拒不返國，監察院不能踐行調查程序，乃逕予彈劾。所以並無調查先例。於是美國之例值得借鑑，因此評爲敍述。（註三〇）

## 第一項　爭執全貌

美國總統尼克森爲水門事件同時遭受參議院、衆議院、特別檢察官和法院的調查，牽涉頗廣，糾紛很大。調查的重點，是尼克森在白宮的全部談話的錄音帶，上舉四方面都要調閱，但都爲他所拒絕。最後經最高法院判決敗訴，他乃將該項系爭證物送交聯邦地方法院，爭執方息，而尼克森也就辭職了。

下面這個「美國調查權最近爭議一覽表」，脈絡分明，請先閱看，可知曲折和演進：

| 年　　　月 | 爭執主體 | 爭執客體 | 事　　　　　　由 |
|---|---|---|---|
| 一九七三，二 | 參議院 | 尼克森總統 | 該院決議設置七人委員會調查水門事件 |
| 同上，三 | 參議院調查委員會（參委會） | 同上 | 開始公聽 |
| 同上，七 | 同上 | 同上 | 對尼克森送達傳票，要求調閱總統錄音談話 |
| 同上，七 | 尼克森 | 參委會 | 拒絕調閱 |

| | | | |
|---|---|---|---|
| 同上，七 | 水門事件特別檢察官考克斯 | 尼克森 | 要求調閱總統錄音談話 |
| 同上，七 | 尼克森 | 考克斯 | 拒絕調閱 |
| 同上，七 | 參委會 | 尼克森 | 要求准許正副主席及考克斯前往總統府聆聽錄音並選抄 |
| 同上，七 | 尼克森 | 參委會 | 拒絕 |
| 同上，八 | 參委會考克斯 | 尼克森 | 訴請法院判令尼克森交出錄音談話 |
| 同上，八 | 尼克森 | 參委會考克斯 | 陳請法院予以駁回 |
| 同上，八 | 地方法院 | 尼克森 | 判令尼克森將系爭錄音送與法院聆聽以決定可否交與考克斯 |
| 同上，九 | 尼克森 | 地方法院 | 拒絕並上訴於高等法院。 |
| 同上，九 | 考克斯 | 同上 | 同上（要求參加聆聽） |
| 同上，十 | 地方法院 | 參委會 | 駁回告訴（參委會未得參議院授權，無權提起民事告訴） |
| 同上，十 | 尼克森 | 考克斯 | 考克斯免職 |
| 同上，十一 | 尼克森 | | 參議院同意總統任命喬華斯基繼任特別檢察官 |
| 同上，十二 | 參議院 | 地方法院 | 授權參委會和地方法院處理有關本案的民事訴訟 |
| 一九七四，二 | 象議院 | 尼克森 | 院會決議，授權司法委員會（象法會）調查尼克森是否應予彈劾，並將調查結果包括議決案或彈劾文向院會報告。 |
| 同上，二 | 地方法院 | 參委會 | 水門案被告正在審判中，此時將總統錄音談話送與參委會從而公開宣佈，足以妨害審判。但象議 |

| | | | 院如因彈劾調查而要求調閱，情形不同，自當別論。 |
|---|---|---|---|
| 同上，四 | 眾法會 | 尼克森 | 兩次傳票調取總統府有關水門事件的一切文件和總統錄音談話 |
| 同上，四 | 喬華斯基 | 尼克森 | 要求調閱六十四卷總統錄音談話 |
| 同上，四 | 尼克森 | 喬華斯基 | 尼克森將錄音談話的一部份一千二百五十頁送與喬華斯基並公開發表 |
| 同上，五 | 地方法院 | 尼克森 | 應將喬華斯基要求的六十四卷證件送與法院決定應否送與喬華斯基。 |
| 同上，五 | 尼克森 | 地方法院 | 前判不服，並上訴 |
| 同上，五 | 尼克森 | 眾法會 | 拒絕眾法會兩次調卷傳票 |
| 同上，五 | 眾法會 | 尼克森 | 舉行彈劾公聽，尼克森派法律顧問辛克萊前往辯護。主席和少數黨領袖，分別致詞。接開秘密會議，聽取職員所準備的報告和資料。議員和總統代表各得一份。 |
| 同上，七 | 參委會 | 尼克森 | 經過二十個月的調查，該會宣告結束，提出二千二百十七頁的調查報告，包括立法建議三十五，其中之一是設置類似我國監察院的特別檢察官，由司法界提名，經參議院同意，而由總統任命，任期五年。負責監察總統及其他重要行政大員，注意他們是否違法或營私舞弊。 |
| 同上，七 | 最高法院 | 尼克森 | 判決尼克森應將一切有關資料送與地方法院決定轉送喬華斯基。判決書認為眾議院為彈劾調查亦有使用該項資料的權利。 |

| 同上，七 | 尼克森 | 喬華斯基 | 遵照最高法院判決將一切資料包括全部談話錄音送與喬華斯基。 |
|---|---|---|---|
| 同上，七 | 衆法會 | 尼克森 | 通過對尼克森的彈劾案，包括三款，其中第三款指摘他違法拒絕衆法會調卷。但在衆議院討論前，尼克森在八月九日宣佈辭職。 |
| 同上，十 | 福特總統 | 衆法會 | 福特於九月八日特赦尼克森，輿論大譁。衆法會通知福特派遣代表列席該會答覆查詢。他於十月十七日破例親往列席，報告特赦理由並答覆詢問。 |

　　上表所述參議院、衆議院、特別檢察官和法院對尼克森總統的調卷糾紛，癥結所在，只是總統是否可用行政特權爲護符以拒絕參議院爲立法所需、衆議院爲彈劾所需、特別檢察官爲偵查刑事案件所需，或法院爲審判刑事案件所需而調閱的錄音談話。

### 第二項　行政特權問題

　　尼克森總統的律師辛克萊認爲總統應有這個特權。

　　因爲參議院沒有將調卷案上訴到高等法院，而在地方法院沒有公開辯論。衆議院則根本沒有把調卷糾紛訴之於法院。所以焦點集中在尼克森自己所聘派的水門事件特別檢察官，先是考克斯，後是喬華斯基。因爲後者把調卷糾紛以尼克森爲被告，訴之於法院，於是乃有辛克萊和他的辯論，於是乃僅以行政特權對抗刑事特權，爲雙方攻防的論據。但因尼克森也以同一論據，拒絕參衆兩院的調卷要求，如果行政特權並非絕對而無限制，則國會調卷之權也去了一個最大的障碍了。

　　這位總統的律師宣稱，總統擁有行政特權，完全由他隨意運用，以

拒絕透露總統的紀錄。他說，當他運用這種特權時，法院不得對他的決定提出異議。並說這一特權植根於三權分立，是行政權所固有的。

辛克萊辯稱，這種特權是必要的，這樣總統和他的顧問才能自由發言討論政府政策事項，而無須躭心他們的商談會洩露出去。他說，無論如何，任何法院都不能強迫總統服從索取總統資料的傳票。據說這兩種主張都是根據分權制度下行政部門的獨立地位而來的。

但是喬華斯基也以三權分立作爲攻擊的論據。他辯稱，分權原則的本質並非嚴格劃分政府的職權，而是一項「制衡」制度，以約束各部門可能的過度行爲。

喬華斯基承認有「行政特權」這種東西，但他辯稱特權的範圍必須由法院來決定，以平衡保密的行政需要與洩密的公衆利益。

他進一步表示，在有證據證明總統的錄音談話涉及他自己是刑事共謀者，行政特權也將喪失。因爲行政特權的存在只是爲保障和促進國家事務的合法處理，而不能作爲保護那些被控犯有刑事罪行的官員的護符。

一九七四年七月，最高法院以一票棄權，八票對零票，同意判決尼克森敗訴。

最高法院在這項影響尼克森和未來美國總統的判決中，判定總統的職權受到新的限制。

最高法院判決說，沒有一位總統凌駕法律之上或在法院管轄範圍之外。相反的，儘管歷來聯邦政府各同等部門間的權力已劃分開來，但最高法院擁有解釋憲法的最後權力和職責。尤有進者，雖然總統具有「行政特權」的理論是「有憲法根據的」，並已普遍應用，但這一點並非絕對的，而在某些情況下是可以宣布無效的。

判決書指出，總統接觸到的「敏感資料遠超出任何普通人所能接觸到的，因此必須給予總統參與機密以及與公平處理的司法相一致的最大

保障，才能符合公衆利益。」

　　所以最高法院說，總統有權對他的談話和通信保密，正如全體公民都有隱私權一樣。因爲：

　　　　「總統和他的助理人員在擬訂政策和作成決定的過程中，必須自由探討各種可行辦法，而在這麼做時，許多人不願在公開場合表示意見。這些正是認爲總統的通信具有假定的特權是正當的理由。這種特權是政府工作的重要基礎，並且深植於憲法規定下的職權劃分。」

　　然而最高法院說，這種特權是有限度的。總統也許會運用絕對的特權保護軍事、外交或敏感的國家安全機密。但是職權劃分的原則，或高階層通訊保密的需要，都不能支持在所有情況下豁免司法程序的沒有限制的總統特權。刑事審判就是這些情況之一。

　　最高法院宣稱，允許拒絕提供可以證明與刑事審判有關之證據的特權，將嚴重阻礙正當法律程序的保證，並損害法院的基本功能。因爲無法接觸特定的事實，刑事訴訟也許會完全失敗。

　　最高法院並不承認這種對行政特權的限制會抑制未來總統的行動。因爲：

　　　　「我們不能斷定，顧問們會由於他們的談話將被引用於刑事訴訟中，而受難得透露機會的影響而減少這種會談的坦誠性。」

　　最高法院又明確的指出，他們所談的只是刑事審判所需的證據而不及其他：

　　　　「我們在這裏關心的不是總統在保密方面的一般利益與尋求民事訴訟相關證據需要之間的平衡，也不是保密的利害與國會索取資

料要求之間的平衡，也非總統保護國家機密的利益。」

這表示這項判決與衆議院司法委員會的彈劾調查及其索取類似證據的要求並無任何關係。

在討論行政特權時，最高法院詳細調查——並且拒絕尼克森主張總統有權決定他的資料那一部份必須保密的論點。它一再重申馬伯禮對麥廸森案作成的一項決定：「說明法律爲何物顯然是司法部門的業務範圍和職責。」

最高法院說，司法權「不能與行政部門分享，一如行政首長不能讓司法部門分享否決權，或國會不能讓司法部門分享推翻總統的否決權一樣。」

最高法院勸告聯邦地方法院謹愼運用它將以傳票取得的總統資料。因爲這些資料將交該地方法院席列卡法官秘密查閱：

> 「在移交給特別檢察官之前，供秘密查閱的資料不得洩漏給任何人。」

尼克森總統在接到判決書後，七月廿四日發表談話：

> 「我在法院中反對特別檢察官發出的傳票是基於這一信念：它是違憲的，也是基於我保護三權制度下總統保密原則的強烈願望。
>
> 「當然，我對這個結果感到失望，但我尊重並接受最高法院的決定，我已指示辛克萊先生（白宮律師）採取一切遵守這一決定的必要措施。
>
> 「在將來，重要的是本案的特殊情況不得侵犯總統保持基本保密原則的權利。如無這種保密原則，總統職務就無法發揮作用。
>
> 「因此，我滿意的指出，最高法院已再度確認行政特權原則——

我原先卽尋求保持這一原則的合法性和重要性。

「在完全遵守最高法院對本案的判決後，我希望並確信將來我會促使加強而非削弱這一原則，因而將證明這並非破壞這一原則的先例，而是保持它的行動。」

但是參議院調查水門事件的特別委員會主席歐文接着發表引起許多人士共鳴的評論。他說：「最高法院的判決埋葬了認爲美國總統超乎憲法和法律之上的謬誤說法。」

### 第三項　衆議院的調卷特權

在水門事件調查的整個過程中，參議院沒有能夠調到尼克森總統的談話錄音帶。衆議院後來也由司法委員會對尼克森發出傳票，要求調閱。但爲尼克森所拒絕，從而引起很大的政潮。

稽諸美國歷史，一七九二年，美國國會正式索取總統的某些文件，華盛頓總統照例迅速召開內閣會議，謹愼的處理這種對抗局面。他明瞭，國會對行政部門的那一次調查，將成爲一個重要的先例。他和內閣閣員一致認爲：「行政部門應當交出公衆利益許可的各種文件，也應當拒絕交出洩漏之後將損害公衆的文件。」

一七九二年的這個先例一直保持至今。在參議員歐文的水門事件調查委員會盡力設法要取得尼克森總統的文件、錄音帶或錄音帶抄本時，法律情況和華盛頓總統所留下的大致相同。

歷任總統不斷遭到國會的調查，但是他們多說，總統有權自由決定如何答覆。例如在涉及軍隊對印第安人作戰的第一個這種案件中，華盛頓同意交出國會索取的文件。但是在四年後，他拒絕交出衆議院索取他與英國談判一項條約時對外交官的書面指示。

老羅斯福總統曾斷然拒絕國會設法取得有關聯邦政府對美國鋼鐵公司採取法律行動的文件。他的一部分說辭是他不能違背對一個人所提出的保密承諾。這種辯解在這個懷疑的時代自難令人採信。

在就職一個月內，甘廼廸總統與一個希望獲得有關對拉丁美洲援助計劃文件的國會小組委員會發生爭執。但在相當激烈的爭辯後，這些文件終於在勉強的情況下自動交出。

但是處理彈劾調查時，情形就不相同。

常被引用的有關此事的總統聲明是波克總統在一八四六年所發表的：

> 「作為國家最後審判機構的衆議院，若在任何時間有理由相信，政府機關官員有不當使用或申請公款的不法行為，並認為應當對此事展開調查，各行政部門的所有檔案和文件都可由衆議院委員會檢查和監督，行政機關應就職權範圍提供一切便利，使他們能夠進行調查。」

其他總統也曾提到彈劾造成的特殊情況。格蘭特總統曾特別承認，衆議院有權要求行政部門提供它所需的資料，以行使其彈劾權。

華盛頓總統在拒絕提供有關傑伊條約的資料時辯解如下：

> 「要求調查的文件並不能和彈劾以外的衆議院審理下的任何目的有關，而彈劾的決心尚未表示。」

一位哈佛大學法學教授指出，發表這些聲明的總統，通常是在拒絕提供作非彈劾目的之用的資料時所作的表示。如果要求他們提供與彈劾調查有關的資料，他們的答覆也許會不同了。

但是尼克森堅拒衆議院傳票的調卷要求，於是該院司法委員會乃在

一九七四年七月卅日以廿一票對十七票通過下列第三項彈劾文：

「在他執行美國總統的職務時，尼克森違背憲法規定他須忠誠執行美國總統職務並盡力維護和遵守美國憲法的誓詞，他也違反憲法規定他務使法律得以忠實執行的職責，而在沒有合法理由或藉口的情況下，未能提供衆議院司法委員會在一九七四年四月十一日、一九七四年五月十五日、一九七四年五月卅日和一九七四年六月廿四日依正當授權所發傳票令其交出的文件和物品，而且故意違抗這些傳票。

「該委員會認爲必須取得票傳的文件和物品，以便藉直接證據解決與總統指揮、知悉或批准等行動有關的問題，作爲彈劾總統的可靠根據。

「在拒絕交付這些文件和物品時，尼克森自行判斷那些資料是調查所必需，而以總統職權對抗衆議院合法的傳票，因而侵越憲法賦與衆議院獨有的彈劾權所必需的功能和判斷。

「在這一切作爲中，尼克森違反總統所享的信任，破壞立憲政府，妨害法律和司法，以及顯然損害美國人民的利益。

「因此，基於這種行徑，尼克森自應被彈劾和審判，並被免職。」（註三一）

在彈劾案送呈衆議院院會討論前，尼克森已照最高法院的判決案把特別檢察官調閱的全部資料送交聯邦地方法院，同時也送給衆議院。兩星期後，他乃辭職下野。在調查戰爭的兩條戰線上，尼克森都慘敗了。

福特以副總統繼尼克森任總統，但在三十日後下令赦免尼克森。於是輿論大譁。衆議院司法委員會一個小組，通知福特派代表前往衆議院報告特赦理由並答覆詢問。福特毅然決然親去列席備詢，滿天陰霾從而

消散。

假使尼克森在解除第一位特別檢察官之前，也能這樣合作和坦誠，一般都以然必能見諒於國人，決不會有後來的身敗名裂。

稽諸歷史，福特的列席國會去作證，乃是有史以來的第一次。按華盛頓總統曾經決定要去國會解釋他與印地安人的交涉，但後來因無必要而未去。林肯總統為了說明他的夫人未與南方政府有所接觸，五家報紙記載他曾親去國會作證，後來查明他祇與共和黨議員晤談。所以福特開了在任總統親去國會作證的紀錄。為公為私，都有裨益。

由此聯想到中國行政院俞院長的峻拒接受監察院的邀請赴院說明糾正案的處理經過並答覆詢問，因而引起政潮，未免太可惋惜而不足為訓了。

### 第四項　對李宗仁副總統的調查

民國三十五年十二月，李代總統宗仁，赴美治病，逗留不返。羣龍無首，國勢日危。監察院乃在三十九年二月電促返國。全文如下：

「華盛頓中國大使館顧大使轉李代總統勛鑒：年來共匪之叛亂日張，政府之措施彌拙，致使國家民族蒙受禍害。先生乃於戰局危殆之際，遠離中樞，稱病出國；人心惶惑，公論交責。在先生以為政府照料有人，且可隨時請示。但重洋遠隔，何能因應事機！由此所造成之違法失職事件，將何以辭其咎。特掬誠電達，至祈迅為明確表示，以安興論。監察院全體監察委員同叩。」

監察院這個電報，也可說已給李代總統一個辯解的機會。他也提出了答辯。全文如下：

「臺北總統府邱秘書長轉監察院于院長並轉全體監察委員勛

鑒：尊電前日始轉到，雅荷遠注，至用感慰。仁患胃病，迄今已十餘
年，前者南巡至邕，突然增劇，乃來美就醫。由哥倫比亞醫科大學
外科主任敎授等檢查決定，應割去全胃四分之三，以免潰穿胃壁，
招致不測。現瘡口雖已平復，而飮食起居，仍由醫師嚴密護視。須再
有一個時期之靜養，方能自由行動。長老會醫院之兩次公告，敍述
至詳。仁每念中央諸同志及各地將士之辛勤勞瘁，彌增憂愧。所幸
在此留醫期間，除施行手術之三數日外，對府院及各方所來函電，
均親自批閱，府院命令，照常公布，並未因仁之病而受絲毫影響。
至於執行部分，係由行政院負責處理。故不特府務無廢弛之虞，政
務亦無中斷之慮。目前國內局勢，美援至爲重要，仁在留醫期間，
曾與美朝野直接間接密取連繫，以冀有所補救。披瀝奉告，諸希察
照是幸！李宗仁艷。」

　　依照所辯，他勾留不歸的理由：一是「飮食起居仍由醫師嚴密護
視」；二是「須再有一個時期之靜養，方能自由行動」；三是「對府院及
各方所來函電，均親自批閱，府院命令照常公布，……政務亦無中斷之
虞」；四是「美援至爲重要，仁在留醫期間，曾與美朝野直接間接密取
聯繫，以冀有所補救」。

　　監察院認爲這些理由都難接受，而且統觀全電，認爲他拒絕囘臺供
職，自屬惡性違失，再加其他理由，乃在四十一年一月提案彈劾。（註三一）

　　彈劾案移送國民大會後，國大秘書處將它寄與駐美大使轉請李副總
統答辯，但李置之不理，國大乃在四十三年三月十日以一千零三票予以
罷免。

## 第六節　對行政院長的調查

### 第一項　調查地點的爭執

依照中華民國憲法，行政院長顯然是該法第九十七條的公務人員，如果違失，監察院自得予以彈劾，因而也得加以調查。但是民國四十六年對行政院兪鴻鈞院長的調查，却因他拒赴監察院接受調查而形成嚴重爭執導致該院對他的彈劾。

四十六年三月二十五日，監察院爲杜絕浪費改善待遇，經該院十個委員會聯席會議決議：依據憲法第九十七條向行政院提出糾正案，促其注意改善。

糾正案的案文很長，茲錄案由於下：

> 「年來吾國軍需浩繁，財政困難，軍公敎人員生活備感艱苦，然部分政府機關仍不能共體時艱，而猶擴充不急需之政事，興辦不急需之事業，舉辦不急需之設計、訓練、考察、會議、考試、招待及展覽，增加不急需之機構及人員，建築不急需之房屋，購置不急需之汽車，丁此時艱，俱屬跡近浪費，自有加以糾正之必要。誠能力求精簡，厲行節約，同時整頓稅收及公營事業，以增加收入，則軍公敎人員生活未始不能賴以稍加改善。」

這個糾正案提出後，監察院在二個月限滿以後，接到行政院七月十九日和同月二十四日函復辦理情形，深致不滿，認爲：第一、行政院對糾正案逾期答復（監察法第二十五條規定答復期限是二個月），第二、行政院未能就糾正各點爲適當的改善和處置，乃於七月二十日及九月三日由十個委員會決議，依監察法第二十五條和第二十六條，邀請行政院

院長去院報告並備查詢。

行政院於九月二十七日函復監察院：如監察院對前次糾正各該事項續有糾正者，應請再行列出，以便依照監察法第二十五條規定，再飭各機關注意改善。如對本案各項辦理情形，尚有詢問之必要時，行政院各機關自當依照監察法有關規定辦理。在這封復函中，行政院並未說及行政院長不應到監察院的理由。

監察院十委員會復於十月五日第四次聯席會議決議：

「查杜絕浪費，調整待遇，事關國家重大政策，應由行政院長負其責任，而對糾正案之逾期答復，尤須向行政院院長直接提出質問，自應依照前項決議，切實執行。並仍由十委員會舉行聯席會議執行調查任務，依照監察法第二十五條及二十六條第一項第二項，約請行政院院長來院，就行政院對本院前提糾正案未能依法如期答復，並未能對糾正各點為適當之改善與處置等項，提出質問及查詢。」

至此，行政院除仍堅持原有觀點函復監察院外，並「指派」行政院龐主計長松舟，財政部徐部長柏園和行政院陳秘書長慶瑜前往監察院，列席十一月三十日十委員會第六次聯席會議，就行政院對原糾正案之書面答復作補充說明。他們雖由行政院長指派前往，但不是行政院院長的代表。監察院要求他們轉請行政院表明身分，但遭拒絕。

那天下午，行政院發表處理該案節略，並說明行政院院長不能列席監察院的理由：

「監察法第二十五條僅規定『監察院得質問之』，並無來院報告並備查詢之規定。至監察法第二十六條第二項係規定『調查人員

調查案件，於必要時得通知書狀具名人及被調查人員，就指定地點詢問』，……所謂『就指定地點』與所謂『來院』似亦有別。行政院對監察院之糾正案業經答復，如監察院方面認爲對糾正案各點未能注意改善，似亦應就行政院前次對糾正案之函復內容，敍述其應行質問之點，依監察法第二十六條之規定，派員赴各機關詢問，亦未便以綜理院務之行政院院長視爲『被調查人員』，而爲監察法第二十六條第二項之適用。」

次日，監察院也發表聲明，就行政院的理由有所辯解：

「查憲法第九十六條規定：『監察院得按行政院及其各部會之工作，分設若干委員會，調查一切設施，注意其是否違法或失職。』又憲法第九十七條規定：『監察院經各委員會之審查及決議，得提出糾正案，移送行政院及其有關部會促其注意改善。監察院對於中央及地方公務人員，認爲有失職或違法情事，得提出糾舉案或彈劾案』，國家爲保證監察院糾正案之能貫澈實施，特以監察法第二十五條規定：『行政院或有關部會接到糾正案後，應卽爲適當之改善與處置，並應以書面答復監察院。』此爲行政院及各部會應盡之職責。行政院長接到糾正案後，如不能爲適當之改善與處置，監察院卽可加以質問。如經查明在處理上有違法失職情事，並可提案彈劾。但爲審愼將事，並予行政院院長以說明辯解之機會，在確認其違法失職之前，監察院自當先加質問或調查。而依監察法第二十六條第二項『指定地點詢問』之規定，監察院自得約其來院備詢。行政院長在接到監察院此項通知時，應卽如期到院就糾正案之處理經過提出報告，並答復監察委員之質問或查詢。

「行政院院長既無監察上之豁免權，自得被視爲『被調查人』。

且唯其係綜理院務，而杜絕浪費調整待遇之糾正案，又係行政院院長負責處理，本院自當以其爲『被調查人員』，而爲監察法第二十六條第二項之適用，不容曲解。」

監察院並對行政院不向監察院解釋兪院長拒絕去院之理由，而竟在報章公開指責，認爲殊屬不當，表示遺憾。

於是監察院又請兪院長於十二月十日列席監察院聯席會議。兪院長仍予拒絕，並說「在依據憲法精神及在監察法有關條文適用之見解，未獲一致前，行政院長歉難應邀列席監察院會聯席調查會議備詢」。

事情發展至此，監察院遂於十二月十日由大會議決，組成「行政院長兪鴻鈞違法失職處理小組」，從事調查兪院長在調整待遇和浪費方面的違法失職，並於二十三日提出彈劾案。

彈劾案列舉兪院長違法失職共計六項，而把他拒絕去院報告和備詢認爲是蔑視監察職權，列爲第二項。（註三二）

彈劾案經兪院長申辯和監察院辯駁後，公務員懲戒委員會於四十七年一月三十一日議決：「兪鴻鈞申誡」。

彈劾案兪院長申辯書和監察院對他申辯的核閱意見中有關第二項的原文，列入本章附註。（註三三、三四）

## 第二項　公懲會的理由及其批評

公務員懲戒委員會對於雙方爭辯的意見最可重視，抄錄於下：

「二、關於行政院院長列席監察院部分：彈劾案以行政院對於監察院所提杜絕浪費調整待遇糾正案逾期四十九日方始答復且未能爲適當之改善與處置，依監察法第二十五條、第三十一條適用監察法施行細則第三十九條監察院得經決議以書面質問或通知行政院或

有關部會主管人員到院質問之規定,通知俞院長到院爲口頭之質問,並以被付懲戒人處理本案涉及違法失職問題,依憲法第九十六條監察院得分設若干委員會調查一切設施注意其是否違法或失職之規定,適用監察法第二十六條第二項指定監察院爲調查地點,邀請俞院長列席備詢,竟被拒絕,實屬藐視法令一節,申辯書稱:『行政院於接到該案之次日即將全文提出行政院會議報告,經轉飭有關部會處局及臺灣省政府注意改進具報,原糾正案共列十一項,每一項又復包含若干細目,所涉機關又多,範圍極爲廣泛,必須分別檢討逐級層轉,俟各該機關呈報後方能綜核答復,因之在事實上難於兩個月完成書面答復,而非有意稽延。按監察法第二十五條規定: 如逾二個月仍未將改善與處置之事實答復監察院時,監察院得質問之。是逾二個月及仍未將改善與處置之事實答復乃爲構成質問之要件,未便釋爲如逾兩個月答復即爲違法。監察院依監察法第二十五條及第二十六條規定,邀請行政院長來院報告並備查詢,查監察法第二十五條質問之目的,係在催促答復,並無來院報告並備查詢之規定。至監察法施行細則第三十九條雖有通知到院質問之規定,但該項施行細則並非法律,在監察法中旣無到院之明文規定,當無拘束他院之效力,關於調查之進行,依監察院第二十六條有其一定之程序,如照該條規定進行調查,行政院自當依法辦理。今監察院未循此法定途徑,本於憲法精神,恪守法律,未能應邀前往,決非對監察職權有所藐視』云云。是被付懲戒人未能應邀前往監察院列席會議備詢,係對於監察法第二十五條及監察法施行細則第三十九條規定之法律觀點,及監察法第二十六條行使調查之方式,與監察院之見解未能臻於一致之故,尙難謂蔑視監察職權。」

按公懲會爲俞院長開脫蔑視監察職權的理由，只是說他對法律觀點
「與監察院的見解未能臻於一致之故，尚難謂蔑視監察職權」。

但俞院長所主張而爲公懲會所採信的所謂「法律觀點………與監察
院之見解未能臻於一致之故」云云，監察院早在對申辯書的核閱意見中
詳加指駁，送與公懲會一併審議。監察院認爲那是「事後巧辯，企圖卸
責，殊不足採」；「純係臨時搪塞之辭，自無解於其蔑視監察職權之非法
行爲」。茲將該項核閱意見照錄於下：（至俞院長的申辯理由則已列入本
章附註三四。）

　　　　「查行政院院長俞鴻鈞處理本院各糾正案，類多推拖敷衍，前
　　舉美援會待遇案中業加評述。四十六年三月二十五日，本院又向行
　　政院提出杜絕浪費調整待遇糾正案，但行政院遲至七月十七日尚未
　　依監察法第二十五條以書面答復，逾越法定期限已達一月又二十餘
　　日之久，當經本院財政委員會第一二五次會議決議向行政院長查詢。
　　七月二十日本院第四九七次院會正擬就財政委員會提案加以討論，
　　行政院於是日上午七時將書面答覆匆匆送達本院，當經決議交十委
　　員會聯席會議處理。七月廿四日該聯席會議決議（一）行政院復文
　　對本院糾正各點，不獨未能注意改善，而其辯飾之詞亦多不足採，
　　仍應依照監察法第廿五條及廿六條向行政院提出口頭質問並查詢。
　　（二）關於應行質問及查詢之點，推請陶百川等九委員組成小組補
　　充調查，先行擬定。九月三日十委員會聯席會議決議報經本院函請行
　　政院長於一週內訂期來院報告行政院長對糾正案不能如期答復以及
　　不能爲適當之改善與處置之各項情形及原因，並備九人小組之查詢。
　　在確認行政院長違法失職責任前，此項查詢程序實屬必要。但函中
　　並無列席會議字樣，十月十一日第二次函中亦無列席聯席會議字樣，

依照過去慣例，自當由九人小組執行調查任務。但兪院長皆不允來院應詢。申辯書謂本院函請『行政院長前往監察院之會議列席備詢，行政院基於以上所述之一貫法律見解，始終認爲未便應邀前往，且監察院最後來函邀往列席『聯席調查會議』在監察法中亦無明文規定』。揣其辭意，一若本院如不邀其列席聯席會議，則渠本可到院應詢。但四次邀請中前兩次函並未邀其列席聯席會議，然皆拒不來院應詢，足見所謂行政院長依法不應列席本院聯席會議，是以不能應詢云云，純係事後巧辯，企圖卸責，殊不足採。

「申辯書又謂：『蓋監察權之行使，監察法已有明文規定。關於調查之進行，依該法第二十六條有其一定之程序，如監察院依照該條進行調查，行政院長自當依法辦理。今監察院未循此法定途徑，必欲行政院長列席於在法律上無規定之『聯席調查會議』備詢，鴻鈞本於憲法精神恪守法律並依照迭次行政院院會之決定，未能應邀前往，決非對監察職權有所蔑視。』按本院前兩次邀函中，並未提及聯席調查會議，並皆指明，係根據監察法第二十六條之法定途徑加以查詢，但兪鴻鈞兩次拒絕，非蔑視監察職權而何？至關於監察法第二十六條規定之程序，申辯書所指摘者，無非謂須在必要之情況下，本院方得指定調查地點。但此所謂必要之情況，自應由本院認定，不能由被調查人員任意選擇。至監察法施行細則第卅九條所規定之到院質問，係依據監察法第卅一條所訂定，自有拘束行政院長（被調查人）之法律效力。

「申辯書又謂：『憲法並無類似第五十七條及七十一條之規定，而有行政院長得列席監察院之會議提出報告並答復質問之明文，以往迄無類此事例。』兪鴻鈞似係據此理由，因而拒絕不應詢。關於本院九月三日及十月十一日之兩次邀請，俱未請其列席監察院之任何

會議，但渠亦不應詢，已如前述。且查國民大會歷次開會時行政院長皆前往列席提出報告，此在憲法上又有何明文規定？是其所謂因憲法明文規定而不來院列席報告云云，其辯解顯不足採。

「復查憲法第九十六條規定：『監察院得按行政院及各部會之工作分設若干委員會調查一切設施，注意其是否違法或失職。』依此規定，本院各委員會皆可執行調查任務，一個委員會固可調查，十個委員會亦可聯合調查。依照過去方式，委員會常於集會時由少數委員代表委員會向列席行政首長提出問題，而由行政首長在會議席上公開答復。彈劾案中所云：『行政院各部會首長之來院報告或答覆調查詢問，不下百十次，行政院方面亦從無異議』云云，即指上述向例而言。申辯書中亦承認：『行政院各部會首長往監察院或作報告或交換意見或參加座談，旨在互相聯繫，增進了解』。是皆受憲法及監察法之拘束，非僅爲『互相聯繫增進了解』而已。行政院院長亦爲行政院之一員，自亦同受該項法律拘束，無可置疑。

「申辯書又謂：『行政院於四十六年十一月廿八日函復監察院指派龐主計長松舟徐部長柏園陳秘書長慶瑜等三人於監察院財政等十委員會舉行第六次聯席會議時前往就行政院對原糾正案之書面答復補充說明，但監察院財政等十委員會未予接受。』按徐部長柏園爲一政務委員，行政院既派徐政務委員來院列席聯席會議，是已承認聯席會議或聯席調查會議之合法性及政務委員應邀列席之必然性。但當時本院各委員會認爲本院所邀請者爲俞院長鴻鈞而非徐政務委員等三人，而行政院院長又拒絕本院請求以書面證明徐等之代表資格，故本院乃未予接受。惟申辯書所謂：『必欲行政院長列席於在法律上無規定之『聯席調查會議』備詢，鴻鈞本於憲法精神恪守法律，並依照迭次行政院院會之決定，未能應邀前往，決非對監察職

權有所蔑視』云云，觀於行政院指派徐政務委員等來院列席報告及
備詢之一事，亦足證其自相矛盾之一端。

　　「申辯書又謂：『此一問題如經司法院解釋，認爲行政院院長可
應邀列席監察院之會議時，亦自當前往列席。』但行政院七月廿七日
及十一月廿八日兩次拒絕來院應詢之復函皆未提及所謂法律見解，
故本院對其一再拒絕不能不認爲係對監察職權之蔑視。十二月九日
最後覆函中雖提及不能列席聯席調查會議之法律見解，但又不申請
司法院解釋，同時且派徐政務委員等三人前來列席，足徵其所謂法
律見解云云，純係臨時搪塞之辭，自無解於其蔑視監察職權之非法
行爲。」

## 第三項　各方評議及其總結

　　監察、行政兩院就俞案所爭議的重點，是行政院應否應邀去監察院
報告糾正案的處理情形並答覆質問和查詢。國內外對這一點特別重視，
紛紛發表意見，現就手頭留存資料作一統計。問題是：行政院院長應不
應該應邀去監察院報告糾正案的處理情形並答覆質問？

| 應不應去？ | 何人主張？ | 載　在　何　一　報　刊　？ | 理由酌註 |
|---|---|---|---|
| 應去 | 社論 | 四六，一二，一，大華晚報 | |
| 應去 | 黑白集 | 四六，一二，三，聯合報 | |
| 不置可否 | 社論 | 四六，一二，四，公論報 | 註三五 |
| 不置可否 | 社論 | 四六，一二，五，自立晚報 | 註三六 |
| 不應去 | 每週評論 | 四六，一二，九，聯合報 | 註三七 |
| 不置可否 | 社論 | 四六，一二，一二，徵信新聞 | 註三八 |
| 不應去 | 社論 | 四六，一二，一八，中央日報 | 註三九 |

| | | | |
|---|---|---|---|
| 應去 | 魯仲 | 香港自由人報第七一〇期 | |
| 應去 | 社論 | 自由中國第一八卷第一期 | |
| 應去 | 蔡家聲 | 民主中國第一二卷第一期 | |
| 應去 | 社論 | 紐司週刊第三九二期 | |
| 應去 | 曹德宣 | 自治半月刊第一三期 | |
| 不應去 | 陶希聖引憲法學家 | 四七，一，一二中央日報 | 註四〇 |
| 應去 | 劉永濟 | 民主潮第七卷第二四期 | |
| 應去 | 黃寶實 | 四七，一，一四，中央日報 | |
| 應去 | 薩孟武 | 四七，一，一七聯合報 | 註四一 |
| 應去 | 潘公展 | 四七，一，一八，紐約華美日報 | |
| 應去 | 陶百川 | 四七，一，二二，聯合報 | 註四二 |
| 應去 | 任卓宣 | 革命思想第四卷第一期 | 註四三 |
| 應去 | 張君邁 | 民主潮第一八卷第五期 | 註四四 |
| 應去 | 蔣總統 | 四七，二，一〇，紐司週刊第三九四期 | 註四五 |

　　依照上列統計，在二十一項反應中，認爲行政院院長應去監察院列席報告和備詢的計有十五個，認爲不應去的，則僅三個。尤可注意者，精研比較憲法的薩孟武教授，精研五權憲法的任卓宣教授，名政論家潘公展先生和現行憲法最後一次起草人張君邁先生都認爲行政院長應去列席報告和備詢，這個爭執應該已有定論。而　蔣總統一月十六日的指示，自更具有權威性，雖因說得稍晚，未能弭患於先，但應能預防於後。

　　依照本節第一至第三項所述，美國最近爲水門事件的調查也發生很大的爭執。尼克森總統昧於事理，怯於認錯，拒絕調查，弄得身敗名裂，國家也深受其害。福特總統懲前毖後，不獨接受調查，而且親去衆議院司法委員會報告他赦免尼克森的理由並答覆詢問，却是實踐了俞院

長所倡導的「崇法務實」。

## 第七節　對法官的調查

### 第一項　行政院的命令和監察院的查詢

依照憲法第九十九條，法官也是公務人員，如有違失，監察院當然可加調查。但有少數法官却以憲法第八十條：「法官須超出黨派以外，依據法律獨立審判，不受任何干涉」爲理由，曾圖拒絕監察院的調查。

民國四十二年八月十六日，行政院依據司法行政部呈文令飭該部轉令所屬法官可以拒絕監察人員的調查，當經該部轉令所屬遵辦。全文如次：

「一、前據該院院長本年六月十六日呈內牘字第三二七號暨該首席檢察官同年六月十二日簽呈，以近來監察院監察委員對各法院推檢承辦案件，常於訴訟進行中有調閱案卷查詢案情，甚至作成筆錄強令簽名等情，致妨礙司法權之行使，請轉呈行政院迅賜補救，以維法治等情。當經據情轉呈核示。

「二、玆奉行政院四十二年八月十八日臺（法）四八○二號令知，經提出八月六日第三○三次院會決議，飭各級司法人員善守司法獨立之精神，凡在偵查或審判中之案件，認爲依法不能接受監察人員之調閱案卷查詢案情者，應堅守立場，必要時請示上級處理。希卽轉行遵照等因。

「三、查憲法第八十條規定法官依法獨立審判，不受任何干涉，法律明定檢察權對法院行使及偵查應守秘密，凡此均表示推檢之執行職務有其獨立之立場，凡偵查審判案件不得接受任何人之非法干

涉，其為國家利益應秘密之事項，更有絕對保守秘密之義務，不得向任何人有所洩露。深望各法院審檢人員均能善體院令意旨，堅守立場，益奮忠勤，為國服務。法治前途，實深利賴。奉令前因，合行令希遵照並轉飭所屬一體切實遵照。部長林彬。」

那時本書著者適任監察院司法委員會的召集人，對這命令殊感關切，擬具「關於行政院及司法行政部命令應向行政院查詢事項」，提會通過。由監察院函請行政院答覆。原文如下：

「一、貴院命令所謂『應堅守立場必要時請示上級處理』，其意義是否為司法人員如認為依法不能接受監察人員之調閱案卷查詢案情者，應加以拒絕？

「二、貴院命令中所謂『認為依法不能接受……』此「認為」係由何人認為？其意當為由被調查之司法人員認為。此被調查之司法人員一人單方面認為依法不能接受，即可不接受。貴院此項指示，是否與監察法第二十六條相牴觸？

「三、貴院命令中所謂『依法不能接受……』此法係指何法？司法行政部臺四二令秘字第四一五九號命令中曾提及憲法及刑事訴訟法，然則此法是否指憲法及刑事訴訟法？但貴院之審查意見明明認為『監察人員對於案件審理，加以詢問、調查、調卷或對審判結果認為違法不當而提出糾舉，亦係憲法及監察法所明定。其對於司法機關行使調查權，並無例外規定。』此所謂『並無例外規定』，即謂司法人員應接受監察人員依據監察法所為之調查，不能自外於監察法。國家法律並無司法人員可以不接受監察人員調查之例外規定。貴院審查意見之此項辭意甚為彰明，然則貴院命令中所謂『依法不能接受』之『法』尚何所指？

「四、貴院命令指示司法人員不接受調閱案卷查詢案情之情況，包括審判中及偵查中而言。其意是否謂案件須經最高司法機關判決確定後，監察人員方可調查？但如有一推檢被控就某案有瀆職行爲（例如受賄），監察人員自須卽往調閱案卷查詢案情。彼時該推檢可否本貴院命令，以案件尙在偵查中或審判中爲藉口，拒絕監察人員調查？

「五、司法行政部命令中有謂『甚至作成筆錄強令簽名』，此『強令』簽名之監察人員係何人？對何人？爲何事？如何強令？

「六、司法行政部命令中有謂『凡偵查審判案件不得接受任何人之非法干涉』，如監察人員對於司法人員就偵查審判案件依照監察法有所調查，而別無非法行爲，（如強暴脅迫等），亦未對該司法人員之審判有所干求指使或其他干涉舉動，而僅就該司法人員被控事項要求調閱有關案卷，查詢有關案情；此種適法之調查，貴院或司法行政部亦認爲係『非法干涉』乎？

「七、司法行政部命令中有謂『其爲國家利益應秘密之事項更有絕對保密之必要，不得向任何人有所洩露。』此所謂『任何人』，包括監察人員在內否？

「八、司法行政部嘗以法官獨立審判不受干涉爲不接受監察人員調查之理由及根據。但所謂調查者，依據監察法所規定及該部命令所指摘，僅爲調閱案卷、查詢案情，如是而已。豈如此之調查，亦認爲係干涉審判乎？且如此之調查，該部對所屬司法人員亦嘗爲之，若可認爲『干涉』，則該部亦嘗『干涉』矣！然該部果承其亦干涉審判乎？

「九、司法行政部亦嘗以刑事訴訟法第二百二十四條『偵查不公開之』爲不接受監察人員調查之理由矣。實則所謂不公開者，似

應爲對一般社會不公開而言，監察人員同爲國家服公務，於其執行公務時，司法人員似不得以「不公開」三字爲依據，拒絕其調查，以妨害其公務之執行。故監察法第二十七條僅於監察人員要求攜去或封存有關證件時，方准該主管長官加以拒絕，但須以『妨害國家利益者』爲限。至查閱案卷或查詢案情，依監察法第二十六條，被調查人不得拒絕，固不許以『偵查不公開』或秘密或有關國家利益爲藉口而不予接受。且該條已有『調查人員對案件內容不得對外宣洩』之保證規定，不虞案件之洩露以妨害其進行也。至審判時則當事人之辯護人皆得要求查閱案卷，司法人員之不得拒絕監察人員之調查，自更不待言。」

### 第二項 三院會商解決方法

那時行政院是由陳院長主持，對監察院上述查詢事項置之不理。雙方往返交涉了好多次，沒有結果。直到兪院長繼任，行政院才派了幾位政務委員會同司法院代表共同商談。

會談共計兩次，時間是四十四年十一月十一日和四十五年一月十日。參加代表名單：

行政院：副院長余井塘，司法行政部部長谷鳳翔，政務委員田炯錦，國防部副部長馬紀壯。

司法院：秘書長王　煥，大法官金世鼎，參事王昌華。

監察院：監察委員何濟周，陶百川，田欲樸，王文光，黄　覺。

谷部長先說明來意：「兄弟接長司法行政部後，以司法、監察和行政，有着相同的目的，遇事應該商談，因此簽呈行政院，建議就本案邀請大家面談，使得彼此了解，免得用文字往來辯難，況且兩年以來，彼此已沒有爭論，也沒有發生什麼問題。」

本書著者：「這是一個老問題，在座各位有的過去與本問題沒有接觸過，也許不大清楚。我正好是始終參與的人，所以先報告一下，庶幾各位易於討論。

「這個問題發生在四十二年八月，那時我正任監察院司法委員會的召集人，聽說司法行政部下了一道命令，指示司法人員對監察人員調查案件時，可以拒絕。後經司法委員會討論決議，推派何委員濟周調查。那時我與司法行政部人員本來常有接觸，可是連林部長在內，大家都對我們諱莫如深。直到何委員調查後,方知司法行政部曾經請示過行政院,行政院在四十二年八月四日舉行了一次審查會議，今天在座的余委員和田委員也出席那次會議，由張副院長厲生主席，通過審查意見如下：

『經就法律與事實詳加研究，僉以法官依據憲法，獨立審判，為司法獨立精神之所在。監察人員對於案件審理，加以詢問、調查調卷，或對審判結果認為違法不當而提出糾舉，亦係憲法及監察法所明訂。其對於司法機關行使調查權，並無例外規定。為求問題漸獲解決，似宜採逐案處理之方式，就某一案件之被調查，認為確有干涉司法之具體事實，由司法行政部詳細報院，再由院審酌處理，尋求改進。由此逐案解決之具體事實，演為兩權行使之適當分際。

『基於以上審查結論，擬由院令行轉飭各級司法人員（推檢為限），善守司法獨立之精神，注意案件性質，認為依法應守秘密，不能接受監察人員之調閱案卷查詢案情者，應堅守立場，必要時請示上級處理。』

「這個審查意見,經行政院第三〇三次會議決議：『照審查結果由院令飭司法行政部照辦。』

「以這個審查意見而論，第一段說得很對，所謂逐案處理，原則也

很好。但第二段與我們的看法就有些距離。可是因爲有了『注意案件性質』和『依法應守秘密』兩句話，司法人員仍不得對監察人員的調查，率予拒絕。不過後來行政院給司法行政部的命令中，却刪去了『注意案件性質』字樣，而增加了『凡在偵查中或審判中之案件』；『應守秘密』的限制條件，也給刪去了。這樣就把司法人員所得拒絕調查的範圍變成沒有限制，於是大大的妨礙了監察院的調查權。後來司法行政部的命令中又加了兩段，並在第一段中把臺灣高等法院史院長簽呈中的『甚至作成筆錄令其簽名』改爲『強令簽名』，把監察院的調查工作加以不當的渲染，極易使人發生錯覺。

「監察院司法委員會看了何委員的報告，推王委員文光張委員岫嵐和兄弟三人，到行政院與張副院長晤商補救辦法。我們當時認爲補救的方法可有四種：（一）請大法官會議解釋，（二）請總統依照憲法規定，召集有關各院院長會商解決之，（三）由監察院提案糾正，（四）由行政院再下命令加以救濟。與張副院長商談結果，試就第四種方法加以考慮。張副院長並囑我們先擬一稿給他參考。後來兄弟曾擬了一個稿子。可是張副院長在第二次會談時變更初衷，以爲不如請求大法官解釋。我們於是報告院會，經決定對行政院提出查詢事項九點。但行政院擱置了一年多，不予答覆。最近方來函提議邀請大家商談。所以有今天這個會談。

「谷部長說兩年來監察人員到法院查案並未發生爭論。不錯，近年來監察人員到法院查詢案件，並未發生不愉快的事情。不過司法行政部那個命令是一件正式公文，存在各法院的檔案裏，各法院有執行的義務。推檢是否可以依據那個命令拒絕監察人員的調查？這事似有澄清的必要。」

王文光委員：「這個問題的起因，是高等法院二個簽呈，據說是部長暗示的。簽呈所說的事情，如提出來同我們商談，很容易解決，而且事

實上絕沒有簽呈上所說的嚴重。因爲我們每年的總檢討會議，對各種問題都要檢討，這個問題也檢討過。可惜當時林部長不採取商談的途徑，而下達那個命令。現在的補救辦法，是否把審查意見前半段意思下達各級法院以爲補救。」

　　本書著者：這個案子發生以後，我曾查詢監察院五年來對於司法人員究竟提過多少糾彈案。結果五年中僅有十一案，而且對象也不完全是推檢，也有監獄人員。照監察法與公務員懲戒法的規定，『違法失職』就應加以糾彈，但對司法人員則所謂違法情事，我們以爲應探寬容的看法。例如高院判決的案子，經最高法院撤銷的，理由都是違法，如果違法就要糾彈，則所有法官沒有一個能免於被糾彈了。但是我們很少這樣糾彈過法官。可見我們也很能自制。監察院每月舉行院會，每年舉行年度總檢討會議，對監察人員行使職權的分寸，常加檢討，總望不要因調查而影響司法獨立或損害法官的尊嚴。至於司法行政部那個命令的補救辦法，王委員方才提到，把行政院審查意見第一段請行政院以院令通令下去，這也不失爲一種辦法。我們從前與張副院長談的就是這種方式。當時我曾擬過一稿，那是把行政院審查意見第一段酌改而成，現在報告如下：

　　　　『查法官依據憲法，獨立審判。爲司法獨立精神之所在。監察人員對於案件審理加以詢問調查及調卷，或對審判結果認爲違法失職而提案糾彈，亦係憲法及監察法所明訂，其對於司法機關行使調查權，並無例外規定，司法人員自不得任意拒絕。至若某一案件之被調查，認爲確有干涉司法之具體事實，應由司法行政部詳細報院，再由院審酌處理，尋求改進。』

　　「以上措辭，請與行政院原文對照一下，可知監察院並未苛求。我

們五人曾就此事在昨日交換意見，認為行政院如能下達這樣一個命令，情勢就可改善。但這只是我們五人的意見，如大家以為可行，我們當報請監察院認。」

余副院長：「原則上沒有問題，只是技術上的問題。今谷部長有事走了，我想請汪先生將各種意見轉達谷部長。同時我們再商量一下，提出意見，徵得大家同意後，再轉達行政院作最後決定。」

田委員：「行政院對監察院查詢事項九點，本已擬定答復的稿子。嗣以谷部長認為行政院的意思，監察院未必能接受，而監察院的糾正案，也不能絕對拘束行政院。這些都不能解決問題。在法官的立場，要獨立審判，在監察院的立場，要調查案件，法院不是例外。相爭不下，問題便解決不了。

「監察院的調查，動機雖是好的，然事實上法官會受到影響。要監察權能夠行使，而法官也不受影響，才算是兩全的辦法。我們回去把監察院的意見作底稿，加以研究，提出意見，然後再同大家商量。」

陶百川：「大家所說的都是語重心長。監察院的調查，是會使被調查的人感到緊張的，所以監察院對此向很注意，但恐仍有注意不週之處。今天各位的意見，我們一定要向同人提出來加以特別注意。」

### 第三項　最後協調及其辦法

監察人員對司法及軍法人員行使調查權案第二次研討會議在民國四十五年一月十日繼續舉行。

田炯錦委員：「請各位先生看一看我們行政院同人所擬的這一份研討意見的草案。如有意見，請提出來。

『法官依法獨立審判，監察院依法行使監察權，在憲法各有其

依據。爲求監察權之行使不致影響司法之尊嚴，凡訴訟案件尚在進行中，監察院當儘量避免對於承辦人員或其監督長官實施調查。但若有顯著事實足證承辦人員有枉法瀆職之故意，需要緊急措施者，監察院於不影響偵查或審判之範圍內。似可斟酌情形，實施調查。』」

本書著者：「方才匆匆看了幾遍，未能細加研究。現在先將我個人的一點初步了解，報告於各位。

「第一、那個稿子說：『查法官依法獨立審判，監察院依法行使監察權，在憲法各有其依據，爲求監察權之行使，不致影響司法之尊嚴……』。這『尊嚴』兩字，我覺在法律上似乎沒有依據。同時這兩個字也太籠統。

「第二、『凡訴訟案件尚在進行中，監察院當儘量避免對於承辦人員或其監督長官實施調查，但若有顯著事實，足認承辦人員有枉法瀆職之故意……』。這『枉法瀆職之故意』等字樣，也有問題。我們監察的對象是『違法失職』，而『違法失職』比『枉法瀆職』的範圍要大一點，我們不可以命令來縮小監察權的範圍。所以我認爲改用『違法失職』在法律上比較更有依據。『故意』兩字也不大恰當。因爲就是沒有故意，只是一種過失，監察院還是可以糾彈的。更不能說不是故意就不可調查或糾彈。

「第三、再下面說：『需要緊急措施者。』這一句也把我們的監察權縮小得很多。因爲彈劾案在原則上是不需要緊急措施的。

「第四、再下面說：『監察院於不影響偵查或審判之範圍內。』這個條件有點費解。我們認爲我們依法調查，不可能有強迫威脅干涉情事，在這種適法範圍內，我們行使調查權就無所謂『影響偵查與審判』。

「第五、再前面尚有『顯著事實』字樣。在『事實』上加『顯著』兩字，對監察權也是一種無理由的限制。因爲調查不一定要有顯著的事

實。事實即使不顯著，也可加以調查。

　　「總之，監察院調查案件，當然要顧到司法獨立，同時監察院自己也應該有一種自制的態度。但行政機關如果以顯著的文字來加以約束，不獨我們不能接受，就是行政院下這樣一個命令，似乎也太缺少法律的根據。

　　「因為我事先沒有機會看到這個稿子，所以也沒有和幾位同仁交換意見，現在把這個稿子看了以後，只是將我的直覺報告出來。」

　　王文光委員：「這一個文件好像專對監察院說的，就是說你監察院以後來法院調查，應如何如何，給予一種限制。過去我們監察院到法院去調查，有時不一定與承辦人員談話，閱卷也是一種調查的方式，假定僅僅是去閱卷，當然更談不到有干涉審判獨立的事了。今天我們商談的目的，就是對於以前行政院的命令要更正一下。所以我覺得這個文件最好能簡單一點。文字上說我們要儘量避免調查，事實上我們也的確是儘量避免調查，過去監察院每天接到四十件訴狀，其中批查的不到四件，而在這四件中，有關法院的案件更少。」

　　本書著者：「剛才我又將文字推敲了一下。擬就原草案稍為加以文字的更動。不過，我要聲明：這不是監察院提出來的修正案，只是我個人以及在座幾位同仁對於這個稿子的了解。因為文字的出入，個人了解各有不同，我們現在想把文字稍予變動，不知道是否合乎我們大家的意思。現在我把更動的文字報告各位如下：

　　　　『查法官依法獨立審判，監察院依法行使監察權，在憲法各有其依據。為求監察權之行使，不致影響審判獨立，監察院自可儘量避免對於承辦人員在其承辦期間實施調查，但如認為承辦人員有違法失職，需要即加調查者，監察院自得斟酌情形，加以調查。被調

查人不得拒絕。』」

查良鑑次長：「我相信今天大家討論的意思很好，從前行政院既然下了這個令，監察院認爲這個令不妥，行政院也覺得可以再來考慮一個新的令，務使這件事辦得很圓滿。茲就現在提出來的文字，以及陶委員的修正加以研究。

「首先，『爲求監察權之行使，不致影響司法之尊嚴』，陶委員主張改爲『爲求監察權之行使不致影響審判獨立』，我的意見認爲是否可以改爲『爲求監察權之行使，並維護司法之尊嚴』，這樣的語氣似比較緩和恰當。

「第三、四行文字『凡訴訟案件尚在進行中，監察院當儘量避免對於承辦人員或其監督長官實施調查』，陶委員主張改爲『監察院似可儘量避免對於承辦人員，在其承辦期間實施調查』。原草案所謂『……在進行中』，是指一審，還是指三審，確實有點模棱，故陶委員的修正的意見是對的。

「再下面說：『但若有顯著事實，足認承辦人員有枉法瀆職之故意』，陶委員對『枉法瀆職』改爲『違法失職』，這在司法方面也有點困難，有時第一審法官根據某一法條判決了，到第二審時，也許說他違背法律，也稱爲違法，不過此所謂『違法』，與監察院所說的『違法』不同。司法審判是認爲本來應該引用第二百三十五條的，你爲什麼引用二百三十四條呢？這在我們也稱爲『違法』。這種『違法』。或者是由於法官見解的不同，或者是對於法律的適用各有各的解釋。所以我們當時所以用『枉法』字樣，也經過一番思考。相信陶委員一定能予了解。

「至於最後加上一句「承辦人員不得拒絕」，我覺得似乎太多刺激，如果不要最後這一句，中間的文字再加以斟酌，也許今天得到一個很好

的結果。」

王煥秘書長：「剛才陶委員修改的稿子，我們司法院方面大致認爲很好，現在再參酌各位的意見，將陶委員的修正文字擬略加修改。修改文字如下：

『查法官依法獨立審判，監察院依法行使監察權，在憲法各有其依據。爲求監察權之順利行使，兼能維護司法獨立的精神，監察院自可盡量避免對於承辦人員在其承辦期間實施調查。但如認爲承辦人員有枉法失職之**具體事實**，需要卽刻調查者，自得斟酌情形，實施調查。』」

王文光委員：「『具體事實』是否可改爲『重大嫌疑』？」

王煥秘書長：「根據監察法規定，擬將『具體事實』改爲『重大情節』」。

田炯錦委員：「現在我將修正後文字再宣讀一遍：

『查法官依法獨立審判，監察院依法行使監察權，在憲法各有其依據。爲求監察權之順利行使，兼能維護司法獨立精神，監察院自可盡量避免對於承辦人員在承辦期間實施調查。但如認承辦人員有枉法失職之重大情節，需要卽加調查者，監察院自得斟酌情形實施調查。』

「請問大家還有什麼修改意見。　——既無修改意見，　就這樣決定了。」

按：上項協調的意見和文字，經監察院院會同意，並經行政院令飭司法行政部轉飭遵辦。兩院爭議到此乃告一段落。

## 註　釋

　　（註一）民國三十七年七月，　蔣總統向監察院提名大法官十七人，結果五人未獲同意，提名考試委員十九人，結果九人未獲同意。

　　（註二）*standing committee*，相當於中國立監兩院的內政委員會等常設委員會，其他尚有各種特別委員會和聯合委員會。

　　（註三）美國立法機構重組法案第一部份，建議事項四。

　　（註四）美國參議院報告第一〇一一號，一九四六年三月，第六頁。

　　（註五）*Papers of Thomas Jefferson, Vol. 1, PP. 180–190.*

　　（註六）*Joseph Horris, Congressional Control of Administration, P. 262.*

　　（註七）*Committee on Government Operations*，相當於中國監察院具體而微，無所不管。

　　（註八）參閱本書第七章，審計權及其行使。

　　（註九）譯自印度國會會議規則第四十一條第二項。

　　（註一〇）這是該院向國民黨第十一次全國代表大會提出的書面報告。

　　（註一一）表中原有人民書狀與人口比例一欄未譯。

　　（註一二）*Chin Yao-chi, The Chinese Ombusman Institution in an Historical and Comparative Perspective, P. 290.*

　　（註一三）同前，第三五〇頁。

　　（註一四）徐松珍等六教授，中華民國監察院之研究，第八九六頁。

　　（註一五）林紀東，中華民國憲法逐條釋義（三），第二五三頁。

　　（註一六）監察法施行細則第十二條：監察委員爲加強監察權之行使，除因收受人民書狀進行調查外，應經常自動調查。

　　（註一七）*Guide to the U. S. Congress, PP. 251–252.*

　　（註一八）*Committee on Standards of Official Conduct PP. 7–8.*

　　（註一九）*contempt of power.*

　　（註二〇）同註一七，第二四八頁。

　　（註二一）同前，第二五二頁。

　　（註二二）陳樸生，刑事訴訟法實務，第二頁。

　　（註二三）刑事訴訟法第七十一條：傳喚被告應用傳票。傳票，應記載下列事項：一、被告之姓名、性別、年齡、籍貫，及住、居所。二、案由。三、應到之日、時、處所。四、無正當理由不到場者，得命拘提。（中略）傳票，於偵查中由檢察官簽名，審判中由審判長或受命推事簽名。

又民事訴訟法第二百九十九條：通知證人，應於通知書記載下列各款事項：一、證人及當事人。二、證人應到場之日、時及處所。三、證人不到場時應受之制裁。四、證人請求日費及旅費之權利。五、法院。審判長如認證人非有準備不能爲證言者，應於通知書記載訊問事項之概要。

同法第三百條：通知現役軍人爲證人者，審判長應併通知該管長官令其到場。

同法第三百零四條：元首爲證人者，應就其所在地詢問之。

同法第三百零五條：遇證人不能到場或有其他必要情形時，得就其所在訊問之。

（註二四）刑事訴訟法第七十五條：被告經合法傳喚，無正當理由不到場者，得拘提之。

同法第七十六條：被告犯罪嫌疑重大，而有下列情形之一者，得不經傳喚逕行拘提：一、無一定之住居所者。二、逃亡或有事實足認爲有逃亡之虞者。三、有事實足認爲有湮滅、僞造、變造證據或勾串共犯或證人之虞者。四、所犯爲死刑、無期徒刑或最輕本刑爲五年以上有期徒刑之罪者。

同法第七十七條：拘提被告，應用拘票。

同法第七十八條：拘提，由司法警察或司法警察官執行，並得限制其執行之期間。

同法第一百二十條：被告經訊問後，雖有第七十六條各款所定情形之一而無羈押之必要者，得逕命具保、責付或限制住居。其有第一百十四條各款所定情形之一者，非有不能具保、責付或限制住居之情形，不得羈押。

又民事訴訟法第三百零三條：證人受合法之通知，無正當理由而不到場者，法院得以裁定科五十元以下之罰鍰。證人已受前項裁定，經再次通知，仍不到場者，得再科一百元以下之罰鍰並得拘提之。拘提證人，準用刑事訴訟法關於拘提被告之規定；證人爲現役軍人者，應以拘票囑託該管長官執行。科證人罰鍰之裁定，得爲抗告，抗告中應停止執行。

（註二五）同前引各條規定。

（註二六）民事訴訟法第三百十二條：審判長於訊問前，應命證人各別具結。但其應否具結有疑義者，於訊問後行之。審判長於證人具結前，應告以具結之義務及僞證之處罰。

同法第三百十三條：證人具結，應於結文內記載當據實陳述決無匿、飾、增、減等語；其於訊問後具結者，結文內應記載係據實陳述並無匿、飾、增、減等語。證人應朗讀結文，如不能朗讀者，由書記官朗讀，並說明其意義。

同法第三百十五條：第三百十一條之規定（得科以罰鍰）於證人拒絕具結者準用之。

又刑事訴訟法第一百八十六條至第一百八十九條有較詳規定。

（註二七）民事訴訟法第三百十一條：證人不陳明拒絕之原因、事實而拒絕證言，或以拒絕爲不當之裁定已確定而仍拒絕證言者，法院得以裁定科五十元以下罰鍰。前項裁定，得爲抗告，抗告中應停止執行。

（註二八）俞叔平，檢察制度新論，第一一四頁。

（註二九）林紀東，中華民國憲法逐條釋義，第二四八頁。

（註三〇）本節所述關於美國總統的調查爭執，是在本書著者旅美時所寫，都是根據權威報刊，爲省篇幅，恕不列舉。

（註三一）彈劾案另一理由如下：「最近政府爲處理毛邦初向維萱抗命失職案，派員在美延聘律師，訴請美國法庭勒令毛邦初交出所管公款文卷；李宗仁竟接受毛邦初十一月十七日呈文，於十一月十九日並以代總統名義批令毛邦初及其員屬繼續執行職務，對於蔣總統所發有關之命令及所採行動，一槪置諸不理。復於十二月五日在其紐約寓所招待外國記者，宣稱：『余已擬有恢復中國合作政府計劃，不久卽可宣佈，此計劃並非完全依賴武力。』云云。十一月十九日以節略送美國國務院，聲明彼仍爲中國合法總統。更指使甘介侯致函毛邦初所延聘美籍律師，謂彼自一九四九年一月二十一日起，繼續爲中華民國之代總統，應至下屆大選之後爲止。似此行爲，顯係盜竊名義，僭越職權。」

按此一彈劾理由，後經國民大會送請李副總統答辯，但未得覆。

（註三二）監察院對行政院俞院長的彈劾案共有六項，案由如下：

第一項是美援會人員待遇較一般公敎人員高出五倍，雖經監察院糾正而毫未注意改善。

（第二項是蔑視監察職權。）

第三項是中央銀行浪費無度，俞院長亦在該行兼職兼薪，俞公館開支並由該行負擔。監察院和審計部派員調查，竟被拒絕。

第四項是中油公司與美國海灣公司簽訂十年運油合同以及臺船公司將船廠船塢出租與股臺公司致使國庫蒙受重大損失，雖經監察院依法函請行政院採取緊急救濟措施而仍推拖敷衍。

第五項是不照立法院決議將防衛捐餘額二億三千九百餘萬元撥作增加士兵薪餉之用而僅列其中的六千萬元。

第六項是俞院長兼任中央銀行總裁，致啓違法兼職之端。

（註三三）彈劾案第二項原文如下：

二、本院四十五年十二月份院會，以軍公敎人員待遇菲薄，行政院有迅加注意改善之必要，而政府機關各項支出，如能加以撙節，卽可移充調整待遇之財源。爰經決議，交財政等十委員會調查處理。旋經十委員會於四十六年三月就專案小組之調查報告，向行政院提出杜絕浪費調整待遇之糾正案。行政院於逾期四十九日後方

始答覆，且未能為適當之改善與處置。本院鑒於再糾正案之仍無適當結果，而本案性質又相當嚴重，故不得不依監察法第二十五條及監察法第三十一條適用監察法施行細則第三十九條，監察院「得經決議以書面質問或通知行政院或有關部會主管人員到院質問」之規定通知俞院長到院為口頭之質問。並因俞鴻鈞處理本案涉及違法失職問題，本院復依憲法第九十六條所賦予之調查權，適用監察法第二十六條第二項指定本院為查詢之地點。又因該次質問及調查之事項俱與本院各委員會有關，本院依據憲法第九十六條「監察院得按行政院及其各部會之工作，分設若干委員會，調查一切設施，注意其是否違法或失職」，自得以各委員會為調查之主體，邀請俞院長列席本院十委員會聯合調查會議備詢。此與行政院及各部會首長列席立法院院會之性質並不相同，此項基於監察院調查權之詢問及其答復或報告，亦不同於憲法第五十七條關於立法院之施政報告或質詢，與立法院之權力，並無衝突或重複。且此項方式行之有年，行政院各部會首長之來院報告或答覆調查詢問，不下百十次，行政院方面亦從無異議。俞鴻鈞雖為行政院長，然亦屬公務人員，並不享有監察方面之豁免權，今乃拒絕來院備詢，實屬曲解法令，蔑視監察職權。

（註三四）俞院長申辯書第二項原文如下：

關於彈劾案中認為行政院院長未往監察院列席備詢，實屬曲解法令蔑視監察職權一節。查監察院於四十六年九月九日第一次來函開：「據本院內政外交國防財政經濟教育交通司法僑政邊政十委員會聯合簽報，以貴院函復杜絕浪費調整待遇一案，對本院糾正各點，未能注意改善，經本院十委員會討論決議，應依監察法第廿五條及第廿六條之規定，於週內邀請行政院長來院報告並備查詢，等語前來。相應錄案函達查照，即請貴院長約定來院報告日期，以便轉知集會。」經行政院四十六年九月十二日及九月十九日兩次院會詳慎研討，以行政院對其他各院之關係，在憲法及依憲法所制定之法律內，已有明文規定者，行政院自應依法盡其職責，倘法無明文規定者，不能不慎重考慮，以免超越法定分際。譬如依憲法第七十一條規定，立法院開會時，行政院長得列席陳述意見，依憲法第五十七條規定，行政院對立法院負責，行政院有向立法院提出施政方針及施政報告之責，立法委員在開會時，有向行政院長「質詢」之權，所謂「開會時……列席」，「在開會時……質詢」，憲法均有明文規定，行政院院長對此職責，絕不容放棄。至憲法所定監察與行政之關係，依第九十五條「監察院為行使監察權得向行政院及其各部會調閱其所發布之命令及各種有關文件」，第九十六條「監察院得按行政院及其各部會之工作，分設若干委員會，調查一切設施，注意其是否違法或失職」，第九十七條「監察院經各該委員會之審查及決議，得提出糾正案移送行政院及其有關部會，促其注意改善……」等規定，並無類似第五十七條及第七十一條之規定，而有行政院院長得列席監察院之會議提出報告並答復「質問」之明文，以往亦迄無類此事例。再就監察院來函所引監察法

第廿五條而言，該條規定：「行政院或有關部會接到糾正案，應即為適當之改善與處置，並應以書面答復監察院，如逾兩個月仍未將改善與處置之事實答復監察院時，監察院得質問之」，姑不論其「質問」之目的，係在催促從速答復，而行政院對此次糾正案之答復雖已超過兩個月，但在監察院四十六年九月九日來函之前，行政院已早在七月十九日即經答復有案（附件（一）1、2）實與該條條文「……仍未將改善與處置之事實答復監察院時……」之情形有別，自已不復構成「質問」之條件，矧該條既僅規定「監察院得質問之」，並無「來院報告並備查詢」之規定，自已無適用該條之餘地。更就監察法第廿六條而言，該條第一項為關於調查程序之規定，第二項：「調查人員調查案件，於必要時得通知書狀具名人及被調查人員就指定地點詢問」，則係規定調查人員須在必要之情況下方得通知「書狀具名人」及「被調查人員」就指定地點詢問，意義至為明顯。本案係監察院提出之糾正案，與該項條文所指之情形不同，自亦不合該條之適用。至監察法施行細則第卅九條雖有「得經決議以書面質問或通知行政院或有關部會主管人員到院質問」之規定，但該項施行細則並非法律，關於「……到院……」之規定，監察法中既無明文規定，當無拘束他院之效力。因之，監察院函邀行政院院長前往報告並備查詢一節，既屬法無明文，行政院院長自未便應邀。故經行政院於四十六年九月廿七日函復監察院（附件（二））說明原糾正案關涉各機關所主管之工作與設施，監察院各委員會如對各該事項續有意見，請予列示，以便依照監察法第廿五條之規定再飭各機關注意改善，如對本案各項辦理情形尚有予以調查或詢問之必要時，行政院各機關自當依照監察法有關規定辦理。其後監察院於四十六年十月十一日致函行政院引據財政等十委員會之決議再邀行政院院長約期前往監察院備詢（附件（三））。四十六年十一月廿三日再函行政院，以財政等十委員會定期舉行聯席會議，邀行政院院長屆時列席以備查詢。（附件四）復經行政院於十一月廿八日院會鄭重研討，基於前述之法律見解，認為行政院院長前往監察院之會議列席備詢一點，事關憲政規範及兩院職權行使之法律分際問題，必須審慎周詳，未便輕開新例。如監察院對於行政院對糾正案之答復事項尚有未盡明瞭之處，可由行政院指派有關主管人員前往就行政院對原糾正案之書面答復補充說明。故經行政院於四十六年十一月廿八日函復監察院（附件（五））指派龐主計長松舟徐部長柏園陳秘書長慶瑜等三人於監察院財政等十委員會舉行第六次聯席會議時，前往就行政院對原糾正案之書面答復補充說明，但監察院第十委員會未予接受。最後監察院於四十六年十二月七日致函行政院，以據財政等十委員會簽報，本案監察院所擬查詢者，不僅為行政院對本案之措置問題亦為行政院長有無違法失職情形，必須向俞院長直接查詢，定於十二月十日舉行聯席調查會議，囑行政院院長屆時到會列席備詢（附件（六））。經行政院全體政務委員於十二月九日再予慎重研討，僉以監察院迭次來函，最初係邀行政院院長約期「來院報告並備查詢」，

第二次係邀行政院院長約期「來院備質問及查詢」，第三次係邀行政院院長列席「財政等十委員會之聯席會議以備查詢」，第四次係邀行政院院長列席「十委員會之聯席調查會議備詢」，其用語雖已由「報告」易爲「調查」，由「來院」易爲「財政等十委員會之聯席會議」，再易爲「十委員會之聯席調查會議」，但其重點仍在邀行政院院長前往監察院之會議列席備詢，行政院基於以上所述之一貫法律見解，始終認爲未便應邀前往。且監察院最後來函邀往列席之「聯席調查會議」，在監察法中亦無明文規定，亦無事例可援。倘貴院對本院院長有無違法失職情形須進行調查時，似應依照監察法第廿六條之規定，由調查人員進行調查，本院自當依法辦理。現貴院再邀本院院長列席貴院財政等十委員會聯席調查會議備詢，依據憲法精神及監察法有關條文適用之見解未獲一致前，本院院長仍歉難應邀，至希諒諒」。（附件七）

是此一問題純係監察行政兩院對憲法精神及監察法有關條文之適用，見解未臻一致，儘可循法定途徑，如請由司法院解釋，以資解決，不能遽指行政院院長曲解法令蔑視監察職權。

至彈劾案中所云「行政院各部會首長之來院報和或答復調查詢問，不下百十次，行政院方面亦從無異議」一點。查行政院各部會首長前往監察院，或作報告，或交換意見，或參加座談，旨在互相聯繫，增進了解，並非受有法律之拘束。其與此次監察院據監察法第二十五條及第二十六條條文而邀行政院院長前往列席報告備詢之性質截然不同，自不能以此例彼，相提並論。

又彈劾案中謂「行政院院長亦屬公務人員並不享有監察方面之豁免權，今乃拒絕來院，實屬曲解法令，蔑視監察職權」一節，按行政院依據憲法及法律，對於監察院之監察職權素極尊重，在鴻鈞絕未想像監察權之行使對於行政院院長能有所豁免，此觀於四十六年九月廿七日復監察院函中所云「如對本案各項辦理情形尚有予以調查或詢問之必要時，本院各機關自當依照監察法有關規定辦理」以及行政院四十六年十二月九日復監察院函中所云「倘貴院對於本院院長有無違法失職情事而進行調查時，似應依照監察法第廿六條之規定，由調查人員進行調查，本院自當依法辦理」各節，即可明瞭。蓋監察權之行使，監察法已有明文規定，關於調查之進行，依該法第廿六條有其一定之程序，如監察院依照該條規定進行調查，行政院院長自當依法辦理。今監察院未循此法定途徑，必欲行政院院長列席於在法律上無規定之「聯席調查會議」備詢，鴻鈞本於憲法精神，恪守法律，並依照迭次行政院院會之決定，未能應邀前往，決非對監察職權有所蔑視。反之，此一問題，如經司法院解釋認爲行政院院長可應邀列席監察院之會議時，亦自當前往列席。實無曲解法令蔑視監察職權之意。

（註三五）公論報主張請總統召集有關院長會商解決或請司法院解釋。

（註三六）自立晚報主張請總統召集有關院會商解決。

（註三七）聯合報主張先謀法律的確切解釋。

（註三八）徵信新聞主張：對行政院的各部會可以調查和質問，但在一般業務上可與立法院舉行聯席會議辦理之。

（註三九）中央日報社論說：「我們只須指出這樣的一點：卽令監察院等於英國的上院，英國的首相並不走進上院去答復質問。所以監察院與行政院的爭議無論如何解決，亦不宜開創行政院長到（監察）院備詢的法例。這都是淺顯的常理」。

但是該報却錯了。本書著者在「評『憲法學家一夕談』」中指出：「至於所說：『英國的首相亦從來不到上院報告或參加辯論』云云，事實上並不如此。那位憲法學家似乎沒有讀過或至少忘記了英國的憲政史，以致有此錯誤。照英國的制度，內閣閣員原則上都由兩院議員兼任，兼任閣員的議員，在議會開會時就代表政府報告或參加辯論，首相也是如此。所以首相如果是上院的議員，他一定到上院去開會，並在上院以首相身份做報告或參加辯論。反之，首相如果是下院的議員，他只能出席下院的會議，而由其他上院議員兼任的閣員代表他在上院做報告或參加辯論。拉斯基曾經做過一個有趣的統計，他把一八〇一年到一九二四年中間的英國三百位閣員的背景加以分析；我們發現在十九世紀以前，首相的出身大約是上院議員和下院議員各佔一半。英國史上著名的首相像羅斯比里（一八九四——九五）和沙里斯柏（一八九五——一九〇二），都是上院的議員，自然都到上院去報告或參加辯論。卽在今日，英國歷屆閣員，平均也有三分之一出身於上院，而以閣員身份在上院報告或參加辯論。所以那位憲法學家所說的「卽令監察院等於英國上院，英國的首相亦從來不到上院報告或參加辯論」，作爲一個「憲法學家」，似乎錯得有點太不應該了」。

（註四〇）陶希聖先生文中所謂憲法學家的理由是這樣的：

「問：行政院院長對立法院負責，故必須到立法院報告並答復質詢。監察院可否邀請行政院院長到院答復質問？

「答：行政院既非對監察院負責，亦卽不應到監察院答復質問。卽令監察院等於英國的上院，英國的首相亦從來不到上院報告或參加辯論。

「依監察法第二十六條之規定，調查人員雖得指定地點，詢問被調查人員。但監察院仍不得指定行政院院長到院備詢。因爲監察委員只能查案，不能審案。監察委員既不能援據憲法第五十七條，請行政院院長到院備詢，亦不可將調查權變質爲審判權，而傳喚行政院院長到院受審。任何人亦沒有到監察院受審之義務。

「憲法第十六條規定：「人民有訴訟之權」。這就是說，中華民國的國民到中華民國的法院受審，乃是他的權利。除了法院之外，監察院並不能傳喚任何人到院受審。監察委員只能到被調查機關去查案。如將「指定地點」變更解釋爲到院，那就不符合憲法的精神。」

本書著者對此會加批評。　㈠關於英國首相從來不到上院報告一點，　請看本章（註二〇）；　㈡對於監察院不能審案一點的批評如下：「那位憲法學家又說：「因爲監察委員只能查案，不能審案……任何人亦沒有到監察院受審之義務」。所以他說，監察院不能「傳喚行政院長到院受審」。監察委員雖不能審案，但那位憲法學家旣然承認監察委員可以查案，他便當承認監察委員可以詢問案中被調查的公務人員，包括總統在內，行政院長自然更不是例外。監察院的詢問，和法院的審問，以及應詢和受審，性質並不相同，而監察院所用的調查方式乃是詢問，不是審問。那位憲法學家故意把詢問寫作審問，因而說監察院不得叫行政院院長到院受審，那位憲法學家這種利口或刀筆，明眼人一看就知道是有意曲解的。查憲法第九十六條規定：「監察院得按行政院及其各部會之工作，分設若干委員會，調查一切設施，注意其是否違法或失職」。這是監察委員所以詢問行政院院長的憲法根據。而監察法第廿六條更從而明定：「監察院爲行使監察職權……遇有詢問時，應就詢問地點爲詳實之答復，作成筆錄，由受詢人署名簽押」。而所謂詢問地點，同條規定，得由監察院指定之。監察委員可以到被調查人的地方去詢問他，也得約他到監察院加以詢問。法條意義，非常明確。而且監察院爲愼重將事，在糾彈之前，例須詢問當事人。這在監察院是一種職責，而在被糾彈的人却是一種申辯的權利。所以孟武先生說：「別人愼重，而被告不知其愼重，以爲有意搗亂。有列席申辯的權利，而自己又放棄權利，不知應用。結果如斯，行政院院長是要自負責任的。」

（註四一）薩孟武先生對那位憲法學家的批評摘錄於下：

「這位憲法學家又說：「行政院旣非對監察院負責任，亦即不應到監察院答復質問」。此言也，前提（行政院不對監察院負責任，連法律責任在內）旣錯，結論那得正確。立法院所質詢的屬於政治問題，即政策問題，監察院所質問的屬於違法或失職問題。依現行憲法五權分立之制，行政院院長旣對監察院負法律責任，則監察院關於政府當局有違法嫌疑之際，自得邀請政府當局到院備詢。此種邀請到院，在監察院是出於愼重之意，在行政院院長亦可以得到辯解的機會。這對於行政院院長是有利的，不宜視爲監察院有意搗蛋。凡別人發表一種意見，當局認爲善意者，往往可化干戈爲玉帛；當局認爲惡意者，善意又常轉變爲惡意。這是一種極淺顯的政治道理。並且一種義務往往同時就是一種權利。行政院院長出席（吾國用列席二字）監察院會議，這是行政院院長的權利，不宜單單視爲義務。行政院院長有此權利，自得依其申辯，使監察院更能明瞭政府當局的環境。在外國，凡議會要提出彈劾案之際，必先組織審查委員會，審查政府當局是否有違法行爲，必要時尚得邀請被彈劾人列席說明，並邀請第三者列席作證。各種審查完畢之後，才提出彈劾案而議決可否成立。沒有被告說明，沒有第三者作證，彈劾案也許是無的放矢。所以我們以爲監察院邀請行政院院長到院備詢，是愼重其事之意，是有利於行政院院長的。至於

彈劾案的審判，在外國，必依刑事訴訟程序爲之，議員必須宣誓，有訊問，有辯答，有人證，有律師，程序旣畢，而後才作判決（註六），這完全出於愼重之意。別人愼重，而被告不知其愼重，以爲有意搗亂，有列席申辯的權利，而自己又放棄權利，不知應用，結果如斯，行政院院長是要自負責任的。

「這位憲法學家又謂：「這次監察院與行政院的爭議，只有總統召集兩院院長會商解決」。這種提議，我們也不敢贊成，事件到了今日，已經成爲彈劾問題了，法律問題應依法律途徑解決，不得依憲法第四十四條解決。院與院間的爭執，總統可依憲法第四十四條，召集有關各院院長會商解決者，關於政治上的事例如監察院要增設監察使署於各縣，行政院以其經費無着，立法院因其有關預算，意見又和監政兩院不同。此際總統可召集三院院長會商解決之法。至於法律上的事，例如行政院院長違法，總統無權過問。因爲在民主國家，凡官吏因受議會彈劾而被判決爲有罪者，元首尚不得行使特赦的權（註七），那裏能夠會商，使監察院所提出的彈劾案不受司法機關審理。把法律問題委於國家元首（吾國憲法第三十五條）解決，這是有害國家元首的尊嚴的。更進一步言之，在公法上及私法上，代表所行使的權利，不得超過被代表人所有的權利之外，代表所負擔的義務不得超過被代表人所負的義務之外。換言之，必須被代表人有這權利，負這義務，而後才得派代表。行政院院長苟無出席監察會議的權利和義務，何必派代表出席？旣派代表矣，就是證明行政院院長承認有出席的權利和義務。到了監察院拒絕代表出席，又一反過去的見解，以爲行政院院長沒有出席的義務。這種作風，由法理看來，似不妥當。近來行政當局往往曲解憲法條文，有利於己，則謂憲法沒有條文，我得自由爲之，有害於己，又謂憲法沒有條文，我無須爲之。爲與不爲一唯一己的利害是視，我不禁爲憲政前途憂慮。」

（註四二）本書著者對那位憲法學家的批評將印在陶百川叮嚀文存第四册，爲人權法治呼號，第一七九——一八八頁。

（註四三）任卓宣先生說：

「一般說來，行政院長沒有到監察院列席的必要，正同監察院長沒有到行政院列席的必要一樣。因爲行政院是行政，監察院是監察，各不相同。此即所謂五權分立是。但是國父說：『分立之中仍相聯屬，不致孤立，無傷於統一。』所以行政院與監察院之間是有關係的，並沒有銅牆鐵壁隔着。如果行政院長偶然到監察院列席一兩次，並無妨礙，何況是應邀前往呢？

「這當然不是赴宴，不是禮貌上的訪問，而必有事焉。所以我們要提出什麼事一問題來。依照憲法規定，事爲關於監察權底行使，即第九十五條到九十七條。這次監察院邀請行政院長前往列席十個委員會底聯席會議，是多年來才一次的，問題是要行政院長對於糾正案各點未能注意改善一事，提出『報告並備查詢。』那麼行

政院長到監察院列席其委員會聯席會議，報告他對於糾正案處理經過及其注意改善之點，並備查詢，就是應該的了，也是自然的了。

「但是行政院長不去。他以為憲法和監察法（第二十五條）並無『來院報告並備查詢』之規定。這也很對。不過沒有規定的，並非不可做。如果沒有規定的就不可做，那麼有許多事都要停止了。法原不能把要做的都規定完。只要沒有規定的與已有規定的不牴觸，就可以做。而到監察院報告糾正案底處理等情並備查詢，亦非法之所禁。人家說你不對，給你一個答辯機會，是公平而客觀的。如果你有道理，為什麼不去？必以於法無據為言，那又何故派秘書長、主計長、財政部長去呢？請問這又根據何法何條？所以『於法無據』底話是不能說的了。

「確實不能說。美國憲法為三權分立，行政權與立法權規定得很清楚。在歐洲，行使行政權的閣員，就是行使立法權的議員。所以議會開會，閣員要去出席，參加立法工作。美國不然。議員不得兼任閣員，閣員不得出席議會。主持行政的總統，同樣與議會分開。憲法並未規定總統到議會去，所以總統皆不去。但是也有去的，例如威爾遜總統在一九一七年一月二十六日、二月三日、四月二日就連到議會去了三次。同時，憲法也未規定閣員列席議會底委員會，但是議會底委員會常常邀請有關閣員前往報告並備查詢，而有關閣員也總是要去的。

「尤其委員會，乃是一種審查會，初步在於把有關事實弄清楚，完全是研究性質，有時同座談會一樣，並不嚴格。所以它不僅可以邀請有關行政人員，而且可以邀請社會上的某些人士。監察院底委員會也常邀請行政院外交部長等人前往列席。有一個立法委員提出質詢，說：『列席監察院各委員會，在憲法上顯無根據。』這簡直是笑話！那要什麼根據呢？嚴格說來，也有根據，那就是第九十六條。這條規定『監察院得按行政院及其各部會之工作，分設若干委員會，調查一切設施，注意其是否違法或失職。』因此，監察院亦得邀請行政院各部會首長列席各委員會報告並備查詢。這是合於第九十六條之含義的。

「因此，監察院邀請行政院長列席其各委員會聯席會議，是應該去的。憲法第九十六條有此默示或暗示。然而行政院長拒絕了。理由為何？那就是這點：『未便以綜理院務之行政院院長視為「被調查人員」。』這反而不好了。因為監察院可以說：『行政院長對於本院之監察權，包括質問、調查及彈劾等，並未享有豁免權。』那末行政院長怎麼不可視為被調查人員呢？細看第九十六條底含義，當然可以。所以行政院長不到監察院，是擺行政院長底架子，蔑視監察權。要知道監察權可以行於總統副總統，非同小可呢！」

（註四四）張君勱先生說：「監察權本可交立法院兼行，但因中山遺教之故，列為一章。當時草擬，對於立監兩院權限之分，頗費一番心思：腦中自立一界線，名立法院為政治監督，或曰事前監督，名監察院為法律監察，或事後監督。（有時

亦名立院爲法先監督， 名監院爲法後察督。） 所有政策質詢與預算與和戰自屬於立院； 如有違法或溺職之調查，由監院行之。一如美國兩院 *Investigative Committee*，此時行政院長部長自應出席答覆，不能借政治監督屬於立院爲口實，並監院之詢問而拒絕之也。至於責問政府責任而決進退，此爲立院之權，非監院所能越俎。」

（註四五）紐司週刊報導蔣總統在四十七年一月十六日中山堂午餐席上說：「　蔣總裁聽了監委們的發言，曾說了幾句答覆性的話，他說：『如果監察委員執行調查詢問的職權時，果能保持對行政首長的禮貌，兪院長不去列席備詢，這是不對的；我都可以帶着兪院長前來監察院備詢。』本書著者那時同席，尚能記憶。至於所謂「保持對行政院長的禮貌」云云，是指監察委員在調查中央銀行浪費時曾把雙方問答錄音並作筆錄。但據那位調查委員報告，兪院長那時曾表同意。

　　茲事體大，現將該刊報導全文併附於下：

　　元月十六日那天，自上午十一點開始，中山堂前車水馬龍，冠蓋雲集，爲數在二百位左右的應邀者先後聚集於光復廳，　蔣總裁剛準時蒞臨會場。

　　蔣總裁說：「我們今天在臺灣共赴國難，已差幸建立了復國的基礎；但，這點基礎並不能引爲滿足，全伏大家團結合作，來鞏固國本，今日我們國家所處的環境，正一天天更爲艱難，我們大家要提高警覺！我們應該知道，反攻行動遲未開始，並不是我們的力量不能反攻，也不是我們沒有消滅匪共的把握；而是我們內部尚有問題，致使軍事行動不能不有所遲延。

　　「多年來，監察院同仁表現良好，但是你們手裏所握有監察大權，要善爲運用，才對得起人民的付託。我當初對糾正案的提出，曾經極爲注意，曾命行政院陳秘書長以糾正案的全文仔細唸給我聽，並且批示數點，何項何項應如何改善，交給行政院去辦理。行政院不能在規定期限內向監察院提出答覆，逾期答覆，這是行政院不對。但是，兪院長對國家著有功績，當年若非他將中央銀行庫存黃金運來臺灣，使我們可以養兵整訓，又何來今日的基礎？所以，兪院長對於國家是有大功績的。

　　「兪院長經全體政務委員會議決議，不赴監察院備詢，此項決議並經中央常會決議予以批准，對於這兩個會議的決議，我在事先並未預問。我平常對每週一的中央常會多不參加，而此類事又大多在週一的常會中討論，以致我在事先不能知道。我對大的問題素來極爲注意，而小的問題又有人說我管得太多；這樣的問題，我一旦不加注意，就又造成了如此的後果。

　　「我是在監察院組織十一人處理小組的時候，才注意到這件事的，我曾問過張罵生秘書長，中央常會的決議是否妥當？張秘書長當時報告我，監察院中大多數是本黨同志，應該是可以講得通的。

　　「卽使果眞不能協調解決，你們爲何不向我作調解的請求？憲法第四十四條有規定，院與院間發生爭執時，可由總統召集有關院長會商解決之；我是在等候你們

來報告我，讓我來召集兩院院長會商解決的，你們大可向我作此請求，爲何不走這條途徑？現在造成彈劾案，使得中外輿論大譁，處理上實係不對。

「彈劾案中所列各點，我都很瞭解；但是，許多事不能責備俞院長個人。至於列席備詢的問題，你們監察委員執行調查詢問的職權，對於被調查的人，往往視同罪犯；俞院長是國家行政首長，如何可受這樣情形的調查。

「今天這餐飯，我希望你們記得我所說的話，以後如有類似的問題，你們要愼用你們的權力！我爲國家做事，立志拯救大陸同胞，光復國土，我抱着諸葛亮鞠躬盡瘁的決心，你們切要團結合作，大家合力來完成復國的大業。」

蔣總裁的談話，前後幾歷二小時，內容當然不僅這些，而我們所報導的也僅只是關於彈劾案的主要大意，次序語氣均未顧及是否全無訛傳之處，這是必須要向讀者說明的。

蔣總裁的談話告一段落後，監察院有五位委員先後起立發言。

監委說：「（一）憲法第四十四條規定，院與院間發生爭執時，除憲法規定有解決途徑者外，得由總統召集有關院長會商解決。彈劾案係由糾正案所引起，糾正案應在規定的時限提出答覆，否則可逕行政首長就指定地點備詢，行政首長如拒絕或不爲糾正，監察院可提案彈劾。這就是憲法規定有其解決途徑的情形，是屬於法律性的事；而非院與院間的爭執，故不屬於總統召集有關院長會商解決的範圍。（二）在彈劾案成立前，有關列席備詢的問題，總統如果認爲可以召集有關院長會商解決，自然是合理的，總統即可逕行予以召集會商；監察院處在兩院之一的地位，頗難以單獨的或主動的作此請求。（三）以前國會問題發生後，這是院與院間的一件爭執，監察院曾決議呈請　總統召集立、監兩院院長會商解決，咨文總統府歷經兩月未蒙答覆，後來監察院再次決議催請召集有關院長會商，仍未蒙答復及採納，最後是移送大法官會議解釋。此次彈劾案成立前，監察委員中亦曾有提議呈請總統召集政、監兩院院長會商解決，後因鑒於國會問題之前事，致未被院會所接納。」

監委繼就執行調查詢問時之態度問題，發言說：「今天在座有行政院的部會首長多人，曾經列席監察院委員會報告備詢者，多年來已奚止千數百次，試問這幾位部會首長，監察院曾有那一次不準備茶點招待，守職盡禮，兩所兼顧，而禮貌週至唯恐不及的？」

關於應否列席的爭執，監委說：「監察院前後四次邀請俞院長來院備詢，行政院三次覆信述及難以列席的理由均極含糊，旣未表示堅不列席之意，亦未嘗談到憲法見解不同的問題。獨在第四次覆信中才說明俞院長不列席監察院，係基於憲法見解之不同，而行政院即同時在報端發表節略。如果早就談到憲法見解問題，監察院很可能不以目前的方式來處理，至少也必先移請大法官會議作解釋的。並且來院備詢的交涉，雙方已沉默地進行了六個月之久，監察院原無意公開，直到行政院發表

節略，才形成爭執的。而進行至成立彈劾案後，則已非是一項爭執的問題了。」

　　蔣總裁聽了監委們的發言，曾說了幾句答覆性的話，他說：「如果監察委員執行調查詢問的職權時，果能保持對行政首長的禮貌，俞院長不去列席備詢，這是不對的；我都可以帶着俞院長前去監察院備詢。」

# 尾　　語

　　寫到這裏，中國行憲監察院成立已達三十年。（註一）「三十而立」，乃是大慶。國會監察功效如何，正好及時加以檢閱，以勵來茲。

## 第一節　行憲三十年來的彈劾工作

　　國人對監察院的評價，首在彈劾案的多少和分量。本書著者特請監察院編製兩表：一是三十年來彈劾案統計表，二是三十年來重大彈劾案內容統計表。前者表示彈劾案的多少，後者表示彈劾案的分量。

## 三十年來彈劾案統計表

| 年次 | 件數 | 審查結果 | | | | 案情類別 | | |
| --- | --- | --- | --- | --- | --- | --- | --- | --- |
| | | 審查成立彈劾案 | | | 審查未成立之彈劾案 | 違法 | | 失職 |
| | | 移付懲戒 | 刑事罪嫌 | 軍法罪嫌 | | | | |
| 三十七年 | 38 | 34 | 4 | 1 | 0 | 18 | 6 | 4 |
| 三十八年 | 33 | 33 | 12 | 0 | 0 | 9 | 3 | 21 |
| 三十九年 | 6 | 6 | 0 | 0 | 0 | 4 | 2 | 0 |
| 四十年 | 7 | 7 | 0 | 0 | 0 | 7 | 0 | 0 |
| 四十一年 | 10 | 8 | 1 | 1 | 0 | 4 | 6 | 0 |
| 四十二年 | 4 | 4 | 2 | 0 | 0 | 2 | 0 | 2 |
| 四十三年 | 3 | 2 | 0 | 1 | 0 | 0 | 0 | 3 |
| 四十四年 | 6 | 6 | 3 | 0 | 0 | 0 | 1 | 5 |
| 四十五年 | 17 | 17 | 4 | 0 | 0 | 2 | 1 | 14 |
| 四十六年 | 10 | 10 | 2 | 0 | 0 | 1 | 1 | 8 |
| 四十七年 | 10 | 10 | 2 | 0 | 0 | 0 | 4 | 6 |
| 四十八年 | 10 | 10 | 2 | 0 | 0 | 1 | 2 | 7 |
| 四十九年 | 6 | 6 | 2 | 0 | 0 | 0 | 1 | 5 |
| 五十年 | 11 | 11 | 3 | 1 | 0 | 1 | 4 | 6 |
| 五十一年 | 13 | 13 | 4 | 0 | 0 | 1 | 2 | 10 |
| 五十二年 | 18 | 18 | 2 | 0 | 0 | 3 | 2 | 13 |
| 五十三年 | 18 | 18 | 5 | 0 | 0 | 3 | 2 | 13 |
| 五十四年 | 13 | 13 | 4 | 0 | 0 | 3 | 2 | 8 |
| 五十五年 | 12 | 12 | 2 | 0 | 0 | 1 | 1 | 10 |
| 五十六年 | 13 | 13 | 3 | 0 | 0 | 2 | 2 | 9 |
| 五十七年 | 15 | 15 | 5 | 0 | 0 | 0 | 0 | 15 |
| 五十八年 | 13 | 13 | 10 | 0 | 0 | 1 | 0 | 12 |
| 五十九年 | 6 | 6 | 1 | 0 | 0 | 1 | 0 | 5 |
| 六十年 | 3 | 3 | 1 | 0 | 0 | 0 | 0 | 3 |
| 六十一年 | 6 | 9 | 2 | 0 | 0 | 1 | 2 | 6 |
| 六十二年 | 13 | 13 | 6 | 2 | 0 | 0 | 2 | 11 |
| 六十三年 | 4 | 4 | 2 | 0 | 0 | 0 | 0 | 4 |
| 六十四年 | 8 | 8 | 2 | 0 | 0 | 0 | 0 | 8 |
| 六十五年 | 2 | 2 | 0 | 2 | 0 | 0 | 0 | 2 |
| 六十六年 | 4 | 4 | 2 | 0 | 0 | 0 | 0 | 4 |

（續　前　表）

| 官　階　類　別 | | | | | | | | | |
| 文 | | | | 官 | | 武 | | | 官 |
| 選任 | 特任 | 簡任 | 薦任 | 委任 | 其他 | 將官 | 校官 | 尉官 | 其他 |
|---|---|---|---|---|---|---|---|---|---|
| 0 | 3 | 11 | 21 | 10 | 5 | 6 | 1 | 0 | 0 |
| 0 | 2 | 10 | 21 | 13 | 4 | 1 | 4 | 3 | 0 |
| 0 | 1 | 10 | 5 | 0 | 3 | 2 | 2 | 0 | 0 |
| 0 | 2 | 0 | 1 | 0 | 4 | 1 | 0 | 0 | 0 |
| 1 | 0 | 8 | 3 | 12 | 0 | 1 | 3 | 0 | 0 |
| 0 | 0 | 3 | 3 | 2 | 0 | 0 | 0 | 0 | 0 |
| 0 | 1 | 1 | 1 | 0 | 0 | 1 | 3 | 0 | 0 |
| 0 | 0 | 10 | 8 | 1 | 0 | 0 | 0 | 0 | 0 |
| 0 | 1 | 14 | 16 | 24 | 2 | 0 | 0 | 0 | 0 |
| 0 | 2 | 8 | 16 | 6 | 6 | 1 | 0 | 0 | 0 |
| 0 | 1 | 14 | 53 | 41 | 2 | 0 | 1 | 0 | 0 |
| 0 | 0 | 9 | 15 | 6 | 0 | 0 | 0 | 0 | 0 |
| 0 | 0 | 8 | 3 | 10 | 0 | 0 | 0 | 0 | 0 |
| 0 | 0 | 4 | 26 | 16 | 0 | 0 | 2 | 1 | 1 |
| 1 | 0 | 8 | 25 | 18 | 0 | 0 | 0 | 0 | 0 |
| 3 | 1 | 6 | 19 | 16 | 0 | 0 | 0 | 0 | 0 |
| 0 | 0 | 15 | 31 | 12 | 1 | 0 | 0 | 0 | 0 |
| 0 | 0 | 14 | 22 | 22 | 1 | 0 | 0 | 0 | 0 |
| 0 | 2 | 19 | 29 | 25 | 2 | 0 | 0 | 0 | 0 |
| 3 | 0 | 9 | 23 | 8 | 0 | 0 | 0 | 0 | 0 |
| 1 | 0 | 5 | 27 | 16 | 0 | 0 | 0 | 0 | 0 |
| 6 | 0 | 3 | 24 | 28 | 4 | 0 | 0 | 0 | 0 |
| 0 | 1 | 2 | 5 | 5 | 0 | 0 | 0 | 0 | 0 |
| 0 | 0 | 2 | 4 | 0 | 0 | 0 | 0 | 0 | 0 |
| 0 | 0 | 6 | 13 | 11 | 6 | 0 | 0 | 0 | 0 |
| 2 | 0 | 10 | 11 | 16 | 0 | 0 | 0 | 0 | 0 |
| 0 | 0 | 2 | 6 | 15 | 4 | 0 | 0 | 0 | 0 |
| 0 | 0 | 6 | 9 | 8 | 0 | 0 | 0 | 0 | 0 |
| 0 | 0 | 3 | 7 | 2 | 0 | 0 | 0 | 0 | 0 |
| 1 | 0 | 3 | 9 | 17 | 0 | 0 | 0 | 0 | 0 |

## 三十年來重要彈劾案內容統計表

| 被　彈　劾　人<br>姓　名　及　官　職 | 彈劾案由 | 移送機關 | 移送日期 | 處分情形 |
|---|---|---|---|---|
| 東北剿匪總司令衛立煌 | 失　　職 | 國　防　部 | 三十七年<br>十二月 | |
| 財政部長王雲五 | 失　　察 | 行政院公<br>懲會 | 三十九年<br>九月 | 行政院函覆<br>酌情似應勿<br>庸置議後由<br>公懲會申誡<br>（註二） |
| 廣東省銀行總經理杜梅和 | 違法瀆職 | 行　政　院 | | |
| 行政院長孫科 | 違法失職 | 公　懲　會 | 三十八年<br>三月 | |
| 廣東省政府主席宋子文<br>廣東省銀行總經理杜梅和 | 違法失職 | 公　懲　會<br>首都地方<br>法院檢察<br>處 | 三十八年<br>三月 | |
| 西方綏靖主任西南軍事副長<br>官胡宗南 | 喪師失地<br>貽誤軍國 | 公　懲　會<br>國　防　部 | 三十九年<br>五月 | 不受懲戒 |
| 臺灣大學保管股長楊如萍，<br>駐衛警長周哲夫 | 監守自盜 | 保安司令<br>部 | 三十九年<br>九月 | 楊如萍死<br>刑，周哲<br>夫無期徒<br>刑 |
| 臺灣糖業股份有限公司總經<br>理沈鎮南 | 瀆　　職 | 公懲會臺<br>北地檢處 | 三十九年<br>十月 | 因另案而<br>結束 |
| 蒙藏委員會代理委員長高長<br>柱 | 瀆　　職 | 同　　上 | 三十九年<br>十月 | 不起訴但<br>記過一次 |
| 中央信託局常務理事徐堪擅<br>自違法開支理監事酬金 | 違　　法 | 公　懲　會<br>行　政　院 | 四十年九<br>月 | |
| 副總統李宗仁 | 違法失職 | 國民大會 | 四十一年<br>二月 | 罷　　免 |

| | | | | |
|---|---|---|---|---|
| 聯合勤務總司令部軍需署長吳嵩慶 | 違法失職 | 行　政　院 | 四十一年八月 | 免議 |
| 高雄市政府建設局長賴鐵雄 | 同　　上 | 公　懲　會 | 四十二年 | 降級 |
| 司法行政部長林彬 | 同　　上 | 同　　上 | 四十三年五月 | 申誡 |
| 國防部軍法局長包啓黃審理案件故意羅織人入于於罪拒絕詢問妨害公務 | 瀆職違法 | 行　政　院 | 四十三年八月 | 另案判處死刑 |
| 農林公司總經理兼茶葉分公司經理陳舜畊非法免除臺北精製廠第二工場主任郭宗珪職務 | 違　　法 | 公　懲　會 | 四十四年一月 | 減俸 |
| 臺灣高等法院臺南分院院長程元藩處理臺西汽車客運公司抗告案越權干涉審判 | 同　　上 | 同　　上 | 四十五年十一月 | 降二級 |
| 行政院美援運用委員會秘書長王蓬等經管財務矇混舞弊嫌疑重大 | 同　　上 | 同　　上 | 同　　上 | 記過一次 |
| 經濟部總務司長吳保衡挪用公款違法失職 | 違法失職 | 同　　上 | 四十四年八月 | 撤職 |
| 行政院長俞鴻鈞違法失職貽誤國家要政妨害監察職權 | 同　　上 | 同　　上 | 四十六年十二月 | 申誡 |
| 經濟部長江杓辦理租廠造船案玩法弄權矇混舞弊構成瀆職罪嫌中國石油公司總經理金開英等亦有串通勾結共同犯罪之嫌 | 同　　上 | 同　　上 | 四十六年五月 | 江金各申誡，夏記過一次 |
| 經濟部中央標準局局長向賢德等核准張朝銘萬年帽新式樣專利案對於主管事務假借權力以圖自己及他人利益 | 瀆職違法 | 同　　上 | 四十七年五月 | 向減俸，劉記過一次 |

| | | | | |
|---|---|---|---|---|
| 行政院國民住宅興建委員會前主任委員孟昭瓚代建國民住宅玩忽職守並有舞弊嫌疑 | 同　上 | 公懲會 最高檢察署 | 四十七年 八月 | 撤職但不 起訴 |
| 臺灣省青年服務團團長楊爾瑛對於溢領實物擅准移用致損國家公帑 | 失　職 | 公懲會 | 四十八年 一月 | 申誡 |
| 臺灣省煤業調節委員會協理兼福利會主任委員傅國棟對於兼管事務措施無方貸款追償處理失當 | 違法失職 | 同　上 | 四十八年 四月 | 降一級 |
| 臺灣省民政廳長連震東等辦理開發西海岸海埔新生土地案涉有違法瀆職行為 | 瀆職違法 | 公懲會 最高法院 檢察署 | 四十八年 七月 | 申誡，不 起訴 |
| 基隆市市長兼基隆各界籌建中正堂委員會主任委員謝貫一對於中正堂建築及電器工程偷工減料事前未能防止事後涉嫌曚混有背職守 | 同　上 | 公懲會 | 四十九年 四月 | 記大過兩 次 |
| 臺灣省警務處副處長李葆初座車撞傷俞仁寰致死該員對應加救護之人遺棄不顧非特有虧警察人員職守亦且涉有刑事罪嫌 | 瀆職違法 | 公懲會 最高檢察 署 | 五十年一 月 | 降一級， 不起訴 |
| 臺灣省林務局局長陶玉田大雪山林業公司總經理王敏慶對主管之業務為振昌木材防腐廠蓄意圖利實屬有虧職守 | 同　上 | 公懲會 | 五十一年 三月 | 降一級 |
| 基隆港口司令文宗萬轉借工兵重機械供私人利用並有圖利之嫌顯屬違法瀆職 | 同　上 | 國防部 | 同　上 | 同上 |

| | | | | |
|---|---|---|---|---|
| 臺灣省政府農林廳長金陽鎬林務局長陶玉田等辦理枕木銷韓案監督無方縱容圖利毀損契約違抗命令非法圖利均屬違法失職等 | 失職違法 | 公懲會 | 五十一年八月 | 金申誡，陶休職八個月 |
| 中國紡織建設股份有限公司總經理蔣廸先勾結商人徇私舞弊滯收帳款本息達一千六百餘萬元致使公司蒙受重大損失 | 同　上 | 同　上 | 五十二年四月 | 休職十個月 |
| 臺灣肥料公司總經理袁夢鴻等主辦該公司六廠與啓業化工公司煉焦合作案及一廠與啓業易焦案未能善盡職責致使啓業獲不當之利臺肥受意外之害 | 違法失職 | 同　上 | 同　上 | 袁記過一次，李降一級 |
| 臺南縣長胡龍寶處理該縣長壽慈善會申請組織及發給登記證暨取締經過有失職之處 | 失　職 | 同　上 | 五十二年五月 | 記過兩次 |
| 最高法院推事陳綱廖源泉及臺灣高等法院推事陳思永蔣伯邢等審理黃啓瑞等辦理臺北市市民住宅瀆職案庇縱罪犯有辱職守 | 違法失職 | 同　上 | 五十三年二月 | 陳廖不受懲戒，蔣記過一次，陳申誡 |
| 臺北市市長兼市民住宅興建委員會主任委員黃啓瑞明知屬員瀆職而不予追究將借得之美援款項不依規定轉貸許江富圖利等違法行爲 | 違　法 | 同　上 | 五十三年五月 | 降二級 |
| 臺灣省大雪山林業公司總經理兪友田 | 瀆　職 | 公懲會最高法院檢察署 | 五十三年十二月 | 撤職 |

| | | | | |
|---|---|---|---|---|
| 臺灣省政府民政廳長連震東處理彰化玉鈴祖廟廟產糾紛案均有違法失職圖利他人之嫌 | 瀆職違法 | 同　　上 | 五十四年三月 | 不受懲戒亦不起訴 |
| 財政部關務署署長周德偉處理外銷品進口記帳欠稅各案有關機關處理不善致國家損失退稅新臺幣三千餘萬元 | 違法失職 | 公懲會 | 五十四年五月 | 不受懲戒 |
| 臺灣省政府社會處處長傅雲等處理高雄臺南兩市漁會理監事選舉違法瀆職 | 瀆職違法 | 公懲會最高法院檢察署 | 五十四年六月 | 同　　上 |
| 經濟部部長李國鼎等處理東亞紡織公司緊急貸款徇情弄權違背法令破壞銀行制度浪費國家資金 | 違法失職 | 公懲會 | 五十五年八月 | 李申誡，陳不受懲戒 |
| 臺灣銀行董事長陳勉修等辦理追償大秦紡織公司積欠鉅額貸款一案違背法律罔顧規章欺矇勾串圖利他人 | 同　　上 | 同　　上 | 同　　上 | 申誡 |
| 臺灣鐵路管理局長徐人壽等辦理黃豆儲運及委託加工保管收購豆油等事項違法失職 | 違法失職 | 公懲會最高法院檢察署 | 五十五年五月 | 不受懲戒 |
| 臺北市工務局長魏炳麟及職員江衍榮處理杜許尾吉違章建屋事件違法失職 | 同　　上 | 公懲會 | 五十六年三月 | 魏申誡，江撤職 |
| 內政部主任秘書汪岳喬等於該部所屬傷殘重建院前院長李國安連續瀆職期間先後收受巨金餽贈不惟影響政治風氣且有瀆職之嫌臺北地檢處檢察官蘇章巍明知汪岳喬罪 | 瀆職違法 | 公懲會最高法院檢察署 | 五十六年九月 | 汪降級，蘇不受懲戒 |

| | | | | |
|---|---|---|---|---|
| 嫌重大竟不予起訴亦有瀆職罪嫌 | | | | |
| 臺南市前市長兼臺南市國民住宅興建委員會主任委員辛文炳於任內辦理五十一年度國民住宅集中興建工程時超付工程費既非依法又未奉令顯屬違法失職 | 違法失職 | 公　　懲最高法院檢察署 | 五十七年七月 | 申誡 |
| 財政部關務署署長周德偉廢弛職務致使國庫蒙受重大損失並因此項漏稅黑牌汽車補稅問題造成民間糾紛顯均有違法失職之嫌 | 違法失職 | 同　　上 | 五十七年七月 | 同上 |
| 嘉義地方法院前首席檢察官（現任臺灣高等法院檢察官）曹祖慰扣押不屬於管制之物品並將公款私存圖利 | 同　　上 | 同　　上 | 五十七年九月 | |
| 前臺灣省檢驗局長卽現任經濟部商品檢驗局長程福鑄對該局印製進出口檢驗標籤其收支既未依法遵照上級命令編列預算反將盈餘擅以員工福利名義朋分 | 同　　上 | 同　　上 | 五十八年六月 | 記過一次 |
| 臺灣高等法院院長孫德耕辦理彰化大同實業股份有限公司假出口冲退貨物稅罰鍰強制執行撤銷案濫用職權曲解法令阻撓執行以知法之人而玩法違法 | 同　　上 | 同　　上 | 五十八年五月 | 同上 |
| 內政部傷殘重建院第二組組長兼主任秘書王禹謨前在第二組長任內對於葛樂禮颱風 | 同　　上 | 同　　上 | 五十九年一月 | 降一級 |

| | | | | |
|---|---|---|---|---|
| 修繕房屋費用辦理假報銷案將所持前院長李國安圖章蓋於假報銷之虛僞單據上完成報銷手續顯有違法失職之嫌 | | | | |
| 臺北市政府社會局局長彭德對其直屬科長劉盛財假借職權向其主管合作社非法貸款收受禮品禮券經市政府查明屬實而猶一再庇護延不執行處分 | 違法失職 | 同　　　上 | 五十九年六月 | 申誡 |
| 臺灣省公路局前任局長林家樞將公路局放租省有土地擅發土地使用權證明書使承租人建造九幢四層大樓顯有圖利他人之刑事罪嫌 | 瀆職違法 | 公懲會最高法院檢察署 | 六十一年三月 | 降二級不起訴 |
| 交通銀行前業務部經理侯銘恩辦理中美經社基金放款臺昌紡織公司擅專失職土地銀行及臺省合作金庫總經理陳運生及王鎭宙核准放款臺昌紡織公司違背法令臺北市銀行總經理羅啓源核准公司抵押借款違背該行放款規則一案 | 違法失職 | 公懲會 | 六十一年四月 | 侯記過一次，餘申誡 |
| 臺糖公司前總經理兼人事評判委員會主席袁夢鴻處理郭金河復職案藐視長官故違法令 | 同　　　上 | 同　　　上 | 六十二年一月 | 降一級 |
| 臺北市陽明山管理局局長金仲原於該局改制前違反內政部規定核發都市計劃保護區建築執照 | 同　　　上 | 同　　　上 | 六十四年十月 | 記過一次 |

| | | | | |
|---|---|---|---|---|
| 臺灣省政府衛生處處長胡惠德處理萬家香醬油案未能善盡職責致使萬家香醬園股份有限公司蒙受重大損失並嚴重影響政府威信 | 違法失職 | 公　懲　會 | 六十五年十二月 | 申誡 |
| 臺灣省政府財政廳廳長鍾時益主任秘書林得樑第一科科長荊允謀審計部協審兼科長劉仁育對於臺灣省菸酒公賣局與啓達實業公司議價採購防潮熱封玻璃紙案未盡應盡之監督職責 | 同　　上 | 同　　上 | 六十五年十二月 | 鍾不受懲戒，林記過一次，荊減俸，劉降一級 |
| 基隆市政府前市長蘇德良辦理市民江清根等建築帝王大飯店申請變更設計事件違法失職致生公共危險 | 瀆職違法 | 公　懲　會最高法院檢察署 | 六十六年十月 | 司法程序未了，懲戒尚難開始 |
| 臺灣省林務局局長沈家銘違法失職損害國家利益亦且涉嫌貪污 | 瀆職違法 | 公　懲　會最高法院檢察署 | 六十二年八月 | 休職六個月 |
| 臺灣省政府財政廳稅務處處長姚正中對本院糾正花蓮稅捐處辦理東一木材行補徵稅捐違誤案推諉稽延玩法抗令 | 違法失職 | 公　懲　會 | 六十二年十月 | 撤職 |
| 臺灣省菸酒公賣局前局長兼職工福利會主任委員（現任臺省府簡任參議）譚文懋等十五員於兼任該局職工福利委員會職務期間督導無方致遭受前兼幹事陳明芳盜用公款逾千萬元造成公家重大損失 | 同　　上 | 同　　上 | 六十三年三月 | 申誡餘降一級或減俸 |

| 臺灣省政府教育廳長許智偉處理青年公司及其關係企業負責人蔡少明非法向各國民中學校長推銷電化教具及冒名貸款案枉法徇私 | 違法失職 | 公　　懲 | 六十四年四月 | 申誡 |
|---|---|---|---|---|

　　依照上列兩表，中國監察院在行憲三十年來提出彈劾案共二百七十六件。其中重要的彈劾案，每年選取一件，也有三十餘件，成績相當可觀。以視英國國會從一六二一年至一八零五年僅有彈劾案五十四件，美國國會在行憲二百餘年中僅有彈劾案十三件，如果減除對議員的一案，則僅有十二件，監察院的彈劾工作可說已相當努力。而且被彈劾的官員，包括副總統、行政院長、部長和總司令等，也可說敢於批逆鱗了。

　　但是民間的要求顯然尚不止此，而且總譏監察委員「只拍蒼蠅，不打老虎」。原因之一，也許因為在這三十年的動亂時代，世亂如麻，貪瀆較多，監察院職司風憲，社會對它當然會望之深而責之嚴。

　　在監察院方面，多次年度總檢討會議，常有監察委員抱怨有關方面干擾太甚，或怪懲戒機關避重就輕，縱容了貪瀆和敗壞了政風。

　　最近民族晚報一位記者尚以此詢問本書著者，經加解答。（註四）

　　問：一部份監委即將改選，你有什麼建議？

　　答：我建議國民黨中央黨部，對監委的改選，不再由黨部提名，開放自由競選，以期吸收更多的賢良方正和社會賢達。即使國民黨黨員，因為當選，並非靠黨的提名，也許不會必須仰承黨的指示才去提案和糾彈，顧慮較少，反而有更多發揮能力的機會。

　　問：全部開放自由競選，執政黨是否會失去對監察院的領導？

　　答：我以為執政黨對國大代表應該提名，如此易於領導國民大會，因為國民大會有選舉、罷免、創制、複決以及修改憲法的權力，這麼大

的權力，足以影響執政黨的領導，所以執政黨一定要以提名去掌握多數代表。立法院也有極大的權力，一旦控制在反對者的手中，政府就動彈不得，所以執政黨也一定要用提名的方法，使黨員當選，以掌握立法院。至於監察院，它的性質和作用，和國民大會、立法院大不相同，落在非黨員的手中，也妨害不了政府的生存和政策的推進。因為，監察院提出的彈劾案，要送司法院懲戒委員會懲戒，糾舉案也要送行政機關處理，糾正案沒有很大的拘束力，審計權只是查帳而已，這些權力對政治根本沒有多大殺傷力，而反能促進政治的革新和進步。

現在因為政治需要更清明，更有效能，需要監察院澄清吏治，發揮功能，發掘弊端，所以監察院要通過自由選舉，滙集更多的社會賢達和特立獨行的黨人來負這重任。

問：根據五權分立的原則，司法院對於監察院所提的彈劾案，具有懲戒權，但是外界和一部份監委，迭有批評，說司法院對於彈劾案件，常有處分過輕或不予處分，影響糾彈權的充分發揮，你認為有什麼補救方法？

答：監察院提出的彈劾案件，要歸司法院懲戒，乃是憲法的規定，如果更張，勢須修改憲法，或增訂臨時條款。但是問題在如不送司法院懲戒，送給那個機關去懲戒？我以為仍舊由司法院懲戒較為妥當。

問：英、美等實施三權分立的國家，彈劾和懲戒之權，都操在國會之手，如果我國由九位監委通過彈劾案，而由全體監委共同懲戒，這樣是不是會被人批評為由「原告自己擔任法官」呢？

答：由全體監委來處理九位監委通過的彈劾案，懲戒的可能性就較大，而且不應說是原告兼做法官，這也不失為一種方式。譬如日本，由國會的訴追委員會提案彈劾，而由國會另設一個機構去懲戒，沒有人譏其為原告兼做法官。當然，英、美等國家，由下議院提出彈劾，上議院

予以懲戒，比較上，更爲客觀和獨立。但我們除了總統由國民大會懲戒，一般彈劾案，當然不可能送國民大會，也不能送立法院懲戒，所以，比較下來，我以爲還是維持現狀，由司法院懲戒較妥。

但如我多年來的主張，懲戒處分必須減少，從現制的六種減爲一種——撤職。這是說，司法院的公懲會就監察院的彈劾案只能作一種選擇——撤職或不予懲戒。於是它就不可能避重就輕，敷衍了事。這或有助於彈劾案審理的愼重。

## 第二節　行憲三十年來的審計工作

審計部於民國卅八年二月起，隨中樞播遷，至同年十二月中旬，遷抵臺灣。那時大陸已大部淪陷，各省市審計處室，一律宣告撤銷，所有業務皆併部辦理。四十二年八月方恢復派駐國庫總庫審計室，四十五年七月恢復臺灣省審計處，五十六年七月臺北市升格爲院轄市，爲辦理臺北市政府及其所屬各機關財務的審計，乃於五十七年一月設置臺北市審計處。六十五年七月及六十六年七月陸續設立臺北縣、高雄市、新竹縣和臺南市四個審計室，除辦理各該縣市地方政府及其所屬各機關的審計事務外，並兼辦鄰近地區縣市各機關的抽查審計。使審計組織伸展普及於縣市地方，審計功能更能發揮。

審計職權，共計七項：一、監督預算之執行；二、核定收支命令；三審核財務收支，審定決算；四、稽察財物及財政上不法或不忠於職務的行爲；五、考核財務效能；六、核定財務責任；七、其他依法律應辦理的審計事項。

行憲以來的審計業務，有爲有成，現將其中最重要的歷年總決算審定結果、國營事業審定盈餘、辦理財務審計節省公帑以及抽查稅捐依法補

徵等統計表編列於後。但因民國三十七年和三十八年，中樞一再播遷，國家財政金融動盪不定，幣制屢經改革，故有關審計統計數字只得從略。

### 中央總決算審定結果統計表

| 年　　　度 | 歲　入　審　定　結　果 | | 歲　出　審　定　結　果 | |
|---|---|---|---|---|
| | 淨增數(註五) | 淨　減　數 | 淨　增　數 | 淨減數(註三) |
| 總　　　計 | 1,558,372,114.13 | 64,694,650.63 | | 185,704,449 |
| 三十九年度 | 3,673,832,58 | | | 13,633,743 |
| 四　十　年度 | 941,838 | | | 2,077,919 |
| 四十一年度 | 9,131,799 | | | 618,733 |
| 四十二年度 | 13,582,937 | | | 71,264,555 |
| 四十三年上半年 | 8,446,663 | | | 21,163 |
| 四十三年度 | 10,539,464 | | | 317,623 |
| 四十四年度 | | 1,239,482 | | 388,861 |
| 四十五年度 | 239,208 | | | 1,313,434 |
| 四十六年度 | 42,280,839 | | | 7,775,993 |
| 四十七年度 | 2,266,873 | | | 486,992 |
| 四十八年度 | （四十八年度因會計年度名稱改制故缺） | | | |
| 四十九年度 | 17,681,990 | | | 609,377 |
| 五　十　年度 | 10,566,178 | | | 216,762 |
| 五十一年度 | 7,760,346 | | | 482,678 |
| 五十二年度 | 11,348,747 | | | 470,348 |
| 五十三年度 | 34,444,634 | | | 386,496 |
| 五十四年度 | 32,474,254 | | | 3,837,953 |

| | | | |
|---|---|---|---|
| 五十五年度 | | 63,455,168 | 2,859,484 |
| 五十六年度 | 18,115,559 | | 1,557,939 |
| 五十七年度 | 39,370,121 | | 375,948 |
| 五十八年度 | 24,608,157 | | 862,250 |
| 五十九年度 | 14,800,553 | | 1,116,265 |
| 六 十 年度 | 22,321,621 | | 7,933,732 |
| 六十一年度 | 16,002,399 | | 2,348,236 |
| 六十二年度 | 168,213,930 | | 9,950,859 |
| 六十三年度 | 245,977,588 | | 37,286,434 |
| 六十四年度 | 267,491,661 | | 287,112 |
| 六十五年度 | 262,771,954 | | 10,230,767 |
| 六十六年度 | 311,318,955 | | 6,992,850 |

### 國家直接經營事業決算審定盈餘統計表

| 年　　　度 | 行政院核定盈餘總額 | 審定盈餘總額 | 審計部修正增減數 |
|---|---|---|---|
| 三十九年度 | 109,959,264 | 195,878,934 | 85,919,670 |
| 四 十 年度 | 290,932,131 | 297,735,943 | 6,803,811 |
| 四十一年度 | 118,473,337 | 190,400,602 | 71,927,265 |
| 四十二年度 | 236,789,314 | 250,775,899 | 13,986,585 |
| 四十三年度 | 257,440,834 | 262,799,083 | 5,358,249 |
| 四十四年度 | 488,301,292 | 499,476,877 | 11,175,584 |
| 四十五年度 | 692,917,076 | 733,026,562 | 40,109,485 |
| 四十六年度 | 776,718,004 | 785,034,766 | 8,316,762 |
| 四十七年度 | 841,045,179 | 861,051,137 | 20,005,958 |

| 四十八年度 | 1,301,250,109 | 1,316,291,657 | 15,041,548 |
| 四十九年度 | 1,482,024,629 | 1,535,308,806 | 53,284,176 |
| 五　十　年度 | 1,782,215,082 | 1,798,047,395 | 15,832,312 |
| 五十一年度 | 1,519,184,359 | 1,558,176,212 | 38,991,852 |
| 五十二年度 | 3,830,639,029 | 3,857,365,250 | 26,726,220 |
| 五十三年度 | 4,356,282,224 | 4,315,674,806 | 40,607,417 |
| 五十四年度 | 2,741,261,185 | 2,833,883,248 | 92,622,062 |
| 五十五年度 | 2,880,563,356 | 2,928,023,644 | 47,460,287 |
| 五十六年度 | 4,013,838,351 | 4,063,636,627 | 49,798,275 |
| 五十七年度 | 4,790,892,492 | 4,803,653,998 | 12,761,506 |
| 五十八年度 | 6,011,020,382 | 6,042,367,217 | 31,346,835 |
| 五十九年度 | 7,682,774,204 | 7,735,579,360 | 52,805,156 |
| 六　十　年度 | 7,839,963,313 | 7,903,064,135 | 63,100,821 |
| 六十一年度 | 4,450,663,162 | 4,493,043,862 | 42,380,699 |
| 六十二年度 | 10,876,735,136 | 11,074,676,497 | 197,941,361 |
| 六十三年度 | 12,896,741,875 | 13,321,953,798 | 425,211,922 |
| 六十四年度 | 20,430,000,648 | 20,882,141,061 | 452,140,413 |
| 六十五年度 | 18,679,388,355 | 19,117,518,985 | 438,130,629 |
| 六十六年度 | 24,647,779,502 | 24,963,895,977 | 316,116,475 |
| | 146,025,793,837 | 148,620,482,350 | 2,594,688,512 |

## 國營（轉投資）事業決算審定盈餘統計表

| 年　　　度 | 行政院核定盈餘總額 | 審定盈餘總額 | 審計部修正增減數 |
| --- | --- | --- | --- |
| 四十二年度 | （註六）18,103,928 | 18,431,349 | 327,421 |

| | | | |
|---|---:|---:|---:|
| 四十三年度 | 19,442,865 | 20,192,388 | 749,522 |
| 四十四年度 | 32,475,321 | 33,064,639 | 589,317 |
| 四十五年度 | 23,814,838 | 28,230,228 | 4,415,390 |
| 四十六年度 | 17,261,580 | 17,612,764 | 351,184 |
| 四十七年度 | 25,665,028 | 26,383,931 | 718,902 |
| 四十八年度 | 29,589,223 | 30,282,558 | 693,335 |
| 四十九年度 | 27,507,179 | 28,748,006 | 1,240,826 |
| 五 十 年度 | 5,140,335 | 6,272,140 | 1,131,804 |
| 五十一年度 | 23,875,059 | 25,759,979 | 1,884,920 |
| 五十二年度 | 16,283,592 | 18,052,558 | 1,768,966 |
| 五十三年度 | 10,415,714 | 12,462,656 | 2,046,942 |
| 五十四年度 | 5,264,051 | 3,560,743 | 1,703,308 |
| 五十五年度 | 21,653,641 | 20,461,171 | 1,192,469 |
| 五十六年度 | 22,676,160 | 28,687,450 | 6,011,290 |
| 五十七年度 | 47,641,064 | 50,603,965 | 2,962,900 |
| 五十八年度 | 24,824,813 | 34,642,798 | 9,817,985 |
| 五十九年度 | 34,595,339 | 36,090,265 | 1,494,926 |
| 六 十 年度 | 135,816,167 | 136,702,495 | 886,328 |
| 六十一年度 | 103,280,576 | 103,367,554 | 86,977 |
| 六十二年度 | 402,981,993 | 408,037,055 | 5,055,062 |
| 六十三年度 | 522,659,684 | 526,340,506 | 3,680,821 |
| 六十四年度 | 1,061,986,380 | 1,178,231,685 | 116,245,305 |
| 六十五年度 | 1,104,480,094 | 1,111,099,699 | 6,619,604 |
| 六十六年度 | 1,483,492,153 | 1,470,536,961 | 12,955,191 |
| 總　　　計 | 5,167,091,401 | 5,325,811,726 | 158,720,324 |

### 辦理財物審計統計表

| 年度\類別\件數 | 監標案件 | 自辦報核案件 | 審核案件 | 節省公帑金額 |
|---|---|---|---|---|
| 三九 | 869 | 637 | 7,116 | （註七）　77,010,209 |
| 四〇 | 1,305 | 885 | 8,305 | 10,442,176 |
| 四一 | 1,634 | 1,403 | 12,980 | 20,339,396 |
| 四二 | 2,231 | 2,136 | 15,448 | 7,502,370 |
| 四三 | 142 | 1,002 | 8,337 | 3,835,945 |
| 四三 | 2,774 | 2,000 | 20,423 | 9,228,113 |
| 四四 | 2,949 | 1,917 | 18,308 | 9,035,296 |
| 四五 | 2,638 | 1,596 | 13,078 | 18,941,583 |
| 四六 | 2,698 | 2,314 | 12,261 | 27,680,156 |
| 四七 | 3,045 | 2,580 | 11,300 | 27,736,336 |
| 四八 | （四八年度因會計年度名稱改制故缺） | | | |
| 四九 | 3,403 | 3,035 | 13,288 | 38,067,761 |
| 五〇 | 3,214 | 4,210 | 12,151 | 26,187,624 |
| 五一 | 3,048 | 4,743 | 12,481 | 51,175,691 |
| 五二 | 3,437 | 4,120 | 13,244 | 63,231,898 |
| 五三 | 4,124 | 3,672 | 14,733 | 06,485,409 |
| 五四 | 5,165 | 4,437 | 11,662 | 78,782,143 |
| 五五 | 5,481 | 4,927 | 14,161 | 262,589,349 |
| 五六 | 5,273 | 4,715 | 19,478 | 137,093,517 |
| 五七 | 5,396 | 1,097 | 22,294 | 227,157,194 |
| 五八 | 4,210 | 663 | 22,788 | 283,975,161 |
| 五九 | 4,548 | 5,496 | 22,808 | 97,494,582 |

| | | | | | |
|---|---|---|---|---|---|
| 六 | 〇 | 4,688 | 4,068 | 31,957 | 147,490,527 |
| 六 | 一 | 5,254 | 6,017 | 23,566 | 97,792,386 |
| 六 | 二 | 4,891 | 5,099 | 21,346 | 180,283,254 |
| 六 | 三 | 4,923 | 4,878 | 19,521 | 376,769,996 |
| 六 | 四 | 3,068 | 3,621 | 17,726 | 271,852,551 |
| 六 | 五 | 2,980 | 3,438 | 16,366 | 296,449,812 |
| 六 | 六 | 3,744 | 4,416 | 16,871 | 505,957,343 |
| 合 | 計 | 98,401 | 89,121 | 449,998 | 3,390,587,790 |

### 抽查中央稅捐機關依法補徵繳庫金額統計表（註八）

| 稅　目<br>年度　金額 | 營利事業<br>所得稅 | 綜　合<br>所得稅 | 遺　產<br>贈與稅 | 貨物稅 | 印花稅 | 證券交<br>易　稅 |
|---|---|---|---|---|---|---|
| 六　二 | 8,912,263 | 82,567 | 388,562 | | | |
| 六　三 | 11,450,307 | 1,404,539 | 229,118 | | | |
| 六　四 | 23,417,252 | 488,259 | 97,148 | 34,543 | | |
| 六　五 | 17,481,711 | 1,544,020 | 1,904,831 | 1,619,246 | 9,151 | 60,009 |
| 總　計 | 61,271,535 | 3,519,387 | 2,619,660 | 1,653,789 | 9,151 | 60,009 |

　　在監察工作中，審計工作最繁重，在監察職權中，審計權最重大。但是監察院對審計部似乎不夠關切，審計部與監察院的聯繫也尚須加強。例如監察院六十六年的年度工作報告，厚達五百四十二頁，但僅有一頁的三分之一，共計三行提到審計工作。原因是「審計部工作報告另發」。但是彼此都是密件，審計工作何以不能納入監察院的報告之內呢？這也許是一個觀念問題。

　　審計獨立，監察委員當然不得干涉，但是審計部似應把它的重要工作，經常，例如每月一次，而不是一年一次，或者就在監察院的月會中，報告於監察院。有些重大發現，例如公務人員的不忠不法，效能過低，浪費公帑，或怠忽職守，審計部在查帳時所知較多，並應以書面專案報院，不可自行糾正了事。

　　審計工作沒有監察院的監視和支持，效能將只是主計工作的叠床架屋而已。

　　美國審計任務，已從書面審核進而爲實地考核，從帳目審核進而爲績效考核，從手續觀點進而爲結果觀點。這叫做綜合審計。中國現在也作了這樣的改進。可是限於審計的才力和經費，這個新方向，尚在起步階段，目標還很遙遠。

　　同樣的原因，困於財力和才力，審計部的財物審計，也就是審計法中所謂營繕工程和購置定製變賣國家財物的稽察，雖爲公庫節省了五億元以上的金錢，然官商勾結偷工減料和貪污中飽的弊病，年來數額仍大得令人咋舌。監察院和審計部應對審計工作的加強和改進，付出更大的心力。

## 第三節　行憲三十年來的糾正工作

　　本書著者常說，鑒於他國的經驗，將來政治清明之後，彈劾權將備而不用，而如前所述，糾舉權更無必要，但糾正權則必不可少。因爲「政治永遠需要批評」和革新，而糾正案的作用，便是批評和建議，以促政治的改善。這就是十餘年來各國紛紛設置國會監察長的原因和理由。請看下列五國監察長一九六三年處理人民書狀情形統計表，（註九）便知這是信而有徵：

| 處 理 情 形 | 瑞　典 | 芬　蘭 | 丹　麥 | 挪　威 | 紐 西 蘭 |
|---|---|---|---|---|---|
| 存 | 287 | 124 | 725 | 868 | 515 |
| 移 送 他 處 | 22 | | | | |
| 調 查 無 結 果 | 746 | 726 | 254 | 240 | 398 |
| 批　　評 | 276 | 25 | 53 | 48 | 107 |
| 控　　訴 | 6 | 6 | | | |
| 向 政 府 建 議 | 14 | 16 | 10 | | |
| 進　行　中 | 430 | 544 | 88 | 119 | |
| 總　　計 | 1781 | 1441 | 1130 | 1275 | 1100 |

　　依照上表，五國監察長的成績，以收受人民書狀的數目和處理的結果來衡量，都以瑞典為最佳。中國監察院在行憲三十年中成立糾正案六百三十九件，平均每年僅二十一點三件，如與五百八十四件糾舉案合併計算，（因監察長有這兩種任務），平均每年也僅四十點七件，成績難說很好。

　　糾舉案的統計表列在第四節。現在請看糾正案的情形：

三十年來判正案統計表

| 年次 | 合計 | 內政 | 外交 | 國防 | 財政 | 經濟 | 教育 | 交通 | 司法 | 邊政 | 僑政 | 事項數 | 送達機關行政院 | 機關其他 |
|---|---|---|---|---|---|---|---|---|---|---|---|---|---|---|
| 三十七年 | 31 | 2 | 0 | 0 | 1 | 13 | 4 | 3 | 8 | 0 | 0 | 0 | 22 | 9 |
| 三十八年 | 58 | 13 | 3 | 2 | 5 | 21 | 4 | 5 | 3 | 2 | 0 | 0 | 51 | 7 |
| 三十九年 | 26 | 4 | 1 | 0 | 2 | 7 | 9 | 1 | 0 | 2 | 0 | 32 | 25 | 1 |
| 四十年 | 17 | 10 | 0 | 0 | 0 | 3 | 2 | 2 | 0 | 0 | 0 | 17 | 16 | 1 |
| 四十一年 | 22 | 9 | 0 | 0 | 2 | 3 | 9 | 2 | 0 | 0 | 0 | 24 | 22 | 0 |
| 四十二年 | 35 | 5 | 0 | 0 | 2 | 9 | 5 | 2 | 3 | 0 | 0 | 41 | 33 | 2 |
| 四十三年 | 17 | 5 | 0 | 1 | 1 | 3 | 4 | 1 | 6 | 1 | 0 | 29 | 15 | 2 |
| 四十四年 | 19 | 7 | 1 | 0 | 1 | 3 | 3 | 0 | 0 | 2 | 0 | 55 | 16 | 3 |
| 四十五年 | 16 | 7 | 0 | 1 | 0 | 5 | 0 | 1 | 4 | 1 | 0 | 43 | 15 | 1 |
| 四十六年 | 29 | 15 | 0 | 0 | 0 | 3 | 3 | 2 | 0 | 1 | 0 | 94 | 25 | 4 |
| 四十七年 | 23 | 10 | 0 | 0 | 0 | 2 | 2 | 3 | 2 | 4 | 0 | 81 | 19 | 4 |
| 四十八年 | 17 | 6 | 0 | 0 | 3 | 4 | 3 | 0 | 0 | 1 | 1 | 68 | 14 | 3 |
| 四十九年 | 14 | 5 | 0 | 0 | 0 | 4 | 1 | 0 | 0 | 4 | 0 | 25 | 14 | 0 |
| 五十年 | 14 | 4 | 0 | 0 | 0 | 4 | 3 | 0 | 0 | 2 | 1 | 44 | 22 | 1 |
| 五十一年 | 18 | 5 | 0 | 0 | 0 | 5 | 5 | 0 | 3 | 3 | 0 | 50 | 16 | 2 |
| 五十二年 | 17 | 5 | 0 | 0 | 0 | 5 | 5 | 0 | 0 | 5 | 1 | 68 | 15 | 1 |
| 五十三年 | 18 | 4 | 0 | 0 | 1 | 2 | 1 | 0 | 2 | 1 | 0 | 67 | 17 | 1 |
| 五十四年 | 7 | 3 | 0 | 0 | 0 | 2 | 3 | 4 | 3 | 2 | 0 | 22 | 6 | 1 |
| 五十五年 | 14 | 5 | 0 | 0 | 0 | 3 | 3 | 1 | 0 | 0 | 0 | 76 | 13 | 0 |
| 五十六年 | 16 | 8 | 1 | 0 | 0 | 4 | 3 | 1 | 5 | 0 | 0 | 55 | 16 | 0 |
| 五十七年 | 19 | 7 | 0 | 1 | 0 | 3 | 3 | 2 | 1 | 0 | 0 | 71 | 19 | 0 |
| 五十八年 | 17 | 10 | 0 | 0 | 0 | 0 | 3 | 0 | 4 | 0 | 0 | 50 | 17 | 0 |
| 五十九年 | 21 | 0 | 0 | 0 | 0 | 1 | 1 | 2 | 3 | 0 | 0 | 67 | 21 | 0 |
| 六十年 | 5 | 4 | 0 | 0 | 0 | 1 | 3 | 0 | 1 | 2 | 0 | 21 | 5 | 1 |
| 六十一年 | 9 | 9 | 0 | 0 | 0 | 0 | 1 | 1 | 2 | 0 | 0 | 16 | 9 | 0 |
| 六十二年 | 16 | 3 | 0 | 0 | 2 | 2 | 0 | 3 | 1 | 0 | 0 | 51 | 16 | 0 |
| 六十三年 | 6 | 12 | 1 | 0 | 0 | 2 | 3 | 0 | 2 | 0 | 0 | 33 | 5 | 0 |
| 六十四年 | 16 | 8 | 0 | 0 | 0 | 0 | 1 | 0 | 0 | 0 | 0 | 52 | 16 | 0 |
| 六十五年 | 14 | 4 | 0 | 0 | 0 | 0 | 0 | 0 | 1 | 0 | 0 | 44 | 14 | 1 |
| 六十六年 | 8 | 0 | 0 | 0 | 0 | 0 | 0 | 0 | 0 | 0 | 0 | 17 | 7 | 0 |

## 三十年來重要糾正案統計表

| 案　　　　　　　　由 | 移　送　機　關 | 年　　　　　月 |
|---|---|---|
| 改革幣制未能顧及生產與消費之平衡請改善 | 行　　政　　院 | 三十七年十月 |
| 行政當局執行財經改革方案方法錯誤步伐紊亂 | 同　　　　上 | 同　　　上 |
| 英藏協議修築印康公路事關國權喪失 | 外　　交　　部 | 三十七年十一月 |
| 請整飭首都治安秩序及部隊軍風紀 | 行　　政　　院 | 三十八年一月 |
| 整飭紀綱振作人心以利剿匪戡亂 | 同　　　　上 | 三十九年二月 |
| 積弊不除期難振作分別糾正 | 同　　　　上 | 同　　　上 |
| 公營金融事業機構與生產事業機構董監事及主要負責人兼職太多影響公務巧取公帑 | 同　　　　上 | 四十年一月 |
| 年來物價上漲主管機關措施失當 | 同　　　　上 | 四十一年五月 |
| 臺灣省政府暨臺灣銀行對於楊子木材公司申請貸款一案處理失當 | 同　　　　上 | 四十二年五月 |
| 馬公鎮聯勤卡車輾斃呂進丁聯勤第十四站僅賠償新臺幣五百元尙不足償其棺葬之需自屬不合 | 同　　　　上 | 四十三年十二月 |
| 爲外滙實績制亟應糾正以期鼓勵輸出促進生產造福民生 | 同　　　　上 | 四十四年二月 |
| 美援運用委員會違反政府規定擅訂工作人員待遇處置失當 | 同　　　　上 | 四十五年七月 |
| 政府機關及公營事業機構人員兼職成風又政府部份首長擇領兼職薪給有悖國家建立俸給制度之本旨 | 同　　　　上 | 四十五年十月 |

| | | | |
|---|---|---|---|
| 請杜絕浪費調整待遇（註一〇） | 同 | 上 | 四十六年三月 |
| 行政院辦理殷格斯臺灣造船船塢公司租賃臺灣造船廠一案違法越權措施失當圖利他人. | 同 | 上 | 四十六年五月 |
| 行政院對於本院糾正關於處理殷臺公司租廠造船違法越權諸多不合一案未爲適當之處置與改善 | 同 | 上 | 四十六年八月 |
| 政府各機關辦理人民訴願案件違法失當不能發揮行政救濟精神 | 同 | 上 | 四十七年七月 |
| 財政經濟交通內政四部所屬各國營事業機關自三十九年度至四十四年度早應收回之剔除款項迄未收回懸列帳面爲數頗鉅歷年拖延殊屬玩忽一般開支仍多浪費 | 同 | 上 | 四十七年七月 |
| 行政院開放合成牛乳市場並令修改臺灣省乳業管理規則有危害本省乳牛事業之發展 | 同 | 上 | 四十八年十一月 |
| 行政院對於臺灣省戒嚴時期軍法機關自審及交法院審判劃分辦法之規定未能嚴切執行及戒嚴法迄未修改應予再糾正 | 同 | 上 | 四十九年五月 |
| 臺灣警備總部等機關辦理雷震等涉嫌叛亂案經本院派員調查認爲間有未合或失當之處應請促其注意改善 | 同 | 上 | 五十年三月 |
| 再糾正財政部對大同製鋼機械公司與外商技術合作報酬金改課行商所得稅於法不合經提請改善後該部仍曲解法令藉詞掩飾 | 同 | 上 | 五十年五月 |
| 各國營事業機關員工借支數額龐大宿舍押租漫無標準以及福利設施未盡合理非僅使大量資金形同凍結影響財務 | 同 | 上 | 五十年五月 |

| | | | |
|---|---|---|---|
| 調度復且加重利息負擔損耗鉅額公帑殊屬失當 | | | |
| 近來貪污案件日增於國家前途影響至鉅應就各項防止措施提請注意改善 | 同 | 上 | 五十年九月 |
| 政府對於出版品之限制以紙張節約為理由依照出版法施行細則第二十七條之規定辦理有背憲法之精神且事實上亦無此必要 | 同 | 上 | 同　　上 |
| 交通部對於臺港航線未能顧及貨運實況濫予核准小型船艘足以助長走私臺灣警備總司令部對檢查事權未能遵照統一規定商旅深感困擾均屬失當 | 同 | 上 | 五十一年一月 |
| 國營事業機關財務處理多有未善應加強內部牽制制度以杜弊端 | 同 | 上 | 五十一年七月 |
| 行政院頒行之軍用船舶使用辦法規定條文詞意混淆前後矛盾導致糾紛及華興輪奉調擔任軍運沉沒賠償一案交通部與國防部對該案之處理意見歧異致拖延五年之久未予補償有失政府信譽 | 同 | 上 | 五十二年二月 |
| 糾正經濟部核准日本森永株式會社在臺投資設廠製造糖菓違反核准原則 | 同 | 上 | 五十三年一月 |
| 臺灣省政府曲循臺北市政府偏私之請將臺北煤氣事業批交尚在籌組之大臺北煤氣公司獨家經營措施不當違背法令 | 同 | 上 | 五十三年九月 |
| 行政院及交通經濟財政司法行政內政教育各部紛以借調所屬機關或其他機關人員工作破壞人事制度與預算制度 | 同 | 上 | 五十三年十月 |
| 臺灣省政府農林廳及林務局對於處理振昌木材防腐工廠孫海承辦開闢丹大 | 同 | 上 | 五十四年九月 |

| | | |
|---|---|---|
| 林道與銷日檜木三萬立方公尺等案措施失當 | | |
| 政府對現行進口黃豆配額儲運加工及保管等者施諸多失當弊竇叢生對立人大德源永源大華諸油廠勾結公務員盜賣黃豆等物資國家蒙受鉅大損失未能嚴求追償顯屬不合 | 同　　　　上 | 五十五年五月 |
| 再糾正各金融機構歷年呆滯欠款案件年來雖有改進措施經查仍多尚待改善 | 同　　　　上 | 五十五年六月 |
| 行政院發展汽車工業之各項措施不切實際而執行又復督導不力稽核不周旣招致過分保護之訾議復不免遲滯汽車工業之發展一案 | 同　　　　上 | 同　　　　上 |
| 近年來政府雖積極整肅政風而貪瀆依然叢生除公務人員待遇不合理外顯係預算財務辦法不切實際未能崇法務實影響之所致請迅行注意改善由 | 同　　　　上 | 五十六年一月 |
| 行政院外滙貿易審議委員會對「加糖奶粉進口管制」辦法執行不力復核准販賣商大量進口散裝奶粉顯屬違法政府乳業政策經濟部所訂有關乳業措施亦多未切實執行影響臺灣乳業發展 | 同　　　　上 | 五十六年八月 |
| 現行工業保護之措施有待加強與改進者尚多依法提案糾正移請行政院注意改善 | 同　　　　上 | 五十七年七月 |
| 本省色情氾濫風化問題日益嚴重若不迅加遏阻勢將釀成巨大災禍 | 同　　　　上 | 五十七年八月 |
| 現行訴願法不能應適當前之需要各機關處理上困難迭生 | 同　　　　上 | 五十八年一月 |

| | | | |
|---|---|---|---|
| 彰化大同實業股份有限公司假出口冲退貨物稅款罰鍰強制執行之撤銷殊屬不合 | 同 | 上 | 五十八年五月 |
| 陸軍第十軍因遷建營房與陳喜交換土地但國有財產局則將擬與交換之舊營房土地售與水里鄉公所以致協議落空經行政院核示應對陳喜賠償損失復因款項數額爭執迄未達成協議案懸八年拖延不決 | 同 | 上 | 五十九年十一月 |
| 經濟部高雄加工出口區管理處准許外商理研電氣有限公司在其區內設裝配工廠其產品又准其免受檢驗實足妨害我國聖誕燈串之外銷自屬不合 | 同 | 上 | 六十年五月 |
| 內政部處理有關商民售賣無來復線之空氣槍先後矛盾權責不分依法無據致損人民權益與政府威信 | 同 | 上 | 六十一年二月 |
| 臺省府及臺南縣府處理該縣府與嘆哩呱林業合作社間就大內鄉二重溪林地租賃訟爭事件固執私見蓄意纏訟與民爭利殊屬不合 | 同 | 上 | 六十一年三月 |
| 糾正臺北市色情氾濫後果嚴重其他各縣市亦多類似應請政府迅予注意改善一案 | 同 | 上 | 六十一年七月 |
| 第三次糾正臺灣省農林廳林務局對吳石清申請重新補發楠濃林區櫸木砍伐許可證處理不當應予補償（註一一） | 同 | 上 | 六十二年五月 |
| 臺北市政府及內政部處理變更景美區武功國民小學附近都市計劃措施不當 | 同 | 上 | 六十三年五月 |
| 財政教育地政各主管官署及其所屬處理青年公司負責人蔡少明不法推銷產品及至冒名貸款等情乙案未能克盡職責失察失據 | | | 六十四年七月 |

| | | | |
|---|---|---|---|
| 經濟部及臺灣省政府建設廳等有關機關對於中國石油公司高雄煉油廠東源紙廠及高楠紙廠等工廠未裝設廢水處理設備大量排放未經處理之廢水引起草潭埤水源污染造成農漁民慘重損失處理不當 | 同 | 上 | 六十五年七月 |
| 臺灣省政府財政廳所發布行政命令超越屠宰稅法宜蘭縣稅捐稽征處懐以認定礁溪員山兩屠宰場提前屠殺已稅猪隻一百三十餘頭爲私宰並妄引廳令移處十倍之罰鍰又訂定開放作業時間不按實際需要不無誘使屠商違章圖領鉅額獎金之情弊其苛擾屠商造成訟累影響政府信譽至鉅至於礁溪屠宰場管理員楊英博之解僱案前後處理輕重失平尤屬不合 | 同 | 上 | 六十六年五月 |

　　現在政府任務日重，作爲日多，給予人民的影響也日大，妨害人民利益的可能也隨着增加。國會監察長和中國的監察院的主要職責既是保護人民免受政府的不法侵害或予以平反，將來的人民書狀自必更多。下表(註一二)表示瑞典國會監察長收受人民書狀所涉對象，可知現代國家職務及其涉及人民權益的複雜情形，從此可知中國的趨勢及其任重而道遠。

| 種　　　　　類 | 1960年 | 1961年 | 1962年 | 1963年 | 1964年 |
|---|---|---|---|---|---|
| 法　院（行政法院除外） | 210 | 171 | 178 | 241 | 226 |
| 檢　　　察　　　官 | 123 | 171 | 81 | 108 | 130 |
| 警　　　　　　　察 | 190 | 101 | 168 | 213 | 208 |
| 拘　　　留　　　所 | 40 | 35 | 40 | 55 | 43 |
| 監　　　　　　　獄 | 111 | 123 | 106 | 146 | 163 |

| | | | | | |
|---|---|---|---|---|---|
| 精　神　病　院 | 91 | i10 | 123 | 102 | 114 |
| 其　他　病　院 | 27 | 28 | 19 | 31 | 46 |
| 酗　酒　防　治 | 24 | 16 | 12 | 18 | 31 |
| 青少年社會工作 | 29 | 32 | 53 | 50 | 59 |
| 稅　　　　　務 | 35 | 37 | 66 | 53 | 55 |
| 地　產　事　務 | 31 | 33 | 44 | 42 | 47 |
| 敎　育　行　政 | 20 | 11 | 24 | 36 | 34 |
| 國　營　事　業 | 8 | 13 | 14 | 17 | 22 |
| 宗　敎　行　政 | 20 | 32 | 14 | 19 | 12 |
| 以上所未包括的中央事件 | 150 | 182 | 181 | 183 | 195 |
| 以上所未包括的地方事件 | 78 | 59 | 58 | 81 | 87 |
| 不屬監察長管轄者 | 118 | 117 | 86 | 130 | 90 |

## 第四節　行憲三十年來的糾舉工作

　　彈劾案和糾舉案本來各有功能，但依監察院的傳統，因爲糾舉案只需三位監委的審查和決議就可成立，程序比較簡易，糾舉案較彈劾案多達一倍以上。(糾舉案五百八十四件，彈劾案二百七十六件)。請看下表：

三 十 年 來 糾

| 年　　次 | 件數 | 案情類別 | | | 送達機關 | | | |
|---|---|---|---|---|---|---|---|---|
| | | 違法 | 失職 | 違法失職 | 各院部會 | 省政府（包括送案） | 市政府 | 分送司法機關 |
| 三十七年 | 59 | 29 | 11 | 19 | 33 | 16 | 1 | 12 |
| 三十八年 | 74 | 40 | 9 | 25 | 21 | 14 | 1 | 18 |
| 三十九年 | 52 | 47 | 5 | 0 | 24 | 28 | 0 | 10 |
| 四十年 | 23 | 12 | 5 | 6 | 5 | 18 | 0 | 0 |
| 四十一年 | 49 | 18 | 6 | 25 | 21 | 28 | 0 | 22 |
| 四十二年 | 44 | 6 | 7 | 31 | 25 | 19 | 0 | 18 |
| 四十三年 | 39 | 0 | 8 | 31 | 17 | 24 | 0 | 7 |
| 四十四年 | 34 | 1 | 4 | 29 | 7 | 27 | 0 | 15 |
| 四十五年 | 21 | 3 | 5 | 13 | 7 | 16 | 0 | 9 |
| 四十六年 | 15 | 3 | 2 | 10 | 9 | 6 | 0 | 2 |
| 四十七年 | 11 | 0 | 1 | 10 | 2 | 9 | 0 | 1 |
| 四十八年 | 15 | 0 | 4 | 11 | 4 | 11 | 0 | 1 |
| 四十九年 | 20 | 1 | 5 | 14 | 10 | 11 | 0 | 4 |
| 五十年 | 12 | 3 | 3 | 6 | 3 | 10 | 0 | 6 |
| 五十一年 | 13 | 1 | 7 | 5 | 4 | 9 | 0 | 3 |
| 五十二年 | 23 | 5 | 6 | 12 | 9 | 14 | 0 | 1 |
| 五十三年 | 16 | 5 | 6 | 6 | 7 | 10 | 0 | 4 |
| 五十四年 | 5 | 1 | 1 | 3 | 2 | 3 | 0 | 0 |
| 五十五年 | 5 | 1 | 0 | 4 | 3 | 2 | 0 | 2 |
| 五十六年 | 4 | 0 | 2 | 2 | 3 | 1 | 0 | 1 |
| 五十七年 | 2 | 0 | 0 | 2 | 2 | 1 | 0 | 1 |
| 五十八年 | 5 | 2 | 0 | 3 | 2 | 3 | 0 | 0 |
| 五十九年 | 6 | 1 | 0 | 5 | 3 | 3 | 1 | 1 |
| 六十年 | 5 | 0 | 1 | 4 | 3 | 5 | 1 | 0 |
| 六十一年 | 0 | 0 | 0 | 0 | 0 | 0 | 0 | 0 |
| 六十二年 | 2 | 0 | 0 | 2 | 0 | 2 | 0 | 0 |
| 六十三年 | 2 | 0 | 0 | 2 | 0 | 2 | 0 | 1 |
| 六十四年 | 4 | 1 | 0 | 3 | 2 | 2 | 0 | 1 |
| 六十五年 | 11 | 1 | 0 | 11 | 3 | 7 | 1 | 1 |
| 六十六年 | 2 | 0 | 0 | 2 | 2 | 0 | 0 | 1 |

## 舉　案　統　計　表

| 官　階　類　別 | | | | | | | | | |
| 文　官 | | | | | | 武　官 | | | |
| 選任 | 特任 | 簡任 | 薦任 | 委任 | 其他 | 將官 | 校官 | 尉官 | 其他 |
|---|---|---|---|---|---|---|---|---|---|
| 0 | 7 | 9 | 43 | 24 | 22 | 2 | 2 | 0 | 0 |
| 0 | 7 | 6 | 26 | 60 | 33 | 1 | 5 | 3 | 0 |
| 0 | 4 | 39 | 42 | 13 | 8 | 4 | 9 | 0 | 1 |
| 0 | 1 | 8 | 14 | 14 | 15 | 1 | 2 | 8 | 2 |
| 4 | 0 | 47 | 49 | 34 | 6 | 9 | 19 | 3 | 0 |
| 5 | 1 | 27 | 48 | 26 | 8 | 3 | 6 | 2 | 0 |
| 1 | 1 | 19 | 32 | 15 | 3 | 3 | 6 | 3 | 1 |
| 0 | 1 | 13 | 34 | 30 | 7 | 0 | 0 | 0 | 0 |
| 0 | 0 | 4 | 14 | 23 | 4 | 0 | 0 | 0 | 0 |
| 0 | 0 | 6 | 16 | 21 | 5 | 0 | 2 | 0 | 3 |
| 0 | 0 | 2 | 14 | 9 | 0 | 0 | 0 | 0 | 0 |
| 0 | 0 | 7 | 19 | 26 | 0 | 0 | 7 | 1 | 0 |
| 0 | 0 | 12 | 26 | 17 | 0 | 0 | 1 | 1 | 0 |
| 0 | 0 | 3 | 8 | 21 | 0 | 0 | 1 | 1 | 0 |
| 0 | 0 | 3 | 11 | 19 | 2 | 0 | 1 | 0 | 0 |
| 1 | 1 | 10 | 22 | 55 | 9 | 0 | 0 | 1 | 1 |
| 0 | 1 | 9 | 15 | 21 | 2 | 1 | 0 | 0 | 0 |
| 0 | 0 | 0 | 7 | 5 | 1 | 0 | 2 | 0 | 0 |
| 0 | 0 | 3 | 7 | 2 | 0 | 0 | 0 | 0 | 0 |
| 0 | 0 | 2 | 3 | 5 | 0 | 0 | 0 | 0 | 0 |
| 0 | 0 | 0 | 3 | 7 | 0 | 0 | 0 | 0 | 0 |
| 0 | 0 | 0 | 10 | 5 | 0 | 0 | 0 | 0 | 0 |
| 0 | 0 | 0 | 7 | 4 | 0 | 0 | 0 | 0 | 0 |
| 0 | 0 | 2 | 13 | 7 | 1 | 0 | 0 | 0 | 0 |
| 0 | 0 | 0 | 0 | 0 | 0 | 0 | 0 | 0 | 0 |
| 0 | 0 | 0 | 1 | 0 | 2 | 0 | 0 | 0 | 0 |
| 0 | 0 | 0 | 1 | 4 | 0 | 0 | 0 | 0 | 0 |
| 0 | 0 | 0 | 10 | 6 | 0 | 0 | 0 | 0 | 0 |
| 2 | 0 | 0 | 10 | 16 | 1 | 0 | 0 | 0 | 0 |
| 0 | 0 | 0 | 2 | 1 | 2 | 0 | 0 | 0 | 0 |

　　依照前表，監察院在三十年中提了五百八十四件糾舉案，成績自頗
可觀。而且被糾舉人中，選任官竟有十三人，特任官二十四人，簡任官
一百三十四人。這就可以說明，糾舉權不是對付低級官員的設計。

　　可是糾舉的效果究竟如何，該院沒有關於處理糾舉案結果的統計，
現在尚不很詳知。這種統計，似應編出來，以供研究。他如彈劾案的懲
戒結果和糾正案的處理結果，也有統計的必要。本書本擬自行編製，但
須調閱各該案的卷宗，爲數頗多，諸感未便，只得作罷。順便向該院作
這建議。

　　如果照本書的構想，授權主管長官和上級長官，可對屬員休職（至
少六個月）、降級、減俸、記過或申誡，但不得撤職，嚴重的案件則提
彈劾案，則監察院的糾舉權可以備而不用，而因長官監督權力的加強，
政風可望好轉，所以值得酌改。詳見本書第六章。

## 第五節　行憲三十年來的同意工作

　　監察院應不應有同意權，照御史的傳統，當然不應有，但照美國制
度，則極應有。茲姑不論。現在請看下表：

## 三十年來同意案統計表

| 年　　　　　　　次 | 會次 | 案件數 | 司　法　院 | | | 考　試　院 | | |
| --- | --- | --- | --- | --- | --- | --- | --- | --- |
| | | | 院長 | 副院長 | 大法官 | 院長 | 副院長 | 考試委員 |
| 三十七年六月二十四日 | 9 | 2 | 1 | 1 | 0 | 1 | 1 | 0 |
| 三十七年七月十四日 | 18 | 11 | 0 | 0 | 12 | 0 | 0 | 10 |
| 三十七年七月十五日 | 19 | 1 | 0 | 0 | 0 | 0 | 0 | 0 |
| 三十八年三月二十五日 | 46 | 1 | 0 | 0 | 0 | 0 | 1 | 0 |
| 三十八年三月二十八日 | 48 | 2 | 0 | 0 | 8 | 0 | 1 | 9 |
| 三十九年五月廿三日 | 79 | 1 | 0 | 1 | 0 | 0 | | |
| 四十一年三月十八日 | 192 | 1 | 0 | 0 | 7 | 0 | 0 | 0 |
| 四十一年四月十二日 | 198 | 1 | 0 | 0 | 0 | 1 | 1 | 0 |
| 四十三年八月十六日 | 339 | 1 | 0 | 0 | 0 | 1 | 1 | 19 |
| 四十七年六月九日 | 523 | 1 | 1 | 1 | 0 | 0 | 0 | 0 |
| 四十七年九月十一日 | 534 | 1 | 0 | 0 | 0 | 0 | 1 | 0 |
| 四十七年九月十三日 | 535 | 1 | 0 | 0 | 15 | 0 | 0 | 0 |
| 四十九年八月十六日 | 636 | 1 | 0 | 0 | 0 | 1 | 1 | 19 |
| 五十三年九月十日 | 863 | 1 | 0 | 0 | 2 | 0 | 1 | 0 |
| 五十五年六月十六日 | 959 | 1 | 0 | 0 | 0 | 1 | 1 | 0 |
| 五十五年六月十八日 | 960 | 1 | 0 | 1 | 0 | 0 | 0 | 19 |
| 五十五年八月十一日 | 964 | 1 | 0 | 0 | 0 | 0 | 0 | 0 |
| 五十六年八月十二日 | 1017 | 1 | 0 | 0 | 15 | 0 | 0 | 0 |
| 五十七年一月十一日 | 1051 | 1 | 0 | 0 | 0 | 0 | 1 | 0 |
| 六十年七月十五日 | 1215 | 1 | 0 | 0 | 2 | 0 | 0 | 0 |
| 六十年十二月廿八日 | 1246 | 1 | 0 | 0 | 0 | 0 | 0 | 0 |
| 六十一年七月十三日 | 1264 | 1 | 1 | 0 | 4 | 0 | 0 | 0 |
| 六十一年八月十日 | 1267 | 1 | 0 | 1 | 0 | 1 | 1 | 19 |
| 六十二年十月十一日 | 1319 | 1 | 0 | 0 | 0 | 1 | 1 | 0 |
| 六十五年九月十六日 | 1456 | 1 | 0 | 0 | 15 | 0 | 0 | 0 |
| 六十六年四月十四日 | 1489 | 1 | 1 | 1 | 0 | 0 | 0 | 0 |

　　同意權在美國發生很大效果。總統提名不得不格外審慎，社會各界在參議院審查被提名人選時可以陳述意見或提供資料，無異也參與了同意權的行使程序。結果許多候選人被參議院否決，使總統的提名作業不得不特別審慎。

　　監察院在民國三十七年行使同意權時，態度非常審慎和嚴厲，以致第一屆考試委員有九人和大法官有五人未獲同意。但是也有在第一屆未獲同意的候選人，後來再經提名而獲得同意。政府遷臺以來，所有被提名的官員都獲同意，但監察院對人選仍有相當大的發言權。例如年逾七十的人，該院在幕後折衝時主張不可提名，總統也就照辦。

## 第六節　行憲三十年來的人民書狀和調查工作

　　無論扮演何種角色，主角或配角，（註一三）調查工作，在監察院都居於重要地位。該院委員和職員，日常最忙的工作，就是調查。請看下表：

## 三十年來調查工作統計表

| 年次 | 合計 | 調查對象（件） | | | | | | | 合計 | 派查人數（人次） | | |
|---|---|---|---|---|---|---|---|---|---|---|---|---|
| | | 各院部會 | 臺灣省政府 | 臺北市政府 | 各縣市各級政府 | 法院 | 軍事部門 | 其他 | | 監察委員 | 調查員 | 其他人員 |
| 三十七、八年（註一四） | 269 | 36 | 15 | 0 | 109 | 24 | 0 | 85 | 135 | 79 | 42 | 14 |
| 三十九年 | 462 | 55 | 36 | 0 | 21 | 10 | 84 | 256 | 235 | 114 | 79 | 42 |
| 四十年 | 428 | 34 | 0 | 0 | 182 | 17 | 0 | 195 | 430 | 229 | 65 | 135 |
| 四十一年 | 414 | 23 | 77 | 0 | 115 | 29 | 20 | 128 | 431 | 264 | 62 | 105 |
| 四十二年 | 408 | 61 | 109 | 0 | 137 | 47 | 16 | 60 | 428 | 267 | 44 | 117 |
| 四十三年 | 512 | 77 | 345 | 0 | 115 | 43 | 26 | 37 | 540 | 345 | 73 | 122 |
| 四十四年 | 426 | 47 | 103 | 0 | 184 | 29 | 33 | 29 | 446 | 282 | 72 | 92 |
| 四十五年 | 417 | 66 | 116 | 0 | 185 | 44 | 32 | 27 | 541 | 354 | 79 | 108 |
| 四十六年 | 458 | 75 | 116 | 0 | 186 | 44 | 39 | 9 | 487 | 328 | 51 | 108 |
| 四十七年 | 392 | 48 | 83 | 0 | 173 | 46 | 34 | 8 | 436 | 287 | 66 | 83 |
| 四十八年 | 537 | 78 | 122 | 0 | 229 | 53 | 51 | 4 | 590 | 412 | 50 | 128 |
| 四十九年 | 533 | 75 | 114 | 0 | 229 | 63 | 41 | 11 | 595 | 482 | 39 | 74 |
| 五十年 | 489 | 79 | 98 | 0 | 184 | 83 | 33 | 12 | 575 | 500 | 30 | 45 |
| 五十一年 | 543 | 98 | 104 | 0 | 213 | 89 | 37 | 2 | 603 | 508 | 52 | 43 |
| 五十二年 | 521 | 62 | 112 | 0 | 221 | 88 | 26 | 12 | 587 | 493 | 34 | 60 |
| 五十三年 | 447 | 69 | 118 | 0 | 190 | 75 | 37 | 7 | 494 | 398 | 38 | 58 |
| 五十四年 | 455 | 63 | 105 | 0 | 165 | 64 | 25 | 7 | 511 | 451 | 22 | 38 |
| 五十五年 | 468 | 83 | 98 | 0 | 186 | 81 | 13 | 5 | 505 | 451 | 26 | 48 |
| 五十六年 | 495 | 77 | 138 | 0 | 169 | 86 | 15 | 5 | 545 | 431 | 26 | 45 |
| 五十七年 | 534 | 85 | 129 | 60 | 138 | 86 | 19 | 6 | 613 | 463 | 37 | 62 |
| 五十八年 | 397 | 73 | 69 | 44 | 133 | 51 | 19 | 17 | 445 | 357 | 38 | 63 |
| 五十九年 | 453 | 59 | 42 | 35 | 117 | 86 | 15 | 19 | 500 | 286 | 25 | 45 |
| 六十年 | 345 | 71 | 53 | 52 | 145 | 69 | 9 | 7 | 554 | 363 | 37 | 100 |
| 六十一年 | 484 | 79 | 71 | 51 | 144 | 114 | 9 | 14 | 569 | 368 | 31 | 72 |
| 六十二年 | 394 | 52 | 52 | 43 | 132 | 135 | 10 | 5 | 431 | 467 | 18 | 52 |
| 六十三年 | 531 | 52 | 52 | 67 | 217 | 102 | 13 | 5 | 431 | 439 | 23 | 52 |
| 六十四年 | 478 | 91 | 67 | 47 | 168 | 87 | 6 | 1 | 519 | 394 | 23 | 107 |
| 六十五年 | 386 | 53 | 49 | 56 | 135 | 71 | 21 | 1 | 418 | 292 | 30 | 96 |

　　如以調查案的總數與糾彈案和糾正案的總數相比較，兩者太不成比例，後者實在太少。但調查仍有其價值，因為調查本身也是一種監察，往往引起被調查者的重視，以後會格外注意守法盡職。而且有些調查並不從而提案，但有時也發生糾正或糾彈的效力。例如民國四十四年監察院派了五位委員，調查孫立人案，結果與其他機關提出的報告頗有出入。（註一五）他們五人寫了一封長信給蔣總統，為孫立人將軍和郭廷亮等剖明事實，後來郭從死刑減為無期徒刑。

　　調查案大半以人民書狀為根源，但後者獲得調查的機會並不很多。請看下表：

## 行憲三十年來處理人民書狀統計表

| 年次 | 總計 | 據以調查 | 送各委員會辦理 | 函有關機關代查 | 併案辦理 | 存查 | 其他 |
|---|---|---|---|---|---|---|---|
| 37年6月至38年2月 | 1133 | | | | | | |
| 三十九年 | 522 | 107 | 0 | 162 | 0 | 232 | 21 |
| 四十年 | 997 | 336 | 0 | 259 | 0 | 402 | 0 |
| 四十一年 | 1,616 | 642 | 107 | 389 | 0 | 478 | 0 |
| 四十二年 | 2,498 | 373 | 142 | 810 | 245 | 850 | 20 |
| 四十三年 | 2,641 | 339 | 200 | 806 | 432 | 886 | 36 |
| 四十四年 | 3,013 | 387 | 166 | 798 | 495 | 1,092 | 75 |
| 四十五年 | 3,402 | 318 | 216 | 1,002 | 623 | 1,191 | 52 |
| 四十六年 | 3,253 | 368 | 244 | 940 | 578 | 1,089 | 34 |
| 四十七年 | 2,691 | 332 | 228 | 743 | 367 | 1,001 | 20 |
| 四十八年 | 2,981 | 289 | 247 | 854 | 765 | 826 | 0 |
| 四十九年 | 3,296 | 378 | 192 | 833 | 979 | 914 | 0 |
| 五十年 | 3,813 | 309 | 185 | 759 | 1,658 | 902 | 0 |
| 五十一年 | 4,250 | 281 | 148 | 1,192 | 1,898 | 731 | 0 |
| 五十二年 | 4,467 | 402 | 341 | 1,223 | 1,547 | 951 | 3 |
| 五十三年 | 4,331 | 400 | 291 | 1,230 | 1,574 | 836 | 0 |
| 五十四年 | 4,482 | 366 | 256 | 1,333 | 1,417 | 1,110 | 0 |
| 五十五年 | 4,372 | 283 | 370 | 975 | 1,359 | 1,385 | 0 |
| 五十六年 | 5,075 | 416 | 552 | 1,069 | 1,641 | 1,396 | 1 |
| 五十七年 | 5,814 | 435 | 600 | 1,107 | 2,213 | 1,456 | 3 |
| 五十八年 | 6,276 | 389 | 570 | 1,675 | 2,190 | 1,439 | 13 |
| 五十九年 | 5,665 | 232 | 682 | 1,441 | 1,560 | 1,717 | 33 |
| 六十年 | 5,291 | 259 | 897 | 1,087 | 1,306 | 1,730 | 12 |
| 六十一年 | 5,485 | 398 | 986 | 1,281 | 1,230 | 1,589 | 1 |
| 六十二年 | 5,567 | 427 | 1,057 | 1,427 | 1,027 | 1,625 | 4 |
| 六十三年 | 5,142 | 380 | 936 | 1,194 | 829 | 1,800 | 3 |
| 六十四年 | 6,391 | 510 | 1,150 | 1,494 | 1,152 | 2,082 | 3 |
| 六十五年 | 6,937 | 330 | 1,446 | 1,631 | 968 | 2,553 | 9 |
| 六十六年 | 7,127 | 256 | 1,418 | 1,476 | 813 | 3,154 | 10 |

例如民國六十六年監察院（不包括審計部在內）共收人民書狀七千一百二十七件，但調查案件則僅三百八十六件，後者似嫌太少。原因也多。第一，很多案件的書狀每案不僅一件，有關書狀可併案批辦；第二，若干書狀經送請其他機關代查（行查）；第三，有的不屬於該院職權範圍；第四，有的沒有派查必要；第五，有時因為限於預算，不能多查。外國辦法，有用電話或信件向對方查詢者，有時一經對方說明就可解決。似可仿行。

## 第七節　制度、方法和人事

看了上述監察院行憲三十七年來的政績，不知讀者如何評估。有人在十餘年前對監察院已有好評。其中之一是金耀基博士，他在博士論文中引述一項測驗說：

> 「我曾在政府機關工作五年之久，所以有機會從中觀察一般官員對監察院的態度。最近我在海外訪問了十位在政府機關工作過的留學生。他們的意見有如下列三種：一、七人相信一般官員大致都不喜歡監察院；二、九人相信高級和低級的官員都畏懼監察院；三、全體相信監察院在機關的威信方面、在對行政監察的效率方面和在處理人民呼籲的效果方面，都較優於法院、行政院和其他任何公眾監督機關。」（註一六）

這種好評，近來已漸消逝，代之而起的，是關切和感嘆。請以本年一月四日臺灣時報的社論為例：

> 「近年來監察權之低落，是無論如何不能否認的事實，不僅民

間印象不良，十分失望，即監委諸公言念及此，亦多感慨系之。其間原因複雜，未可執一而論。但是歸納起來，不外乎內在與外在的兩方面。內在的原因是監院差勁，只敢拍蒼蠅，不敢打老虎，甚至連蒼蠅都未必打得着，而難得有偶然打老虎之舉，亦不是在某種力量幕後干預下廢然而罷，就是得不到有關機關的合作虎頭蛇尾而終。於是監委諸公一洩氣，懶得動彈，糾彈案件一年少似一年。外在的原因是政府機關普遍缺乏法治精神，自以為本身夠好，不好亦自知謹飭，何勞監院過問。這種自以為是的心理，使有責任尊重監察權者無視責任而不自覺其非，做到禮貌上敬重監委諸公便夠意思了。」

鑒於「政治永遠需要批評」，五權互相制衡，社會對監察院都寄以厚望，可是該院却欲振無力。於是監察委員本身和若干政治學者先後發表加強監察權的意見，包括馬空羣委員和本書著者。（註一七）

較早以前，雷嘯岑先生曾在民國四十二年出版監察院之將來，主張把監察制度澈底改造。要旨構想如下：

一、今後中央民意機關改為兩院制。

二、監察院立法院名稱仍舊。事實上監察院變成名符其實的參議院或上議院，立法院變為眾議院或下議院。

三、監察院除享有糾彈權外，並具有現行憲法第六十三條（註：議決法律案、預算案……）的職權。

四、彈劾案的審判機關仍舊在司法系統中。

五、監察院的彈劾對象，限於中央政府的官吏。……彈劾只及於違法事件。失職問題在監察院用質詢權，立法院並可藉憲法第五十七條的規定予以糾正。

六、彈劾案提出的時候，須提高其議事資格，由全體監察委員

過半數之決議行之。最少亦應與同意權行使辦法第三條相同，由出席委員過半數之決議行之。監察院仍得行使對司法和考試人員的同意權。

七、因為不彈劾地方公務人員，故監察行署這類機構無庸設置。關於地方自治團體的政務，其得失利弊，由省縣議會擔負監督之責。

八、監察院應與立法院一樣，享有質詢權、調查權與接受請願權。

九、行政院『並』有向監察院提出施政報告之責（事實上，今日政府各部門均隨時向監察院報告施政的）。

十、預算案應先提出於立法院，且有議決的優越權。

十一、監察委員仍『暫』由各省市議會、蒙古西藏地方議會，及華僑團體選舉之。如情勢許可，應由人民直接選舉。監委名額可照舊，但可規定每三年改選一半。（註一八）

依照這些構想，監察院的名義雖仍保留，但已不是五權憲法的本色，而較現制更像立法機關的美國參議院了。於是五權憲法將成為四權憲法。

但目前的課題不是把監察院如何作根本改制，而是如何在現制基礎上加強它的功能和貢獻。於是只須在方法和人事方面作必要的改進。本書對此已盡可能提出很多建議，散見各章，茲不贅述。

## 第八節　地方議會監察長的新構想

鑒於近年來各國地方議會監察長制度的大力和大量的發展，同時鑒於中國幅員廣大，而監察院高高在上，勢難兼顧對地方政府的監察，中國將來似須設置省縣議會監察長，為省縣議會或議員接受人民對政府的申

訴，加以調查，提出調查報告，向有關機關提供改善意見，以弭民怨，而利政治。

美國哥倫比亞大學教授季爾杭（*Walter Gellhorn*），精研監察長制度，曾經草擬地方議會監察長組織條例的範本，頗見匠心。全文譯錄如下：

第一條，名稱：本條例定名爲某州或某市監察長組織法案。

第二條，定義：本條例所稱「行政單位」，是指某州或某市的機關或它的官員或僱員。但不包括（*a*）任何法院法官或其他附屬的司法幕僚；（*b*）任何立法團體的成員或委員會或幕僚；（*c*）行政首長或其個人幕僚。

第三條，官署：監察長的辦公室是某州或某市的一個獨立機關。

第四條，任命：監察長應由最高行政首長提名，經議員三分之二以上投票同意後予以任命。

第五條：資格：監察長應具備分析法律、行政和公共政策各種難題的能力，而不應與任何政黨有積極關係（*actively involved*）。

第六條，任期：（*a*）監察長的任期定爲五年，除非經議員三分之二以上投票認爲喪失資格或犯罪或失職，或行爲不檢，不得將他免職。

（*b*）監察長的職位因任何原因而出缺，由副監察長代理他的職務，直至新任監察長經任命就職爲止。

第七條，薪俸：監察長應與該州最高法院之首席法官享有同等之薪俸、津貼和有關福利。

第八條，官署的組織：（*a*）監察長爲執行職責，可選擇並指派適當的助理和僱員，並予以預算經費範圍內的適當報酬。

（*b*）監察長應在他的助理中指派一人爲副監察長，在監察長本人不能執行職責或長期缺席時，全權代理其職務。

（*c*）監察長得授權他的幕僚執行他的職權或職責，但不包括向行政

單位提陳正式建議或向行政長官或議會提呈報告。

第九條，權限：監察長的權限如下：

（a）有權主動或接受申訴，而對任何行政單位的任何行政措施加以調查。

（b）決定控訴的提出、被接受和採取行動的方式，決定調查的範圍和方式，而且基於這一法案的要求，監察長可以決定他所作結論和建議的形式、次數和分送範圍。

（c）監察長可以要求而各行政單位均應給予他為執行職責所需的協助和資料，他也可調閱各行政單位的紀錄和文件，他並可進入任何行政單位的土地和房屋而予以調查。

（d）監察長可簽發傳票，以強制任何人出面，宣誓作證，提出書面的或其他證據，只要他認為這些對於正式查詢的事件是適切的。

（e）監察長可以從事、參與或協助一般的調查或研究，不論這與行政單位或行政法規是否有關，只要他深信如此能對有關行政單位的知識有所提高，或使該行政單位的的功能有所改進。

第十條，宜於調查的事件：

（a）在選擇應予注意的案件時,監察長應當特別注意下列行政法規：

①與法律或法規相牴觸的；

②不合理的、不公平的、具有壓迫性的，或與行政單位功能的一
　般方針相牴觸的；

③在法律上是錯誤的，或在確定事實時是專斷的；

④動機不恰當或基於不切題的理由；

⑤在提出理由時，無法得到明確或足夠的解釋；

⑥未能有效率的完成；

⑦因其他原因而可予反駁的。

(*b*) 監察長也可對程序和方法表示關切，而使其健全，以減少行政法規可能產生的流弊。

第十一條，對申訴採取的行動：

(*a*) 監察長可能從任何一個來源得到有關某一行政措施的控訴，監察長應作適當的調查，除非他相信以下的可能性：

①控訴者尙有其申訴途徑或補救方法；

②不在監察長權限範圍之內；

③控訴者的利益與控訴主題沒有充分關係；

④所控訴的無足輕重、不足取的、纒訟式的，或是欺詐的；

⑤其他申訴更具重要性；

⑥監察長的能力不足以做一個完善的調查；

⑦申訴時間延遲過久，以致無法以目前審查來辦明其眞相。

唯監察長對申訴之拒絕調查，並不影響（阻止）他繼續以自己的行動去深入查詢所申訴事件或相關問題。

(*b*) 當監察長對於一項申訴完成考慮之後（不論是否經過調查），應以適當方式通知原申訴人，並在必要時，照會有關行政單位。

(*c*) 一處監禁所在、醫院或行政單位控制下的任何機關中的人給監察長的信，應立即送達監察長，並不得先行拆封。

第十二條，與行政單位的諮商：在宣布一項批評某一行政單位或個人的結論或建議之前，監察長應先與該單位或個人商討。

第十三條，建議：(*a*) 假使監察長經考慮後，認爲一項申訴及其相關資料是確切的，並認爲行政單位應：

①對此事做進一步的考慮，

②修改或取消該項行政措施，

③變更該項法規或命令，

④對該行政措施應作更詳盡的解釋，

⑤採取其他步驟，

則監察長應向有關單位說明他的建議。若監察長作此要求，該行政單位應在監察長指定的時限內，將該單位對其建議所採取的行動，或未能順從其建議的理由，通知監察長。

(b)假使監察長認爲該項依法執行的行政措施是不公平的，或應予以反駁的，則他應該提請立法團體作適當的修改。

第十四條，建議案的公開發表：監察長可向行政官署或立法團體，或其委員會，或新聞界或任何有關機關發表他的結論、建議或提議。當監察長發表與行政單位或公務人員相反的意見時，他應（除非獲得該單位或官員的諒解）將行政單位或官員用以解釋過去困難和目前拒絕監察長建議的任何聲明的大意包括在內。

第十五條，報告：除經常報告外，監察長在每年二月十五日左右，向立法團體和行政官署提出上一年度有關職責行使的報告。在討論過去所處理的事件時，如有可能引起不必要的困難者，監察不必指出那些直接有關的人員。如果指名批評，則他們的答覆之大綱，也應包括在報告內。

第十六條，公務人員的懲戒：如監察長有理由認爲任何官員雇員或其他人員犯罪或違法失職，應向有關當局報告實情。

第十七條，監察長的豁免權：(a)監察長的任何措施、意見，或措辭不受法院的再議；

(b)在執行職責時，監察長和任何他的幕僚所做、所說或所忽略的，都不負民事責任；

(c)監察長或他的任何幕僚，都不會被要求在任何司法或行政訴訟中爲其公務管轄權範圍內的任何事情作證，或提供證據，除非爲澈底實施本法的必要。

第十八條，證人的權利和義務：(*a*) 監察長所要求提供證言的人，應與法院的證人得到相同的費用和旅行津貼。

(*b*) 凡是被監察長要求提供口頭或文件資料的人，得與本州法院的證人享有相同的特權和豁免權，在接受詢問時，有權由律師陪同並作顧問。

(*c*) 凡拒絕監察長的傳票，拒絕接受調查或有阻撓性的不當行為者，監察長得向有關法院提出上述事實，該法院應即簽發傳票令其出庭，並提出他不必為其藐視行為而受懲的理由。該項命令和監察的副本須一併送達。該被告將接受審判，被定罪，或洗脫罪名，一如民事訴訟的審判程序。

第十九條，妨害處罰：凡故意阻止或妨害監察長正當行使職權，或故意或企圖將監察長在偵詢時，導致錯誤者，都得被科以一千元以下的罰鍰。

第二十條，與其它法律的相關性：本法案的條款，乃是其他任何法令的外加條款，不能限制或影響其他法規所規定對任何人賠償或申訴的權利，或對任何事端的調查或偵詢所備的步驟。儘管任何法規可能規定某一行政法案為終結或不得再申訴，監察長仍可行使其法定權力。

第二十一條，預算：授權指撥相當數目的款項，以應付執行本法的需要。

第二十二條，生效日期：本法立即生效。

現在有一問題：如果中國實施地方議會監察長制度，而因中國已有監察院，它的權力而且直貫到地方政府，兩者是否重複，而且是否會發生衝突？

形式上似乎重複，但是可以分工而合作。有如立法院之與地方議會，

依照憲法第十章「中央與地方之權限」，它們各有專司，不相衝突。立法院依照憲法第一百零七條，掌理中央立法事項，省議會依照憲法第一百零九條，掌理省立法事項，縣議會依照憲法第十條，掌理縣立法事項。憲法第一百十一條又規定：「……遇有爭議時，由立法院解決之。」

　　但是憲法規定，監察院的監察權則不僅行使於中央，而且兼及於地方。例如監察院可以彈劾全國公務人員。好在地方議會監察長並無彈劾權和糾舉權。對地方公務人員的糾彈，自仍由監察院掌理。依照世界各國通例，監察長僅得但是應該將調查報告移送主管機關加以檢舉。監察長可能也當然可以移請監察院糾彈，於是監察院又多一耳目。

　　歷觀各國現制，監察長的主要作用是在「糾正」方面，而依照憲法，監察院並不獨佔糾正權。現在省縣議員的質詢，也有糾正作用。

　　但是省縣議員沒有調查權，包括調卷和問話，資料自必不夠，於是質詢有時流為隔靴搔癢。所以乃有監察長制度，因為監察長都享有調查權。

　　然則監察院尚可對地方政事行使糾正權麼？當然可以，但照過去經驗，關於地方政事的糾正案，為數很少。如果有監察長，監察院對地方政府的糾正權，自將備而不用。

　　至對同一政事的糾正，萬一監察院的意見，與監察長的意見發生衝突，似可參照憲法第一百十一條的精神，由監察院解決之。

## 註　釋

　　（註一）民國三十六年十二月二十五日，中華民國憲法開始實施。行憲監察院則成立於次（三十七）年六月五日。

　　（註二）本案先提糾舉案，經行政院認為勿庸置議後，乃改提彈劾案，經公懲會決議予以書面申誡。

　　（註三）本案因追究行政責任經送公懲會，因瀆職同時分送國防部。後者審理結果，不付軍法會審。至公懲會因對現役軍人有無懲戒權不無疑義，經呈奉總統指

示：在法律尚未規定懲戒機關前暫由軍事機關辦理。該案乃移送國防部辦理。結果未受懲戒。

（註四）六十七年二月二十五日民族晚報。

（註五）歲入淨增數是指審計爲國庫增加的收入，歲出淨減數是指審計爲國庫節省的經費。

（註六）轉投資機關決算的審核自四十二年起始行編報。

（註七）三十九年度至四十四年度財物審計案件，包括中央機關和地方機關合併統計。自四十五年度起，臺灣省審計處成立後，地方機關稽察案件乃歸該處辦理。

（註八）對稅捐機關稅收的補徵繳庫，是在六十一年五月一日審計法修正公佈後方行實施。

（註九）*Donald Rowat, The Ombudsman, PP. 329–336.*

（註一〇）對行政院兪院長的彈劾案，就是因爲他執行不力並拒絕往監察院備詢而引起。

（註一一）這是第三次糾正，乃是創例。行政院在七月十八日答覆監察院：「經核定准予補償新臺幣一百六十萬元結案，林務局並已將該項補償費按址滙寄吳君查收，請查照。」

（註一二）*Walter Gellborn, Ombudsmen and Others, P. 209.*

（註一三）主角和配角，請閱第十章第一節：以調查爲監察。

（註一四）因緊急撤退，案件未及全部携出，資料不全，統計從缺。

（註一五）該項調查報告那時列爲密件，而且加鎖加封，迄今仍舊保密。本書著者也是五人委員之一，這次極想借閱，未能如願。

（註一六）*Ambrose King, The Chinese Ombudsman System, P. 345.*

（註一七）馬空羣先生文登載於六十六年七月十九日，陶文登載於同月二十一日聯合報。

（註一八）雷震，監察院之將來，第一六二——一六四頁。